入选"十四五"国家重点图书出版规划

丹曾人文
通识丛书

黄怒波
主编

世界神话

二十五讲

叶舒宪——著

北京大学出版社
PEKING UNIVERSITY PRESS

图书在版编目（CIP）数据

世界神话二十五讲 / 叶舒宪著；黄怒波主编 . — 北京：北京
大学出版社，2024.4
（丹曾人文通识丛书）
ISBN 978-7-301-34490-3

Ⅰ.①世…　Ⅱ.①叶…②黄…　Ⅲ.①神话－研究－世界
Ⅳ.① B932.1

中国国家版本馆 CIP 数据核字（2023）第 179269 号

书　　　名	世界神话二十五讲
	SHIJIE SHENHUA ERSHIWU JIANG
著作责任者	叶舒宪 著　黄怒波 主编
责 任 编 辑	张亚如
标 准 书 号	ISBN 978-7-301-34490-3
出 版 发 行	北京大学出版社
地　　　址	北京市海淀区成府路 205 号　100871
网　　　址	http://www.pup.cn　　新浪微博：@ 北京大学出版社
微信公众号	通识书苑（微信号：sartspku）科学元典（微信号：kexueyuandian）
电 子 邮 箱	编辑部 jyzx@pup.cn　　总编室 zpup@pup.cn
电　　　话	邮购部 010-62752015　发行部 010-62750672
	编辑部 010-62753056
印 刷 者	三河市北燕印装有限公司
经 销 者	新华书店
	650 毫米 ×980 毫米　16 开本　30.5 印张　380 千字
	2024 年 4 月第 1 版　2024 年 4 月第 1 次印刷
定　　　价	92.00 元

"丹曾人文通识丛书"

总　序

在我国国民经济和社会发展"十四五"规划开始的时候，人文学者面临从知识的阐释者向生产者、促进者和管理者转变的机遇。由"丹曾文化"策划的"丹曾人文通识丛书"，就是一次实践行动。这套丛书涵盖了文、史、哲等多个学科领域，由近百位人文学科领域优秀的学者著述。通过学科交叉及知识融合探索人类文明的起源、人类与自然的和谐共生、人类的生命教育和心理机制，让更多受众了解中国传统文化与文学，形成独具中华文明特色的审美品格。

这些学科并没有超越出传统的知识系统，但从撰写的角度来说，已经具有了独特的创新色彩。首先，学者们普遍展现出对人类文明知识底层架构的认识深度和再建构能力，从传统人文知识的阐释者转向了生产者、促进者和管理者。这是一种与读者和大众的和解倾向。因为，信息社会的到来和教育现代化的需求，让学者和大众之间的关系终于有了教学互长的机遇和可能。在这个意义上，我们不能再教"谁是李白"了，而是共同探讨"为什么是李白"。

所以，这套丛书的作者们，从刻板的学术气息中脱颖而出，以流畅而优美的文本风格从各自的角度揭示了新的人文知识层次，展现了新时代人文学者的精神气质。

这套丛书的人文视阈并没有刻意局限，每一位学者都是从自身的学术积淀生发出独特的个性气息。最显著的特点是他们笔下的传统人文世界展现了新的内容和角度，这就能够促成当下的社会和大众以新的眼光来认识和理解我们所处的传统社会。

最重要的是，这套丛书的出版是为了适应互联网社会的到来。它的知识内容将进入数字生产。比如说，我们再遇到李白时，不再简单地通过文字的描写而认识他。我们将会采取还原他所处时代的虚拟场景来体验和认识他的"蜀道"，制造一位"数字孪生"的他来展现他的千古绝唱《蜀道难》的审美绝技。在这个意义上，这套丛书会具有以往人文知识从未有过的生成能力和永生的意境。同时，也因此而具备了混合现实审美的魅力。

当我们开始具备人文知识数字化的意识和能力时，培育和增强社会的数字素养就成了新时代的课题。这套丛书的每一个人文学科，都将因此而具有新的知识生产和内容生发的可能性。更重要的是，在我们的国家消除了绝对贫困之后，我们的社会应当义不容辞地着手解决教育机会的公平问题。因此，这套丛书的数字化，就是对促进教育公平的一个解决方案。

有观点认为，当下推动教育变革的六大技术分别是：移动学习、学习分析、混合现实、人工智能、区块链和虚拟助手（数字孪生）。这些技术的最大意义，应该在于推动在线教育的到来。它将改变我们传统的学习范式，带来新的商业模式，从而引发高等教育的根本性变化。

这套丛书就是因此而生成的。它在当前的人文学科领域具有了崭新的"可识别性"和"可数字性"。下一步，我们将推进这套丛书的数字资产的转变，为新时代的人文素质教育和终身教育的需求提供一种新途径、新范式。而我们的学者，也有获得知识价值的奖励和回报的可能。

感谢所有学者的参与和努力。今后，你们应该作为各自学术领域C2C 平台的建设者、管理者而光芒四射。

"丹曾人文通识丛书"主编

黄怒波

2021 年 3 月

| 目录

/ 第一讲 /

引 论

　　第一讲为引论部分，主要介绍一下本书的基本内容和主要特色。

　　本书的学术背景主要是依托"神话学文库"一辑和二辑两套丛书。该丛书为中国社会科学院重大项目"中华文明探源的神话学研究"结项成果。由国家出版基金资助，包括世界神话作品和神话学研究的全球新成果，突出中国神话的跨学科研究，两辑总计 38 部书。依托这 38 部书链接本书之外的相关内容，能够为学习者提供更

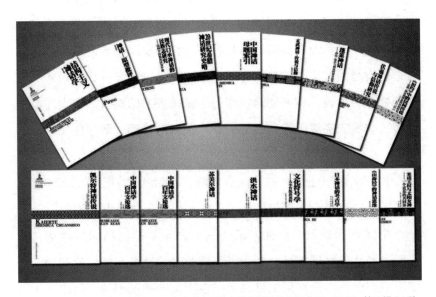

图 1-1　"神话学文库"第一辑 17 种（陕西师范大学出版总社有限公司，2013；第二辑 21 种，2019 年出齐）。这是世界上规模最大的神话学研究成果集成之一。

图1-2 希腊神话之斯芬克斯女妖像（复制品）

宽阔的学术视野。

本书将世界神话分为外国神话和中国神话两部分，虽然题目为"世界神话二十五讲"，但实际上主要侧重于中国神话。前十一讲为外国神话欣赏，主要侧重世界几大文明古国的神话遗产，包括苏美尔和巴比伦神话、古埃及神话、希伯来神话、克里特和迈锡尼神话，以及希腊罗马神话、印度和北欧神话、凯尔特神话等。在这一部分中，有一些内容是今天常规教育基本没有涉及的，例如克里特和迈锡尼神话、凯尔特神话等，在过去的大学和中学课程中几乎都没有提到，这是我们为弥补缺陷而专门设计的。因为它们也是西方文化的重要渊源。中国之外的东方神话以日本、韩国的神话为代表。本书还特别增加了以美洲的印第安人、大洋洲的土著、非洲的部落民等为代表的原始民族的神话，即原住民神话的内容。

中国神话部分是本书的重点内容，从第十二讲到第二十五讲，除了第十二讲带有中国神话概说的性质以外，其余每一讲都会涉及一个中国神话专题。例如，第十三讲为鸿蒙神话和盘古神话，第十四讲为伏羲女娲神话，第十五讲为黄帝、炎帝与蚩尤的神话。这三讲主要介绍中国神话中具有老祖宗性质的神祇和他们的故事，以及他们在后世的传播和影响。从第十六讲开始进入了传说历史中的夏商周时代，主要讲尧舜禅让的著名传说、鲧禹治水与夏王朝的建立、夏启上天、后羿射日、西王母神话等。接下来的三讲把中国神话与中华民族的非物质文化遗产节庆联系在一起，分别介绍新年与饺子、端午与中医、七夕与织女之间的关系。这一部分的内容既与人民的生活息息相关，同时又具有深刻的神话观念底蕴。第二十四讲的题目为"玄鸟生商与凤鸣岐山"，主要内容为商周两个朝代的神圣图腾动物及其变化情况。最后一讲专门介绍汉族以外的中国少数民族的神话情况。

以上为本书的大致内容，本书主要面向大专以上文化程度的读者，旨在介绍与普及有关世界各国神话和神话学研究的学术知识，并在此基础上引导读者认识人类各民族神话遗产，启发读者探寻神话的文化底蕴。与此同时，本书在每一讲后都附了多部相关的学术专著，以引导有需要的读者进一步深入了解。

本书的切入点为一个跨学科的新角度——文学人类学理论和方法。虽然本书的对象为世界各国神话，但同样有理论的高度，那就是"大传统小传统对接"的理论。大传统指的是先于文字的文化传统，我们讲的神话内容，除了以语言文字讲述的，还有很多以图像的形式存在。因为在没有文字的时代，神话是由图像造型表达的。这样一来，我们就把神话讲成了具有大约1万年传统的人类表达过程。所谓小传统指的是用文字书写的文化传统，最早的汉字叫甲骨文，在甲骨文以后形成的神话称为小传统神话。两者的关系，实际上就是简单的父亲、儿子的关系，这样就通过今天的考古学、艺术史等学科理论把这些图像神话的内容脉络发掘了出来，形成了一个连贯的神话体系，这就是所谓的新理论、新方法提供的新知识观。

本书的神话欣赏和分析，所运用的方法是四重证据法。因为今天我们认知神话这个对象与古人不同，古人只是面对神话的文字文本或者口头讲述，而我们今天有了更为丰富的四重维度的知识。我们把传世文献等古书中记载的神话叫作"第一重证据"，把新发现的出土文字，也就是甲骨文、金文、竹简、帛书等考古材料中发现的文字叙事称为"第二重证据"，第二重证据在很大程度上能够丰富第一重证据的内容。第三重证据主要指的是口传与非物质文化遗产，大部分是民间的活态传承文化，即老百姓能够表演、演唱的神话以及礼俗，这部分在以往的学校教育中极少被提及。第四重证据专指考古发现的文物和图像，其中有很多属于史前先民崇拜的偶像，也就是常说的神像和神话形象。与单纯依靠文字的叙事完全不同，运用四重证据法讲述的神话，呈现为立体式的，这也是本书的一个特色所在。

我们把这两部分叫作"理论引领"和"方法论引领"。所谓"理论引领"主要体现在《文化符号学：大小传统新视野》这部书中。它主要是指文化大小传统的重新划分，我们会在接下来的讲述中举一些例证，作具体说明。2013 年出版的《文化符号学》是"神话学文库"中的一部，由中国比较文学学会文学人类学研究会的学者集体撰写，主要突出了文化大传统如何制约和影响文化小传统。此外，之所以将四重证据法作为本书的方法论引领，是因为我们欣赏神话不能仅仅停留在字面意义、故事层面和人物形象上，而是要发掘神话叙事背后的文化底蕴，这就需要用到四重证据法。关于四重证据法，可以参考《文学人类学教程》《四重证据法研究》两本书。《文学人类学教程》是 2010 年出版的、中国社会科学院研究生课程的重点教材，该书最后两章有约 10 万字介绍四重证据法的应用。2019 年出版的《四重证据法研究》（复旦大学出版社），其主要内容是阐释这个方法的理论依据和应用该方法解读神话、重建文化文本的尝试案例。

远古人类的神话叙事是一种最初的文化原编码方式，原编码和远古人类的信仰有关，所以我们的研究角度就是把神话当作信仰支配的文化原编码，它对后来的文化产生了非常大的制约作用。21 世纪在中国有一部非常畅销的小说，后来又被拍成了电影，就是大家熟知的《狼图腾》。作者根据他在内蒙古下乡插队时体验的草原生活，提出对中国图腾崇拜的新看法：当代国人自称为龙的传人，却不知最早的龙其实就是狼，龙头就是狼头，所以他提出用狼图腾来恢复华夏民族的战斗精神。但是书中的有些内容对一般读者来说只是看看热闹，到底是什么图腾很多人都弄不清楚。

我们在神话原编码的意义上，用四重证据法重新进入史前文化，看看究竟什么才是我们的图腾。因为华夏民族的共祖叫黄帝，黄帝在史书中的雅号为"有熊氏"，建立的第一个国家叫作"有熊国"，与狼并没有关系。但问题就在于我们需要从大传统视野弄清楚究竟哪一种神圣的动物才是华夏祖先的图腾。针对狼图腾文化的流行，我在

图 1-3　河南安阳殷墟妇好墓出土玉雕熊龙

2007 年专门写了一本《熊图腾：中华祖先神话探源》，其中涉及的黄帝、炎帝、蚩尤会在后文专门介绍，这里先针对龙作一个提示。图 1-3 给大家展示的是距今 3000 多年在河南安阳商代后期王后墓中出土的文物，一般把它叫作"玉龙"。仔细观察，能够看出来这个玉龙就是一个猛兽的头加上类似蛇的身躯而已，但我们需要考证这个兽头是什么兽。国人能够在陆地上见到的大型猛兽有两种：一种

是熊，另一种是老虎，大家一看就明白了，这是一个上下都是獠牙的熊头。

熊跟龙有什么关系？其实熊跟龙有着渊源深远的组合关系，这一点从熊头蛇身的商代玉雕龙上就能明白。商代玉雕龙与我们今天熟悉的尤其是故宫的龙造型完全不同，因为这是一个由神话嫁接出来的组合动物。只有深入到更久远的历史脉络中，才会看到远古时期的人对于熊的崇拜。过去我们知道熊很厉害，从熊虎为旗等一些说法中就能看出古人是把熊排在老虎之前的，在古人看来，熊是排在第一位的。

图1-4　汉代绿釉熊形灯台，距今约2000年（摄于上海博物馆）。熊灯的寓意是能量自我再生（取法熊的冬眠复苏），熊熊不熄。

这是一件在上海博物馆展出的汉代人用来点油灯的灯台（图1-4）。灯台表面用了一层绿釉，所以我们一般把这种陶器叫汉绿釉。这件汉绿釉陶灯台以熊的形象为主体。至于为何选用熊的形体，这与汉字"熊"有关。"熊"的本字是去掉下面四点的"能"，是生命力、能量的意思。为什么跟熊有关？因为熊身体的能量能够支持它6个月冬眠时间，熊也因此成为古人想象出来的生命能量的象征物。古代人点油灯都希望能够源源不断、灯火长明，所以古人在做灯台时选择神熊作为造型，也就明确表达了"能"的意思。这样的神话信仰如果只讲黄帝有熊，或者《山海经》中的熊山、熊穴，那么便不能挖掘出其背后的神话底蕴。

图 1-5　欧洲温查文化熊形灯台，南斯拉夫
出土，距今约 6000 年。

图 1-6　捷克出土熊形红陶灯台，距今约
7000 年；乌克兰出土熊形红陶瓶，距今
约 5500 年。[①]

这是一件在南斯拉夫出土的距今约 6000 年的文物，也是一个熊形灯台（图 1-5）。在肥硕的神熊身躯上面点灯，证明它的能量源源不断，所以它又被称为"长明灯"。东欧出土的这一件史前文化——温查文化的文物就把所谓的大传统神话和小传统神话连接起来了，这也就是突出大传统的意义。捷克出土的史前熊形灯台（图1-6 左），也选用神熊身体为主体造型，还有乌克兰出土的熊形陶器（图 1-6 右）等，都表明熊代表生命的能量。将这类文物纳入探究范围，运用四重证据法链接上神熊背后的图像叙事，就找到了欧亚大陆上拥有万年历史的熊崇拜。

除了做灯台以外，还有直接把熊做成偶像的，所以关于狼图腾

① ［美］马丽加·金芭塔丝：《女神的语言：西方文明早期象征符号解读》，苏永前、吴亚娟译，社会科学文献出版社，2016，第 131 页。

还是熊图腾的问题，在看了大批量的文物之后很容易得出结论。如果说把四重证据作为检验先民图腾的标准，就需要依据材料说话。神话的阅读与欣赏，应建立在科学判断的基础之上。除此之外，华夏文明是一个由多民族文化融合而成的多元文化集合体，国族的图腾不可能选取某一种具体的形态。从最早的熊开始，后来变成熊头蛇身，再加上鹰爪、鹿角或牛角，最后形成一个整合的图腾形象，这也表明了华夏族是一个广大的部落联盟。

这样一来我们就对远古神话的脉络有了一个清晰的线索，这也是一开始强调理论引领、方法论引领的意义，即能够引领我们深度理解神话内容。而"深度"究竟深到什么程度，这取决于第四重证据的年代能够追溯到什么程度。现在给大家呈现的是目前找到的神熊崇拜最早的物证。21世纪考古学者在法国南部的洞穴中新发现距今约3万年的图像（图1-7），由于是彩绘作品，因此有人称之为世界上第一幅油画。这个洞穴叫"绍维洞穴"，是熊冬眠的地方，结束冬眠后熊会从洞穴走出去。史前的先民猎人把神熊出洞的形象，一大一小、一前一后画在了山洞口，表现出古人对生物的观察，也就是狩猎时代的狩猎者对于狩猎对象的观察。由于当时没有文字，先民只能用图像记录下来冬眠苏醒以后熊出洞的情况。结合《山海经》中讲述的从熊山熊穴中走出来的神人，我们就能够探明《山海经》文献叙事神话的背后有多么深远的宗教崇拜背景，这样看，我们对于理解文字记载的神话也就有了真正深度的认知。

除了神熊以外，还有另外一种神圣动物，即古汉语中的"鸮"。"鸮"字也可以写成"枭"，两字同音同义。"鸮"就是猫头鹰。但是在现代观念中，尤其是在中国民间，老百姓只要一听说谁家夜猫子（即猫头鹰）叫了，肯定有不吉利的联想，这就是文字叙事小传统中形成的刻板印象。我们看一下这件文物——青铜鸮尊（图1-8），

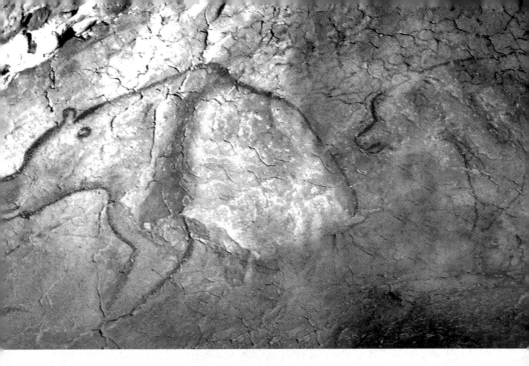

图 1-7　法国南部绍维洞穴中发现的彩绘神熊出洞图，距今约 3 万年。

这是一件被铸成猫头鹰形象的青铜器，与玉雕熊龙均出土于殷墟妇好墓。"尊"就是盛酒器，代表着尊贵，是商代人祭拜祖先神灵的礼器。

为什么要把猫头鹰的形象铸造在酒器上呢？这本身就带有图腾崇拜的意义。《诗经·商颂》中有一篇《玄鸟》，讲述了商人祖先的由来："天命玄鸟，降而生商。"意思是说，商人祖先由天神派来的玄鸟而生。对于什么是玄鸟的问题，仅仅依靠文献难以判断。出土文物在这时便提

图 1-8　河南安阳殷墟妇好墓出土青铜鸮尊
（摄于中国国家博物馆）

供了更丰富的线索，四重证据法能在神话解读方面发挥巨大作用。1976 年在河南安阳发现的新中国成立以来最重要的商代墓葬，即商王武丁的王后妇好之墓，出土了两件青铜鸮尊。目前分别藏于中国国家博物馆和河南博物院。细看这两件一模一样的鸮尊，它们呈现出明显的猫头鹰造型，其身体的威武感也是非常突出的。设计者并没有按照一般禽类的形象塑造细爪，而是将其设计成了像猛兽一样拥有粗壮的腿，这实际上是猛禽类和猛兽类合体的形象。

我们再仔细看猫头鹰翅膀的部位，刻画为两条盘蛇。为什么呢？因为古人的思维是神话式的，不讲究逻辑排中律。神话思维能够突破逻辑界限，因此古人就把禽兽、爬行动物等整合到一起。希腊罗马神话这一讲中，会专门提到希腊雅典的城邦守护女神雅典娜，她的标志有两个：一个是鸮，另一个是蛇。显然，全人类的神话有许多共同点，既然把人类看成是命运共同体，那么人同此心、心同此理。雅典娜表面上是守护神，但她通常号称智慧女神，并且用猫头鹰做自己的象征。猫头鹰跟智慧有什么关系呢？如果只从文献上看猫头鹰，它多给人们留下了不好的印象，但在《哈利·波特》的故事中，哈利·波特从虐待他的姨夫家去魔法学校，给他送信的就是猫头鹰。罗琳在创作这部小说时运用了希腊神话典故，猫头鹰在这里代表的就是智慧女神。一般的文学读物并不会去深究象征性内容，而本书要从更深的层次上介绍雅典娜作为智慧女神为什么要以猫头鹰为象征。原理其实很简单，人类的眼睛在阳光下能够看见各种事物，但只要天一黑就什么都看不见了。人类不具备夜视能力，而在夜晚，猫头鹰却开始活跃和出击了。史前人类观察到，猫头鹰的眼睛能够通过旋转穿破夜间的黑暗，猫头鹰的夜视能力突破了人类的视觉局限。所以在古人看来，猫头鹰的眼睛代表着超人的智慧，也就是神灵的智慧。因此，先民开始崇拜猫头鹰，并且认为它的智慧超越了人类的智慧。由于夜晚在神话的阴阳宇宙观中算作阴的部分，又因为猫头鹰在夜间出现，所以猫头鹰就往往和阴曹地府联系在一起。与此同时，猫头鹰又象征着死亡和生命的再生。这样一种生命转化，对于初民信仰而言意义重大。诸如此类的一些复杂联想和观念，如果不通过对文物进行仔细辨识和解读，今人是很难理解的。

让我们再回看一下妇好墓出土的青铜鸮尊。为什么翅膀上有两条盘蛇？因为蛇具有自然蜕变的能力，能够通过蜕皮获得"新生"。古人认为蛇这种生物能够实现生命的自我更新，甚至认为它能够返老还童、死而再生。古人在对猫头鹰、蛇等生物进行联想的基础上产生了阴阳转换的观念。如果不对这些观念作深度解读，那么文物上的造型只能当作美术作品来欣赏，但一旦解读出了古人创造这些神话形象的动机和内涵，我们就等于找到了神话的"底牌"。

如果把猫头鹰崇拜放在史前文化大传统的背景来看，它应该也是具有近万年传统的，而绝不是哪一个作家、哪一个思想者独立发明出来的。我国最早的诗歌总集《诗经》中有关于鸱鸮的记载，鸱鸮就是猫头鹰。但此时的猫头鹰形象已经被颠覆了。殷商时代的先民将猫头鹰作为自己部落的图腾，而以玄鸟作为图腾的时代已经成为过去，推翻了商朝的周人又确立了新的神鸟作为自己的图腾，即我们常说的凤凰。中国人常说龙生龙、凤生凤，龙凤配对，但根本没有人提及猫头鹰，这就是远古大传统在我们生活的小传统中被遗忘殆尽的情况，具有万年传统的猫头鹰神鸟甚至变成了勾人魂的夜猫子，这就导致以后越来越难理解属于我们本土的文化基因。

北京大学赛克勒考古与艺术博物馆收藏了一件猫头鹰文物（图1-9），这是距今约6000年的先民用陶土雕塑的猫头鹰，一个大圆

图1-9 陕西华县出土仰韶文化陶塑鸮面，距今约6000年。（摄于北京大学赛克勒考古与艺术博物馆）

脸，两只大圆眼睛；先民还用尖尖的器物在上面刻画出了猫头鹰的羽毛形状。

这个陶塑鸮面是考古工作者在陕西华山脚下的华县（今渭南市华州区）发掘的，是距今约6000年的仰韶文化的产物。陶塑鸮面的出土就把商代青铜器鸮尊的"文化底牌"揭示出来了，因为它们是一个没有中断的崇拜链条。我们再看给哈利·波特送信的猫头鹰，它让哈利·波特离开迫害他的人间，来到了神奇的魔法学校，实际上这就是神灵显现的意思。所以，中国古代有以猫头鹰等鸟类为主人公的文学作品，包括新出土的《神乌赋》，这些鸟类代表的都是神灵显现，它们给人类提供的是一种深远的教诲。此类鸟神现身说法的作品中，以贾谊《鵩鸟赋》成就最高。

在这里向大家介绍一位20世纪著名的美国神话学家，名叫约瑟夫·坎贝尔。他除了在学院派中研究世界神话以外，还专门为当代的文化创意产业，尤其是为好莱坞的导演和编剧们做学术顾问，参与作品的策划。例如《星球大战》就是他直接参与指导的作品。导演卢卡斯相当于他的学生。好莱坞和迪士尼的影视作品中有大量的内容取材于古老的神话，其中坎贝尔发挥了很大的作用。他吸收了20世纪精神分析学派的观点，对神话作了重新的解说。在这里主要介绍他的神话四功能说。神话的第一个功能为神秘主义功能，即神话能够唤醒并保持个体对宇宙神秘维度的敬畏与感激，先民创造神话的时代没有无神论者，所有人都是虔诚的信仰者。我们可以通过阅读神话连接到那个虔诚的信仰时代，进入当时的语境之中。除此之外，人们习惯把好莱坞叫"梦工厂"，实际上也有这个作用。坎贝尔用当代视角对神话遗产的心理学功能作出解说，为文化创意产业提供了非常实用的理论指导。

神话的第二个功能为宇宙论功能。坎贝尔特别强调活态的神话。什么叫活态神话呢？人类学家的研究对象——原住民，大多没有文字，没有教堂，也没有《圣经》，他们生活在神话的信念之中。他们的神话用口头来讲述，用仪式来表演。人类学家的这一部分研究就是我们强调的第三重证据，即书本以外的活态文化传承。将一些古老神话和出土文物带回到活态的信念语境之中，进而提供一个逼真的神话宇宙观，这也就是坎贝尔所说的宇宙论功能。我们可以将此称为"神话情境还原"。

神话的第三个功能是社会性，即神话能够支持个体在其所生活的社会中形成特殊道德规范，并铭刻在个体身上。这实际上相当于说，神话确认了人类很多的规定动作。举个最简单的例子，今天的作息制度以星期或礼拜为周期，第七天就叫礼拜日。礼拜干什么呢？礼拜通常是信徒们在教堂里念《创世记》，为了纪念上帝用六天的时间创造出宇宙和人类，第七天上帝需要休息，所以，人类在这一天也需要休息。这种礼拜制度来自古代希伯来人的创世神话。换句话说，神话的这种功能也叫作文化的潜规则，一般的老百姓均被它支配，但是大部分人并不知其所以然。因此，通过学习神话，我们能够认识到这些深远文化的潜规则部分。这是坎贝尔所认为的神话的第三个功能。

第四个功能强调神话能够引导个体，并使其保持活力和内心的和谐。这点主要是从精神上分析人为什么需要神话。我们生活在科学昌明、人工智能的时代，神话早已经离我们远去，但人类是从洪荒中走来的，数万年来伴随的信仰和神灵现在突然消失，只剩下一片空虚，这时候就特别需要神话讲述来调节和平衡人的精神。神话讲述能够产生强大的平衡力量，能够缓解人内心的矛盾冲突，甚至能够在某种意义上让我们回归自然，恢复人和宇宙的和谐。在这个层面上，我们就很容易理解，今天像卡梅隆这样的文化创意者在诸如《阿凡达》之类的影片中将人和宇宙设置在了一个人神共存的情境之中的原因，因为这些影片的制作者都具有丰富的神话知识。

以上就是坎贝尔的神话四功能说。

本讲的最后要简单介绍一下本书的两个特色。其一，本书所讲的世界神话强调的是五大洲、全人类共同体所覆盖的神话。过去我们讲世界文学，从古希腊罗马一直讲到西方的现代派，可能还会有埃及、印度等东方文学的内容，其他部分鲜少涉及，而原住民的部分几乎未涉及。本书所讲的世界神话突出整体覆盖的概念，过去我们所知甚少的、没有文字的原住民神话，会在本书中占有一定的比例。原住民在世界上所覆盖的族群大约有 2000 多个，90% 以上都是没有文字的，我们过去把这一部分当成"下里巴人"，借用今天一个通行的词叫作"沉默的大多数"。实际上，我们忽视了这部分的价值。因此，我们除了讲西方强势文明的神话，也会关注到原住民的生活和他们的口头叙事，专门在外国神话部分中增加了原住民神话这一部分。另外，在中国神话部分也增加了少数民族神话概况的内容。

其二，本书采用四重证据的新方法作为方法论支撑。四重证据法能够让我们认识到神话是怎么来的，神话想象与神话逻辑是如何产生的，为什么不同的动物在古人心目中都具有死而再生的特点，并组合成了一个神圣的形象。这类问题的答案在于文化基因。但文化基因并不能够在短浅的文字叙事中找到，一定要在先于甲骨文字的崇拜脉络中去寻找才能找到。文化基因的基因库的时间跨度都在四五千年以上，这种新知识观有利于提升欣赏神话作品的学术水准。

下面是一个具体案例。2012年，中国作家莫言获得诺贝尔文学奖，他有一部小说——《蛙》。有人在读完这部小说之后觉得内容可以看懂，小说讲的是计划生育政策；但莫言为什么给这部小说起一个动物的名字，一般的读者是看不懂的。大家都知道，莫言熟悉民俗，会把民间的东西写到作品中去；又在一定程度上受到了魔幻现实主义的影响，把很多奇幻的东西写进现实生活中。但为什么关于"计划生育"的作品采用一个动物的名字来命名？实际上这一行为的背后隐含的是一种神话的编码。没有破解神话编码，就只能看懂字面上叙事的意义，而看不懂莫言在作品中想要表达的隐喻意义。生育的对象在汉语中叫作"娃"，"娃"是女字旁，而"蛙"是虫字旁，"蛙"和"娃"在今天的读音类似，字形也很像。其实，莫言就是要在这两个汉字中进行神话联想，因为蛙代表的就是史前先民心目中神圣的生育之神。相比于人类的生育，蛙的繁殖能力强大，人类产生了对蛙生育能力的神圣崇拜。

图1-10是甘肃洮河流域出土的马家窑文化的彩陶，距今约4500年。马家窑文化的彩陶上经常出现半人半蛙形状的造型，考古工作者称之为"蛙人神"。这个模仿蛙的彩陶形象，还特别雕塑出一个人头。该人头张着大嘴好像发出了声音。当我们回到5000年的蛙崇拜传统中，再来看莫言获得诺贝尔文学奖的小说，以计划生育为题材的《蛙》，我们就会明白：作者其实巧妙运用了蛙和娃的隐喻，表达了他对计划生育现象的深入思考。《蛙》并非一部纯粹的写实主义小说，小说中蕴含的深层文化需要神话专家去作深层的解

图 1-10　甘肃临洮出土马家窑文化蛙人神彩陶罐，距今约 4500 年。（摄于甘肃马家窑彩陶文化博物馆）

读。我们理解它的关键在于学习并逐渐熟悉石器时代以来传承至今的蛙神信仰。

图 1-11 是河北滦平出土的一件史前文物，呈现为一个人用双手举着自己头上戴着的巨型面具，面具的形象正是个蛤蟆，文物整体上也是半人半蛙的造型。图 1-12 呈现的是距今 3000 多年、青海出土的史前陶罐上的图案。陶罐上的蛙形象为几何形状，类似蛙泳的姿势。实际上，这个蛙形象代表的是阴，在它上面所画的符号代表的是阳。阴和阳、天和地、父亲和母亲，乾坤和宇宙在相关的图像符号中都具有深远的意义，如果把这些连接起来，一个近万年的神话思维、神话崇拜传统就被整合成一个整体了。

本讲特别强调了两种神话动物，其一是猫头鹰，其二是蛙。一般人认为商代青铜器上的造型是装饰，但值得注意的是，古人不像现代人一样拥有如此多的美学、艺术等的设计理念，实际上这些造

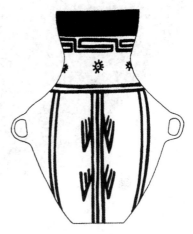

图1-11 戴蛙面具蹲坐的石人像：高9厘米，夏家店上层文化，山戎人。①

图1-12 青海民和核桃庄出土辛店文化陶器上的蛙人图案

型表达的都是古人心目中崇拜的神圣偶像。所以，青铜器上出现的大眼睛、展开翅膀的猫头鹰（图1-13），代表的就是神圣；出现的蛙、蛤蟆等动物的形象（图1-14），代表着生命再生。这就是史前时期的鸮和蛙崇拜在青铜时代的延续性呈现。

再看比青铜时代还早的玉器时代的造型艺术。图1-15和图1-16所示的两件文物分别出土于辽宁建平和江苏南京附近，都是距今5000年以上的珍稀玉器文物。尤其是这件双首一身的猫头鹰玉雕（图1-15），它体现了先民在用神话想象和最高工艺塑造他们所崇奉的神圣形象。这种双头一身的动物在先秦典籍《山海经》中有所记载，而《山海经》中讲述的这些奇奇怪怪的形象，在文化大传

---

① 图片来自滦平博物馆官网。相关考古报告见赵志厚：《河北省滦平县营坊村出土兽面石人》，《文物》1985年第2期。

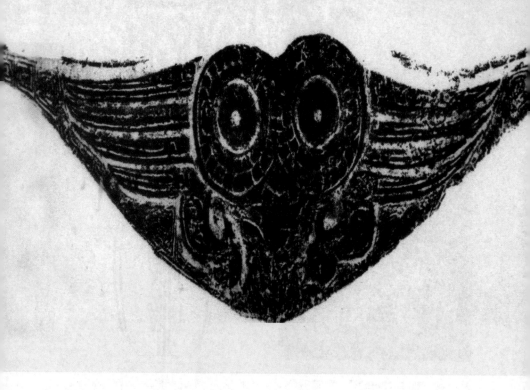

图 1-13　河南安阳殷墟妇好墓出土青铜器上的鸱鸮展翅造型

图 1-14　河南安阳殷墟出土商代提梁卣上的蛙神纹饰

图 1-15　辽宁建平牛河梁出土红山文化玉雕鸮，双首一身。（摄于辽宁省博物馆）

统的文物中或许能够找到它们的"底牌"或者原型。从玉器时代到青铜时代，也就是从文化大传统到小传统，从没有文字的史前社会进入到具有文字记载的华夏文明，这样一种整体性的视野和考察脉络，就是本书的突出特色所在。通过对人类神话的较全面覆盖和深度的四重证据认知，我们能够理解澳大利亚原住民用图像表达的双蛇神话，还能够理解"龙蛇不分"这一成语背后隐含着的对于蛇的崇拜，等等。

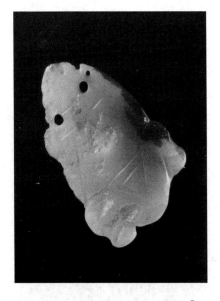

图 1-16 南京博物院藏良渚文化玉雕蛙[①]

在本书二十五讲的内容中，这些神圣意象会反复出现。例如在"希伯来神话"这一讲中，我们会讲到为什么苹果手机上的那个苹果标志少了一块，其背后的神话含义为蛇引诱人类的祖先夏娃啃了一口苹果而犯下原罪。此外，蛇的蜕皮代表着生命的再生，而生命的再生就代表着永生不死。所以，蛇在所有原住民的神话中几乎都是永生不死的符号和象征，伏羲女娲人首蛇身形象的神秘含义也就不言而喻了。

虽然神话的表达方式千差万别，但神话思维也是有其自身逻辑的，这个逻辑与形而上的哲学逻辑不同，是类比联想。当我们没有找到神话的逻辑或"底牌"时，会感觉到无法解读神话的内容，好像神话叙事多为一些奇谈怪论。但一旦找到了神话逻辑，那就会发

① 古方主编：《中国出土玉器全集（7）》，科学出版社，2005，第18页。

现，神话思维至今还支配着所谓的"第四世界"的人们。

什么是"第四世界"？所谓"第四世界"就是在世界各个角落上生存的没有文字的原住民族，在过去的教育和知识中，几乎没有关于他们的内容。我们今天生活在后殖民时代，这些原住民族过去通常被殖民者当作野人、原始人。实际上，这些原住民族的神话遗产中保留着丰富的人与自然关系的联想模型，尤其蕴含着生态方面的智慧，这也是为什么我在第一讲的最后要用澳大利亚原住民梦幻时代的神圣蛇崇拜的图像（图1-17）作为结束语。蛇，在基督教思想笼罩下的西方文明中，早已蜕变为上帝的敌人或恶魔的化身，而在原住民文化中却依然保留着至高的神圣性。对同一种现实生物的不同文化编码，

图1-17　澳大利亚原住民绘画中的双蛇母题（2010年摄于荷兰阿姆斯特丹热带博物馆）

其原理何在？希望本书能够启发读者关于这方面的深度思考。

参考书目

1. 谭佳主编：《神话中国：中国神话学的反思与开拓》，生活·读书·新知三联书店，2019。
2. 萧兵：《神话学引论》，陕西师范大学出版总社有限公司，2019。
3. 叶舒宪：《文学人类学教程》，中国社会科学出版社，2010。
4. 叶舒宪主编："神话学文库"38种，陕西师范大学出版总社有限公

司，2011—2019。

5. 叶舒宪主编："神话历史丛书"9种，南方日报出版社，2011—
   2015。

6. 袁珂:《中国神话史》，上海文艺出版社，1988; 世界图书出版公司，
   2010。

7. ［美］张光直:《美术·神话与祭祀》，郭净、陈星译，辽宁教育
   出版社，1988。

8. ［日］大林太良:《神话学入门》，林相泰、贾福水译，中国民间
   文艺出版社，1989。

9. ［日］吉田祯吾:《宗教人类学》，王子今、周苏平译，陕西人民
   教育出版社，1991。

10. 《如何阅读世界神话——日本民族学家大林太良与神话学者吉田
    敦彦对话录》，唐卉译，《长江大学学报（社会科学版）》2014年第
    3期。

11. Armstrong, Karen. *A Short History of Myth*. Canongate Books Ltd, 2005.

12. Billington, Sandra & Green, Miranda, ed. *The Concept of Goddess*. Rout-
    ledge, 1996.

13. Bradley, Richard. *Image and Audience: Rethinking Prehistoric Art*. Ox-
    ford University Press, 2009.

14. Campbell, Joseph. *The Masks of God*：*Primitive Mythology*. the Viking
    Press, 1959.

15. Cauvin, Jacques. *The Birth of the Gods and the Origins of Agriculture*.
    Cambridge University Press, 2000.

世界神话：神话学的东渐

本讲主要介绍神话学作为一门新学科如何在西方文明中产生，又如何在 20 世纪初开始传播到中国。

神话学的全称叫"比较神话学"，最早建立这门学科的是一位名为麦克斯·缪勒的德裔英国学者。他在 1856 年出版了一本书，书名就叫作"比较神话学"。麦克斯·缪勒是第一位向西方世界全面介绍古老的东方文明、宗教和圣典的西方学者，他将大量的印度古代经典翻译成西方文字，所以他既是一位比较语言学家，又是一位比较宗教学家，还是一位神话学家。神话学随着西学东渐的大潮率先传到日本，后又经过留学日本的中国学生辗转引荐到中国，这便是 20 世纪初年的情况。

▌神话学史的三个阶段

首先我们简单勾勒一下神话学这门学科在西方学界中的发生和发展情况。神话学在西方大致经历了三个发展阶段。第一个阶段为雏形阶段，时间跨度为公元前 5 世纪到公元 18 世纪。在这一阶段，我们主要探讨最早的学者为什么开始关注神话这个对象，其相关思考产生了哪些观点和认识。第二个阶段为学科阶段，主要是从 18 世纪到 19 世纪。在这一阶段，一批专门从事人文社会科学研究的专家开始就神话等相关问题撰写专著或教材，促进这门学科的形成。第三阶段为19世纪中后期至20世纪，是神话学大发展的阶段。

我们从公元前5世纪到公元18世纪的第一个阶段，即雏形阶段讲起。这一阶段主要介绍神话是如何在西方的人文知识分子那里变成了一种被关注的对象。首先简单介绍一下最初的两种神话学理论。第一种理论为"神话的寓意说"，即将某种思想观念寄寓在一种比较通俗的故事形式中。该理论主要代表人物是古希腊的思想家色诺芬尼和亚里士多德。他们认为，不能从字面上去看待神话讲述的内容，而是要寻找神话背后寄托的思想，即神话的深层寓意。"神话的寓意说"是最早产生的一种神话学理论。

古希腊人的第二种神话理论是欧赫美尔主义（Euemeros），也有学者翻译成欧赫麦尔主义。该理论是由一位名叫欧赫美尔的学者提出来的，进而形成了一种流派，被称为欧赫美尔主义。欧赫美尔在其专著《神圣史》中，把历史看成是一种神圣叙事的延续。在他看来，"神"本质上就是在历史中建立丰功伟绩的人，后人开始追念他们，崇拜他们，于是就把人变成了神。欧赫美尔主义理论主张，在考察神话时，要找到神话的历史人物原型。

以上就是古希腊时期神话学雏形阶段的两种主要理论，即关于寓意的理论和欧赫美尔主义的神话历史理论。

神话学发展的第二个阶段是学科阶段，时间是从18世纪到19世纪。在此期间，西方的社会科学开始建立，并且出现了近代人文社会科学的许多奠基人物，其中最重要的一位学者是意大利的维柯。他在1725年出版了 New Science 一书，即《新科学》。维柯认为，以前的科学针对的是自然、物理、化学、生物，没有关于人和人类社会的系统知识。所以他倡导的"新科学"，是关于人的社会科学。在《新科学》中，他提出了一套历史哲学理论，他认为，人类的文化在历史上经历了整整三个叠加的过渡时代，第一个时代叫"神话时代"，第二个时代叫"英雄时代"，第三个时代叫"人的时代"。也就是说，古人从最初崇拜神庙中的神灵，到崇拜那些建立丰功伟业的英雄，最后到日常生活中现实的人，这期间经历了一个漫长的发展过程。维柯主要的研究对象是古希腊的《荷马史诗》，通过研究《荷马史诗》，维柯发现，决定战争胜负的并不是英雄之间的打斗，而是在背后操纵英雄命运的诸神。所以他认为历史的第一个时代是神的时代，即神话时代。从神的时代进入到英雄时代，再到人的时代，这是最早提出的关于人类历史演变普遍规律的学说，它比马克思主义的历史唯物论要早很多年。从某种意义上说，维柯的学说奠定了西方人文社会科学的基础，因为它要解决的是自然科学所没有解决的有关"人"的问题。维柯也研究了《荷马史诗》中的神人关系，因此，《新科学》也是我们今天学习神话学这门学科必读的奠基性著作。

在维柯之后，德国哲学家谢林于 1857 年出版了《神话哲学》，他提出神话是人类认识世界的最早方式。谢林并不是从我们所熟悉的文学作品的层面上去看待神话的，而是把神话的叙事作为人类观察和解释自然、社会的一种思维方式。所以谢林的学说在本质上是哲学的，他认为神话这种早期的认知方式正是人类理性和哲学的源头。

这样一来我们就会发现，神话学的范围与今天国人通常理解的神话，存在着很大的差距。在当代中国的大学教育中，哲学系、历史系和考古系通常是不讲神话的，只有中文系的民间文学课程才会系统讲到神话。但我们在介绍西方神话学史的时候会特意强调，神话并不只属于文学，神话的概念要比文学大得多，它是文学、历史、哲学、宗教、政治、法律、艺术等所有人文社会学科的共同源头。按照谢林的说法，人类最初开始感知以及思考世界都是通过神话叙事来表达的，所以，如果今天仅仅把神话当作是文学的一种形式，实际上是把神话的大部分内容忽略了。

神话学发展的第三个阶段是成熟阶段，是从 19 世纪中后期到 20 世纪。由于从 19 世纪中后期开始出现了一些重要的新兴学科，神话学研究在这一时期也逐渐学科化。例如德裔英国学者麦克斯·缪勒在英国的大学里开设了神话学课程，出版了专著《比较神话学》。除此之外，比较语言学、比较文化学（也叫文化人类学），还有比较宗教学、考古学等一些相关的学科都是在这个时期开始起步的，这些新兴学科为神话研究带来了许多交叉的不同视点，为神话学的发展和繁荣提供了动力。在这一阶段，我们主要介绍五大事件。

第一个事件就是 1856 年德裔英国学者麦克斯·缪勒出版了《比较神话学》，第二个事件是 1871 年英国人类学家爱德华·泰勒出版了专门讲述原住民精神文化的专著《原始文化》。原住民一没有教堂，二没有文字，三没有《圣经》，四没有历史书，也没有书院式的教育，他们的一切意识形态都是通过口头讲唱的方式由神话叙事来表达的。所以在这一阶段，人类学家对于原住民文化的研究，为人们认识神话这个概念带来了巨大的拓展。过去讲神话，主要就是指希腊神话和罗马神话，最多再涉及《圣经》的一些内容和北欧神话，但人类学家的研究覆盖全世界数以千计的民族和族群，在这些民族和族群中，没有一个是没有神话讲述的。于是就有了第二个事件——1871 年出版的《原始文化》为文化人类学这门学科的诞生奠定了基础，也为神话学的研究带来了广泛的交叉和发展的动力，大大拓宽了神话考察的范围。

第三个事件是 1900 年前后由和泰勒齐名的另一位大师级人物弗雷泽（全名为乔治·詹姆斯·弗雷泽）贡献的。弗雷泽与泰勒并称为英国人类学的奠基者。弗雷泽著作等身，其中最著名的就是他的大部头系列著作《金枝》。全书共 12 册，讲述的是古代西方的信仰和仪式及其史前之根，由此说明人类精神如何经历从巫术到宗教、再到科学的过程，展现了人类宗教的整个发展史。弗雷泽之所以将其书命名为"金枝"，是由于在古罗马的神话中金树枝象征着王权的交替。全书的大部分内容都涉及神话，覆盖五大洲。所以《金枝》也成为神话学研究的经典作品。

与此同时，弗雷泽又对《圣经·旧约》进行了比较文化学视角的解读，出版了《〈旧约〉中的民间传说》一书。由于书名中 folklore 一词在汉语中既有民间文学又有民俗的含义，因此也有学者将其翻译为《〈旧约〉中的民俗》。大家都知道《旧约》是犹太教的"《圣经》"，后来的基督教将其作为《圣经》的前半部分，加上后起的《新约》，二者共同组成基督教的圣典。《旧约》在过去被西方人看作是最神圣的信仰之书，其思想是上帝授予的。弗雷泽从比较文化学的角度重新研究《旧约》中的神话叙事，例如关于大家都很熟悉的人类的祖先亚当和夏娃违背了上帝的意志，犯下了原罪，进而被赶出伊甸园的故事，弗雷泽在《〈旧约〉中的民间传说》一书中一共列举了世界五大洲范围内大约 40 种与亚当夏娃故事类似的神话叙事。这本书的出版，就把我们所说的神话观念，从单一民族拓展到了全球的语境中。我们也把这种变化叫作知识的全球化。直到今天也很少有学者能够达到弗雷泽这样的知识广度，能够在五大洲的范围内寻找神话素材。因此，弗雷泽是一个伟大的学者，是知识全球化过程的引领者。

第四个事件是 1906 年在德国柏林成立了比较神话学学会，对于全球神话学发展也起到了推动作用。以上就是西方神话学从 19 世纪中后期到 20 世纪初年发展的大致情况。

第五个事件是日本学者高木敏雄在 1904 年出版了一本研究专著，书名也叫"比较神话学"，这部书也是我们现在在东方的语言世界中所能够找到的用"神话学"作为标题的早期大作。高木敏雄的《比较神话学》与西方学者的《比较神话学》并不相同，他的这本书有相当大的篇幅涉及中国神话，并且比较的维度更多地聚焦于日本、韩国、朝鲜、中国等东方国家，所以高木敏雄的《比较神话学》与我们的知识范围更为接近。可惜这本重要著作目前还没有中译本。

以上简要勾勒出神话学史发展的三个阶段，包括雏形阶段、学科阶段和成熟阶段。时间跨度是从公元前 5 世纪到公元 20 世纪。这期间有一些代表性成果，其中有七本代表性著作（表 2-1）。

表 2-1　神话学史的三个阶段及代表性成果

阶段	时间	代表性成果	
雏形阶段	公元前 5 世纪—公元 18 世纪	寓意说 欧赫美尔主义	
学科阶段	18—19 世纪	1725 年 1857 年	维柯《新科学》 谢林《神话哲学》
成熟阶段	19 世纪中后期到 20 世纪	1856 年 1871 年 1900 年前后 1904 年 1906 年	麦克斯·缪勒《比较神话学》 爱德华·泰勒《原始文化》 弗雷泽《金枝》《〈旧约〉中的民间传说》 高木敏雄《比较神话学》 柏林成立比较神话学学会

▌ 神话学传播到中国

1902 年在现代汉语中第一次出现了作为术语的"神话"一词。有人可能会问，中国古代有那么多神话内容，古人为什么没有进行神话研究？其实，古人并没有系统地使用过"神话"这个词语，这两个字在古汉语中只是作为日常语言偶尔一起出现，并没有作为一个专门的学术用语。"神话"一词于 1900 年前后从日文引进中国之后，才真正作为术语使用。日文的"神话"是从英文的 myth 翻译过来的，日本人用中国的两个汉字翻译了英文的 myth；当时的留日学者梁启超、蒋观云于 1902—1903 年发表的文章里，最早采用"神话"这个术语，于是就有了今天所说的"神话"。

从 1902 年到今天，神话学进入中国已经有了一个多世纪的时间。在此向大家推荐"神话学文库"中《中国神话学百年文论选》一书。当然，对于初学者来说，未必要涉猎这么高深的内容，但是如果大家对中国神话，特别是对中国神话研究这个学术领域感兴趣，这本书可以作为辅助参考的入门读物，因为它精选了近百年来最具代表性的神话学研究论文，神话学的产生以及神话学在中国的发展等相关问题都可以在此书中找到答案。

接下来介绍的是大家都很熟悉的两位中国现代文豪，一位是鲁迅，另一位是茅盾，他们对于神话学在中国的早期传播发挥了重要作用。

在前面的讲述中我们曾经提到过一个现象，那就是在中国只有大学的文学课堂才会系统讲述神话，在绝大多数人的观念中，神话跟历史、哲学等学科毫无关系，只跟文学有关。这种现象产生的原因，就在于早期在中国介绍并讨论神话的是鲁迅与茅盾这两位文学大家，他们在小说创作中也往往会采用神话作为题材，所以神话在一定程度上被文学化了，甚至变成了文学的"专利"，而与宗教、哲学、历史等学科却没有这么紧密的关系。

1908 年鲁迅先生创作了一篇文章——《破恶声论》，这篇文章是他比较早提到神话的一部代表性作品。文章中提到了神话的来源，"夫神话之作，本于古民，睹天物之奇觚，则逞神思而施以人化"。意思就是，古代的贤明者在看到天地之间发生一些奇怪的事情之后，便用他们的神思妙想来人格化地解释这些现象。鲁迅先生对此的态度是"虽信之失当，而嘲之则大惑也"，即完全相信这些解释是不对的，但是要对古人的这种解释进行嘲讽，更是大错特错。然后他提到西欧的文学艺术就是从神话发展起来的，"思想文术，赖是而庄严美妙者，不知几何"，也就是说，想要了解西方文学并不能脱离其古老而又美妙的神话源头。所以，在鲁迅先生看来，学习西方文学要从神话开始，中国的情况亦是如此，鲁迅在这篇文章中第一次正面提到了学习神话的重要性。

在鲁迅之后，茅盾先生曾有一段时间专门翻译和介绍神话学的研究成果。他在1929年出版了神话学研究的代表性著作《中国神话研究ABC》，"ABC"就是入门的意思，《中国神话研究ABC》是茅盾先生在学习和借鉴西方神话学的基础上，创作出来的中国神话学早期研究专著。比茅盾先生稍早或者同时代的，还有一批热衷于神话的知识分子，其中一位学者叫黄石，他于1927年出版了《神话研究》一书。黄石先生的神话研究基本上是译介的，就是用编译的方式介绍西方神话学研究的来龙去脉，其中偶尔也涉及一些中国神话的问题。除了黄石的《神话研究》，这一时期的代表性作品还有谢六逸的《神话学ABC》，这本书也是介绍西方神话学研究的入门著作。除此之外，还有人类学家林惠祥先生的专著《神话论》以及赵景深先生于1927年翻译的《神话与民间故事》，这些都是这一时期神话学研究的重要著作。在这之后，汪倜然和方璧（茅盾笔名之一）也分别对希腊神话和北欧神话作了简单介绍。

1949年中华人民共和国成立以后，在毛泽东主席的建议下成立了中国民间文艺家协会，其职能就是以县为单位收集和采编中国民间文学作品。中国民间文艺家协会的第一任主席是郭沫若，所以中国早期神话学事业的发展离不开鲁迅、茅盾、郭沫若等文学家所作出的杰出贡献。中国民间文艺家协会从建立至今已经发展成为全世界规模最大的收集、整理、出版民间口头文学的机构。在学术方面，许多大学的中文系为了配合中国民间文艺家协会的工作而设立了民间文学教研室，但是在 20 世纪末、21 世纪初的时候，在学科调整的大背景下，民间文学和民俗学被整编到了一起（民俗学被归到社会学一级学科之下），许多高校原有的民间文学师资逐渐流失。由于神话学又专属于和作家文学相对的民间文学，因此，神话学的课程在这一时期便难以开展。虽然我国的神话学资源非常丰厚，但是相关的研究相对于传统的作家文学而言还是非常薄弱的。希望未来能够培养出一些热衷于中国神话研究的学者，因为中国神话的研究空间是非常广阔的。

21 世纪以来，中国神话学的研究范围发生了根本性的转变，这一转变与文学人类学学派的兴起有着密切的关系。文学人类学学派的工作就是把人类学研究的口传文化和书面文学结合起来进行研究，换句话说，就是将没有文字的文化大传统与有文字的文化小传统对接起来进行整合研究。今天说的口传文化，其实就是文化大传统的余脉。文化大传统既包括先于汉字的神话图像、考古资料、艺术史资料，也包括没有进入书写文化的多民族的口传文化。时至今日，虽然民间艺人仍在不断地讲唱口传文化作品，但这些作品并不是他们自己创作的，而是千百年来流传至今的，成为一种传统，与文化大传统息息相通。

▌从"中国神话"到"神话中国"

　　在 21 世纪，我们重新提出了一个具有引导性的概念——神话历史。我们认为，中国的历史讲述从一开始就离不开神话，无论是《春秋》《史记》，还是《清史稿》的创作构思，基本上都是由神话信仰的观念（如天人感应或天命）支配的。过去由于神话是文学的"专利"，所以以往的鲁迅、茅盾、郭沫若等人对于神话的研究是文学性的，而我们今天要研究的是作为神话的"中国"，即从寻找"中国神话"到认知"神话中国"。在我们看来，中国的"中"就是一个神话概念，国家的"国"也是一个神话概念，汉民族的"汉"还是一个神话概念，九州、神州、龙、凤等都是神话概念，中国传统完全是被神话建构和包装起来的，如果仅仅在文学层面寻找和研究神话，这实际上是把中国神话的大部分内容隐藏起来了。所以，我们需要拓展神话研究的格局，在此基础上提出神话历史的概念。

　　自 2011 年起，南方日报出版社出版了一套丛书，名叫"神话历史丛书"。其第一部为《断裂中的神圣重构：〈春秋〉的神话隐喻》。大家都知道，《春秋》是中国的第一部断代史，相传为孔子所作，但在我们看来，《春秋》的作者并不是孔圣人，因为在孔子生活的时代大多是口头讲述而鲜有书面作品。

　　作为鲁国 242 年的历史书写，《春秋》始于"元年春王正月"，就是我们说的新年第一月第一天，终于第 242 年。在这一年天下出现了一个怪物，名字叫麒麟，鲁哀公西巡猎获麒麟，在历史上这一事件叫作"西狩获麟"。麒麟作为一种神话性的动物，它的出现是改朝换代的一种征兆，因此历史就此终结，《春秋》至此辍笔。这就是典型的神话历史的创作手法。元年即第一年，就是创世记神话之开篇，而"创世记"的终结则以麒麟的出现为标志。

麒麟作为现实世界中并不存在的神兽，在古人看来是历史的界标，这说明中国神话与中国历史有着密切的内在联系，中国历史的建构在很大程度上是被神话支配的。"神话历史丛书"代表着21世纪神话研究的转变，它把神话从纯文学的讲述推进到了用神话历史的眼光重新阐释中国"二十四史"，乃至重审中国文化的总体。

接下来说说拙著《图说中华文明发生史》，它主要讲述中华文明发生的最初三个朝代，即夏商周。但这本书的主要内容则追溯到夏商周以前，也就是涉及我们所说的文化大传统部分（过去统称为史前史）。这本书把先于文字记载的神话图像、考古发现等资料连成线索，并且将出土的文物图像按照年代顺序组合排列出来，讲述了中华文明自史前至秦始皇统一8000年间的发生发展历程。对于中华文明发生史的研究，不能仅仅依靠司马迁、班固等人留下来的历史文献，因为不管是司马迁、班固，还是孔子、孟子，他们都没有看到过距今5000年以上的文物图像。因此，他们并不知道那时候的中国是什么样子，更不用说更早以前的了。书的封面图采用了湖北荆州博物馆珍藏的一件人龙共在的玉器，人站在龙的尾巴梢上，龙自下而上进行海、陆、空三界穿越，因此龙在这里是一个神圣的交通工具。人生活在有限的大地上，并不能上天入海，但当有了龙、蛇这样的想象，人便能够"穿越三界"。所以，这个图像非常生动具体地告诉人们：作为中华民族图腾的龙是怎么来的，其最初的功能是什么。通过这些图像资料，我们便能够勾勒出8000年延续不断的文化发展脉络，从秦始皇、汉武帝以后，便开始有文人把龙视为天子以及统治者的象征，所以后来便有了"真龙天子""龙的传人"等观念。透过神话历史的视野，我们便可以把这些被神话隐藏的历史真相分层次地揭示出来。

在 21 世纪的今天，文化创意产业在全球逐渐成为替代原有工业的一种新兴产业，无论是发达国家还是发展中国家，都日益重视文化创意产业的发展。因为文化创意产业的最大特点就是不消耗能源且没有污染，它完全是靠人的大脑，通过文化资源的再发掘、再认识以及再创作来引领流量和创造利润的，所以这也是神话这样一个古老的题材在今天能够受到热捧的重要原因。其中最为明显的一个体现就是图腾热，具体来说就是大家都很熟悉的"狼图腾"问题。

为什么一个在内蒙古插队的知青作家写出来的小说《狼图腾》变成了 21 世纪初中国的畅销书？原因就是它引发了关于图腾背后的神话观念以及主流文化和边缘文化关系的思考。如果要问图腾热的源头，那么应与《弗洛伊德与艺术》一书关系密切。

弗洛伊德是一位心理医生，他在 1899 年写了成名作《释梦》（一译《梦的解析》），并且创立了精神分析学派。他特别关注希腊、罗马、埃及神话。除了《释梦》，他还写了一本名著——《图腾与禁忌》。就是因为弗洛伊德的研究，20 世纪以来对于图腾、信仰、宗教、巫术等相关问题的研究非常兴盛。弗洛伊德的学生荣格在某种意义上比弗洛伊德的影响更大，弗洛伊德强调个人的无意识，而荣格研究的是人类的集体无意识，所以在荣格看来，神话就是人类群体的梦。这就是心理学家把心理学的维度介入神话的研究和思考，给整个文化创意产业带来了巨大的创意能量。《弗洛伊德与艺术》一书的封面采用了在维也纳的弗洛伊德故居中摆设的斯芬克斯雕像的形象（图 2-1）。斯芬克斯是希腊神话中的人面狮身女妖（图 2-2），当代精神分析学家把它作为解释人类心理问题的一个专有名词。斯芬克斯对路过者发出的谜语，只有一个智慧人能够猜透，这个人就是俄狄浦斯。俄狄浦斯如此聪明，却无法预知自己杀父娶母的厄运。精神分析学用"俄狄浦斯情结"这个术语，代表埋藏在所

图 2-1 英文版《弗洛伊德与艺术》一书封面（摄于奥地利维也纳弗洛伊德故居）

有男性潜意识中的恋母情结。

图 2-3 描绘的是著名的希腊英雄俄狄浦斯面对斯芬克斯的谜语的场面。当代画家用现代的画法描绘出了一个更加妖魔化的斯芬克斯。我们看了这幅画之后就会知道，今天的艺术家、编剧等文化创意工作者非常需要弥补关于古典神话的知识，尤其是关于世界神话的知识。

说到与狼有关的图腾神话，图 2-4 呈现的是古罗马广场上

图 2-2 奥地利维也纳街头雕塑：希腊神话中的人面狮身女妖斯芬克斯。（摄于 2001 年）

图 2-3　斯芬克斯和俄狄浦斯。当代再创作的希腊神话图像，让女妖更加妖魔化，男主人公则像影片《007》中的英雄。这种现象在理论上解释为对文化原编码的再编码。

图 2-4　意大利首都罗马街头的纪念铜像（摄于 2001 年）

的一座雕塑，两个小孩在一头母狼身下吃奶，而这两个吃狼奶的小孩正是古罗马的建国者，罗慕路斯与瑞摩斯。在古罗马神话中，他们是一对孪生兄弟，从出生起便被父母抛弃，后来是一头母狼哺育了他们，并把他们养大成人。所以，狼图腾在古罗马是名正言顺的，而在中国兴起的狼图腾热只是当代文学家的一种想象。在古代汉语中，与狼相关的词基本上都是贬义的，狼在中国古代其实是邪恶、恐怖的象征。狼图腾在美洲的印第安原住民那里是存在的，在中国，狼图腾只存在于个别少数民族中，而绝不作为整个华夏民族的图腾。

▌ 当代神话的复兴运动

　　文化创意产业的兴起带来了巨大的社会需求，最为明显的体现就是当代神话的复兴运动（笔者称之为"新神话主义"）。无论是软件的开发还是动漫游戏的制作，都需要从神话中去寻找题材，这是前所未有的一种神话复兴。从这个层面来看，本书能够从以下四个方面发挥它的意义。

　　第一个方面是推动全球性的口传与非物质文化遗产运动。我们要在过去不被关注的少数民族、村落或部落中寻找作为人类文化遗产的古老神话传统（图2-5），这是知识观念的一种根本变革。

　　第二个方面是启发文化自觉。认识一个民族的文化由来需要找到它的根，而通过神话来寻找民族文化的根脉，是实现民族文化认同最便捷的一种方式。

　　第三个方面是寻找失落的文化价值。有些东西在过去是神圣且至高无上的，但是在今天其神圣性已经消亡。例如，今天中国人起

图 2-5　河北涉县娲皇宫祭祀独立女神女娲的礼仪（2009 年摄于娲皇宫）

名不会在名字中带有"龟"字，但古人把"龟"写在大名之中却很常见（如陆龟蒙）。为什么会出现这种现象？因为在古人的心目中，龟是一种神圣的动物。我们在中国的博物馆中经常会看到神龟驮碑等文物，为什么是龟而不是别的动物？因为神龟才能让这个碑具有神圣的权威性。除此之外，理解了龟的神圣性，我们就很容易明白中国最早的文字——甲骨文为什么写在乌龟壳上，它并不是给普通老百姓用的，而是给商代的最高统治者用来占卜神意的，占卜神意的结果会刻在龟甲上，后来从龟甲扩大到兽骨。因为神意要用能够代表神的物质材料来书写，所以龟甲的出现就代表了神圣的出现。但是，在我们今天生活的语境之中，龟的神圣性及其文化价值已经彻底消失了，取而代之的是贬义的色彩。当代人熟悉的只有餐桌上的甲鱼和中华鳖精之类的营养品。历史文化就是这样断裂的。

我们对神话进行重新讲述的目的就是要把这些失落的神圣性找回来,进而才能够真正认识文化根脉的发生和发展。这也就是我们说的第四方面,即复兴被现代性压抑的神话传统。神话发生于人与自然和谐相处的时代,神话中也潜藏了许多智慧性的文化遗产,我们不能像过去一样仅仅把神话当作文学故事来讲述和欣赏,而是要发掘出古老的神话遗产中所包含的古人的智慧,它们对于人类未来的发展是有借鉴意义的。

参考书目

1. 吕微:《神话何为:神圣叙事的传承与阐释》,社会科学文献出版社,2001。

2. 茅盾:《神话研究》,百花文艺出版社,1981。

3. 闻一多:《神话与诗》,载《闻一多全集(一)》,生活·读书·新知三联书店,1982。

4. 叶舒宪等:《比较神话学在中国:反思与开拓》,社会科学文献出版社,2016。

5. 叶舒宪:《中国神话哲学》,中国社会科学出版社,1992;陕西人民出版社,2020。

6. [德]恩斯特·卡西尔:《神话思维》,黄龙保、周振选译,中国社会科学出版社,1992。

7. [美]阿兰·邓迪斯编:《西方神话学论文选》,朝戈金、尹伊、金泽等译,上海文艺出版社,1994。

8. [美]玛格丽特·马克、[美]卡罗·S.皮尔森:《很久很久以前:以神话原型打造深植人心的品牌》,许晋福、戴至中、袁世珮译,汕头大学出版社,2003。

9. [美]马丽加·金芭塔丝:《活着的女神》,叶舒宪等译,广西师范大学出版社,2008。

10. [美]约瑟夫·坎贝尔:《千面英雄》,张承谟译,上海文艺出版社,2000。

11. ［美］约瑟夫·坎贝尔：《指引生命的神话：永续生存的力量》，张洪友、李瑶、祖晓伟等译，浙江人民出版社，2013。

12. ［日］高木敏雄：《比较神话学》，东京博文馆，1904。

13. ［日］上山安敏：《神话与理性：十九世纪末二十世纪初欧洲的知识界》，孙传钊译，上海人民出版社，1992。

14. ［英］罗伯特·A.西格尔：《神话理论》，刘象愚译，外语教学与研究出版社，2008。

15. ［英］麦克斯·缪勒：《比较神话学》，金泽译，上海文艺出版社，1989。

苏美尔、巴比伦神话

就本讲的题目而言，巴比伦是大家所熟悉的，但"苏美尔"这个词对多数读者而言可能是陌生的。为什么我们要在外国神话的部分首先介绍苏美尔神话？因为苏美尔文明是世界上最早的古老文明。我们过去习惯称世界有古埃及、古巴比伦、古印度、中国四大文明古国，其中并没有苏美尔。原因就在于我们所说的四大文明古国是 19 世纪时对世界历史的认知。20 世纪的近东考古重新发现了一个先于古埃及的文明，即苏美尔文明。苏美尔文明被今天的世界历史学家公认为人类第一文明，历史、神话、文学、度量衡、天文学、几何学等一切讲述，都要从苏美尔重新开始。所以，我们在这一讲中把苏美尔放在巴比伦之前。苏美尔文明作为人类第一文明，为之后的巴比伦留下了丰富的神话、文字、宗教等各种文明遗产，巴比伦文明是在继承苏美尔文明的基础上发展起来的。

图 3-1 和图 3-2 展示的分别是乌尔城的苏美尔神庙和苏美尔、巴比伦的女神像。神庙的层层台阶伸向天空，女神像中则再次出现了我们一再提到的神圣动物猫头鹰，它是伴随着人类最早文明的神而出现的神话意象。作为女神的化身和象征物，它常常就站在女神的旁边，所以这个女神像非常标准，她手里拿着的东西很像古埃及法老的权杖或连枷。这是一个裸体的女性形象，但她的身上却长着翅膀，女神的脚也不是人的脚，而是鹰爪，她脚下踩着两只对称的

图3-1　乌尔城的苏美尔神庙①

图3-2　苏美尔、巴比伦女神莉莉丝，人身鹰爪，背生羽翼，踏着双狮，以双猫头鹰为标志。②

---

① Duncan Baird Publishers ed. *Epics of Early Civilization*. Duncan Baird Publishers, 1998, p.8.

② Duncan Baird Publishers ed. *Epics of Early Civilization*. Duncan Baird Publishers, 1998, p.20.

狮子，狮子代表的是西方的神兽。在狮子两边站立着两只比狮子还要高大的猫头鹰。看了这些图像，我们就会一下子穿越到 5000 年前的苏美尔古国，其地点就在今天的伊拉克，人类在这里建立起了最早的城邦，城邦的中心建有高大的神庙，用来举行宗教崇拜、祭献神灵等活动。由于要展开宗教奢侈品的交易、贸易和运输，因此城邦也围绕着神庙而建构起来，我们把这一过程视为神话观念拉动人类文明发生的具体案例。

苏美尔在 5300 年前先于埃及进入了文明阶段，其主要标志就是以神庙为核心建立了城邦。埃及在其后也建造了大金字塔，这些建筑并不是实用建筑，它们唯一的功能就是作为神圣观念的象征，所以我们说这些建筑都是由神话观念拉动的。如果没有神话观念的考察视角，要想理解这些人类早期的文明，其实是非常困难的。

在苏美尔文明中发现了人类最早的文字——楔形文字，这是迄今世界上能够认知的最早的文字，可能还有一些文字比楔形文字更为古老，但是至今还没有被破译。不管是在政治、历史、经济，还是其他方面，用楔形文字记载的内容大部分都跟神话信仰相关。例如，在财政方面记载的都是神庙中的支出以及贸易，往往都与拜神活动直接联系在一起。我们之前讲过的甲骨文是一种通神的文字，是占卜的记录，苏美尔的楔形文字在一开始也有类似的功能。

研究苏美尔文明的学者通过解读楔形文字所记载的内容发现，苏美尔文明中的历史和文学是不分家的。在苏美尔文明中发现了人类的第一部史诗《吉尔伽美什》，它讲述的是神人关系，也是由神话观念支配的叙事。苏美尔文明除了留下辉煌的文字记录以外，还留下一些珍贵的物质文明，它们主要收藏在巴黎的卢浮宫和伦敦的英国国家博物馆。图 3-3 呈现的是一件距今约 5000 年的珍贵文物，也是英国国家博物馆的镇馆之宝，名叫"神树和羊"。

这件文物用纯金打造出了植物的造型，展开的叶子好像是在施展植物的生命力。在植物的中央站立着一只两足的神羊，它的主体也是由纯金塑造的，只有胡须和羊角是用一种玉石镶嵌而成的，这种镶嵌在黄金上的玉石就是我们所称的青金石，或者叫作"天青石"。在接近5000年前的人类第一文明中出现了神树和神羊造型的金镶玉，背后全都是我们所说的神话信仰观念。天青色的玉石代表着天和神，黄金同样也是神的象征，所以这些器物是象征神权的最高圣物，并非为一般人所用。脱离神话信仰观念的

图 3-3　苏美尔出土的文物：黄金镶嵌青金石的雕塑"神树和羊"。[1]

支撑，苏美尔文明的奥秘便无法被读懂。

讲到这里，其实就已经讲出了整个地中海和后来西方文明所崇拜的第一圣物——黄金。黄金作为全球的硬通货在今天被看成是世界上最珍贵的东西，但实际上，黄金是西方文明的第一神圣价值物。希腊神话中的第一个时代就叫黄金时代，但希腊神话的背后只是两三千年的历史，在5000年前的苏美尔文明中就已经出现了对于黄金的崇拜。

---

[1] Duncan Baird Publishers ed. *Epics of Early Civilization*. Duncan Baird Publishers, 1998, p.71.

如此器物出现的背后，其实透露出一些真正的历史真相，也就是古代文明的建立与神圣的宗教崇拜需求密不可分，宗教崇拜的需求进而拉动了以神庙器物为主的宗教奢侈品的生产和贸易，由此才出现了早期城市文明。值得注意的是，最早的奢侈品都是象征神权的物品，尤其是将天上的神灵与某些物质联系在一起。天青石这三个字中其实已经透露了一些线索，一旦将这种石头与天联想到一起，它就不是地上的一般的物质了，而是被神圣化了的。所以，苏美尔的神庙在建造过程中，天青石是必不可少的装饰材料。它虽然是石头的一种，却是神话观念驱动下神圣的象征物。后来我们把它称为宝石或珠宝，这就是文学艺术领域里的称呼了。

《恩美卡与阿拉塔之王》是书面记载的苏美尔重要史诗之一，史诗讲述了苏美尔的最高统治者率领自己的军队和人民不远千里到东方去寻找一种资源，这种资源就是石头。因为苏美尔盛产大麦和小麦，于是他们就拿着粮食去换石头，这也被视为最早的贸易。但在今天看来，粮食换石头这一贸易并不对等。粮食是人类赖以生存的基础，也是必不可少的战备物资；为什么要用如此重要的资源换取石头呢？我们只有把这部史诗全部读完之后才会明白，苏美尔人要跨越七条大河、翻越七座高山，到遥远的东方才能换取这种石头，而换取的这种石头正是之前提到的青金石。通过英国国家博物馆珍藏的将近 5000 年前的青金石文物，我们就会明白，苏美尔人并不是为了追求文学、美学的装饰效果而去寻找青金石，它并不是一般的石头，而是苏美尔文明顶级的圣物。今天的地质矿物学家通过调研发现，青金石的主要产地就在欧亚大陆腹地靠近我国新疆的阿富汗地区，阿富汗北部的巴达克山区是世界上最优质的青金石产地，从这里产出的青金石基本上全用于地中海一线，所以我们今天所说的丝绸之路在 5000 年前根本没有丝绸等纺织品，运输的全部都是诸如此类的石头。主要路线就是从阿富汗分别向南、向西运输，向南至印度，向西至波斯，然后通过波斯再转运到苏美尔、巴比伦、埃及、希腊等地区。所以青金石这样一种主产于阿富汗中亚地区的宝石，在人类文明起源的背景之中成为一种驱动性的物资交换与远距离贸易对象。

中国也有一部相当于史诗内容的作品——《穆天子传》。《穆天子传》并不是传世文献，而是西晋时在战国时期魏国国君魏襄王的墓中发现的。它讲述的是西周的第五代帝王周穆王到西边最遥远的昆仑山与西王母相会的故事。《穆天子传》的故事在过去被认为是古人虚构的，属于文学创作，但是我们在这部作品中看到重要的历史信息，即"载玉万只"四个字。周穆王带领着当时的军队，浩浩荡荡前往西域会见西王母，他们并非空手返程，而是跑到新疆和田，"载玉万只"而归。今天大家都知道，新疆和田出产世界上最高等的玉——羊脂白玉。在内容上，中国的《穆天子传》与苏美尔的史诗《恩美卡与阿拉塔之王》讲述的都是国王不远万里到遥远他乡求取玉石，不同的是玉石的种类，分别是和田玉和青金石。而求取玉石则是驱动文明发生发展的一个重要动力，玉石也成为最早的国际贸易和国际运输对象。因此，"丝绸之路"更准确的叫法应为"玉石之路"，因为在当时丝绸并没有登场，欧亚大陆最早的国际交通路线运送的是玉石。这样一来，我们便在神话文学的背后找到了历史的真相，即玉石神话所驱动的欲望和跨地区贸易，成为西亚文明和东亚文明发生的原因和动力。我们带着玉石神话的观念再进入人类的早期文明苏美尔文明及古埃及文明，就会发现，在它们的神话中到处都有玉石以及黄金、白银、青铜等贵金属的踪影。

地矿学者列出了最早被神圣化的石头的名称，排在第一位的是黑曜石。为什么将它排在第一位呢？因为它是最早进行国际贸易运输的一种石头。通俗一点讲，黑曜石就像一种黑色的玻璃，但实际上它是由火山喷发的岩浆凝固形成的，由于颜色是黑色的，所以被称为黑曜石。这种石头硬度高且非常锋利，本身可以当作工具使用，因此古人最先将其筛选出来作为神圣的一种象征。它的主产地之一在土耳其附近，所以在当地也出现了人类最早的城镇；也由于黑曜石在各地都有需求，通过以物易物便形成了人类最早的贸易行为。黑曜石在苏美尔文明和古埃及文明中都出现过，但后来青金石取而代之。因为黑曜石的颜色是黑色的，古人对于黑色的联想比较单一；而古人在仰望星空时发现夜空正是青金石的深青色，所以青金石便成为天的象征，也变成了被苏美尔人神圣化的第一种物质材料。不管是建造神庙还是文学作品描写，都离不开青金石。由于它是神的标记物，因此在一些护身符等装饰品中也可以看到它的踪影。因此，我们认为黑曜石和青金石是最早被人类神圣化的两种物质材料，前者有接近 1 万年的历史，后者也有大约 6000 年的历史。但青金石的获取并非易事，往往要跨越几千千米以外的高山大河，于是埃及人发明了一种方法，即人工生产出一种类似的材料，它的颜色跟青金石是一样的。也就是说，古埃及人发明了一种人工制造的"青金石"来替代不易获得的天然的青金石，这也就是琉璃或玻璃的起源。在中国西北地区的藏传佛教中，佛像的头发颜色就是青金石的颜色，这与西方文明的青金石崇拜是联系在一起的。除此之外，青金石在印度的神话史诗中一再出现，并且青金石的藏青色也是敦煌壁画的主色之一。总的来说，青金石的颜色决定了它至高无上的地位。

除了刚才介绍的黑曜石和青金石，还有一种神圣的石头叫作绿松石。绿松石的英文名称为 turquoise，直译过来就是"土耳其玉"。古希腊人想得到这种石头，但当地并没有这种矿石，只能从土耳其运输而来，所以绿松石也得名"土耳其玉"。但实际上，绿松石出产于世界很多地方，中国也是绿松石的产地之一（主产地在湖北省十堰市郧阳区、竹山县一带）。位于中原地区、8000 年前的裴李岗文化就出土了绿松石饰品。所以，像绿松石这样的石头，其最早的神圣化也是带有世界性的。

接下来我们介绍一位埃及的大神——奥西里斯，他名字的全称为 the God of Turquoise and Lapis Lazuli，意思就是"青金石和绿松石之神"。因为玉石的出现代表的就是神灵的出现，所以古人常常在身上佩戴一块石头作为护身符，实际上就体现了神人共在的意涵，这与我们今天的珠宝美学观是完全不同的。这就是神话学眼光赋予的知识。图 3-4 是今天阿富汗产的青金石原料石，它的颜色非常鲜艳，就好像夜空的藏青色。直到今天，它还是文物市场上必不可少的一种配饰材料。

为什么把这种石头叫作青金石呢？因为它的底色是青色的，上面泛着金色的斑点。古人认为这如同夜空的群星闪耀，代表的是群神的目光在闪烁，青金石之所以能够代表天神，根源就在于此。而青金石玉材在上古时期并没有传播到中国，因为当时中国

图 3-4　阿富汗产的青金石原料石（摄于北京潘家园古玩市场）

人崇拜的是纯色的玉石，而以青金石为代表的这类玉石是杂色的，所以中国人一开始并不崇拜它。

图 3-5 展示的是在苏美尔最古老的城邦之一——乌尔城出土的一件圣物，距今大约 4500 年到 4600 年。这件文物用青金石做底座，

在上面用镶嵌贝壳的方式雕塑出苏美尔国王祭祀的景象，象征着苏美尔最高统治者在王权背后也拥有神权的统治。这样一件镶嵌贝壳的青金石徽章，同样珍藏在今天的英国国家博物馆。

图 3-5　苏美尔乌尔城出土青金石嵌贝徽章：国王的祭祀礼。①

图 3-6 展示的是苏美尔尼普尔城出土的距今约 4800 年的祝祷拜神者像。这一文物的头部是用黄金打造的，两只眼睛用青金石镶嵌而成，身体则用云石雕刻而成。这一金玉组合也就是中国人所说的"金镶玉"。在这些古老的苏美尔文物背后，都有我们所说的神圣叙事。

在苏美尔留下来的文学遗产中，最重要的就是号称人类第一部史诗的《吉尔伽美什》。这部史诗由苏美尔人创作，后又经过阿卡德人、巴比伦人的改编再造，今天看到的《吉尔伽美什》是经过巴

① Duncan Baird Publishers ed. *Epics of Early Civilization*. Duncan Baird Publishers, 1998, p.55.

比伦人改造的版本。这部史诗由刻画着楔形文字的十二块泥板构成。吉尔伽美什既是苏美尔国王的名字，又是史诗英雄的名字。在史诗中，他具有半神半人的血统。《吉尔伽美什》叙述的并不是客观的历史，而是神话历史。在这里，我们只是简略介绍一下这部史诗。

在作品的叙述中，吉尔伽美什这样一位半神半人的英雄，与太阳神有直接的对话关系。通过史诗中的线索，我们认为，吉尔伽美什就是太阳神在人间的代理人。除此之外，中

图3-6 苏美尔尼普尔城出土祝祷拜神者雕像，公元前 2800 年。[①]

国的最高统治者在古代被称为天子，实际上也是天神在人间的代理者。古埃及的法老是太阳神在人间的儿子，将神之子作为人间的统治者，旨在说明其统治的合法性。由此可见，神话想象为政治统治服务。

吉尔伽美什在作品开始的时候是一位专横残暴的统治者，如同秦始皇一样，他让乌鲁克城邦人民为他修筑城墙，因此百姓怨声载道。而且他还荒淫好色，拥有所谓的初夜权，这样一种权利在今天是令人震惊的，但这确实是四五千年前古代苏美尔城邦的某种真实

① ［美］塞缪尔·诺亚·克莱默、时代－生活丛书编辑：《文明的摇篮》，纽约时代公司，1979，第 10 页。

写照。因为吉尔伽美什的荒淫残暴，人民开始向天神祈祷，让天神来对抗这个邪恶的统治者。于是，天神就造出了另一个和吉尔伽美什一样高大威猛的主人公，他的名字叫恩启都。他是一个力大无比、天下无敌的巨人，他能够用两只手轻而易举地提起两头狮子。天神造出恩启都的目的就是要纠正吉尔伽美什的暴行，让他改邪归正。两个英雄进行决斗，但并没有分出胜负，反而让两人变成了朋友。所谓惺惺相惜，不打不成交。

史诗接下来讲述了吉尔伽美什杀妖魔、战鬼怪的事迹（图3-7），他在建功立业的同时也受到了人民的拥戴。这部史诗的叙事由十二块泥板构成，在第六块泥板中出现了死亡这个主题——恩启都去世了。吉尔伽美什原以为恩启都还能死而复生，但最后恩启都还是永远离开了他。于是主人公吉尔伽美什后半生的工作就是去寻

图3-7 巴比伦时期的文物图像：吉尔伽美什（或恩启都）手搏双狮浮雕。①

---

① Duncan Baird Publishers ed. *Epics of Early Civilization*. Duncan Baird Publishers, 1998, p.63.

找死亡的秘密，他想找到人为什么会死、如何战胜死亡等问题的答案。于是，吉尔伽美什历经千难万险，跨越大山大河，沿着太阳在天上运行的方向，一直向西，去寻找不死之药——它是人类唯一的希望所在。

在中国有西王母掌管世间唯一的不死药的故事，这一故事的"后羿版本"，其实跟吉尔伽美什寻找不死药的情节非常相像。在中国的故事中，不死药所在的地方叫昆仑，昆仑据说也在西边太阳落山的地方，即西王母所在之地。在史诗《吉尔伽美什》中，不死药所在的地方叫作马什山，相当于中国的昆仑。史诗中描写这座山是太阳落下的地方，山中住着一位类似西王母的男神，其全名叫乌特纳庇什提牟，只有他知晓不死之草的秘密。这也是世间唯一能够起死回生的神药。吉尔伽美什克服了千难万险之后到达这里，向乌特纳庇什提牟询问不死药的下落。乌特纳庇什提牟告诉他不死药在旁边湖底，于是吉尔伽美什就把一块大石头绑在脚上并沉入湖底，采到了这天下唯一的不死药。但吉尔伽美什并没有独自吃下这不死之草，而是想要把它带回城邦分享给全体人民，让城邦的百姓都可以永生不死。由于走这一段路历经千难万险，吉尔伽美什非常疲惫。在回去的路上，他看到一池清泉，于是他便把不死药放在岸上并跳到清泉中沐浴，但当他洗完澡上岸再去拿不死药的时候，发现不死药不见了，取而代之的，是一张又脏又臭的蛇皮。这说明在吉尔伽美什洗澡的时候，有一条蛇把不死药吃掉了；蛇在吃掉不死药之后"返老还童"，蜕去身上旧的蛇皮，自己逃走了。人类也因此失去了永生不死的希望。

这部史诗后半部分的主题是悲剧性的，人类想寻求战胜死亡的秘方，结果却是得而复失。这与嫦娥偷灵药的情节是一样的，后羿到昆仑山西王母处寻找不死药，在得到不死药之后又被嫦娥偷走。

若是从人类命运共同体的意义上看，东亚的古代神话叙事与西亚的史诗有着共同的主题，因为吉尔伽美什与后羿这两个英雄都与太阳有关系，都与太阳在天空中自东向西的运行有关。更进一步说，这两个英雄都与由太阳建构的永生不死的循环生命观有关系。因此，需要了解古人根据太阳的运行规律所建构的神话宇宙观、时间观和生命观，这也就是我们所倡导的对古老神话文学的深层文化解读，这都属于哲学和思想史的范畴。

我针对东西方的两大古文明在上古神话以及史诗方面如此惊人的相似性写了一本小书——《英雄与太阳：中国上古史诗原型重构》。为什么主书名叫"英雄与太阳"呢？因为神话以及史诗中的一些男性主人公具有太阳神的血统，与太阳神形成对应。太阳神在天上，英雄在地上；太阳神自东向西，英雄也自东向西；太阳在西边落山，因此古人认为英雄走到西天就到达了他的末路，所以吉尔伽美什等英雄要去寻找战胜死亡的秘方。我们对这一情节进行叙事结构分析之后，归纳了九大母题，分别是：主人公的出场、主人公的罪恶、敌手与主人公的道德转变、主人公诛妖怪立大功、主人公探求不死的旅行、主人公仪式性的死亡和复活、主人公得不死药、主人公失不死药、主人公的结局。我们发现，这九大母题具有惊人相似性，这是中国古人和苏美尔、巴比伦的古代作者们，按照他们神话思维的运行规则创作出来的类似的作品。太阳的东升西落被古人想象成生命的诞生与死亡，人间的英雄作为太阳之子，其命运升降的轨迹，就是按照太阳运行方式的隐喻来创作的。太阳成为人物的原型。

《吉尔伽美什》史诗的前半部分（前六块泥板）讲述的是太阳从早上升起到正午12点这个时刻，在这一阶段的英雄叙事中，没有任何人是英雄主人公的对手，所有妖魔鬼怪都能够被打败。但是到了正午 12 点，也就是第六块泥板末尾叙述的内容，吉尔伽美什的好友恩启都死去了。而过了 12 点之后，太阳就开始西斜，史诗后半部分的叙事也因此带有了悲剧的色彩，英雄也开始走下坡路。与太阳相关的神话叙事基调从喜到悲的改变，以及英雄人物的生老病死都与太阳运行的规律有关，所以我写了《英雄与太阳》一书，以说明中国古代的后羿神话与苏美尔、巴比伦《吉尔伽美什》史诗的相似之处。

以上对《吉尔伽美什》这部伟大史诗进行了原型解读，尝试揭示这部史诗主人公先升后降、先喜后悲的叙事结构奥秘。由于人类具有共通的神话思维，东西方的古老叙事也因此呈现出了一种惊人的相似性。后来西方发明了所谓的炼金术，中国人发明了所谓的炼丹术，其原型都是不死药这个古老的神话题材在历史文明中的传承和延续，这就是我们所说的原型解读。

介绍完《吉尔伽美什》这部人类最古老的书面文学史诗作品，我们再进入另一部巴比伦创世神话作品——《埃努玛·埃利什》，这是用楔形文字泥板书写下来的第二部重要作品，比《圣经·旧约》中的《创世记》要早很多年，有很多重要的题材都来自这一部作品。《埃努玛·埃利什》主要讲述开天辟地以及人类和万物的诞生。巴比伦的主神叫马杜克，他杀死了混沌的化身提阿马特（巨大的海妖），并把它的尸体分成两半，一半为天，一半为地，有了天地就有了人类生存的空间，随后就有了万物。《埃努玛·埃利什》的叙事模式与《圣经·创世记》是相似的，不同的地方在于，《圣经》中的创世与战争、杀戮没有关系，而在《埃努玛·埃利什》中，马杜克作为创世主神是通过杀戮，以及同妖魔进行斗争而创造世界的。每年一月的第一天，巴比伦人都要抬着创世主马杜克的神像举行盛大的游行，以重演马杜克创世的故事。因为这一天意味着

图 3-8　巴比伦创世主神马杜克雕像①

图 3-9　巴比伦操蛇女神金像（2010 年摄于瑞士苏黎世大学博物馆）

旧的一年的结束、新的时间和空间的开始。创世神话对于人类的生活节奏、仪式、历法等都有一种深层的支配作用。图 3-8 是巴比伦人叙事中的创世主神——马杜克的神像，他头戴高冠，长着胡须，英俊而威武。

　　除此之外，我们还发现了众多巴比伦的神灵偶像。例如图 3-9 呈现的是苏黎世大学博物馆收藏的巴比伦操蛇女神塑像，它是按照人体的大致比例用黄金镶嵌而成的，女神双手攥着两条盘蛇，非常精美。像操蛇女神这类形象，在世界各民族以及各古老文明的神话中比比皆是。

---

① Duncan Baird Publishers ed. *Epics of Early Civilization*. Duncan Baird Publishers, 1998, p.22.

　　《吉尔伽美什》和《埃努玛·埃利什》是苏美尔、巴比伦神话中最主要的两部作品，除此之外，我们还将介绍苏美尔文明中另一个重要的神话题材——苏美尔的造人神话。因为苏美尔的造人神话是宗教信仰支配的文学叙事，它非常鲜明地体现了距今 5000 年前后的人是如何看待神的，人为什么要想象自己是由神支配的。苏美尔的造人神话也被记录在苏美尔古老的泥板文书上，后来专家学者对其进行破译和翻译，我们也把它翻译成了中文。在本书所推荐的"神话学文库"系列中，有一部书就叫"苏美尔神话"，具体的作品及版本在这本书中都可以找到。

　　苏美尔的造人神话中讲到了神为什么要造人。原因就是：起初世界是诸神所在，而诸神所在的家族繁衍太快，导致了食物缺乏，甚至造成了生存危机，此时诸神就想造一些为其提供食物的生物，于是就想到了要造人。一开始是由海洋女神和土地女神两位女神造人，造出来的人虽然并不是完美的，却是相对完整的。后来有一个男神也希望加入造人的行列，结果他造出来的人个个都是残缺不全的。这个神话告诉我们：人类生命的生产以及再生产都是由女性完成的。与此同时，由神造出来的人只有一个职能，那就是为神提供食物。祭祀供奉，为什么对古人来说是头等大事，此神话给出了完满的答案。在苏美尔和巴比伦的神话中，神造人都是用泥土，这与《圣经·创世记》中讲到的上帝用捏泥土人的方式创造亚当、夏娃是一样的。而泥土造人的方式实际上透露了 1 万年前人类在进入新石器时代后的一种技术，即制陶术，就是用泥土制造陶器。在此之前，人类是不生产陶器的，也没有将泥土烧制成陶器等类似的工艺技术，制陶术标志着人类进入了新石器时代。2012 年在我国江西鄱阳湖畔的万年县仙人洞发现了一个距今 2 万年的大陶罐，轰动世界，因为它将人类制陶术的起源大大提前了。

　　把制陶术这种人类独有的生产技术投射在古老文明的造人神话中，就变成了神用泥土创造人类。这种转变实际上是人通过自己的叙事，把人类发明创造的能力神圣化、投射到造物主的身上去了，但它实际上反映的是人类生产力的进步。神在用泥土造人的同时还要用给泥土吹气等方法为这个人灌注灵魂和生命，最为典型的就是《圣经》中讲到上帝对着用泥土捏造出来的亚当的鼻孔吹了一口气，泥塑偶人一下子就活了起来。气代表的是宇宙之中的风气，它是宇宙生命的传播途径，因此神灵能够通过一口气把神圣的生命赐予土偶、泥人。在《西游记》中，孙悟空在遇到困难时往往在自己的背后抓一把猴毛吹一口气，这一题材也是古老的造人神话母题在后来文学中的派生和延续。所以为什么要先读神话，再读后来的文学，原理就在于此：饮水思源，查源而知流。

　　以上我们讲了苏美尔、巴比伦的创世神话、英雄史诗以及造人神话。最后再讲一下巴比伦伊什塔尔女神的故事。伊什塔尔是生命女神，她能够掌控动植物、人类的生产以及宇宙之间的生命力，因此伊什塔尔女神就是所有生命的本源。在《伊什塔尔下阴间》（又译《伊什塔尔下冥府》）中伊什塔尔女神有一个恋人，他的名字叫阿多尼斯（阿都尼斯），他是植物之神。随着冬天的来临，植物相继死去，植物之神因此每年都要下一次阴间，作为恋人的伊什塔尔女神每年都要下阴间去营救他，而阴间的女王并不放走阿多尼斯，两个女神于是开始了争执。《伊什塔尔下阴间》这部作品就描写了大地失去生命女神之后愁惨凄凉的景象，因为伊什塔尔代表的是生殖力，一旦她下到阴间，大地上的一切草木都会摇落，动物不再繁殖，人类也不再生育，就如同世界末日一样。这时天神着急了，命令一定要让生命女神回来。于是天神作出了一个判决：阿多尼斯在一年当中的前六个月属于生命女神，后六个月属于阴间女神。这个故事虽然表面上讲述的是两位女神之间的一场情敌之争，但实际上讲的是，古人对植物生长周期的循环作了一种神界爱情神话的解说，这一故事也是我们熟悉的希腊神话，即维纳斯与阿多尼斯故事的原型。维纳斯作为西方最流行的爱与美之神，其原型就来自苏美尔、巴比伦的生命女神，其爱恋的对象正是阿多尼斯。所以，在西方神话的背后可能会有更深远的古老近东神话作为原型，这也就是本书提倡对文学现象展开深度透视，把世界文学看成是一个整体的原因。

通过以上介绍，我们可以大致了解人类最古老的书面文学——两河流域的苏美尔、巴比伦文学的大致情况，也能初步了解到它们对世界文学产生的不可估量的影响。

参考书目

1. 拱玉书：《日出东方：苏美尔文明探秘》，云南人民出版社，2001。
2. 拱玉书：《升起来吧！像太阳一样：解析苏美尔史诗〈恩美卡与阿拉塔之王〉》，昆仑出版社，2006。
3. 金立江：《苏美尔神话历史》，南方日报出版社，2014。
4. 叶舒宪：《英雄与太阳：中国上古史诗原型重构》，陕西人民出版社，2020。
5. ［美］克拉莫尔：《苏美尔神话》，叶舒宪、金立江译，陕西师范大学出版总社有限公司，2013。
6. ［英］唐纳德·A. 麦肯齐：《巴比伦与亚述神话》，李琴译，陕西师范大学出版总社有限公司，2018。
7. Armstrong, Karen. *A Short History of Myth.* Canongate Books Ltd, 2005.
8. Ehrlich. Carl S. *From An Antique Land: An Introduction to Ancient Near Eastern Literature.* Rowman and Littlefield Publishers, 2009.

9. Jung, C.G. *Aion.* Second edition, translated by Hull, R.R.C., Princeton University Press, 1979.

10. Knapp, Bettina L. *Women in Myth.* State University of New York Press, 1997.

11. Mithen, B. *The Prehistory of the Mind: The Cognitive Origins of Art, Religion and Science.* Thames and Hudson, 1997.

12. Ornan, Tallay. *The Triumph of the Symbol: Pictorial Representation of Deities in Mesopotamia and the Biblical Image Ban.* Vandenhoeck & Ruprecht, 2005.

13. Penglase, Charles. *Greek Myths and Mesopotamia: Parallels and Influence in the Homeric Hymns and Hesiod.* Routledge, 1994.

14. Wolkstein, D. *Inanna.* Harper & Row, 1983.

/ 第四讲 /

古埃及神话

古埃及文明在19世纪以前被认为是世界第一文明，也就是最古老的文明，但20世纪考古新发现的苏美尔文明稍早于古埃及文明，所以我们就把古埃及文明放到苏美尔文明之后讲。古埃及文明使用象形文字书写，这个传统在历史上没有完全延续下来。今天这个国家虽然还叫"埃及"，但是今天埃及人的信仰已经不是建造金字塔时代的古埃及文明的信仰了，也就是说，它的文化在历史的发展进程中有过中断。

古埃及的神话也是人类最早的书面神话之一，它的内容非常繁复，其中最重要的是以太阳神拉为代表的家族，叫作九神会。太阳神是古埃及人神学崇拜中的核心内容，古埃及人从太阳的东升西落和循环往复中建构起了他们自己的宇宙观和生命观。我们可以把这一点叫作太阳神支配下的古埃及神学，古埃及巨大的金字塔建筑以及在金字塔前面的斯芬克斯像等，都与古埃及人的太阳神信仰密切相关。

古埃及神话表面上是文学叙事，但是我们讲的内容却涉及古埃及文明发生的奥秘。其故事的内容属于文学，其图像的形式属于艺术。古埃及神话在其产生的年代是作为信仰的对象的，若不从信仰观念入手，便无法弄清为什么会有金字塔和斯芬克斯像，为什么是木乃伊。因此，欣赏古埃及神话的关键，如同欣赏苏美尔、巴比伦神话一样，需要尝试重新进入5000年前催生古文明发生的特定信仰语境，这样才能获得所以然层面的深度理解和深度认知。在那个时代，世界上还没有无神论者，我们需要把自己从读者转变为古埃及太阳神家族的信仰者，才能够看懂古埃及神话的方方面面。

古埃及神话的主神是太阳神，他有多种名称，常见名称是拉。黎明日出时的太阳神叫卡佩拉，白天的太阳神都叫拉，黄昏日落时的太阳神又被称为塔姆。这种情况很像《山海经》中多次重复叙事的日出（处）或日落（处）。对太阳作出这样的区分，出于古人对太阳神的信仰。古埃及人认为，太阳神的运行以白昼的自东向西运动和夜晚的自西向东运动的循环为特点。正因为太阳的朝出夕落，循环往复，以至无穷，才形成太阳神代表宇宙间永生不死和生生不息之生命力本源的坚定信念，这是建构起内容十分繁复的古埃及神学或神话体系的基石。

有一位名叫乔治·弗兰克尔的英国心理学家，他对古代埃及的宗教作出这样一种判断：看这个古老的文明，他们的公民生活中表现出的最集中的一种追求，就是对永生的崇拜。古埃及人比世界上其他任何地方的人都更加专注于对永生不死的追求。金字塔、木乃伊等代表的就是古埃及的最高统治者——法老可以通向永生的世界，这也是古埃及文化最重要的一个方面，即对死亡和死后的极度重视。古埃及人投资最多、投入劳动力最大的工程不是给活人的，而是给死去的法老的。今天的埃及景点到处都是巨大的石头建筑，一块石头重达几吨，最重的有 20 吨。在 5000 年前没有起重机械的条件下，如何去运送这些巨石，并且把几十吨的石头堆成金字塔，在今天看来确实是一个奇迹和未解之谜。但是，古埃及神话中鲜明地体现出古埃及人修建这样一种浩大的人工建筑的原因。

图 4-1　古埃及吉萨金字塔前的斯芬克斯像（2003 年中国国家博物馆举办的"古埃及国宝展"宣传画，摄于中国国家博物馆）

　　中国有雄伟的万里长城，尼罗河畔高耸着人云的金字塔。孟姜女哭长城的故事对于我们中国人而言已经耳熟能详了，秦始皇修筑长城的原因是建造物理屏障，挡住城墙外的骑马民族。但金字塔并没有像长城一样的实用功能，为什么埃及人要耗费更多的人力和物力去修建金字塔群呢？每一座金字塔对应着一个埃及的法老，所以现存的大约 80 座金字塔，就代表着古埃及历代王朝的法老所遗留下来的永恒纪念碑。下面从这个意义上我们进入古埃及神话的解读。

　　古埃及神话以太阳神拉为中心，但相传最早的神叫作努，也就是在"创世记"叙述前面通常会出现的一个意象——混沌。混沌是液体，它被想象成是黑暗大海的状态。在古埃及，混沌的名字叫努，努生了一个儿子，他的名字叫作拉。这实际上讲述的就是海上日出的景象，以说明太阳神拉并不是自己出生，他的母亲就是大海。拉神从海神中出生，象征着在混沌中出现了光明，拉在刚出生的时候是一个金光闪闪的蛋，也就是卵。在古印度的神话以及中国的盘古神话中，都有类似鸡卵的叙事。在很多神话叙事中，最早出现的就是一颗蛋，因为古人往往都是从现实经验中追溯万物由来。"蛋生鸡"看来是比"鸡生蛋"更为流行的起源答案。拉神作为发光发热的太阳，他在最开始的时候被想象为一颗发光的、巨大的蛋，漂浮在无边无际的水面上。这其实也就是后代许多民族创世神话中的第一表象。在我们的日常生活中，鸟、蛇等一些卵生动物都是从蛋中出生的，所以拉神的想象来自人类观察生命卵生以及海上日出的经验，也就是说，日常经验在神话建构中发挥了基础和原型的作用。在古埃及还有一种说法认为太阳神是天神生出来的，天神一般指的是天父地母，但是古埃及人的天地想象与一般的天父地母恰恰相反。在古埃及，地神是男性，天神则是女性。古埃及人把天神想象为一头巨大的母牛，从她的身体中诞生了一个金牛崽，它就是后来的太阳神。因此，太阳神有时也会以一个牛角的形象出现，其原型就出于此。总的来看，太阳神的多种形象表明，人类的种种现实生活经验为古埃及神话提供了原型和素材。

拉神是第一个出生的神，在其他所有的天神出生之前，他就已经存在了，所以拉神被称为众神之父，他是至高无上、主宰一切的神，之后出现的神都是他通过"愿望"生出来的——"愿望"就是他想到什么神，什么神就出生了。拉神的大儿子是风神舒，大女儿是雨神特夫内特，他们是太阳神生出来的第一对儿女，他们两个结为夫妻；拉神的二儿子和二女儿分别是地神盖布和天空之神努特，他们也结为夫妻；拉神的三儿子和三女儿是古埃及神话中的主角奥西里斯和伊西斯，他们也结为夫妇，由于他们的故事最多，下面主要讲述他们的故事。

拉神赐予他们神奇的法力，奥西里斯成为冥界之神，而伊西斯精通魔法和咒术。拉神的四儿子和四女儿是干旱之神赛特和妻子奈弗提斯。小儿子赛特从小被娇宠，性格狂暴，心眼也很不好。相传这个坏孩子在出生时就表现出极端野蛮的天性，还没有孕育成熟就把自己从娘胎里扯出来。他长大后，一心想着怎样谋害哥哥奥西里斯国王，好让自己取而代之，独霸天下。后来他设下圈套，把哥哥骗进一只定制的大木箱，然后钉住箱盖，将奥西里斯连人带箱扔进尼罗河淹死。奥西里斯于是成为冥界之神。为了让自己的丈夫起死回生，奥西里斯的妻子伊西斯四处寻找丈夫的尸体，并最终在丛林里找到了奥西里斯的尸体，然后以木乃伊的形式复活了奥西里斯，并与奥西里斯生下了儿子荷鲁斯。荷鲁斯在长大后为父亲报仇，杀死了邪恶的叔叔赛特，使之在阴间受到奥西里斯的惩罚。通过这个神话故事我们就会知道，为什么所有的法老在死后都要把尸体制成木乃伊，目的就是像神一样获得复活和永生的契机。由此可知，神话观念是支配古埃及历朝历代统治者的行为准则，通过这则神话，我们也大致看懂了古埃及文明本身。

图 4-2 展示的就是古埃及著名的伊西斯女神像。它是用古埃及最珍贵的宝物建造出来的形象，它的底板是黄金材质，上面镶嵌着绿松石和青金石。天蓝色的绿松石代表的是天空的颜色，而深蓝色的青金石代表的则是夜空的颜色，所以用黄金镶嵌绿松石、青金石雕琢而成的伊西斯女神像能够带着丰满的羽翼穿越三界，是天神的象征。

图 4-2　黄金镶嵌绿松石、青金石的伊西斯女神像 ①

图 4-3　黄金镶嵌黑曜石的法老像 ②

图 4-3 展示的是古埃及一件主体用纯金打造的法老像，只有眼睛和眉毛部分是用黑曜石镶嵌而成的。将黑曜石镶嵌在黄金上的意义，是与金字塔、木乃伊类似的，都象征着法老的永生不死。

图 4-4 展示的是天神化作一头母牛，生下太阳神金牛犊的图像叙事。所以，在太阳神出现的地方，经常出现牛头和牛角组合在一起的形象。

① Ions, Veronica. *Egyptian Mythology*. The Hamlyn Publishing Group Limited, 1982, p.50.

② Hawass, Zahi. *King Tutankhamun*. The American University in Cairo Press, 2007, p.208.

图 4-4 古埃及浮雕图：
天神化作一头母牛，生
下太阳神金牛犊。[1]

　　下面我们再详细介绍下拉神的四儿子赛特设计陷害并杀死自己
亲哥哥奥西里斯的故事。其中，伊西斯寻找丈夫的情节成为古埃及
神话中最动人的一幕，这一事迹使伊西斯这位女神成为世界各国神
话中女神品德的终极楷模，受到了后代人的极度崇敬。赛特设下圈
套，把奥西里斯骗来，然后让奥西里斯钻入为他量身定制的大木箱
子中——这个箱子只有奥西里斯能钻进去。奥西里斯钻进去的同
时，赛特就用钉子把箱子钉住了，然后把箱子扔到尼罗河里淹死了
奥西里斯。虽然奥西里斯死于非命与王位的争夺有关，但是在神话
中，描写笔墨最多的并不是王权争夺，而是奥西里斯的妻子伊西斯
在丈夫死后的所作所为。

　　伊西斯得知丈夫被赛特害死，悲痛欲绝，她剪掉自己的头发，

---

① Hawass, Zahi. *King Tutankhamun*, The American University in Cairo Press, 2007, p. 98.

撕碎自己的衣服，立即出走，四处寻找丈夫的尸体。装着奥西里斯尸体的大箱子从尼罗河顺流漂向大海，停在了地中海东岸腓尼基国的一棵怪柳树下。伊西斯马不停蹄地赶到那里，把丈夫的尸体从箱子中取出，以泪洗之，并将其带回埃及。带回埃及后，奥西里斯的尸体又被赛特发现了，为彻底毁尸灭迹，他将奥西里斯的尸身斩断为十四块，分别抛撒在不同的远方。伊西斯第二次挺身而出，四处寻找这些尸身碎块，最后除了生殖器外，其余碎块全部找到。伊西斯将碎块重新拼接起来，还用泥土制成那已经丢失的生殖器。原来是尼罗河里的一只螃蟹把奥西里斯的生殖器吞吃掉了。之后，法力超强的魔法师伊西斯亲自为亡夫主持了一场隆重的葬礼。在死神阿努比斯协助下，又将奥西里斯尸身制成木乃伊，用以祈祷他的复活和永生。

古埃及的阴间观念是围绕着太阳产生的。古埃及人认为白天太阳在天空之上是自东向西飞行的，因此太阳是坐在鸟的翅膀上的；而太阳在落山以后就到了地下世界，因为地下世界是水的世界，所以太阳只能坐在船上，它的运行方向也变成了自西向东。到了第二天清晨，太阳经过一夜的旅行，又从宇宙的西极到了东极，所以每天早晨的日出都被古埃及人看成是生命的复活和再生。修建金字塔的目的就是让法老的亡灵能够在阴间搭上太阳运行之船，只要搭上这条船，法老的永生也就有了希望。除此之外，还有一个条件是尸体不能腐烂，一旦尸体腐烂，永生就没有希望了。所以，古埃及人用风干、添加香料、杀菌等方式将尸体制作成木乃伊的形式，就是为了不使尸体腐烂，而它的终极目的还是获得永生不死，这显然是一种富有特色的神话信仰支配下的行为。

图4-5呈现的是公元前17世纪古埃及法老王陵中的壁画，画的是阴间的审判。审判者手拿一支笔，头上顶着一个太阳盘，其头

是一个鸟（鹭鸶）头形象。这是古埃及的文字之神图提（又译托特、透特），他是文字发明者，相当于中国的仓颉。他掌管阴间的审判。在他旁边还有死神阿努比斯，他的形象是狼头人身。他拿着一杆天秤称量死者在生前犯过什么罪孽，有过什么不好的行为。如果有罪孽，就无法搭乘太阳船，也因此无法获得永生。阴间的审判决定了人在死后的去向。所以在古埃及人看来，人在生前的几十年并不重要，只要不犯罪就好，因为死后的时间

图4-5　古埃及法老王陵壁画：文字发明者图提在阴间审判。狼头人身的死神阿努比斯用天秤判断死者生前是否犯有罪孽。[①]

才是永恒的。古埃及人把大量的人力物力都用在了葬礼以及人死后的再生方面，不管是木乃伊还是金字塔建筑，目的都是让生命获得永恒。

　　当20世纪考古发现的最重要的一座埃及法老墓——图坦卡蒙之墓被打开，不论是考古工作者还是媒体工作者全都惊呆了。因为在这个墓中出土的黄金居然可以用吨来计算。在今人看来，黄金是极珍贵的东西，但是在古代埃及价值谱中，白银比黄金更为贵重，因为埃及银矿稀少。所以古埃及人在给法老做棺材时不惜动用大量的纯金，以至纯金的棺材和法老像的重量达到了吨位级。当代的

① Ions, Veronica. *Egyptian Mythology*. The Hamlyn Publishing Group Limited, 1982, p.78.

图4-6　图坦卡蒙墓中出土的黄金镶嵌绿松石、青金石法老像[1]

"梦工厂"好莱坞以这座墓葬为题材，就已经拍摄出三部影片。为什么三四千年前的图坦卡蒙之墓能够引爆今天的影视市场？当你看到图坦卡蒙法老的金身（图4-6），看到用纯金打造的棺材以及金棺上面镶嵌的绿松石和青金石时，随着文明而来的黄金等贵金属崇拜和玉石崇拜对于古文明的拉动作用就一目了然了。

在古埃及神话中最常见的是半人半兽的神。比如头是狮子、身体是人的神，还有头是河马、身体是人的神，以及头是鹭鸶、身体是人的神（图4-7），这样半人半兽的神像司空见惯，表明一种穿越式的想象。

奥西里斯之死和伊西斯拯救奥西里斯的故事是这一讲的主要内容之一，我们把这则神话故事看成是古埃及文学留给世界文学最珍贵的遗产。下面一段文字是三四千年前的古埃及文学家对于伊西斯找回奥西里斯十四块尸体的描写：

伊西斯把奥西里斯平放到金色的沙滩上，她脱下斗篷，双臂高举，面向东方，向伟大的太阳神跪拜祈祷，然后转向奥西里斯，口中念起咒语。伊西斯的声音时高时低，内心充满了虔诚。风停了，河水不再流动，世间万物被伊西斯的真情感动。然而，奥西里斯仍然一动不动。伊西斯站了起来，她再一次面向东方，口中念诵着太阳神的名字。终

---

[1] Hawass, Zahi. *King Tutankhamun*. The American University in Cairo Press，2007，p.103.

图 4-7 智慧神、文字之神图提以鹭鸶为头的形象。①

于，伟大的太阳神出现了！伊西斯的眼前一片光明，她看见远处高高的山冈上，伟大的太阳神坐在太阳船上正慈祥地望着她。伊西斯屏住了呼吸，她虔诚地向太阳神祈祷，她相信自己的虔诚一定会感动伟大的太阳神，将她的奥西里斯从死亡的深渊中解救出来。太阳渐渐沉到了山冈后面，落入平稳的河水中。微风吹来河水和草木的气息，伊西斯仍旧在虔诚地祈祷。奇迹出现了，奥西里斯国王渐渐睁开了眼睛！月亮升起来了，将它那银色的月光洒在平缓的沙滩上，大海低吟着永恒的话语，这对经历了苦难的夫妻并肩躺着，述说着彼此的思念，他们发誓，永远不再分离。

① Ions, Veronica. *Egyptian Mythology*. The Hamlyn Publishing Group Limited, 1982, p.71.

就是这样一位男神和女神之间的生死恋故事感动了无数的读者，这也是我们从古埃及神话中找到的最富有人情味的经典描述。

本讲的后半部分我们要讲到奥西里斯和伊西斯的儿子——荷鲁斯。奥西里斯虽然复活了，但是他在复活以后变成了阴间的神，不再掌管人间的事务，因此报仇的任务就落在了他的儿子荷鲁斯神的身上。荷鲁斯神实际上是奥西里斯的遗腹子，他的敌人就是他的叔叔——干旱之神赛特。日本学者矢岛文夫在《世界最古老的神话：美索不达米亚和埃及的神话》一书中认为，荷鲁斯与叔叔赛特为争夺王位继承权而展开的争斗，典型地反映了父权制社会取代母权制或母系社会统治之后，长子继承权的确立过程。所以，在古埃及神话中，兄弟之间的斗争，并不仅仅是诸神家族中的亲情手足之争，还完整地反映了从母系制过渡到父系制的社会变迁历程。

奥西里斯驻留在阴间充当冥神，在地下迎接一切正直者的亡灵。经过审判和称量，在人间没有犯过罪孽的人最后都可以搭上太阳船，然后将尸体处理成木乃伊从而获得永生。复仇的任务自然就遗留给了下一代人。相传在奥西里斯尸身碎块被伊西斯找回来，拼接成形、等待复生的时候，伊西斯陪着亡夫的尸身，与他睡在一起，结果还能怀孕，生出具有非凡能力的儿子荷鲁斯。他能够躲避各种灾害和危难，从而保全自己。为了躲避赛特神的迫害，荷鲁斯一开始被母亲隐藏在荒郊野岭中，他只能在孤独中长大，遭受过毒蛇猛兽的各种伤害。所谓大难不死必有后福。荷鲁斯成人以后，便开启了八十年持久不息的斗争，最终为父亲报仇雪耻，并从赛特手中夺回王位。

这个产生于人类最古老文明古国中的神话叙事，所带给我们的还有更深层的精神启迪。我要特别介绍精神分析学家对这则神话故事的评论，在此之前，需要先把这则神话看作是一则标准的三口之家的原型故事。在精神分析学家看来，这则神话故事所讲述的原理就是人为什么要组建家庭，为什么要生孩子。没有哪个孩子能够赎回自己父母的一生，可是，对于未来的希望，还有对于儿童生来天真善良的信念，使得可怕或无意义的人生不再虚无，也使过去的苦难有了意义。奥西里斯、伊西斯和荷鲁斯的神话让我们看到了人类想要组建家庭的欲望中最深层的核心。组建家庭、孕育子女不仅仅是因为这可以使我们的生命得以延续，而且还因为一个孩子的降生预示着新的开端和可能，即过去的伤痛是能够治愈的。我们在自己的后代身上所寻求的，正是肉体和精神双重的延续。这就是精神分析学家对这则古老的三口之家的古埃及神话作出的解释。

奥西里斯一家是一个原型形象，也反映出存在于每一个家庭的模式。忘我的忠贞和献身精神是一个重要的主题。尽管赛特设置了众多的障碍，但伊西斯还是决意要找到丈夫被亵渎的身体并将其拼凑完整。这样忠贞的高贵情操，展现出这个神话故事的救赎特色。而在日常生活中，这种高贵情操也许能够经由个人的努力表现出来。个人必须愿意在伴侣面临失败和世俗的挫折之时，仍然给予对方以支持。当伴侣失去工作，或者处于意志消沉时期，或者健康出了问题，能够保持忠诚或给予鼓励的妻子或丈夫，我们能隐约地感觉到她 / 他身上具有伊西斯的奉献精神。在今天，我们还可以看到古老神话留下来的道德遗产，通过这种方式，人们才能很好地体验到这则神话所体现出来的更深的原型救赎主题。换句话说，古老的古埃及文明所遗留下来的夫妻生死恋神话，对后代所有的家庭都是一部永恒的启示录。

古埃及的神话也在后世文明中留下了十分深远的影响。例如，在当今的奢侈品市场上有一种珠宝，名字叫作"荷鲁斯之眼"。因为荷鲁斯之眼被视为战胜邪恶、保护生命的象征，具有巨大的护身

图4-8　古埃及珍宝中的圣甲虫形象[1]

符意义，所以荷鲁斯之眼作为一种珠宝，除了美学以及艺术设计的价值之外，还蕴藏着一种由信仰支配的精神力量。在古埃及神话中，太阳神的不死和永生还有一个非常不起眼的象征物，这一象征物对于我们中国人而言不太好理解，就是甲壳虫。古埃及的文物中经常出现用青金石、黄金塑造的甲壳虫形象（图4-8）。这是因为，古埃及人认为太阳是一个球，它的动力就来源于一个大甲壳虫的推动，古人的这种联想就使得甲壳虫成为太阳生命动力的象征。

荷鲁斯之眼和圣甲虫的结合，就构成了我们今天看到的在图坦卡蒙之墓中出土的法老饰品：它由黄金镶嵌青金石、绿松石等材料制成，中间是伸开双翼的圣甲虫，镶嵌着的碧绿的玉石代表着圣甲虫的身体，圣甲虫上方的眼睛就是刚才说到的，具有辟邪、抗恶功能的荷鲁斯之眼（图4-9）。将这样的装饰品戴在身上，绝不仅仅是为了炫富，或者是为了美化自己的生活，它带有古埃及神话中强大的守护力量，这与贾宝玉身上佩戴着一块和生命相互感应的玉石有异曲同工之妙。

今天去埃及旅游，最主要的景点就是金字塔。在尼罗河的西岸

① Hawass, Zahi. *King Tutankhamun*. The American University in Cairo Press, 2007, p.143.

图 4-9　图坦卡蒙墓出土饰品，由黄金镶嵌青金石、绿松石等
制成。[1]

排列着近 80 座大大小小的金字塔，它们见证着马克思的名言：统治
者的思想就是统治的思想。金字塔是古埃及国王们的陵墓建筑的一
部分，它们与平民百姓无干，只有最高统治者能够在死后拥有这种
葬礼待遇，修建金字塔为的是让法老的亡灵能够顺利完成追随太阳
神之船的循环旅程，达到升天和永生的目的。这也就是说，金字塔
的修建是因为宗教目的，如果没有信仰的内核作支撑，金字塔只是
没有灵魂的巨型石头纪念碑而已。

[1] Hawass, Zahi. *King Tutankhamun*. The American University in Cairo Press, 2007, p.192.

金字塔的四面对应着东、南、西、北四个方位，狮身人面像斯芬克斯则永远朝向南方，即太阳运行的方向，因为这是阳光最灿烂的方向，而北边一般认为是没有太阳的阴间，所以金字塔的建筑结构实际上具有标识宇宙天地四方的功能。尖尖的金字塔顶指向蓝天，代表的是法老亡灵的最终归宿。可以与金字塔类比的神话奇观是中国汉代帝王和诸侯王们独享的葬礼神器——金缕玉衣。在古代中国，玉石代表着永生，而弄懂了金字塔和木乃伊何为的思想奥秘，大大有助于从神话观念驱动的意义上去弄懂金缕玉衣何为的疑难问题，两者的原理是完全相通的，那就是让死者的灵魂升天，获得永生。

在 20 世纪，经过很多考古学者、民间探险家、新闻媒体工作者的艰苦努力，关于埃及金字塔的另外一个神话密码也被揭示出来。在金字塔北面的斜坡上，有一个 45 度角的通道，过去人们并不知道它的作用是什么，有人认为它具有透气、换气的作用。但我们顺着这个 45 度角的通道往上看，恰巧能看到夜空中的一颗星——北极星。古人认为人死以后便化作天上的星星，所以埃及金字塔的顶端白天指向蓝天，在夜晚则通过孔道指向天空中的北极星。在古人看来，所有的星星都是围绕着这颗北极星旋转的，所谓"斗转星移"。法老在人间是最高统治者，死后他的亡灵升到天上，成为天上的天帝之星。这就是埃及金字塔所承载的另一个神话观念。

关于埃及金字塔还有一种比较"奇葩"的观点，即认为金字塔是外星人来到人间所留下的遗迹。这种观点的代表人物是一位德国的科普作家丹尼肯，他的代表作是《斯芬克斯的眼睛：对尼罗河畔古老土地的新发问》，但在学界很少有学者认同他这种观点。不过，金字塔的建造直到今天确实仍存有一些未解之谜。

参考书目

1. ［德］埃利希·冯·丹尼肯：《斯芬克斯的眼睛：对尼罗河畔古老土地的新发问》，陈锋译，中国青年出版社，2000。

2. ［德］瓦尔特·伯克特：《希腊文化的东方语境：巴比伦·孟斐斯·波斯波利斯》，唐卉译，社会科学文献出版社，2015。

3. ［英］巴里·克姆普：《解剖古埃及》，穆朝娜译，浙江人民出版社，2000。

4. ［英］G.埃利奥特·史密斯：《人类史》，李申等译，社会科学文献出版社，2002。

5. ［英］J.R.哈里斯编：《埃及的遗产》，田明等译，上海人民出版社，2006。

6. ［英］加里·J.肖：《埃及神话》，袁指挥译，民主与建设出版社，2018。

7. ［英］杰拉尔丁·平奇：《埃及神话》，邢颖译，外语教学与研究出版社，2013。

8. ［英］雷蒙德·福克纳编：《亡灵书》，文爱艺译，安徽人民出版社，2013。

9. ［英］乔治·弗兰克尔：《心灵考古：潜意识的社会史》，褚振飞译，国际文化出版公司，2006。

10. ［英］罗伯特·包维尔、［英］艾德里安·吉尔伯特：《猎户座之谜——破译大金字塔的终极秘密：面向众神的居所》，宋易译，江苏人民出版社，2011。

11. ［英］沃利斯·巴奇：《古埃及的咒语》，曾献译，新世界出版社，2008。

12. Budge, E. A. Wallis. *The Egyptian Heaven & Hell*. Open Court Publishing Company, 1989.

13. Donadoni, Sergio, etc. *Egypt From Myth to Egyptology*. Fabbri Editori, 1990.

14. Ions, Veronica. *Egyptian Mythology*. The Hamlyn Publishing Group Limited, 1982.

15. Hart, George. *The Routledge Dictionary of Egyptian Gods and Goddesses*. Routledge, 2005.

16. Hawass, Zahi. *King Tutankhamun*. The American University in Cairo Press, 2007.

希伯来神话

　　一般认为西方文明有两大源头，分别是古希腊罗马和古希伯来。如果说古希腊罗马为西方文明奠定了哲学、科学的基础，那么西方文明的核心宗教观念则来自古希伯来文化，也就是以《圣经·旧约》为代表的思想传统。在我国的教育体制中，希伯来文学为东方文学的一部分，东方文学是世界文学的重要组成部分，通常指除了中国文学之外的所有的非西方的文学。在希伯来神话这一讲中，我们所涉及的主要内容就是《圣经·旧约》，特别是《旧约》的前两篇：《创世记》和《出埃及记》。

　　在讲希伯来神话之前，首先要简单介绍一下希伯来民族的由来。大约在公元前 2000 年，在今天的巴勒斯坦一带生活着一个以牧羊为主要生业的游牧民族。在公元前 17 世纪，这一游牧民族遭遇饥荒，于是便向西南方向迁徙到了古埃及。在古埃及，这一流浪的游牧民族受尽了凌辱和压迫。在 400 年之后，有一位叫作摩西的领袖率领希伯来人逃出了埃及，又回到了巴勒斯坦地区。这样一来，希伯来民族就变成了世界上最有名的流浪民族。一般认为，今天世界上有两大流浪民族，分别是希伯来人和吉卜赛人。吉卜赛人是欧洲的一个流浪民族，希伯来人在今天又叫作犹太人或以色列人，因为在古代他们建立的国家叫作以色列-犹大联合王国，后来分裂为一北一南两个国家。

在公元前 586 年，当时的新巴比伦国王尼布甲尼萨率领大军摧毁了以色列–犹大联合王国，占领了他们的土地，把王公贵族和手工业匠人全部像俘虏一样带回了巴比伦，这一亡国事件在历史上被称为"巴比伦之囚"。这一事件对整个希伯来民族是一次毁灭性的打击。此后，有些被掠走的王公贵族特别是宗教领袖又陆续回到巴勒斯坦地区开始传教，所以，犹太人在世界上最为知名的特质就是这个民族的信仰：无论走到哪里都要先建起犹太教神庙，他们崇拜的对象只有一位神，名叫耶和华，也就是《圣经》中的上帝。

图 5-1　犹太教的象征符号：七宝连灯（上）和六角星形（下）。

大约在公元前 5 世纪，复国的犹太教祭司们把上古的宗教经典重新整编，后来基督教在此基础上又发展出了基督教的经典。犹太教的这一部分经典是《旧约》，英文叫 Old Testament；而基督教的这一部分新经典则是《新约》，两者合起来叫作"新旧约全书"，也就是我们今天熟知的《圣经》全书。其中的叙事在今天看来，越早期的内容越属于文学的叙事，神话传说的内容比较丰富。

犹太教是世界上的五大人为宗教之一。五大人为宗教包括印度本土的印度教，东亚、东南亚地区的佛教，中亚、西亚地区的犹太教，从犹太教中派生出的基督教，以及后来派生出的伊斯兰教（图5-2）。其中，基督教、伊斯兰教与犹太教有许多共同的特点，因为它们都是从犹太教中派生出来的，可以说，犹太教在这三大人为宗教中居源头地位，影响极为深远。虽然说世界上的各个民族都有自己的神话传说，但影响最大的还是希伯来神话，它通过《旧约》《新约》以及《古兰经》等变相地影响了世界上大部分人口，所以《圣经》又被称为"书中之书"，它对西方文化产生了决定性的影响作用。

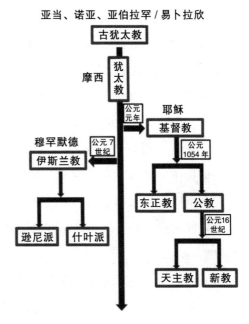

图 5-2　犹太教、基督教、伊斯兰教的源流关系图

　　因为犹太人，也就是古希伯来人并没有留下更多详实的历史记述，所以《旧约》中的内容在今天被看作是神话的叙事。古希伯来人认为他们的民族史从开天辟地开始，其中本民族祖先和由来以及历朝历代的年表都在《旧约》中有所记载。《旧约》与《新约》的名称实际上来自一种盟约神话，信仰者认为神和他的信徒之间签订了某种盟约，遵守盟约神就会保佑你，而如果违反了盟约，神就会惩罚你。

　　《旧约》中最早的部分叫作"摩西五书"或"摩西五经"，是摩西从上帝那里领受的"天书"，所以具有神圣性。虽然在今天我们把它当作一个民族的古老神话传说，但是在教堂中，所有的信徒都认为这就是一部民族史，其中"摩西十诫"对后来的西方文明、西方文学的发展产生了不可估量的影响。

　　十诫中有四诫关于神，有六诫关于人。第一诫为"不可有别的神"，因此犹太教、基督教、伊斯兰教这三个如今覆盖世界上广阔地区的人为宗教，都是典型的一神教。摩西十诫的第一诫对人类宗教影响之大可想而知。在世界五大人为宗教中，印度教和佛教中的神佛众多，并且金刚、菩萨、观音等众多神佛的形象各不相同。而犹太教只信奉一个神，且它没有具体的形象。第二诫为"不可雕刻偶像"。犹太教是最早禁绝偶像崇拜的人为宗教。第三诫是"不可妄称主名"，意思就是主是有名字的，但是信徒不能直呼其名。第四诫的影响也很大，即"守安息日为圣"。所谓"安息日"就是我们常说的礼拜天，为什么叫礼拜天？因为在这一天犹太教信徒们一定要在教堂里念《旧约》，以纪念上帝创造世界。在这一天，所有的信徒不能工作、不能劳动，所以叫作"守安息日为圣"。如果要问全世界为什么都遵循"七天是一个星期"的作息制度，这就是希伯来神话通过基督教礼拜制度以及西方文化的历法对全球产生影响之结果。

除了关于神的四诫，摩西十诫中还有关于人的六诫：第五，孝敬父母；第六，不可杀人；第七，不可奸淫；第八，不可偷盗；第九，不可作假；第十，不可贪婪。既有伦理道德的内容——这部分与我们中国传统的伦理是相对应的，又有具备法律意义的内容，所以摩西十诫被认为是神授给人的行为准则，这就等于把人生在世的行为做了这十方面的约束。所以犹太教徒要严守十诫，若有违反就等于违反了人神之间的盟约，这就是本讲特别强调的人和神之间的盟约神话观念。

在今天，盟约常常见于人与人之间的结盟或不结盟，但人类在这个星球上最早的盟约都是人和神之间订立的，即便是人与人之间的盟约，也需要神来作为见证者。违反盟约造成的后果就是常言所说的"人神共诛之"，这种观念在希伯来人的信仰中非常浓厚。

这一讲主要分析的作品是《旧约·创世记》中的前两章，因为《创世记》作为《旧约》中排在第一位的重要篇章，主要讲的是上帝如何创造了宇宙万物及人类，如何规定了人与自然、人与万物以及人与神之间的关系，《创世记》中的内容也成为奠定西方人世界观最基本的一种范型。在神话学中，我们把《创世记》的第一章归类为创世神话。人类的一切创造有一个总的楷模，那就是上帝的创造。上帝如果不创造这个世界，就没有人类和人类生存的空间，所以《创世记》中的叙事带有一种宇宙观的追本溯源作用，信徒们读来马上就会想到创世之神的伟业。对于所有的信徒来说，《创世记》中叙述的"开天辟地"既是真实的历史，又是信仰的对象。

上帝的创造是按照日期来展开的，到了第六天的时候创造完成，因此上帝规定第七天为安息日，也不准人类在这一天劳动和工作。按照程序来看，前六天的创造在《创世记》中是分为六种情节展开叙述的。

第一天：创世之前，大地混沌，深渊一片黑暗。创造的开始只有一个意象，那就是"混沌"，即一片黑暗的大水。上帝的灵运行在黑暗的水面上并开口说："要有光"，于是黑暗中出现光明。上帝看光是好的，就把光和黑暗分开了，并把光称为"昼"，把暗称为"夜"，这也就是我们说的阳和阴。

第二天上帝又说："在众水之间要有苍穹，把水上下分开。"分开后，上边的是天，下边的是海洋。这样就解释了天为什么要下雨，因为天上也有水。上帝这是把原来的混沌分成了"上面的水"和"下面的水"两部分，也就是天空和海洋。

第三天上帝又用口说的方式分开陆地和海洋，并让陆地生长植物。

到了第四天，上帝创造了两个大光体——太阳和月亮，太阳支配白天，月亮管理黑夜，后来又造了星星。他把光体安置在天空，照亮大地。

第五天上帝创造了巨大的海兽、水里其他各种各类的动物，以及天空中各种飞鸟。上帝看这些动物是好的，他便赐福给这些动物，让鱼类在海洋繁殖，让飞鸟在天空中增多。

到了第六天，上帝创造了地上各种各类的动物。接着，上帝照自己的形象创造了人，有男，有女。上帝赐福给人，并要人去管理鱼类、鸟类和所有其他动物。

以上就是《创世记》神话中按照六天的程序完成万物和人类创造的过程。《创世记》神话也是在世界范围内影响巨大的神话之一，但在历史上，《创世记》神话的文本内容还存有很多疑点。例如，在犹太教中，上帝本来是没有具体形象的，但《创世记》神话间接透露了人的形象是按照神自己的形象创造的，也就是说，上帝的形象应该也是人形的，就像希腊神话中的神一样。上帝的创造顺序基本上是按照先海洋、后陆地，最后造人这样一个模式，所以我们今天在创世神话中也能够发现一些进化论思想的影子，即生命起源于海洋。

希伯来人是如何完成《创世记》宗教圣典的讲述呢？今天的《圣经》在西方形成一门古老的学问，西方具有悠久历史的大学建筑物的屋顶大都跟教堂一样尖，这些学校最初研究的都是神学，而现代意义上的大学就来自神学这一核心的学科。什么是神学？神学就是用神的眼光去判别上帝所讲述的所有真理。注解《圣经》是一门专门的学问，后来的其他专业都是从此派生的。今天的定论是《旧约·创世记》一共包含 4 种不同的文本来源，但在过去，人们认为这都是神的话语，《摩西五书》都是由神直接传授给摩西的，并不存在版本问题。按照文本分析的眼光来看，在不同的文本中上帝的名字不一样，在有些文本中，上帝叫"耶和华"，而在另外一些文本中，上帝叫"埃洛希姆"。之所以会产生不同的名字，原因就在于文本的不同。为此，神学文本考证就是要研究希伯来留下来的这些文本在讲述的内容层面有没有历史先后的问题。今天认为《旧约》的成书一共有4种文献版本来源，这一观点简称为"JEPD假说"。我们暂且先不管这些叙事细节上的矛盾和4种文献版本来源，只讲《创世记》神话对西方文明产生的深远影响。图5-3是意大利著名的西斯廷大教堂天顶画，其上是上帝创造世界和人类的图景，而在中央部位画的是《创造亚当》。诸如此类的美术作品在西方的艺术史中比比皆是，题材大都来自《圣经》的《旧约》部分。

之前我们讲了上帝按照自己的形象在第六天创造人类，但是在《旧约·创世记》第2章中，上帝用泥土造出了亚当，然后再从亚当的身体上取出了一根肋骨，造出了夏娃，两种叙事在《圣经》中的细节表述是不同的。从神话学的意义上看，可以大致区分一下这些神话素材所采用的母题来源。用泥土造人这个题材在世界上是很常见的，很多神话都讲到了用土造人，例如苏美尔的造人神话、中国的女娲抟黄土造人的神话等。为什么在神话中泥土常常关系到人类

图5-3 西斯廷大教堂天顶画中的《创世记》图景，米开朗基罗作。

的由来？这是因为古人相信人的肉体生于土又归于土，这就将肉体的人和大地母亲直接建立一种神话关联。在农耕社会中，农作物都是从土中生长出来的，所以古人认为土地就是生命的母神，所有的生命都是由它赐予的，包括植物、动物、人。在1万多年前的新石器时代，人类开始脱离狩猎采集状态，进行农业生产，而农业生产需要一些容器，这就催生了制陶术的出现。制陶术就是把用泥捏的杯子、罐子等容器，烧制成坚硬的陶器，这是人类在这个星球上开辟出的最早的人工技术。人由于在现实中有了利用泥土进行生产的经验，于是便把这个观念投射到了神话中，上帝就用同样的方式造出了早期的人类。所以，用泥土造人的母题具有跨文化的普遍性，其根源就在于人类在1万多年前开始的制陶术。若没有制陶术的出现，人就不会想到用泥土制作各种形状的器物。

被神造出的亚当最初是一个没有生命的土偶，接下来，神对准亚当的鼻孔吹了一口气，这就等于把灵魂赋予了这个泥偶，于是亚当就变成了有生命的人。神赐予亚当生命的过程非常值得注意，在信仰者看来，宇宙间的一切生命有一个总的源头，即神圣的源头。例如，生命在宇宙之间的气里，天地之间的风是宇宙之气，人体的呼吸是小宇宙之气，这两种气都拥有神的源头。如果没有神的赐予，灵魂便不会进入躯壳，生命也不会产生。所以希伯来神话讲述的意义就在于此，即生命力是神的恩赐。

生命为什么会在气中呢？这实际上源于比制陶术的产生还要早的经验。在狩猎时代，先民判断猎物是否还有生命就是看其体内有没有气在动。在《创世记》神话中，上帝把气息注入亚当的鼻孔，因为这个位置就是呼吸的器官。这一细节来自狩猎时代的神圣观念，即生命住在空气中，住在呼吸里。所以我们就会明白中国人为什么要练气功，为什么要讲宇宙浩然之气，这都是因为在古老的大传统中传承着一个坚定的信念：气是一切生命的源头。通过希伯来神话的细节，我们不难看出古老的神话中潜藏着人类文化思想的基因。

接下来进入《创世记》的第2章，这一章主要讲伊甸园神话及其对后世的深远影响。一提到亚当、夏娃，我们就会想到这两位人类始祖的"原罪"，原罪会延续到后代子孙身上。

伊甸园神话讲的是上帝在东方开辟出美丽的伊甸园，并把他所造的人安置在里面。他使土地能够生长出各种美丽的树木，产出好吃的果子。但在伊甸园中有两棵特殊的树，一棵是能赐予生命的生命树，另一棵是能使人辨别善恶的智慧树。上帝禁止亚当和夏娃触碰这两棵树所结的果子，但出现在伊甸园中的一条蛇引诱夏娃把智慧树上的果子咬了一口，亚当也跟着吃了这禁忌的果子。这样一来，亚当和夏娃就违背了和上帝之间的盟约，所以上帝把亚当和夏娃赶出了伊甸园，降到人间接受惩罚，即男人需要终日劳动，女人则要忍受十月怀胎和生育之苦，这就是今天所谓人类原罪的神话来源。由此看，可以明确伊甸园神话中所涉及的伦理和教义的内容，即违反盟约就要受到上帝的惩罚。在伊甸园神话的影响下，西方文化被称为罪感文化，人类需要忏悔才能把罪孽洗清，然后神灵才能重新接纳人类个体在死后进入天堂。伊甸园中这两棵特殊的树，后来在西方名画中频繁出现，不管是生命树还是智慧树，代表的都是犹太教的基本教义以及人神之间的契约关系。

图5-4展示的是古老的地中海文明遗址中出土的印章，在印章上有一棵树，人站在树旁祈祷，可见这棵树是一棵神树，类似的神树图像在整个地中海文明中一再出现，由此可知对于生命树、智慧树的想象并不是希伯来人自己独创的，而是来自更古老的文明传统。

图 5-4　因为接触圣树而进入精神迷狂状态。左图为克里特岛米诺文明的印
　　　　章图像，右图为叙利亚 – 巴勒斯坦地区出土印章图像。①

智慧树的概念在今天被扩大了，例如把整个教育看成是智慧树的派生，这是从古老的希伯来《圣经》神话中引出来的。

伊甸园禁果神话的题材被西方的艺术家一再搬进他们的作品中，其中亚当、夏娃裸露身体，手上拿着果子，用无花果的树叶遮盖身体之类的形象，屡见不鲜，构成艺术史的一道特殊风景线。

人和神之间本来是有盟约的，但在伊甸园神话中，蛇成为引诱人类犯罪的一个中介者，所以蛇的形象在《旧约》中就成了上帝的对立面，在后来的犹太教和基督教思想中也就被一再妖魔化，成为罪恶和妖魔的化身。

蛇在绝大多数民族的神话中都作为神秘的象征，因为蛇有冬眠以及蜕皮的习性，它代表着返老还童、起死回生等最美好的想象。例如，在希腊神话中，蛇就是医疗的象征。在中国古代，蛇被称为小龙，还有"龙蛇不辨"之类的成语。但因为蛇在希伯来人的神话

---

① ［美］南诺·马瑞纳托斯：《米诺王权与太阳女神：一个近东的共同体》，王倩译，陕西师范大学出版总社有限公司，2013，第 119 页。

中变成了人类犯罪的引诱者，所以，后来在整个西方文化中，蛇就变成了负面的形象，而与"正能量"无缘了。

在伊甸园神话中，作为女性的夏娃首先受到了蛇的引诱偷吃了禁果，而作为男性的亚当一开始并没有受到蛇的引诱。这一情节反映了典型的父权制社会观念，即女人祸水论。这是父权制社会对女性的偏见，因此今天的女性主义神话学家提出，要为夏娃平反昭雪。

描述伊甸园祥和的景象在西方油画中屡见不鲜，这就是西方艺术家描绘的理想世界。人类因为犯罪而被赶出了乐园，因此用艺术的方式把伊甸园呈现出来，代表了一种希望，即人类将来要摆脱罪的境界重新回到乐园，所以在西方有复乐园的想象，它是所有知识人、作家、艺术家的千年梦想。在讲到伊甸园禁果神话时，不能不提乔布斯创立的苹果公司，他用被夏娃咬了一口的苹果作为公司的品牌标志，借用古老的宗教神话故事，让这个品牌更容易得到推广。

今天的生物学家告诉我们，在40亿年前地球上有了生命，按照进化论的说法，生命并不是由上帝创造的，而是进化而来的。今天当我们借助科学了解了生命在这个星球上的发生，再看生命树，也是非常具有教育意义的。生命树在很多民族的神话中又叫宇宙树，或被称为神树。如果没有教堂和《圣经》，一般就会用图绘的方式画出一棵树，或者直接画一个树干，它们就代表着宇宙的上、中、下。天上的天堂是神住的，而地下的阴间是亡魂居住的。因为神树的树根扎在地下，树梢直指蓝天，所以神树被认为是海、陆、空三界的中介者。围绕着神树的概念产生了很多重要的思想，神树常青，也成为重要意象，在当代的文身艺术中有一个重要的主题，就是直接在后背的中央纹一棵生命树。首饰设计者还构思出一种以生命树为原型的吊坠，把翠绿的宝石镶嵌在白银上，挂在胸前代表着生命之树常青。除此之外，瑜伽修炼者在进入冥想的境界中时，心中只有一个意象，那就是生命树，这也意味着冥想生命的永恒性。

中国并没有直接关于禁果和生命树的神话叙事，但是西王母的蟠桃大家都知道，咬上一口也是可以永生不死的。实际上每一个民族在想象的源头都有类似永生不死的希望，它在心理与精神层面变成了催生神话的动力。最早关于永生不死的想象体现在很多物质上，例如西方人认为黄金就代表着永生，所以炼金术就是追求永生不死的。早先的中国人认为玉石代表永生，西王母所居住的地方叫作昆仑玉山，玉山上有个叫瑶池的地方，它也是永生不死想象汇聚的地方。昆仑就相当于希伯来神话中的伊甸园。通过这样的对照，我们大致可以看出，希伯来人的创世神话讲了宇宙的诞生、人类的诞生、人类始祖的犯罪等，这些具有特殊意义的母题不仅带有民族文化特色，其背后也存在人类文化的共通性。

那今天的学者如何看待《创世记》这一类的神话讲述呢？今天在国际上有一个正在迅速崛起的学派叫作"大历史学派"。过去的历史研究依据的是历史文献所记载的历史内容，而今天的"大历史"则是依据自然科学所揭示的宇宙以及生命的由来等原理或现象进行研究，所以大历史的研究与创世神话所要解答的问题是一样的。

100多亿年前宇宙大爆炸，40亿年前生命诞生，以及300万年前人类变成两足动物，这些新知识远远超出了古代历史学家的知识范围，这完全是按照宇宙学、物理学以及生物进化论给出的全新大历史脉络。在今天，40亿年的生命史、300万年的进化史以及1万年的农业革命史等，我们已经掌握得比较清楚了。有了这样一个亿万年的历史观，我们再看近几百年发生的事，就有了一个建立总体世界观的科学基础，这也就是今天的大历史学派所努力追求的。这一学派的代表人物为大卫·克里斯蒂安，他的作品作为畅销书现在也已被陆续翻译成中文。我们原来所学的历史，大都是按照国别以及史书记载的年限展开，并没有涉及宇宙、生命等内容，而克里斯蒂安强调的大历史，其奠定三观的功能就相当于古代的《创世记》。建立科学世界观的目的与《创世记》的文化功能，都是规定人在宇宙中的位置。对宗教信徒们来说，人既然是神造的，那就要祭神拜神；对于不信神的普通人而言，人类自身的进化，经历了从信仰神到信奉人自己，再到人变为科技的超人这样的大转变。我们正在经历这样一段历史，所以今天就有了大历史学派的这些著作。在大历史学派看来，创世神话在传统文化中给人类规定了世界观以及人生的价值。按照大历史学派的科学史观念，我们对人类的未来应该有更多的关怀。大卫·克里斯蒂安的代表作《起源：万物大历史》就试图用科学数据，来讲述创世神话所要回答的问题。

每一个民族都有自己的创世观念和神话，讲完了希伯来神话中的《创世记》，还要看一下华夏民族的创世神话在今天社会生活中的作用。图 5-5 是河北涉县娲皇宫的女娲塑像。娲皇宫从隋朝开始建立，经过历朝历代的修缮一直延续到今天，隋代的建筑能够保留到今天是罕见的。为什么要在高高的山崖上修建娲皇宫？当地人直到今天还在祭拜女娲，因为她是人们信仰的创造女神。值得注意的是，女娲是独立的女神，这与在父权制社会中一定要给女神配个丈夫是不一样的，这是从远古流传下来的原生态的女神崇拜。今天的涉县被授予"中国女娲文化之乡"的称号，每年春季都要举行盛大的仪式表演。女娲在今天的功能很简单，她是人们心中的生育之神。

图 5-5　河北涉县娲皇宫下供奉的女娲神石像

　　在伊甸园神话之后就是大家更为熟知的诺亚方舟神话。人类祖先由于犯罪被上帝用洪水惩罚，只有一个虔诚的信神者能够得以幸免，这一题材来自苏美尔和巴比伦的洪水神话。在距今约 4000 年的史诗《吉尔伽美什》中，7 天大洪水的情节跟诺亚方舟神话的细节很像，所以也进一步印证了生活在近东地区的希伯来人的文化受到更古老的近东文明影响。

　　诺亚方舟故事在此不作过多的介绍，接下来简单介绍一下犹太民族叙事中的老祖先摩西。

　　摩西是《圣经·旧约》前五篇的主人公。第二篇《出埃及记》

讲的就是民族领袖摩西带领希伯来人从埃及人的奴役统治下逃出来的故事。摩西也被后来的以色列人奉为民族英雄，摩西的形象经常出现在西方的雕塑和绘画艺术作品中。

摩西的故事是作为神话历史被叙述的。在《圣经》中关于摩西的诞生有这样的叙述：由于当时的埃及人认为以色列人的生育能力很强，为了防止以色列人口超过埃及，埃及法老下了一道禁令：要杀死在这一年出生的所有希伯来男孩。而摩西此时在埃及降生，由于担心灭顶之灾降临，母亲便把婴儿摩西丢弃了。一位好心的埃及公主把被丢弃的摩西抚养长大，摩西后来成为民族英雄，带领着希伯来人逃出了埃及。摩西的诞生故事在神话学中被归类为弃儿型神话。

《摩西五书》的第二篇讲的是希伯来人如何在摩西的带领下逃出埃及：希伯来人进入红海中，摩西一念咒语和挥舞权杖，海水就分开，这些显然都是神话式的叙事。这一类的历史叙事在信徒们看来就是真实的历史，而今天的文学研究者则一致认为是神话，这就是《摩西五书》中给出的摩西形象。

摩西的形象在西方造型艺术中通常表现为一位散发着英武之气的民族英雄（图5-6），今天

图5-6 米开朗基罗创作的摩西像（摄于意大利罗马）

的许多文化创意产品都以《出埃及记》的内容作为题材，例如好莱坞电影《出埃及记》等。古代的希伯来神话历史，至今仍然能够通过荧幕上的宏大叙事，感动着亿万观众。

最后，就相关的推荐阅读书目作一简介。首先是文化人类学家弗雷泽研究《圣经》神话的代表作《〈旧约〉中的民间传说》，这本书的最大特点是引领 20 世纪以来的知识全球化。例如书中讲述亚当、夏娃被创造的神话情节时，作者链接了全世界五大洲数十个类似的造人神话故事，其开阔的视野对于我们掌握神话学，特别是比较神话学的知识非常有帮助。英文著作推荐弗雷泽研究的后继者西奥多·加斯特的巨著 *Myth, Legend, and Custom in the Old Testament*。此外，还有拙著《圣经比喻》，该书对《圣经》中的每一个重要的神话意象及其后来在西方文学和世界文学中的再现情况，作了系统梳理和解说。例如混沌的意象在古老神话题材中的演变，从一开始海中的妖怪巨蛇或者巨龙，到后来没有具体形象，再到海中妖魔化的巨大动物（如鲸鱼），这对深入理解希伯来神话原型及其世界意义，会有一定的帮助。如果需要深入钻研《圣经》神话，相关的多学科知识是不可缺少的，尤其是古代近东地区的历史文化和考古、艺术方面的专业内容，相应的著作也列在参考书目中。

参考书目

1. 梁工主编：《圣经文学研究（第七辑）》，人民文学出版社，2013。
2. 叶舒宪：《圣经比喻》，陕西人民出版社，2014。
3. 朱维之主编：《古希伯来文学史》，高等教育出版社，2001。
4. ［美］亨利·富兰克弗特：《王权与神祇：作为自然与社会结合体的古代近东宗教研究（上）》，郭子林、李岩、李凤伟译，上海三联书店，2012。

5. ［美］诺思洛普·弗莱:《伟大的代码:圣经与文学》,郝振益、樊振帼、何成洲译,北京大学出版社,1998。

6. ［以色列］施罗德·桑德:《虚构的犹太民族》,王崇兴、张蓉译,中信出版社,2017。

7. ［英］戴维·罗尔:《传说:文明的起源》,李阳译,作家出版社,2000。

8. ［英］玛丽·道格拉斯:《作为文学的〈利未记〉》,唐启翠、徐蓓丽、唐铎译,社会科学文献出版社,2018。

9. ［英］詹姆斯·乔治·弗雷泽:《〈旧约〉中的民间传说:宗教、神话和法律的比较研究》,叶舒宪、户晓辉译,陕西师范大学出版总社有限公司,2012。

10. Bayley, Harold. *The Lost Language of Symbolism*. A Citadel Press Book, 1990.

11. Gaster, Theodor H. *Myth, Legend, and Custom in the Old Testament*. Haper Publishers, 1969.

12. Hooke, S.H. *Middle Eastern Mythology*. Penguin Books, 1963.

13. Kramer, S.N. *History Begins at Sumer*. A Doubleday Anchor Books, 1959.

14. Wyatt, Nick. *The Mythic Mind: Essays on Cosmology and Religion in Ugaritic and Old Testament Literature*. Equinox, 2005.

克里特、迈锡尼神话

　　克里特、迈锡尼神话的内容在今天的常规文学教育中并没有涉及，它是我们根据比较新的考古发现和历史写作的经验提炼出来的。之所以把这部分内容安排在希腊罗马神话之前讲授，是因为克里特、迈锡尼文化就是希腊文化的源头。

　　先介绍两本英文书——《特洛伊的黄金》和《阿伽门农之墓》（图 6-1），这两本书都采用了新发现的考古珍宝作为封面图，最吻合我们所说的第四重证据。《荷马史诗》讲到了特洛伊城出产黄金。一位德国的文学爱好者亨利·谢里曼认为《荷马史诗》所讲述的内容不是文学，而是历史，于是他便在 1870 年跑到土耳其去发掘特洛伊城，结果真挖出了古代的黄金器物。所以《特洛伊的黄金》这本书就将特洛伊城挖出的黄金牛头作为封面图。《阿伽门农之墓》这本书的封面图是一个黄金的面具。史诗《伊利亚特》中的阿伽门农是希腊联军的统帅，谢里曼在 1876 年发掘一座迈锡尼的古墓，在墓葬中发现

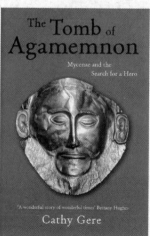

图 6-1　英文版《特洛伊的黄金》和《阿伽门农之墓》封面

了这件黄金的面具，他当时认为这就是阿伽门农的面具。后续的考古成果表明，这属于比阿伽门农时代还要早数百年的迈锡尼文明，是公元前 16 世纪中期的墓葬。尽管如此，这件珍宝还是以"阿伽门农黄金面具"的传奇之名，藏于雅典考古博物馆。谢里曼的故事我们后面还会讲到。

在谢里曼的考古证据出现后，古老的《荷马史诗》以及希腊神话的内容已经不完全是文学虚构了！其中有相当一部分是曾经在地中海地区发生过的历史。所以通过对克里特、迈锡尼神话的介绍，我们可以看出西方文明是如何在地中海文明圈中被孕育出来的。

这一讲的目的就是要更新我们以往的知识。过去一讲西方文明就从古希腊雅典开始，这是一种知识的欠缺，今天地中海文明的整体形象已经呈现出来了，需要大家重新学习和补课。图 6-2 展示的是雅典考古博物馆收藏的另一件考古珍宝，它是在克里特岛的米诺王宫中出土的纯金戒指，这个戒指上满是神话叙事的图像。

图 6-2　米诺王宫出土金戒指，公元前 15 世纪。（现藏雅典考古博物馆）①

---

① ［意］卢卡·莫扎蒂编著：《雅典考古博物馆》，陆元昶译，译林出版社，2017，第 55 页。

大家可以清楚地看到戒指上面的太阳和月亮，太阳和月亮在空中之船上游荡。在它们的下方，有一个双面的斧头，这是克里特岛米诺王宫的标志——双面斧。旁边有神端坐在中央，也有类似国王和王后的形象在向神祈祷，所以这个戒指绝不仅是一个奢侈贵重的装饰物，还是充满着神话历史内容的重要文物。这枚戒指入土的年代距今约 3500 年，也就是说比《荷马史诗》的著成年代还要早七八百年。克里特、迈锡尼文明及其神话遗产，为整个西方神话、西方文明提供了背景。

《伊利亚特》所讲的关于特洛伊城的内容在过去都被当作是虚构的事件，但在今天看来，在特洛伊木马、美女海伦的形象背后，也确实存在一些历史隐情。19 世纪末，有一位来自德国小城新布科的文学爱好者，即前面提到的亨利·谢里曼，他是一位虔诚的《荷马史诗》爱好者，痴迷于《伊利亚特》所讲述的特洛伊战争，但他不相信荷马讲述的《伊利亚特》是虚构的文学想象产物，而认为它描述的是真实发生的历史事件。他娶了一位希腊姑娘做妻子，并带上希腊妻子亲自去特洛伊城所在的土耳其海岸进行地下发掘，结果真的找到了失落 4000 年之久的特洛伊城及其黄金珍宝，轰动西方世界，并由此开启了考古学的黄金时代。

神话只是文学想象的产物吗？神话和史诗等文学作品中讲述的内容，会有历史原型吗？荷马在《伊里亚特》中多次以艳羡的口吻说到富饶的克里特，称之为"百城之岛克里特"。从空间上看，克里特岛位于亚、欧交界的地中海地区，既靠近希腊又临近土耳其；从时间上看，荷马生活在公元前 8 世纪，克里特岛的米诺文明宫殿在公元前 20 世纪就兴建起来，其间的时间差大到 1200 年。这种情况类似我国历史上秦汉时代的人们心目中的夏商。没有文字的时代历史，需要搜集物证来描绘。谢里曼获得成功的保障就是他的行动能力，即常说的执行力。两千多年来，设想《伊里亚特》背后有历史真实的人不会少，但是能把猜想付诸实际探索的，却只有谢里曼一人。谢里曼的意义就在于他突破了文字的限制，依据考古发掘的新材料在神话和史诗中发现了失落的历史。

在谢里曼的发掘中，我们认识到，文明国家起源必不可少的物质条件是以宗教奢侈品生产为特色的王宫经济。这种早期国家的宗教奢侈品生产和传播，需要远距离的贸易和运输，因此也促进了欧亚大陆西端的文明化过程。早期文明国家，如苏美尔、巴比伦、埃及等的起源都是围绕着某种圣物。在整个欧亚大陆西端的西亚和欧洲文明国家均围绕"黄金"这一核心，生产出精美的金器用来象征神权和王权，并创作出有关黄金时代和金苹果之类的神话故事。黄金在整个地中海文明中是屈指可数的圣物。那么，怎样通过非文字的图像叙事、物的叙事，重建失落的历史世界呢？

1887年，谢里曼来到克里特岛，希望以同样的方式找到荷马所讲述的史诗的其他物证，但这一次他没有得到当地政府的发掘许可，不能尽情地开挖。谢里曼于1890年逝世，接替他完成这个伟大任务的是英国人阿瑟·约翰·伊文思。他的父亲是一位古物收藏家，而他自己也在博物馆工作，并受过专业的训练。他常光顾英国的古玩市场，在那里买到过一种刻画着符号或图像的滑石印章，他推测这是属于早期地中海文明的护身符一类的文物。这些个人收藏的经历使他不同于学院派的考古专家，他靠着直觉认识到，地中海文明中一定埋藏着许多以往不知道的历史真相，这是与史前文物接触后所培养出的学术敏感，不是在书本和课堂上所能学到的。

伊文思自1894年起每年到克里特岛访古，购买史前文物。至1899年，他得到了克里特岛的发掘许可证，雇用专业考古人员，开

图6-3 克里特岛出土扬臂女神像，公元前1200年。（摄于中国国家博物馆古希腊文物特展）

图6-4 克里特岛出土蛙纹陶壶，距今约4000年。①

启了持续数十年的克里特岛考古发掘，并最终找到了米诺文明的王宫，即著名的克诺索斯王宫。图6-3就是今天雅典考古博物馆收藏的克里特岛的文物——扬臂女神像。她乳房高耸，两臂上扬，象征着植物要从大地上生长出来的向上的力量，所以扬臂女神往往被看成是生命、生殖在克里特岛米诺文明中的表达方式。

图6-4呈现的是克里特岛米诺文明出土的彩陶壶，其上纹饰与中国西北地区的史前彩陶蛙纹饰有相似的地方。这一纹饰展示的是蛙人神的形象，距今大约4000年，被认为是女神的重要象征物。女神可以以人的形象出现，还可以以动物的形象出现，动物的化身表达的常常是生命的孕育和再生等类似的神话主题，因此通常采用这些能够变态发育的动物，例如青蛙，青蛙就是从小蝌蚪变化而来的。古人认为这

---

① ［美］马丽加·金芭塔丝：《女神的语言：西方文明早期象征符号解读》，苏永前、吴亚娟译，社会科学文献出版社，2016，第306页。

些生命通过变态发育能够循环往复，因此就象征着永生，尤其是青蛙的生育能力极强，也就变成了克里特岛陶器上女神的象征形象。蛙神的形象设计并不是出于美学的目的，它用于墓葬，象征着亡灵和生命的再生。

伊文思三十年如一日地坚持在发掘第一线，从 1921 年开始整理出版发掘成果，出版了四卷本的《克诺索斯的米诺王宫》。这些成果刷新了西方人对西方文明开端的认知，在西方文明寻根方面带来了前所未有的震动。伊文思因此在学界声名鹊起，并获得爵士称号。

伊文思将克里特岛米诺文明的时段定为：公元前 3000 年至公元前 1200 年。后被修订为从公元前 2600 年至公元前 1200 年。米诺文明延续的时间约 1400 年，早在荷马出现之前数百年，就已经灭亡。灭亡的原因可能与岛上的火山喷发有关。在克里特岛的王宫挖出的最珍贵的文物，就是图 6-5 展示的这一件黄金牛头，它是一个公牛头形的角杯，现收藏于雅典考古博物馆。牛头上还镶嵌有一朵金花，这一文物与克里特人信仰的神牛一类神话观念密切相关。

图 6-5 米诺文明的王墓出土的公牛头形的角杯，公元前 16 世纪。（现藏雅典考古博物馆）[1]

---

[1] ［意］卢卡·莫扎蒂编著：《雅典考古博物馆》，陆元昶译，译林出版社，2017，第 58 页。

克里特岛上的王朝叫作米诺王朝，国王是米诺斯，而米诺斯又是后来的希腊神话中的人物。根据神话历史的观点，米诺王朝的神话与希腊神话在现在看来完全是顺承关系，一先一后。下面，我们将集中分析希腊神话中的一个故事——《欧罗巴与米诺斯》。

我把《欧罗巴与米诺斯》这则神话作品看成是在希腊人的记忆中关于米诺文明的描述，它的主要意义就在于告诉世人：在希腊文明产生之前有一个更早的"母胎"，即地中海岛屿中孕育的文明。

在早期希腊学者的记录中，米诺王国是海上霸主和征服者。一个故事讲到米诺国王率领大军攻打雅典，但雅典城墙坚固，久攻不下。于是米诺人向父神宙斯祈祷，寻求帮助。宙斯于是降灾给雅典，引发地震和饥荒。雅典国王埃勾斯向太阳神阿波罗求助，阿波罗给的神谕是：向米诺人屈服并定期进贡。于是，雅典人每隔九年就要向米诺国王进贡少男少女各七人，专供米诺迷宫中的牛怪食用。每逢进贡期来临，雅典人就陷入恐慌之中，因为各家各户要根据抽签的结果选出作为牺牲的少男少女们。

米诺文明得名于希腊神话中的人物米诺斯，而如果要追问米诺斯名字的由来，那就需要诉诸以好色和猎艳著称的天神宙斯的神话。宙斯是米诺斯的父亲，米诺斯的母亲则是东方古国腓尼基的公主，名叫欧罗巴。"欧洲"这个词，在希腊语中写作 $Eυρώπης$，在拉丁语和英语中皆为 Europe，它的音译"欧罗巴"，即出自这位公主。

地中海东海岸的一个小国名为腓尼基，国王阿金诺尔有个美貌动人的独生女，名叫欧罗巴。有一次，天神宙斯飞经此地，看见欧罗巴在海岸边与侍女们一起采花。宙斯对欧罗巴一见钟情，希望能够占有她。他想出计谋，将自己变成了一只雪白的大公牛，牛头上耸立着如同宝石一般光鲜的犄角。欧罗巴看到这头雪白的公牛便走出来，并向它招了一下手，它竟乖乖地游了过来，显得很温顺。欧罗巴不顾侍女们的劝阻，兴致勃勃地骑到了大白公牛的背上。公牛驮着她，缓缓地朝海上游去。但公牛突然加速，迎着大海的滚滚波涛，如同在平原上奔跑。"我是天神宙斯。我会让你幸福的！"大白公牛的眼睛里闪着泪花对欧罗巴说道。欧罗巴怦然心动，不由得点点头。公牛激动地游得更快了，不久就游过了大海，在克里特岛登陆。登陆后的白牛显现原形，并在一棵常青的桐树下与欧罗巴交合，让她生育了三个儿子：米诺斯、拉达曼提斯和萨尔珀冬。喜新厌旧的宙斯离开克里特之后，欧罗巴又转嫁给克里特国王阿斯忒里乌斯。但克里特国王不能生子，只好收养欧罗巴和宙斯所生下的三个儿子。国王驾崩后，长子米诺斯继位为王。据传说，欧罗巴是第一个来到这块土地上的人，后人为了纪念她，就把这块土地命名为"欧罗巴"——即今天的欧洲。宙斯所变的那头公牛后来被提升上天空，变成了今天的金牛星座。宙斯与欧罗巴的神话图像在西方美术史中一再出现。例如，图6-6是古希腊瓶画，描绘的就是宙斯与欧罗巴的神话。

图6-6　古希腊瓶画中的欧罗巴神话

　　除此之外，西方油画中也有许多表现这一题材的名作。图6-7是意大利画家圭多·雷尼的油画《劫夺欧罗巴》。只见画面右上角天空中一个长着翅膀、正在飞翔的小孩，向骑在牛背上的一个少女射出金箭。这个小孩就是希腊神话中的小爱神，名叫厄洛斯，罗马名叫丘比特。神话认为男女之间产生恋情都是被小爱神的金箭射中

图 6-7　意大利画家圭多·雷尼的油画《劫夺欧罗巴》(现藏英
国国家美术馆)

的结果。在讲英语的词源故事以及欧罗巴和金牛座的来源时，都会
涉及这个传奇的恋爱典故。

图 6-8 呈现的是意大利著名画家提香的名作，这是受西班牙国
王菲利佩二世委托创作的名画，画名也叫"劫夺欧罗巴"。这幅作
品之所以在西方艺术界被视为珍宝，一是由于它的题材来自西方文
明起源期的神话，二是因为这是文艺复兴后期大艺术家的代表作，
提香享有西方油画之父的美誉。该作品现藏于波士顿加德纳博物
馆，为该馆镇馆之宝。此外，荷兰画派的伦勃朗，欧洲 17 世纪最伟

图6-8　意大利画家提香的油画《劫夺欧罗巴》（现藏波士顿加德纳博物馆）

大的画家之一，也同样画过劫持欧罗巴题材的名作。

　　欧罗巴的故事非常耐人寻味，下面拟从三个层面对这个故事再作分析。首先，欧洲文明的起点，不在过去人们熟知的希腊雅典，而在先于雅典一两千年就踏进文明门槛的克里特岛。神话传说中所透露的这个重要真相，直到1900年发掘出米诺文明的古城克诺索斯遗址，才算第一次展露于天下。其次，西方文明起点，为什么不在北欧、西欧或东欧，偏偏在南欧的地中海岛屿上呢？中国人所讲的近水楼台先得月的原理在此完全可以派上用场，因为西方文明并不是独立起源的，地中海以东和以南的地区曾经是世界古文明集群发生之地，其地缘的重要性堪称举世无双。最后，根据神话，欧洲文明起源于古希腊天神与亚洲古国公主的结合，这一欧亚结合的中介地，就是位于希腊半岛南端、亚洲以西的爱琴海岛屿克里特。

众所周知，西方文明的最早文字希腊文，其字母不是希腊人的发明，而是直接从东方拿来的，即来自西亚古国的腓尼基字母。按照神话给出的提示，希腊和作为东方文明的腓尼基孕育出西方文明。没有东方文明的强势影响，就没有克里特文明的诞生。虽然腓尼基古国没有完整地保存下来，但是其文字、艺术、神话、信仰等文明要素，辗转通过西方文明留存下来，一直延续至今，这也就是克里特文明的意义所在。德国著名学者瓦尔特·伯克特在其代表作《希腊文化的东方语境：巴比伦·孟斐斯·波斯波利斯》中，具体考察了希腊文明起源背后的神话源流情况，可供学习古希腊文明的读者参考。

宙斯化作白牛和欧罗巴结合的古老故事题材非常常见。在今天的欧元钱币和邮票（图6-9）上，大家还能够看到这一古老题材的再现。

图6-9　当代欧洲钱币与邮票上的欧罗巴神话

下面要解读米诺文明神秘符号的破译过程。米诺文明虽然比荷马和古希腊文明要早一两千年，但它具备了文明所应具备的所有重要元素。它有两种文字，分别叫作线形文字 A 和线形文字 B。线形文字 B 已经被破译，而线形文字 A 直到今天还没有被破译。关于克里特岛文化是否达到文明的问题并没有争议，除文字记载以外，米诺文明更多的是以神圣的图像来记录神圣信息的。

米诺文明的神秘符号一般都刻在神庙的墙壁上，但它们并不是纯粹的美术作品，而是具有神话和仪式的背景。在这些神秘符号中，最难解的就是"迷宫"和"双面斧"。"双面斧"的形象（图6-10）被认为是米诺王宫的标志，过去一般认为其代表的是女神，但今天又有了新的解读。

图6-10 米诺文明陶器上的双面斧形象[①]

希腊文的"迷宫"一词出自"双面斧"。伊文思在克里特中部发掘出克诺索斯王宫建筑遗址，就等于找到了希腊神话中的迷宫之原型。这座王宫的占地面积达到 16000 平方米，由无数的房舍、错杂迷离的廊道和楼梯组成。初来乍到的游客只要随便走进去，就如同陷入一个找不到出口的迷离之境。王宫建筑的核心结构透露着克里特人虔诚的宗教信仰。王宫中的国王身兼祭司长，他先要在宫中的水池里沐浴净身，然后要在石板祭坛向诸神祭献祭品。双面斧则常

---

① ［美］南诺·马瑞纳托斯：《米诺王权与太阳女神：一个近东的共同体》，王倩译，陕西师范大学出版总社有限公司，2013，第 148 页。

常作为祭祀礼仪的标志物出现，象征着在宇宙间拥有无限生命力的大女神。在王宫的彩色浮雕上可以看到祭司王的形象，他身穿祭祀用礼服，头上戴着用百合花编织的、上面竖立着孔雀羽毛的华贵王冠，代表着通天、通神的含义。

在特洛伊遗址发掘出的宝藏中，金银铜器都已经普及，但是依然有石斧的存在。苏联学者兹拉特科夫斯卡雅在《欧洲文化的起源》中，对谢里曼发掘的"普里安宝藏"有这样的描述：公元前2200 年藏在特洛伊城墙里的大银器中的"普里安宝藏"的小件金制品数达八千件以上。"黄金首饰特别美观 …… 黄金和琥珀的器皿极其华丽。这首先是大高脚杯。其中有些是这类器皿常见形式的带脚杯，但也有别种形状的器皿 …… 在讲究的器皿中有很多是银瓶和青铜器皿。宝藏中还有很多成套的武器：箭头、矛、刀和斧的刃，刃是由青铜、铜甚至银制成的。'普里安宝藏'的石制品完全是独一无二的，例如，工艺惊人的斧子，磨得发亮，并有凸点和斜螺纹的精美装饰。当然这些斧子都不是在战争或工作中用的，而是领袖随身佩带的，作为政权和威力的标志"。[1]在这批金饰品之中有非常神秘的符号出现，最常见的就是牛头和双面斧，这些形象的出现，都与神灵崇拜有关。（图 6-11）

图 6-11　克里特的符号：双面斧、牛角、牛头。[2]

下面介绍一本英文书 ——《米诺王权与太阳女神》，这本书通过解读没有文字的神话图

① ［苏联］兹拉特科夫斯卡雅：《欧洲文化的起源》，陈筱、沈澂译，生活·读书·新知三联书店，1984，第 61、63 页。

② ［美］南诺·马瑞纳托斯：《米诺王权与太阳女神：一个近东的共同体》，王倩译，陕西师范大学出版社总社有限公司，2013，第 134 页。

像，比较完整地揭示了克里特文明背后的地中海文明背景。

双面斧出现在克里特许多描绘崇拜仪式的壁画上，由参加神圣礼仪的姑娘们拿着，在克诺索斯神堂柱子上和陶器上也布满这种神圣双面斧形象；仪式用的黄金双面斧形象在洞穴神堂内发现，甚至在墓葬中也发现了用黄金做的双面斧。它的意义如同我国史前墓葬中的玉钺，是权力的象征。克诺索斯王宫壁画上描绘了一个祭拜主神的盛大礼仪：童男持着器皿，童女拿着乐器，在游行队伍的中央是手持双面斧的祭司，姑娘们跳着祭祀舞蹈。双面斧形象一再出现，可知双面斧对于克里特文明的信仰的核心意义。

马瑞纳托斯认为，双面斧是太阳女神的符号，在《米诺王权与太阳女神》第九章"双面斧、十字架与公牛头"中有这样的描述：所归纳出的重要象征符号以双面斧为主，由此及相关的符号系统，识别出一个覆盖整个地中海沿岸地区的"近东文明共同体"。据分析，双面斧的关联性象征图像有：太阳或太阳盘、太阳花、圣甲虫、牛头形、公牛角、十字架符号、百合花、橄榄树等。这些符号是互为隐喻的。圣甲虫代表着日出和光明的出现，而百合花、莲花（图6-12）、双面斧、海水、日出等类似的表象也

图6-12 古埃及图像：女神从水上莲花中生出。[1]

————

① ［美］南诺·马瑞纳托斯：《米诺王权与太阳女神：一个近东的共同体》，王倩译，陕西师范大学出版社总社有限公司，2013，第155页。

都具有同一个功能，即用图像来隐喻神话的观念和意义。马瑞纳托斯在神话图像中找到了叙事的语法和符号的原意，并对它们进行了排列。

接下来介绍两个作为希腊神话源头的克里特神话，分别是蛇女神雅典娜的神话和鸽女神阿佛洛狄特的神话。

希腊神话的十二主神中有半数是女神，女神都有动物的标志作为象征，雅典娜女神有的时候以猫头鹰形象出现，有的时候又以蛇的形象出现。在近东和克里特岛发掘出来的最珍贵的女神像，常见一种双手操蛇的形象（参见第三讲）。所以有学者认为雅典娜从源头来说根本不是希腊人想象出来的，而是从更早的文明中继承过来的。

图 6-13 呈现的是在克里特岛发掘出的史前陶像——鸽子头女神，在整个地中海地区都有类似的形象，我们也就不难明白为什么阿佛洛狄特要用鸽子来象征。

图 6-13 克里特岛出土史前鸽子头女神塑像
（摄于中国国家博物馆古希腊文物特展）

希腊神话中的十二位主要神祇，至少有半数与克里特的米诺文明相关。如童年的宙斯就生活在克里特岛，是当地人信仰的死而复活之神。伊文思在克诺索斯王宫发掘出的最重要的文物中，有三件蛇女神的立像，神话学家马上就想起这可能是希腊女神雅典娜的前身。下面我们介绍两个与雅典娜女神有关的故事。

第一个故事是，冶金兼工匠神赫淮斯托斯追求雅典娜不成，企图强奸这位女神，但是没有得逞，挣脱出来的雅典娜将赫淮斯托斯遗留在她身上的精液洒到地上，致使地母神怀孕，并生下一个男婴。雅典娜把男婴放在一个篮子里交给雅典的三位公主照管，叮嘱她们不可以揭开篮子。公主们忍不住好奇，于是偷看了在篮子里的孩子，结果三位公主都被吓疯了，因为她们在篮子里看到的是一条蛇（另一种说法是一个人身蛇腿的孩子）。这则故事暗示我们雅典娜女神跟蛇的渊源，雅典娜自己或许就是一位蛇女神。

　　第二个是雅典娜的女祭司美杜莎变形为蛇发女妖的故事。美杜莎原本为绝代美女，海神波塞冬对她垂涎三尺，但他竟然在雅典娜神庙这样的神圣空间里强奸了她。雅典娜对自己亲叔叔的暴行无可奈何，只能在恼羞成怒的情况下惩罚了美杜莎，将她变形为奇丑无比的样子，即一位满头蛇发的女妖。后来英雄珀修斯在雅典娜指使下杀死美杜莎，并将其头颅献给雅典娜。雅典娜将蛇发女妖头镶嵌在自己的盾牌上。神话学家认为神话中的美杜莎本是雅典娜的原型，后来为了符合贞洁女神的标准，雅典娜指使英雄杀死美杜莎，这意味着杀死自己的原型，即狰狞的蛇发女性。抛开道德寓意问题，这两个神话故事皆隐隐暗示雅典娜女神的前身与蛇密不可分。当伊文思在克诺索斯王宫里发掘出不止一件蛇女神造像的时候，便给希腊神话人物由来之谜揭开了一张有分量的"底牌"。

　　1874 年，谢里曼在完成在土耳其特洛伊的发掘后，乘胜追击来到迈锡尼。他在西部地区找到五座墓葬，出土一大批豪华的黄金器物，包括一件被称为"阿伽门农黄金面具"的文物。大家都知道阿伽门农是希腊联军的统帅，黄金面具的发现给西方知识界带来了巨大的轰动。后来的鉴别工作表明，迈锡尼的这批珍宝比特洛伊发掘出的文物年代更早，属于公元前 16 世纪，这比发生在公元前 12 世纪的特洛伊战争早了 400 年左右。马丁·尼尔森的《希腊神话的迈锡尼源头》成为在希腊神话溯源研究方面的代表作。

从克里特到迈锡尼，学者们总算找到了比希腊罗马更早的西方文明的源头。在迈锡尼与埃及出土的印章图像上都发现有公牛头的标志。在迈锡尼出土的印章上，一把双面斧摆在牛头上面；在古埃及法老的王陵中出土的印章上，牛头上面有一个圣甲虫，它们都代表着太阳的升起。也就是说，迈锡尼人的神话、克里特人的神话都和整个古老的地中海文明有直接的关联。所以求证神话内容的真伪虚实，最新的有效途径就是用考古学知识来验证。本书的目的之一，也是希望能够通过考古学发现来拓展历史和文学史知识边界，与时俱进地完成知识观的更新。

最后提示一点，在这些珍贵的史前图像中，考古学家以及精神分析学家发现，有一类图像所描绘的不是现实中的事物，而是通神的萨满或者一些祭司们在进入神灵附体状态后，幻想出来的形象。图 6-14 的图像被命名为女王梦蝶。

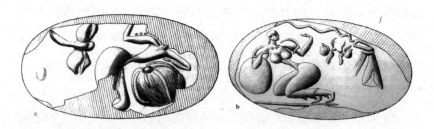

图 6-14　克里特岛东部 Zakrou 地区和特里亚达地区出土戒指印章图像——女王梦蝶图，蝶为神显化身。①

———————

① ［美］南诺·马瑞纳托斯：《米诺王权与太阳女神：一个近东的共同体》，王倩译，陕西师范大学出版社总社有限公司，2013，第 127 页。

这种形象完全是人的主观幻觉之呈现，它表达的是一种梦幻景观。为什么要讲这种通神幻象？因为神话不仅跟历史有关，也和先民们的想象与幻想密切相关。在克里特、迈锡尼文化中有一大类的酒器文物。酒和烟都是能激发幻觉的。印第安萨满会借助烟斗，将其作为法器而入幻。上古酒器的用途离不开祭祀礼仪，现在看来，酒器本身便具有刺激大脑进入神幻想象的作用。图6-15、图6-16呈现的是公元前7世纪希腊的一件精美酒器图像，上面画的是英雄刺杀马人神话。人在饮酒或醉酒状态下，更容易进入半人半兽等类似的穿越性幻想境界。在理性的支配下，这一类形象是不容易出现的。克里特、迈锡尼文化中出现的此类神幻形象，为我们研究神话想象的来源提供了珍贵的线索。

图6-15　希腊阿提卡地区出土双耳细颈酒罐，其上图像：英雄刺杀马人。①

图6-16　英雄刺杀马人神话图像②

① ［意］卢卡·莫扎蒂编著：《雅典考古博物馆》，陆元昶译，译林出版社，2017，第86页。

② ［意］卢卡·莫扎蒂编著：《雅典考古博物馆》，陆元昶译，译林出版社，2017，第87页。

通过神话幻象内容，我们还可以对中国上古青铜酒器和香器（如博山炉、香炉等）的图像学和神话学意蕴，展开举一反三式的思考，或许能大致明白其中的饕餮纹、兽面纹等美术图像与神话是怎样一种合二为一的关系。为什么酒器图像一般不描绘客观现实的自然，而偏向于呈现穿越性的超自然幻象和主观合成的意象？这样的深入思考对于大家学习神话是非常具有启迪意义的。

参考书目

1. 王以欣：《寻找迷宫：神话、考古与米诺文明》，天津人民出版社，2000。

2. ［德］埃米尔·路德维希：《发现特洛伊：寻金者谢里曼的故事》，冷杉、朱瞻宇、朱滨译，辽宁教育出版社，2006。

3. ［德］瓦尔特·伯克特：《古希腊献祭仪式与神话人类学》，吴玉萍、高雁译，社会科学文献出版社，2021。

4. ［美］南诺·马瑞纳托斯：《米诺王权与太阳女神：一个近东的共同体》，王倩译，陕西师范大学出版总社有限公司，2013。

5. ［瑞典］马丁·佩尔森·尼尔森：《希腊神话的迈锡尼源头》，王倩译，陕西师范大学出版总社有限公司，2016。

6. ［英］尼克·麦克卡提：《特洛伊传奇》，裴琳译，浙江教育出版社，2006。

7. Hood, Sinclair. *The Minoans: Crete in the Bronze Age.* Thames and Hudson, 1971.

8. Shapiro, H. A. *Myth into Art: Poet and Painter in Classical Greece.* Routledge, 1994.

9. Shear, Ione Mylonas. *Kingship in the Mycenaean World and Its Reflections in the Oral Tradition.* INSTAP Academic Press, 2004.

10. Spretnak, Charlene. *Lost Goddesses of Early Greece.* Beacon Press, 1984.

11. West, M.L. *The East Face of Helicon: West Asiatic Element in Greek Poetry and Myth.* Oxford University Press, 1997.

12. West, M. L. *Indo-European Poetry and Myth*. Oxford University Press, 2007.

/ 第七讲 /

希腊罗马神话

希腊罗马神话是世界上知名度最高的神话体系，相关的出版物、影视作品等相对来说也是最多的。因为我们在前面几讲中已经做了爱琴海文明和地中海古文明的知识铺垫，所以这一讲把希腊罗马神话作为一个神话发生再造的整体进行讲述，上引下连，辅之以图像，旨在揭示希腊神话为什么是世界神话体系中最丰富、最有代表性的一种。

一般来说，罗马人在继承希腊神话遗产的基础上又添加了许多本民族的神祇，在这种情况下，我们要特别注意，同一个神在希腊和罗马可能会有不同的名字。比如说，希腊的主神叫宙斯，而在罗马却变成了朱庇特；希腊的天后叫赫拉，而到了罗马神话中就变成了朱诺。这种情况就是古老的神话传统在传承中会改变名号和内容，所以我们说希腊罗马神话是一个前后连贯的整体。在后代文学中，有很多神明已经不用希腊的原名，而使用罗马时代的名称。比如说，在希腊神话体系中对后来文艺影响最大的一位神，是爱与美之神，其希腊原名为阿佛洛狄特，到了罗马时期改称维纳斯。大家如果去卢浮宫、英国国家博物馆等西方各大博物馆、美术馆参观，就会发现女神像一般都叫维纳斯。因为罗马帝国几乎统一了整个欧洲，而希腊文明的势力只局限于希腊半岛。所以通过罗马帝国而传播出来的希腊罗马神话，诸神的罗马名称更为流行。

图 7-1 是在今日希腊首都雅典地铁站中的一个景象。雅典在修

图7-1　雅典地铁站中的现场博物馆文物陈列（2003年摄于雅典）

地铁的过程中，如果发掘出古代的遗迹和雕塑艺术品，会将其原封不动地保存在地铁中作为一个展览景观。

希腊罗马神话也是中国现代神话学建立以来最早、最详尽被翻译成中文的神话类别，因此国人所知最多的神话，就是希腊罗马神话。当初翻译和介绍希腊罗马神话的学者们试图从比较的角度给希腊神话的特点作出定位和说明，在这里我们介绍1928年世界书局出版的汪倜然所著《希腊神话ABC》（上海书店1990年出版该书影印版）中的观点。《希腊神话ABC》第二章就叫"希腊神话底（的）特色"，所概括的希腊神话特色很简单：希腊神话是希腊思想的实现——灵肉一致，绝不承认肉体万恶，绝不抑制情欲。赞美肉体，爱女子美媚、男子勇武。他们追求享乐的满足。希腊神有充分发达的人的性格、情欲和体力。具体来说，这本书引用了民国时期的学者朱应鹏归纳的希腊神话的五个要点。

第一，希腊神话是崇奉美的神话。"希腊的神话都是代表人类'战争''恋爱''快乐''美丽'一切情欲的"，从造型艺术上来看，希腊神话首先突出人体之美。

第二，他教之神，多牛鬼蛇神、奇丑凶怪、地狱刀山之类恐怖情形，希腊则无。在希腊神话中并没有牛鬼蛇神，神一般都是与人同形同性的，唯一不同的就是神的权力、体力、能力远远超过人。除此之外，希腊神话中的神是永生的，而人终有一死。

第三，他教之神，多岩居高拱，与世隔绝，希腊神则多与人来往，参与悲欢离合之事。在希腊神话中，人神是一体的，《荷马史诗》中战争胜负的决定者往往是神而不是人，所以人神同台"表演"也是希腊神话一个很重要的特点。

第四，他教之神，多道貌岸然，希腊神则充满七情六欲，与人同性。神与人一样都具有优缺点，人受欲望驱使，神也难免好色，希腊神话在这一方面表现得尤为突出。

第五，希腊神话体现人生的精神：饮食男女，青春的使命，战胜与征服，满足享乐。希腊神话的背后表现的是希腊人的精神，人在这个世上要求满足的东西在希腊神话中都以神的形象突出地呈现出来，因此，希腊神话中神的表现可以看成是人性在某些方面的文学发挥。

以上就是希腊神话整体的特征。

图7-2展示的是希腊神话中奥林匹斯山十二主神之首——神王宙斯。在希腊人看来，宙斯是一位非常威严的美男子，留着长长的胡须，在外形上与人相同。

在希腊人的想象中，天空中的主神勇武无比、武力超群，其他的神都不是他的对手，包括他的父辈，都被他打败了。在其他民族的神话中，父子两代神之间的冲突并不常见，但是希腊神话从一开始就突出了这种父子冲突。这样的神话代际关系表现了希腊人的一种青春精神，即认定下一代才是生命的希望。所以在希腊神话中，父神或被阉割或被放逐，这样的神话主题在中国神话中是没有的。这种尚武的斗争精神也反映出古希腊文明在海洋与陆地之间必定要面对各种不同种族间的文化冲突。

图7-2 神王宙斯青铜像，公元前5世纪。①

希腊人的主神宙斯，被看作是天空中坐在王位上的神，他最大的武器叫作"霹雳"。"霹雳"就是电闪雷鸣等自然现象，而这一自然现象被希腊先民们想象为天空中的主神所拥有的最致命的武器。在宙斯这个威严的形象背后，我们看到了人类文明正进入所谓的父权制文明时期，父权制以社会中的男性绝对权威与暴力作为象征。不过，在文明的万神殿背后有一个几万年漫长的造神运动。在这几万年的时间里，万神殿中往昔的主角都是女神。这一点，通过20世纪的考古大发现已经得到证实。也就是说，在建立文明之前，先民崇拜的神大多数都是女神，因为人类通过经验观察发现，生命都是从母体中孕育出来的，所以母神、女神崇拜是人类最深远的宗教信仰。

随着父权制的建立，女神在神话中的地位发生了转移，逐渐成

---

① ［意］卢卡·莫扎蒂编著：《雅典考古博物馆》，陆元昶译，译林出版社，2017，第117页。

为男神的妻妾和亲属，独立的女神形象逐渐消失。我曾经提到过，在中国涉县的娲皇宫中，只有女娲单独受到祭祀，伏羲并没有出现。而一般在父权制社会中，为了建构男性的权威，需要改造原来的女神，这时除了推崇一位威严无比的男性神王以外，女神都作为男神的配偶或女儿出现。

在古希腊父权制文明的神话体系中，神王宙斯的妻子是天后赫拉，赫拉最大的功绩就是从她的乳房中流出来的奶水变成了天上的银河。因为在希腊人的想象中，天王和天后统治着天庭，所以日月星辰都与他们的行为有关系。人们在夜空中看到的银河，就被希腊人想象成是从赫拉天后的乳房中流出的奶水。

在民国时期，关于"Milkway"一词的翻译问题曾经发生了一场争论。一位名叫赵景深的学者在翻译时，将其翻译成"牛奶路"，因为在希腊神话中，银河就是牛眼天后赫拉的奶流成的路，这就是该词的本义。但还有一部分学者认为中国并没有类似的神话，翻译成"牛奶路"对于中国人而言是很难理解的，应该按照科学的天文学术语将这个词翻译成"银河"。但这样一来，希腊神话的想象也因此而消失殆尽了。1923 年，文豪鲁迅先生在《二心集·风马牛》里写下了他对赵景深翻译的批评："……Milkyway 误译为'牛奶路'（应译为'银河'或'神奶路'）"。当代中国的比较文学学科复兴中，有一个分支学科名为"译介学"，专门从理论上研究翻译的跨文化理解和阐释问题，即如何在翻译中尽量去保留原文的深层文化蕴含。"Milkway"一词的翻译就属于译介学的研究范畴。

接下来介绍希腊十二主神中另一位威武英俊的男神——阿波罗。阿波罗在古希腊的雕塑中是以标准的美男子形象来刻画的，图7-3 展现的是公元前 2 世纪复制的公元前 5 世纪的阿波罗雕塑，现收藏于雅典考古博物馆。

阿波罗的神格是太阳神，他
最大的功能就是发布所谓的神
谕。什么是神谕呢？神谕就是通
过更高的神的智力来帮助人判断
吉凶祸福。神具有超人的智力，
要通过发布神谕的方式把重要的
信息传递给宗教领袖人员，例
如神庙中的祭司、巫师长和占卜
师、预言师等。他们能够从神谕
中读出某种东西，然后再传达给
人间。这样一来，宗教领袖人员
就行使着一种代神传言的职能。
所以在希腊神话中，凡是遇到生
老病死、吉凶祸福的重要关头，
向神祈祷和听取神谕，就成为

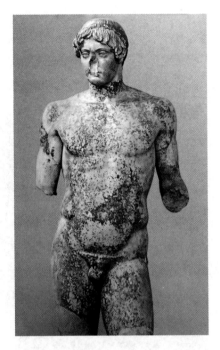

图 7-3　阿波罗神像，公元前 2 世纪复制的公元前 5 世纪雕塑。（现藏雅典考古博物馆）[1]

人们的普遍选择。神谕与我国商代的甲骨文之功能是大体类似的。
甲骨文用来给商代的最高统治者做占卜神意的笔录，特别是传达祖
灵们的意愿，占卜的目的就在于通神和通（祖）灵。所以，希腊的
阿波罗神所掌管的神谕，在整个诸神体系中的可信度是最高的。但
阿波罗的神格特色却表现为一位挎着大弓的射手。至于太阳神阿波
罗为什么是楷模性的射手，我在后面讲到中国神话"后羿射日"时
会专门加以阐释，这实际上涉及神话想象发生的现实经验原型的
问题。

① ［意］卢卡·莫扎蒂编著：《雅典考古博物馆》，陆元昶译，译林出版社，2017，
　　第 118 页。

图7-4 女武士形象雅典娜戎装立像（2003年摄于雅典学苑）

下面要重点介绍的是希腊神话中最重要的女神之一——雅典娜。如前面第六讲所提到的，雅典娜女神在克里特、迈锡尼时期的原型为蛇女神，但这只是强调了雅典娜女神由来的一个方面。实际上，雅典娜在希腊文明时期更为人所熟知的身份是智慧女神。如果从造型上看雅典娜，她通常更像一个威严的女武士，头上戴着头盔，手里拿着矛枪和盾牌，完全是一个女战神的形象，跟智慧女神似乎并没有太大的关系。因此还需要详细地交代一下雅典娜的来龙去脉。

图7-4展示的是雅典学苑的雕塑立柱。雅典学苑是当时的哲学家柏拉图讲学的地方，图中的雅典娜女神戴着头盔，手持矛枪和盾

牌，高高地耸立在雅典学苑门前的广场上。相传雅典城就是雅典娜女神创建的，因此她便是雅典的守护者和标志性符号。

雅典娜作为智慧女神为什么是武士的打扮？她为什么又拥有处女神、蛇女神、猫头鹰女神等不同的称号？我们把雅典娜的神话故事作了大致的梳理，概括成"八面雅典娜"。也就是说，雅典娜女神有八种面孔，这八种面孔有些是比较接近的，有些则完全是相对的。至于八种面孔是如何熔铸在一位女神的形象上的，其关键就在于这位女神漫长的形

图 7-5　公元前 5 世纪帕特农神庙的雅典娜像复制件，公元 2 世纪作品。（现藏雅典考古博物馆）[1]

成和演变之历史。其间包括文化传播与交流融合的过程，不同的面孔是一层一层叠加而成的，最后组合为我们今天所知的雅典娜女神形象。接下来就按照顺序介绍一下雅典娜女神的八种面孔。

第一，雅典娜是一位女战神，这一点与希腊神话中的亚马逊神族有关。亚马逊是希腊神话中的一个女武士族群，她们体型高大且善于战争，雅典娜是亚马逊神族的代表，所以她手拿武器，身披铠甲，表现勇武善战的一面。

第二，早期的希腊神话讲述者特别强调雅典娜是个处女神，以突出她的身份是纯洁无瑕的，这一点与早期的希腊崇拜圣洁的信仰

---

[1]　［意］卢卡·莫扎蒂编著：《雅典考古博物馆》，陆元昶译，译林出版社，2017，第 120 页。

有关。而这一古老的信仰渊源也在雅典娜女神身上留下印记，后来雅典娜女神往往被称为处女神。

第三，雅典娜也被称为工艺之神，或是技艺的守护神，纺织、冶炼、制造等技艺都是由雅典娜发明或守护的。这一点又与我们今天强调的工匠精神联系在一起。

第四，雅典娜比较流行的称号是智慧女神，代表她拥有超人的智力。西方的书店一般都用雅典娜猫头鹰的形象来作标志。这也就催生出雅典娜的第五个面孔。

第五，即猫头鹰女神。因为猫头鹰具有超人的视力，在夜晚能够看清并捕获猎物，所以先人认为猫头鹰的智力最高，智慧女神由此便以猫头鹰的形象作为标志，象征着智慧和知识。

第六，雅典娜还是蛇女神，这是从史前时代到克里特、迈锡尼时代的操蛇女神形象遗留在雅典娜身上的特征。因为蛇本身带有非常强的神秘色彩，它蜕皮、冬眠的习性代表着永生不死和神秘的变化。

第七，雅典娜是城邦守护神。希腊文明由几个重要的城邦构成，城邦之间结成联盟进而形成了一个文明国家。一个城邦的主神就是这个城邦的守护神，雅典娜的名字就是雅典命名的由来，所以雅典娜就是西方文明之都的守护女神。

第八，雅典娜是由父神宙斯生育出来的女神。在希腊神话中，被称为锻造冶金之神或铁匠之神的赫淮斯托斯，手里拿着一把斧头把宙斯的头劈开，雅典娜便从宙斯的头中诞生。在神话中没有明确指明雅典娜的母亲是谁。为什么在希腊神话中会出现男性神王独自生育的现象呢？今天的女性主义批评家对此有独特的见解。他们认为这就是父权制文明对古老的女神神话进行改造的结果：原来是女神独自生育，在进入父权制社会之后，女性所有的能量男性也要拥有，所以男神独自生育的现象其实是父权制文明对古老神话的一种再造或再编码。

以上通过对雅典娜八种不同面孔的描述，我们可以大致看出，这位女神的形象在不同历史时期被不断地再造和修正。图7-6是古希腊瓶画中的一幅彩绘图像，内容就是雅典娜的诞生。图中的宙斯威严地坐在王座上，手里拿着他的"霹雳"。他被赫淮斯托斯用一把斧头砍到了头，从中诞生出了雅典娜。这就是父权制下的希腊文明对古老女神神话的颠覆性再现。

图7-6　古希腊瓶画：雅典娜诞生于宙斯之头。（2010年摄于瑞士苏黎世大学博物馆）

雅典学苑门前的装饰性大理石柱四面全都雕刻有猫头鹰的形象，猫头鹰与戴着花冠的雅典娜头像两两对应。雅典娜女神之所以有如此复杂多样的神格，原因就在于，她是在上万年历史传承的过程中不断改造的女神形象，具有不同时期的历史印记。在雅典卫城，有一个站立的威严的猫头鹰石像，这实际上就是古希腊人心目中的女神形象，既可以以女性的形象出现，也可以以动物的形象出现。如果要问守护雅典城的为什么是猫头鹰神，这绝不是古希腊人的发明，而是整个地中海古文明所遗留的痕迹。在古埃及法老的王陵中也画有猫头鹰形象，因为法老在死亡之后要进入黑暗的阴间，而猫头鹰是在夜间出没的动物，它守护着整个夜晚；而夜间的结束又是第二天黎明的开始，所以太阳的升起、新生命的孕育和再生都和猫头鹰神联系在一起，这样一来，在古埃及法老王陵中出现巨大的猫头鹰神像一点也不奇怪。在来自史前时代的传统信仰中,猫头鹰是积累最为深厚的形象之一,而女神和猫头鹰的结合也应该有上万年的历史。以上就是对雅典娜女神与猫头鹰之间的内在关联之说明。

这八种面孔集中到雅典娜女神的身上,还应大致有一定的历史顺序。雅典娜女神从宙斯的头中诞生出来这一情节应该是最晚出现的,因为它是父权制文明的特征,在只崇拜女神的信仰语境中并不会产生类似的联想和故事。在这八种面孔中,产生最早的是猫头鹰神和蛇神的信仰。神话考古学家通过广泛地收集史前图像等材料,认为母神在史前欧亚大陆主要是通过八种动物形象表现的,其中就有猫头鹰和蛇。神话考古学家在法国发现了距今约 13000 年的猫头鹰画像,所以有着 1 万年以上历史的猫头鹰形象就是雅典娜女神八个面孔中最早的。在这八个面孔中,最早的来源超过万年,而最晚的来源与希腊的父权制文明有关,这就是根据女神文明研究的新成果,特别是考古大发现的资料,对希腊神话世界展开的历史编码层次探究,将希腊神话还原到了它所产生的地中海文明的整体语境中,这就体现出以前的神话研究所欠缺的深度视野的意义。

前文提到,蛇发女妖美杜莎这一恐怖的形象也与雅典娜的作为有关。换言之,美杜莎的故事就是从蛇女神雅典娜这里派生出来的。相传宙斯与凡人生下的儿子、英雄珀修斯在雅典娜帮助下杀死美杜莎,并将其头颅献给雅典娜,女神将这头颅镶嵌在自己的盾牌上。当代的日本动漫作品将蛇发女妖美杜莎视为雅典娜不洁一面之化身,这也是对古老神话的再编码。

雅典娜是希腊罗马神话中具有充分代表性的女神,因此本讲用较多的篇幅去介绍她的来龙去脉,她也是在后世文明中反复出现和

被改造的女神形象。接下来介绍
爱与美之神阿佛洛狄特与小爱神
之间的关系。

图 7-7 是收藏于雅典考古博
物馆的公元前 1 世纪的希腊雕塑
艺术品，在这个裸体年轻女性的
肩膀上长着翅膀的便是小爱神厄
洛斯。凡是被他的箭射中的人，
会像醉酒一样无法控制自己，从
而呈现出进入爱河的状态。希腊
人用这个神话意象来解释人类
两性之间情感的发生：为什么
男男女女会在青年的时候陷入恋
爱甚至进入迷狂状态？因为恋爱
中的人是被厄洛斯的爱神之箭射
中了。

图 7-7　得罗斯岛大理石雕像：美神、小爱神与潘神。[1]

　　希腊人想象出了一男一女两个爱神，分别是爱与美之神阿佛洛狄特和掌管弓箭的小爱神厄洛斯，这也是希腊神话独有的特色。之所以会出现一男一女两个爱神，实际上是为了解释在人类之间为什么会出现爱情这类情感。今天的心理医学、精神分析学派非常重视希腊神话遗产，有的精神分析学者在其研究专著的书名中，就直接借用小爱神厄洛斯的名字，例如马尔库塞所著《爱欲与文明》（*Eros and Civilization*）一书。爱欲，在文明的发生及发展过程中，是作

---

[1]　［意］卢卡·莫扎蒂编著：《雅典考古博物馆》，陆元昶译，译林出版社，2017，第 161 页。

为一种驱动力出现的。例如，希腊人之所以要跨越大海攻打特洛伊城，原因就是要争夺人间最美的女子海伦，所以特洛伊战争实际上就是捍卫爱情的一场战争。这也体现了西方文化中的典型精神。古希腊文明留下了深厚的遗产，后来西方学术界认为一切文明都来源于希腊和罗马。希腊罗马这一时期在西方又叫作古典时期，文艺复兴就是要从中世纪的宗教压迫中把美好自由的希腊罗马文明精神重新发掘出来，后来的启蒙运动，也都是要重新回到这个阶段，所以希腊罗马神话对整个西方文明而言具有奠基性的意义。之前已经提到，希伯来文明通过宗教把它的创世神话、原罪神话、伊甸园神话等传播给后世的西方人，西方文明的意识形态就是在希伯来和希腊罗马两种神话体系的交替支配下向前发展的。

图 7-8　海神波塞冬：罗马时期的马赛克图像。（2003 年摄于意大利罗马）

下面介绍希腊十二主神中的海神波塞冬。在十二主神中，波塞冬是主管海洋的神。图 7-8 是罗马时期的马赛克图像，图中的海神在大海的波涛中站在一种海洋生物的身上，这种生物前半身为马的形象，后半身则如鱼龙的尾巴。

回顾一下上一讲图 6-15、图 6-16，其中展示的是希腊瓶画上忒修斯杀马人的图像。图中一个英雄拿着剑在刺杀马人，这个英雄就是忒修斯。忒修斯是希腊的一个国王，也是著名的武士英雄。这种半人半马的怪兽又被称为人头马，它在希腊文化中代表的是比较低等的、原始的、残暴的生物，能够战胜人头马的人自然就是征服妖怪的英雄。

　　马人的始祖名为肯陶洛斯，是色萨利国王伊克西翁之子。伊克西翁非常好色，居然迷恋天后赫拉，试图和她私通。赫拉向神王宙斯告状，宙斯为核实案情，就造出一位酷似赫拉的云女神涅弗勒，宙斯将她送到伊克西翁的婚床上试探他。结果他与云女神私通，并吹嘘自己与赫拉同寝。宙斯大怒，将他打入地狱，并绑在一个不停转动的四轮辐轮子上，永无安宁。他与涅弗勒生下的孽种就是人头马身的王子肯陶洛斯。这位王子后来又和色萨利东南珀利昂山的母马交媾，生下一群半人半马的怪物，形成马人部落。

　　伊克西翁还有个儿子叫佩里图斯，他结婚时邀请希腊国王忒修斯以及马人亲属来参加婚礼。马人不惯饮酒，但禁不住美酒的诱惑，最后喝到迷狂，撒起酒疯，在婚礼现场抢劫拉庇泰人的妇女乃至新娘，酿成了严重冲突，双方很多人死于非命。正是在这种情况下，忒修斯出面杀戮马人。除了忒修斯，希腊神话中还有一位男性英雄赫拉克勒斯也曾经和马人部落发生战斗，他是希腊神话中的第一大英雄。图7-9是珍藏于瑞士苏黎世大学博物馆的古希腊雕塑，展现的内容就是大力士赫拉克勒斯搏斗马人的场面。

　　在这里还需要把希腊罗马的神话放在整个地中海文明中加

图7-9　古希腊雕塑：英雄赫拉克勒斯击杀马人。（2010年摄于瑞士苏黎世大学博物馆）

以理解，不宜孤立地看待希腊形象，将其简单理解为古希腊人的创造。古代的近东文明和埃及文明才是半人半兽神话想象的源头，半人半狮、半人半牛、半人半马、半人半鹰等，所有这些穿越性神话形象在古代近东文明和埃及文明中频繁出现，所以希腊神话中半人半马的形象实际上是在继承古老的文化遗产的基础上再创造的结果。

图7-10是代表苏美尔文明的一件文物。两个半人半马的怪物托着一个像鹰一样展翅飞翔的圆盘，圆盘代表的是太阳盘，太阳神像鹰一样在天上飞。这是典型的苏美尔、巴比伦图像，距今约4000—5000年。

图7-10　苏美尔文物：双半人半马形象托举太阳神鹰石雕。①

———————

① Duncan Baird Publishers ed. *Epics of Early Civilization*. Duncan Baird Publishers, 1998, p.27.

图 7-11　乌尔城出土苏美尔文明人头马形象，青铜嵌贝，公元前 24 世纪。（摄于法国巴黎卢浮宫）

除此之外，巴黎的卢浮宫收藏了大量近东文明的图像、雕塑。图 7-11 是卧在地上的人头马形象：头是人形的，面部长有胡须，头上还戴着高高的尖帽，这是按照苏美尔王的形象来塑造的；而整个身体却是马的形状。这就是马人造型在西亚文明中的原型。

图 7-12 展示的这件古代波斯文物把老鹰的翅膀、马的身体、牛的头和人面结合在了一起。值得注意的是，这种玄幻

图 7-12　古代波斯出土类似马人形文物，公元前 5 世纪。（摄于法国巴黎卢浮宫）

的表达方式并不是今天艺术家的创造，而是古老文明神话幻觉的产物。

在古埃及的地狱图像中，也可以看到狼头人形象，那就是死神阿努比斯，他是阴间的判官，负责称量死者罪孽的重量。手中拿着笔记账的鹭鸶（鸟）头人则是图提神，他负责记录人在生前做的好事与坏事。这些半人半兽或半人半禽的怪异形象，都是古埃及神话中常见的神明表现模式。

神话想象的世界特征就是穿越现实中的界限，其构思完全不遵循所谓的逻辑排中律。逻辑排中律指在一个思维过程中，对于矛盾关系或反对关系的思想（A与非A），不能同时否定。如果都否定，那就违反排中律。但在神话世界中，不同类属的生物完全可以嫁接为一。马人或者说人头马的形象在西方的艺术史中也是一贯加以再造的表现题材。例如文艺复兴时期的著名画家波提切利专门画了《雅典娜与马人》这幅画作，画中雅典娜手中拿着一个巨大的战斧，在雅典娜旁边的就是马人的形象。这个马人的造型与古希腊的原型相比，变得更加写实，其上半身完全是一个长着胡须的男人形象，下半身则是更真实的马的造型。这样的作品之所以在文艺复兴时期出现，是因为文艺复兴就是要在基督教统治千年之后恢复希腊的文化精神。这个古老的神话题材就是艺术家们发挥想象力的极佳来源。

图7-13　波提切利《雅典娜与马人》

欧洲的一些民间礼俗、节日中还在上演着类似半人半兽、半人半禽的仪式歌舞表演，这实际上就是把古老的神话想象重新搬到今天高科技社会的现实中来，让传统与现代共振。今天联合国在全球发起名为"保护非物质文化遗产"的运动，所谓的非物质文化遗产就包括来自神话时代的民俗性叙事，这也是我们所说的文化大传统深远的根脉。

在所有人为宗教出现以前，普及率最高的自发宗教或者原生态宗教是萨满教。在萨满教的想象中，可以没有神，但是一定要有灵，所有的事物包括神都是由精灵来表现的，而精灵往往就是以动物的形象出现的。萨满是能够通神和进入神幻想象世界的人间领袖，他们在作法的过程中，特别重视调动超自然的能量来进行禳灾和治病。自然灾害、瘟疫以及疑难杂症的解决全靠这些人物。萨满活动通常是由动物形象的神话观念支配。也就是说，萨满一定要有其动物助手。图7-14展示的是东北亚地区乌赫德人萨满裙上的图案，上面画着各种动物：马站在中间，龙站在下方，蟾蜍、青蛙一类的动物站在两边，鸽子等鸟在头顶上方，最上面还有蜥蜴。各种动物代表着宇宙中的灵，这些动物形象就是灵的化身。

在萨满的各种动物助手的信仰参照下，后世的人为宗教想象的原型，就较为容易辨识。我国东北地区的少数民族大都有萨满教想象的文化遗留，例如在长白山中的赫哲族、鄂温克族、鄂伦春族，以及建立清朝的满族等，此外，还有草原民族蒙古族，萨满的文化遗留都非常深厚。

在满族中，萨满影响下的文学叫作"满族说部"，也是国家级非物质文化遗产。满族说部中的女神是主要的角色，这体现了在父权制文明建立以前的神话遗产是以女神为中心的特点。虽然满族说

图 7-14　乌赫德人萨满裙：萨满的动物助手。①

部是今天搜集整理出来的文学作品，但是它在口耳相传的过程中保留了远古以来的信仰原貌。以上是在介绍世界上最丰富瑰丽的希腊罗马神话遗产时，专门从溯源求本的意义上作的一种阐述。

当代画家桑格在 1959 年创作了一幅名作，画的名字叫作"被动物捕捉的人"。在 20 世纪，西方艺术发生了一次根本的转变，有人把这个转变概括为"原始主义"。原始主义最大的特征就是把人原有的正常形象扭曲化，或野兽化。原始主义的产生与原住民神话、萨满教神话的启发密不可分。原来人是捕捉动物的，现在人变成了被动物捕捉的对象，这样的名字背后，隐藏着深远的文化寻根意义，这也表现出当代艺术家们善于利用这些古老的神话遗产来为创作提供灵感和题材。

---

① 王纪、王纯信：《萨满绘画研究》，时代文艺出版社，2003，第 69 页。

　　从希腊神话到希腊戏剧再到希腊哲学，这里有一条完整的思想发展的脉络。所以，我们不仅仅是把希腊神话当作文学作品来介绍，更是把它看作经历了 5000 年地中海文明的孕育，在 2000 多年前的希腊半岛上催生的灿烂文明产物。希腊神话不仅给文学艺术的创作提供了素材，还不断引发着后人关于宇宙和人生的哲理思考。

　　希腊最著名的戏剧作品是《俄狄浦斯王》，俄狄浦斯是希腊神话中的忒拜城邦之国君，他号称是人间最聪明的人，能够猜破斯芬克斯谜语，但他却没有猜中自己的命运。在阿波罗的神谕中，这个孩子生下来将会杀父娶母。俄狄浦斯能够掌管人间的一切，但是他却预见不到自己的命运，所以希腊悲剧用这样一个神话题材告诉希腊人，在宇宙万物之间最难把握、最难理解的就是人类社会的运作和人的命运。俄狄浦斯在最后，以自刺双眼的极端方式自我惩罚，并自我放逐于荒野之中。这个结尾所展现的就是文明与原始之间的轮回。希腊悲剧通过剧场的表达，给出了西方戏剧舞台上最动人的一幕。《俄狄浦斯王》并不仅仅反映了文艺的问题，而且已经变成了哲学家思考人类命运的一个标杆。这也在一定程度上激发着希腊哲学的启蒙，迸发出自由思考的精神。

　　在希腊神话中，英雄与神定的命运进行抗争，虽然结局是失败且悲壮的，但由此引发的深层次思考依然在后世思想史上延续。如果我们把希腊的神话、戏剧、哲学看作是一条思想链，就会明白人类的哲学为什么在古希腊第一次爆发出来。苏格拉底、柏拉图、亚里士多德等人之所以能够成为哲学日历上最早带有光环的伟人，原因即在此。在这条思想链中，悲剧刚好充当了一个承上启下的角色。

　　虽然希腊神话只是一些幻想的故事，但它能够帮助我们进入人类思想最神圣的园地。科学和哲学也只是在古希腊文明中独立发生，其中的原因需要大家进行深入思考。

参考书目

1. 唐卉：《希腊神话历史探赜：神、英雄与人》，复旦大学出版社，2019。

2. 王倩：《20世纪希腊神话研究史略》，陕西师范大学出版总社有限公司，2011。

3. 王以欣：《神话与历史：古希腊英雄故事的历史和文化内涵（增订本）》，陕西师范大学出版总社有限公司，2018。

4. ［德］瓦尔特·伯克特：《神圣的创造：神话的生物学踪迹》，赵周宽、田园译，陕西师范大学出版总社有限公司，2019。

5. ［法］乔治·杜梅齐尔：《从神话到小说：哈丁古斯的萨迦》，施康强译，生活·读书·新知三联书店，1999。

6. ［美］保罗·麦克金德里克：《会说话的希腊石头》，晏绍祥译，浙江人民出版社，2000。

7. ［美］凯利：《神话历史》，陈恒译，载陈启能、倪为国主编《书写历史》，上海三联书店，2003。

8. ［美］凯瑟琳·摩根：《从前苏格拉底到柏拉图的神话和哲学》，李琴、董佳译，陕西师范大学出版总社有限公司，2019。

9. ［英］弗朗西斯·麦克唐纳·康福德：《修昔底德：神话与历史之间》，孙艳萍译，上海三联书店，2006。

10. Powell, Barry B. *Homer and the Origin of Greek Alphabet*. Cambridge University Press, 1991.

11. Schefold, Karl. *Gods and Heroes in Later Archaic Greek Art*. Cambridge University Press, 1992.

12. Shapiro, H. A. *Myth into Art: Poet and Painter in Classical Greece*. Routledge, 1994.

13. Sourvinou-Inwood, Christiane. *Reading Greece Culture: Text and Images, Rituals and Myths*. Clarendon Press, 1991.

14. Woodford, Susan. *Images of Myths in Classical Antiquity*. Cambridge University Press, 2003.

印度、北欧神话

　　印度、北欧神话与希腊罗马神话、凯尔特神话同属印欧民族神话体系，也就是说，可以把南亚的印度文化和整个欧洲文化看成是一个组合体，因为它们同根同源，使用了同样的表音文字体系。在 19 世纪，研究比较神话学的学者们发现，欧洲神话中的有些母题、题材等内容在印度神话中也有相应的体现。为什么这两种相距数千公里的民族神话体系会结合到一起呢？因为从本源上看，印欧文化是同根同源的。印欧人共同的祖先在大约四五千年前生活在今天的高加索地区，并在距今 4000 年前后开始向不同的方向迁徙，因此今天印度人的主流实际上是从欧洲迁徙过来的。所以印度和欧洲在语言、文化、神话、史诗等很多方面都是同根同源的。古老的神话催生出了规模更浩大的史诗叙事，希腊神话直接催生了《荷马史诗》，印度神话同样催生了两大史诗，而且在题材上与希腊的史诗遥相对应。例如，《伊利亚特》讲述的是希腊联军为了抢回美女海伦，不惜跨越大海去攻打特洛伊城。古代印度的大史诗《摩诃婆罗多》也讲述了为抢回一位叫作悉多的女人而跨海作战的故事。但要抢回悉多并不是因为她的美貌，而是因为她是贞节妇女的楷模。这两大史诗在叙事结构上形成了这样一种相隔几千公里的遥相呼应，就是由于印欧文化拥有共同的祖根，后来随着大迁徙而分散到旧大陆的不同地区，所以印欧人在讲述自己的祖先由来、英雄业绩时会有遥相呼应的叙事。古代印度的梵语和欧洲的希腊语、拉丁语以及后来的凯尔特语、英语、德语等都是同源关系。而在所有的这些印欧语言中，现在能够看到的最古老的语言就是古代印度的梵语。也就是说，梵语是从一个母胎中率先分化出来的语言。距今约 4000 年时，有一支印欧人向南迁徙，其中一部分到了今天的伊朗，形成了古代的波斯文明。另一部分人往南跨越了喜马拉雅山脉，到达了今天的印度河谷地区，形成了印度文明。印欧语系的诸文明，就这样跨越了地理的屏障，特别是世界屋脊的阻隔。印欧人最靠南方的分支，发展出喜马拉雅山脉南麓的南亚次大陆文明。

今天的印度人在相貌上与东亚的蒙古人种截然不同。他们在相貌上更像欧洲人和伊朗人。但印度人的肤色并不像欧洲的白种人，原因有两点。首先就是靠近赤道地区的人的肤色必然因为日照强而变成深色。其次，印欧人在迁徙到印度河谷地区时征服了当地的原住民达罗毗荼人，于是达罗毗荼人就变成入侵的印欧人种的奴隶。这也是造成印度种姓社会制度的根源。印度种姓社会分为四个阶层，最低的阶层要为更高的三个阶层服务，因为他们是被征服的原住民。今天印度人的相貌和肤色，是历史性混合的结果。

印度文明中的神话、史诗、传说、故事等叙事文学的发达程度，在整个欧亚大陆是首屈一指的。因为印度民族既是一个有着迁徙流浪经历的民族，又是一个文化混合的民族，所以其优势就在于，叙事和想象的规模都大大超出了一般的定居民族。

相比而言，游牧民族的生活是机动性的，他们逐水草而居，并且在广阔的高山平原之间不断地迁徙，所以游牧民族的社会组织适于打仗，他们崇尚勇武，凭借丰富的想象力幻想出异彩纷呈的大千世界。相对而言，农耕民族世世代代居住在一个相对封闭的地理环

图 8-1　印度文明史前女神塑像，距今约 4000 年。（2003 年摄于法国集美博物馆）

境空间里，并且被农耕所依赖的土地束缚，因此想象力并不够发达。所以，印欧神话的很多内容与华夏神话形成了极大的反差。

　　西方人关于印度古老神话和文学的认识，主要源于 18、19 世纪对梵语文学的再发现。那个时候，西方学界先看到世界文学的版图中还有一个叙事规模远远超过以《荷马史诗》为代表的希腊文学的南亚文学。简单地说，衡量神话和史诗叙事规模的标准是篇幅，希腊两部史诗的长度都是 1 万多行，然而印度两大史诗中较长的一部《摩诃婆罗多》，共有 20 万行，号称世界上最长的书面文学作品。也就是说，印度文学虽然是欧洲人近代以来才认识到的，但很快就被公认为世界文学中想象力最发达、叙事能量最丰厚的一个标本。

除了神话和史诗，印度的故事文学在后世影响最大。如今世界最著名的民间故事集为阿拉伯的《一千零一夜》。《一千零一夜》在形成过程中受到更古老的印度故事集《五卷书》的影响。《五卷书》在离开印度本土之后，传播到整个中亚、西亚和阿拉伯地区，随后又辗转传播到欧洲，对后来文艺复兴时的文学浪潮产生了重要作用，这些都引发了西方人对梵语文学的再认识。

在世界五大人为宗教中，有两大宗教产生于印度文明，分别是印度教和佛教。佛教主要传播到了印度以外的东亚、东南亚地区，也成为中国最发达的宗教形态。印度本土的印度教则更加古老和根深蒂固，这里有宗教和想象力的结合，催生了灿烂的印度神话世界。由于中国和印度在中古以后发生了非常密切的联系，特别是在佛经传入中国以后，中印文学发生了一种汇流的现象。所以，当我们在讲述印度神话时，特别要注意印度神话和印度叙事文学对中国文学史的影响。通过文化对照可知，不论是希腊文学还是印度文学，都开始于神话和史诗，并且它们的神话都是体系化的，神话故事大多非常复杂。但中国神话很不相同，如女娲补天、后羿射日、夸父逐日等，基本上都是很简单的叙事。华夏民族在神话等早期叙事文学方面不发达，更没有产生类似《伊利亚特》《摩诃婆罗多》的史诗巨著，原因就是华夏民族作为农耕民族，其文化受到想象力、宗教观念、儒家思想等不同因素的制约，因此那些怪力乱神的、玄幻穿越性的叙事就被排除在外了。但由于受到了印度文学特别是印度叙事文学的深刻影响，华夏文学有了新的变化，这种变化体现为六朝时期开始出现稍具规模的志怪文学作品。因为这时中国已经深受佛经翻译的影响，佛教文学千奇百怪的内容给中国人打开了一个前所未有的想象空间。到了唐朝，以唐传奇为代表的叙事文学勃然兴起。传奇就是长篇的神奇故事，这些题材和叙事想象的空

间，诸如六道轮回、东海龙王和十八层地狱等，与印度文学的影响
密不可分。中国传统的文学中并没有一套完整的关于人死后的叙事
和观念，而在印度文学特别是佛教文学传入中国后，华夏的叙事文
学就打开了这样一个叙事空间，一直到鲁迅笔下的祥林嫂，都受到
阴间地狱想象的支配。以上是印度、北欧神话这一讲的开场白。作
为中国的学人，特别需要关注印度文学对中国文学的影响。从这个
角度看，学习印度神话、北欧神话反过来对我们重新认识中国文学
和文化是非常有帮助的。

　　古老的印欧人迁移到南亚以后，创立了婆罗门教，因为他们的
祭司就叫婆罗门。后来婆罗门教也被称为印度教，掌管宗教事务的
婆罗门是印度社会四种姓中最高级的种姓，也就是所谓的僧侣集
团。宗教神权往往与政权有直接的联系，所以婆罗门教中的神就成
为印度原生态呈现出来的大神。印度教三大主神之一 —— 湿婆的形
象，通常为手中拿着三叉戟，盘腿而坐，脖子上佩挂着修道用的串
珠项链。

　　除了端坐着拿着三叉戟的湿婆形象，他还有一个非常神奇的变
身，就是我们在中国西北地区经常见到的、一般用铜塑造的舞神形
象。所以说，湿婆神又是舞神。图7-2展示的就是单腿跳舞的湿婆
神，诸如此类的造型就是印度神话传播到中国境内以后的常见表现
形式。

　　除了湿婆外，印度教的另一位大神叫梵天，又称大梵天。关于
他的神话故事比较少，但是他的形象特征比较容易辨识，通常表现
为有四只胳膊和四个头，分别朝向东、西、南、北四方，所以梵天
又被称为四面梵天。这会让中国读者联想到本土的"黄帝四面"神
话典故。

　　相传在孔子的时代，孔圣人就遇到"黄帝四面"的说法。孔子

图 8-2 湿婆变身舞神铜像，清代。
该形象流传于我国西部的藏传佛教
地区。（摄于青海省博物馆）

认为黄帝不可能是长着四张脸的怪异形象，他将"黄帝四面"解说
为黄帝治理四方、天下皆服的意思。但当我们看到印度神话的梵天
四面造型时，就会发现，中国的神话在经过儒家理性主义的解释之
后，已经逐渐变得不像神话了，所以黄帝就变成了正常人，而不再
是拥有四面的神。

在印度神话中，宗教想象的内容特别突出，如一幅 1760 年的
彩绘图画：大神毗湿奴和他的妻子拉克什米相对打坐修炼瑜伽。他
们是创世冥想中的模范夫妻。这是 Pahari 教派用彩绘方式表达印度
教神话的梦幻场景。拥有无数蛇头的永生之蛇包裹着宇宙，毗湿奴

和拉克什米端坐在这条蛇的身体中间，毗湿奴心生莲花，并从中诞生了四面神梵天，象征着宇宙的创造之力，这就是印度的想象。修行、瑜伽和冥想中也蕴含着无穷的力量。

作为三大主神之首，四面神梵天还经常骑在一只大鹅身上，这种幻想形象同样是在古代印度民间传承下来的：这只鹅不是一般飞禽，而是象征宇宙的神鹅。骑着它的梵天可以遨游宇宙的无限空间。这再度显示了古代印度民族的神奇想象力，及其超越的性质。

毗湿奴的标准形象，是蓝色或青色身体的神，有的时候它也被画成黑色的身体。因为印度文明的原住民为深肤色的，而外来的雅利安印欧人为白种人，两者混血以后皮肤还是深色的。毗湿奴大神的这一形象告诉世人它的象征意义，而神话和象征是进入印度文化的一道重要门径。在印度宗教文化中，所有的符号都是通过象征表达的，象征的意义如果得不到揭示，那么神话故事的内涵就难以理解。

相传毗湿奴大神神通广大，除了一身四臂形象，他还有十种化身。前面曾经介绍过，古希腊雅典的守护神雅典娜身上隐含着八种不同的神格，但是一般而言，雅典娜的八种神格并非化身变形的结果，而是不同历史时期的再创造，最后整合在一个形象身上。但在印度神话中，毗湿奴的十种化身在一开始就是存在的。毗湿奴的第一种化身是角鱼，鱼本身是不长角的，但是毗湿奴能够化身成长着两只角的鱼；毗湿奴的第二种化身是龟，龟和鱼都是水中的生物；毗湿奴的第三种化身是野猪；第四种化身是人狮。我们可以看到毗湿奴既可以化身为现实中真实存在的动物，又可以化身为现实中没有的生物，这是印度神话想象力发达的又一种表现。

毗湿奴的第五种化身为身材特别矮小的侏儒。毗湿奴这种可大、可小、可人、可兽的变换本领，让人们看到变形神话想象的原型。毗湿奴的第六种化身为持斧罗摩，罗摩在婆罗门教信仰中是复仇者形象，他手里往往会拿着一把板斧。毗湿奴的第七种化身是罗摩王子，第八种化身为黑天大神，第九种化身为佛祖释迦牟尼——这就把印度教与佛教这两个古老的宗教连起来了。毗湿奴的第十种化身是白马，又被称为迦尔吉。在印度神话中，马是高等的灵性动物。这也影响了《西游记》中白龙马形象的产生。毗湿奴的繁复化身不仅给印度文学打开了巨大的想象空间，又通过中印文学的交流为中国文学带来了叙事和想象的空间。在中国的伟大的叙事文学作品中，的确存有印度神话的元素。只是先秦叙事文学并不发达，因此并没有留下大规模的叙事作品，但后来产生的诸如《西游记》《封神演义》等小说，基本都受到了印度佛教神话想象的影响。因此，在学习印度神话时，要结合着中国文学的相应知识，毕竟这两种文化之间的关系是非常密切的。佛教从汉代开始传到中国，一直到近现代还继续盛行，所以佛教在中国的影响力是很大的。毗湿奴神通广大的十种化身对中国叙事文学的影响，仅仅是一个案例。

接下来介绍一下印度教原有的护法神及其对中国文化的影响。在中国佛教文化中，佛祖身边常有四大天王为其护法，其中有一位北方天王叫毗沙门天王，他常作披甲胄、着冠相，右手持宝棒，左手擎宝塔，故世俗称他为"托塔天王"。《封神演义》中的神魔人物托塔李天王便与之相关，这个人物形象并非是在中国本土产生的，而是受到印度神话的影响再造出来的。首先，"塔"是佛祖的象征，没有佛就没有塔庙，最早的印度寺院就是围绕着塔建起来的，塔代表着佛祖的法力无边。毗沙门天王最初的形象就是印度教的护法神。

不仅托塔李天王的形象是受印度文化影响再造出来的，他的儿子哪吒的想象，也同样来自印度文化。毗沙门天王与哪吒在印度本土文化中本来就是父子关系，中国文学在受到印度文化的影响之后，便把中国的历史人物加以神话化的再造，就产生了托塔天王李靖与哪吒的形象，他们的故事也成为《封神演义》等古典小说与戏曲的素材。我们今天要特别关注喜马拉雅山脉南麓的印度文明，因为不仅中国文学受到了印度文学的影响，古汉语中很多词语都是直接从印度佛经中翻译过来的，例如世界、一刹那、三千大千世界等，都是来自印度佛教信仰的专用术语。除此之外，佛教神话中的繁复内容也大量传播到中国，我们以印度护法神化身为佛教的四大天王为例说明，在佛教文学的影响下，中国唐朝的将军李靖被神化为托塔李天王，哪吒则作为托塔李天王的儿子，这样一来，中国的神话体系就建构出来了。李靖后来在《西游记》中被玉帝调任天庭的兵马大元帅，哪吒也就成了天兵的先锋官。一两千年的佛经传播、翻译、影响、再造的过程，对中国人的原有的世界观产生了非常大的影响，所以中国的叙事文学在某种意义上就是中国文学和印度文学合流再造的结果。

毗沙门天王在汉传佛教中的形象是一手拿着武器、一手托着塔，但在藏传佛教中，他又变成了武财神和军神，他手上拿着一个能吐金元宝的吐宝鼠。不管是作为财神还是军神的毗沙门天王，都是从印度原来的护法神演化过来的。

在中国的敦煌壁画中，就有作为四大天王之首的毗沙门天王非常精确的画像，其所托的宝塔还是印度塔庙的塔，手里拿着的还是类似印度神话中的武器。但后来产生的托塔李天王的形象则完全中国化了，它跟唐朝的将军李靖组合成了一个人物。

印度毗沙门天王为何传到中国后要选择唐代的李靖将军做替身？因为李靖是杰出的军事家，他不仅有水战、步战、骑战的经历，还留下军事理论著作，其功绩远远超出唐代其他将领。于是，他就被再造为一个神话人物。印度毗沙门天王到中国变成托塔李天王，这就是"神话中国"和"神话历史"的文化机制作用结果。

毗湿奴的妻子吉祥天女形象，在今天印度的寺庙中还常常可以看到。她头戴金冠，盘坐在莲花座上，两头大象陪伴其左右。在古汉语中，"吉祥"的"祥"跟"大象"的"象"是谐音的。按照佛教的观念，如果象身上驮着一个像瓶子一样的容器，那就代表"太平有象"的意思。"瓶子"的"瓶"，象征着"天下太平"的"平"，而"大象"的"象"与"吉祥"的"祥"又是谐音的，所以中国古人理解的吉祥天女，常常跟大象组合在一起。与此同时，吉祥天女在藏传佛教中是一个完全女性化的女神，同样头上戴着高冠，耳朵上饰着巨大的耳环，身姿婀娜地站在莲花座上。

图 7-3　印度教的女神塑像（2003 年摄于法国集美博物馆）

以上就是对印度神话中的几位主神（及其妻子）的简单介绍。除此之外，我们还要对印度的宗教、文化、历史等背景知识有所了解。与中国人相比，印度人由于受到宗教世界观的支配，特别讲究轮回观念，佛教有著名的"六道轮回说"，认为生命永远处在轮回之中，而人修行的目的就在于让生命摆脱轮回。在这样一个观念的影响下，信徒们人生最大的目标就是要超越轮回，达到修行的目标。因为时间、生命都是轮回的，所以印度人并不看重现实，他们认为现实的欲望对人的身体是一种极大的束缚和限制。信仰者也不注重历史的叙事，所以印度古代并没有遗留下来的史书著述。这一点又与中国截然不同。中国唐朝和尚去印度游历后所写的游记《大唐西域记》，便成为考证印度历史非常重要的参考文献，因为中国人自古便有盛世修史的传统，这与印度形成了极大的反差。这种反差也让我们更好地认识中国文化的特征，即对现实生活与历史叙事高度重视。

以上就是对印度神话与印度文明特征的介绍，接下来讲述北欧神话，希望读者由此大致把握印欧民族共有的特点。

在 20 世纪初年的时候，就有学者开始翻译介绍北欧神话，所以这一方面的内容，国内的读者比较容易接触到。一般的神话学读物中都有北欧神话的相关内容。

北欧神话是斯堪的纳维亚地区所特有的一个神话体系，其形成时间稍晚于世界其他几大神话体系。地理学上的北欧，包括今日的瑞典、挪威、丹麦、冰岛和芬兰等，但是在讲述北欧神话的时候一般不讲芬兰，因为芬兰有其自成一体的神话体系。北欧神话跟世界其他神话体系相比有特别之处，大部分的神话都会描写创世的荣光，但北欧神话却着力描述世界的毁灭。北欧受地区的地理环境所限，太阳光照时间短，冬季冰封的时间漫长，当地人认为这就是世界毁灭的征兆。在冰冻的世界，一切生命都停止了。所以，北欧神话关注世界的毁灭，以及从毁灭中寻找世界再生的希望。这种关注点的变化，是北欧神话的特色所在。除此之外，北欧神话还有一点跟西欧神话不同，那就是北欧神话中的诸神并不是完美的，神也是会老、会死的。这也是不同的地理环境造成了人对世界产生不同的看法。北欧神话相信，当万物消亡之际，会有生命再次形成。世界上的一切都是循环的，这一点与印度的循环宇宙观有关。

北欧神话是多神系统，分成四个体系：巨人（Giants）、诸神（Gods）、精灵（Elves）以及侏儒（Dwarves）。巨人是最早的神族，生出诸神，同时也是新生神的敌人，可理解为人格化的自然力。诸神大体分为两个部族：以主神奥丁为首领的阿萨神族（Aesir），以大海之神尼约德为首领的华纳神族（Vanir）；其中主神十二个。精灵及侏儒属于半神，他们为神服务，属于日耳曼人的创造，这与之前介绍过的先于世界五大人为宗教而产生的原生态的萨满教有一定的关系。在北欧神话中，既有人高马大的巨人，又有侏儒。其中，侏儒在北欧神话体系中经常出现。后来在小说《格列佛游记》中出现的大人国、小人国，以及《指环王》《哈利·波特》等小说、影视作品中出现的侏儒小人的形象，它们的原型都来自古老的北欧神话。

北欧神话中的主神奥丁是众神之王，它是天空中的主神，相当于希腊神话中的宙斯，掌管战争、死亡、智慧、诗歌。弗丽嘉为神后、奥丁的妻子，掌管婚姻和家庭。奥丁的儿子为雷神索尔，掌管战争与农业，是巨人族的主要敌人。索尔的妻子为希芙，是土地和收获女神。弗蕾亚是北欧神话中的女战神，她的职务是掌管繁育和战争。除了弗蕾亚，还有一位叫提尔的男神，也是战神。他被芬里尔狼咬断了一只手。北欧神话中还有一位带有悲剧色彩的神叫巴德尔，巴德尔是光明之神。在世界所有的神话体系中都有太阳神崇拜，但是在北欧地区，由于日照时间很短，冬季时间漫长，所以在北欧神话中，即使是光明之神也受到了黑暗之神的巨大威胁。黑暗之神是巴德尔的盲眼孪生兄弟霍德尔，他看不见光明，但是他的势力浩大，对自己的亲兄弟造成了极大威胁。北欧神话中讲述光明与黑暗的斗争，就相当于埃及神话中所讲述的鹰与蛇的斗争，鹰代表着飞在天上的太阳，而蛇则代表着吞吃太阳的阴性力量。这样的冲突在北欧神话中屡见不鲜。

北欧的整个神话体系靠着口耳相传的史诗吟诵传统保留在冰岛史诗《埃达》（又译《伊达》或《伊达斯》）中。《埃达》是中古时期流传下来的最重要的北欧文学经典，也是在古希腊罗马以外，西方神话收录最全的一部作品。

自 20 世纪 20 年代以来，茅盾先生译介西方神话学知识，曾著有《北欧神话 ABC》（1929）一书；黄石先生在《神话研究》（1927）一书中也专门介绍了北欧神话。从此，《埃达》这部斯堪的纳维亚半岛的文化古籍开始为中国的现代作家和读者所熟悉。但是很可惜，直到 20 世纪结束之际，我国读者尚看不到这部经典史诗的全貌。2000 年 8 月，由译林出版社策划的"世界英雄史诗译丛"终于让石琴娥、斯文合译的中文版《埃达》面世，弥补了外国文学译介和教学的这一空缺，也为我国的神话学、史诗研究提供了基础性素材。

《埃达》是史诗，它的表达形式都为诗体的叙事，但它支配性的观念却都来自神话性的传统。例如《埃达》第一首《女占卜者的预言》就是标准的创世神话，第二首《高人的箴言》则属于教谕诗，也可以看作史诗叙述中的哲理性的插话。印度大史诗《摩诃婆罗多》中就有大量类似的插话。第三首讲述奥丁与巨人瓦弗鲁尼尔斗智的插话，形式上很像我们今日的智力竞赛，实际上是部落社会秘传的神圣知识的问答体"教材"。这也和史诗在初民时代特有的教育功能相吻合。

以下简单介绍一下《埃达》的第二首《高人的箴言》，这一段箴言讲述了北欧神话中的主神奥丁的一个重要事迹，即奥丁神窃得文字并学习掌握书写技能。这个处在冰雪世界中以渔猎为生的古代民族是如何珍视他们的文字和书写文献的，在这个神话叙事中可以看得很分明。以下为奥丁的原话：

> 我从巨人舅舅的手里，
> 学会了九个罗纳字母。
> ……
> 我觉得自己茅塞顿开，
> 豁然开朗蓦然间醒悟：
> 原来每桩事由此及彼，
> 每个字眼可举一反三。
> 罗纳文字你务必找到，
> 这些字符都含义深长，
> 字符伟大而威力无穷。
> 它们乃智慧之神创造，
> 圣明的神灵赋予活力，
> 文字之神勒石来镌刻。

北欧神话中的文字崇拜倾向会让我们想到中国仓颉造字时出现的"天雨粟，鬼夜哭"奇观，加深对上古时代文字魔法信仰的领会。由此不难明白，为什么每个文明最初用文字记载下来的东西总是被奉为至高无上的经典，而且随时间推移而变得愈发珍贵。《埃达》中并没有讲神用语言创世，但是叙述了文字如此重要的作用，这实际上是一种文字崇拜，即认为文字能记录事情，甚至能够作为一种咒术武器。所以在文字崇拜的社会中，所谓的言灵信仰指的就是语言崇拜和文字崇拜。史诗文学把这种古老的文字崇拜表达出来，在《埃达》中便有大量这样的题材。

北欧人非常珍视通过书写材料保存下来的文学叙事。1971 年初春，当丹麦政府向冰岛归还包括《埃达》在内的两部古代文学手稿时，人们因为怕出意外而不让这些牛皮稿本上飞机，改用船运，并且用军舰护航。稿本运抵冰岛首都之时，这个当时仅有 20 万人口的国家出现了历史上前所未有的盛况：政府内阁全体官员出迎，万人空巷，有如盛大节日，这也是对自己文明文学遗产的一种认同。

中国与北欧在地理上距离遥远、有着巨大的差异，这使得两种古文明之间相互影响的可能性非常低。如果比较两者之间的文学异同，就更能反衬出各自的文化特色。比如，同属于尸体化生型创世神话，我国的盘古开天故事和《埃达》中的原始巨人化生神话在风格色彩方面有极大的不同：后者自始至终笼罩着刀光剑影，突出表现的是尚武的杀伐精神和充满血腥气息的复仇主题。北欧海盗文化的自然生态基础和特殊的生活伦理观，于此可见一斑。虽然《埃达》中的原始巨人化生神话在风格色彩上有所不同，但是"尸体化生"这个神话类型却是整个印欧民族共有的。

再比如，《埃达》第十四首《伏尔德隆短曲》，开篇情节与我国民间的"三仙女飞升"传说基本类同，中国的读者习惯于从大团圆的心理期待出发去预见故事展开的美妙幻景，但是恐怕万万不会想到，类似主题的北欧神话的结局却引向令人毛骨悚然的一幕：主人公伏尔德隆杀了敌国国王尼德乌德的两个宝贝儿子，强奸了他的女儿，还不解恨，竟然用国王两个儿子的头颅制成白银饰品送给国王，用挖出的眼睛做成宝石送给王后，用凿下的牙齿制成两枚胸针送给公主。就这样一位极端残忍的主人公，在诗的开篇还被说成"远古传说中尽人知晓的顶天立地的好汉"，可见不同民族在价值观念上的差异大到何种地步。

印度神话和北欧神话的大致内容，本讲就介绍到这里，下面推荐一些阅读材料。《结构主义神话学》是一部神话专题研究的论文集，其中有一篇《斯堪的纳维亚神话的对立系统》是由俄罗斯神话学专家梅列金斯基撰写的，旨在从结构主义视角揭示北欧神话构成的普遍规则。除此之外，这部书还介绍了 20 世纪比较流行的一种印欧神话学理论——三功能主义。该理论认为，整个印欧神话都受到了一种共有的三元结构性法则的支配。

什么是"三功能"呢？印欧社会的群体来自游牧族社会。游牧族社会不以农业耕种为主业，而首先崇拜的是天神。无论走到哪里都要首先举行祭天神的礼仪。于是就产生了印欧社会中的第一阶层，即祭司集团。这个集团在印度社会中为最高的种姓婆罗门，印度教也是从这里发展起来的。这是三功能中的第一功能，即神职人员拜神，并行使天人沟通的功能。除了祭神以外，游牧族还需要去征服、迁徙和打仗，所以其第二阶层为武士集团，在印欧神话中一般都有战神的形象，这是所谓三功能中的第二功能，即武力征服、捍卫领土以及解决社会纷争。印欧社会中第三阶层为贫民阶层，他们的功能就是为社会提供食物和日用品，这是第三种功能，相当于后勤功能。这三种功能在印欧社会中要同时发挥作用，至于在印欧神话中如何鲜明地体现出这三功能，《结构主义神话学》书中有专文对此作了清晰的说明，对印欧神话整体结构的研究作了详细介绍。该学派代表人物是法兰西院士杜梅齐尔，有兴趣的读者可以去作进一步的阅读和探究。

　　北欧的斯堪的纳维亚神话与南亚的印度神话看似毫无关联，但实际上它们是由一个文化整体分化出去的。印欧文化母体的近代再发现，催生出比较神话学这门学科，其根源就在于比较，其亲缘学科是比较语言学。梵语、波斯语与希腊语、拉丁语及欧洲的其他语言均为同源关系，所以在印欧语系地区，神话想象的原型、功能、结构具有惊人的相似性。值得注意的是，日本民族的文化来源中有一支是来自欧亚大陆的骑马游牧民族。至于在日本神话中究竟有没有类似于印欧神话的三功能原型，读者可以在后面了解了日本神话的内容和特征后再作深入思考。

参考书目

1. 季羡林：《比较文学与民间文学》，北京大学出版社，1991。

2. 金克木：《梵语文学史》，人民文学出版社，1964。

3. 茅盾：《北欧神话》，浙江教育出版社，2021。

4. 巫白慧译解：《〈梨俱吠陀〉神曲选》，商务印书馆，2010。

5. 叶舒宪编选：《结构主义神话学（增订版）》，陕西师范大学出版总社有限公司，2011。

6. ［冰岛］佚名：《埃达》，石琴娥、斯文译，译林出版社，2000。

7. ［法］迪迪耶·埃里邦：《神话与史诗：乔治·杜梅齐尔传》，孟华译，北京大学出版社，2005。

8. ［法］让·夏尔·布朗：《印度神话》，刘靓译，天津教育出版社，2006。

9. ［荷］加里奇·G. 奥斯腾：《众神之战：印欧神话的社会编码》，刘一静、葛琳译，陕西师范大学出版总社有限公司，2018。

10. ［美］乔纳森·马克·基诺耶：《走近古印度城》，张春旭译，浙江人民出版社，2000。

11. ［美］温蒂·朵妮吉·奥弗莱厄蒂：《印度梦幻世界》，吴康译，陕西人民出版社，1992。

12. ［印］毗耶娑天人：《薄伽梵往世书》，徐达斯编译，陕西师范大学出版总社有限公司，2017。

13. ［英］卡罗琳·拉灵顿：《北欧神话》，管昕玥译，民主与建设出版社，2018。

14. ［英］罗伯特·比尔：《藏传佛教象征符号与器物图解》，向红笳译，中国藏学出版社，2007。

15. Bhattacharyya, Haridas, ed. *The Cultural Heritage of India, Vol.III.* Institute of Culture, 1953.

16. Day, John V. *Indo-European Origins*：*The Anthropological Evidence*. The Institute for the Study of Man, 2001.

/ 第九讲 /

凯尔特神话

　　凯尔特神话与希腊罗马神话、印度神话、北欧神话一样，都是古代印欧民族的重要文化遗产，但这一部分内容在我国的常规教育中基本没有涉及。我们从著名的世界文学作品《哈利·波特》切入，告诉读者凯尔特神话同样是欧洲神话体系中的重要一支。

　　20世纪的文化寻根运动，把长期以来被西方的主流意识所打压的古老文化传统重新揭示了出来，使其在当代文化中得以复兴。但对于中国读者而言，很难在欧洲文化传统中辨析其人种、族群的构成和源流。所以当我们在阅读西方文学作品时，往往会遇到知识上的盲区，从而导致误读和曲解。例如我们一般都知道希腊罗马神话、北欧神话，但是对于凯尔特神话并不清楚。本讲的内容就是为弥补这一知识空缺而设计的，希望能够帮助读者增加一些专业知识，并学会辨析西方文明源流中的文化多样性和复杂性。

　　首先介绍凯尔特神话遗产在当代的复兴。图9-1为标准的凯尔特十字，其一般的图像就是由圆圈和十字组成，虽然与基督教十字架看起来相似，却有着不同的来源。凯尔特十字为凯尔特文化自身的标志

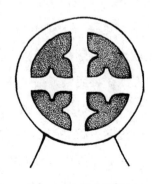

图9-1　凯尔特十字①

① Pennick, Nigel. *The Celtic Cross*. Blandford Books, 1997. p.117.

图9-2 变形的凯尔特十字:
Ballaugh。[2]

性象征符号,这个从中世纪流传下来的符号,能够和古老的凯尔特神话传统联系起来。如今在英伦三岛的乡间旅游,在原野或海滨,都时常能够遇见此类石柱或刻石符号。

图9-2呈现的是变形的凯尔特十字,它在原有标准的十字上加入了复杂的编织符号。如果把凯尔特十字的变体形象与英国的米字旗放在一起进行对比,大家马上就能领悟到,原来英国的米字旗的原型就是凯尔特十字。凯尔特人为什么要用这些符号来标记自身呢?在苏格兰、爱尔兰这些较为边缘的地区究竟隐藏着怎样的文化秘密呢?我们先从19世纪以来的爱尔兰文艺复兴运动说起。

爱尔兰文艺复兴运动的核心人物为叶芝,他在1893年出版了一本文集,名字就叫"凯尔特的曙光"。西方现代派的英语文学在诗歌和小说方面的代表人物叶芝、乔伊斯,其实都是凯尔特文学在当代的杰出代表。所谓爱尔兰文艺复兴,就是要复兴自己的文化根脉,这是一个和希腊罗马文化、希伯来文化都不相同的文化之根。就大不列颠整体而言,占据主流地位的民族是盎格鲁-撒克逊民族,而凯尔特民族则相对处于弱势和少数。

在凯尔特文化中,最重要的就是游吟诗人或游吟歌手。凯尔特传统不注重书面文化,而注重口传的、歌唱的、表演的文化。这样一种文化传统在今天的文化复兴中表现得非常突出,著名的爱尔兰歌手恩雅等人都在继承着这个西方社会的隐蔽的传统。

游吟诗人的首要任务是歌颂英雄和王者,这些游吟诗人和巫

---

② Pennick, Nigel. *The Celtic Cross*. Blandford Books, 1997. p.59.

师、战士、银匠构成了凯尔特社会的核心。从某种意义上说，他们就是古代凯尔特文化传承的化身。从历史上讲，凯尔特人是印欧民族的一个分支，希腊、罗马、印度、北欧、波斯等的主体民族都是从印欧母族中分离出来的，并在不同地域发展出不同的文化。凯尔特人这个分支最初分布在中欧，在罗马帝国以前的时代遍布欧洲西部，特别是不列颠群岛。最初登上英伦三岛的人就是凯尔特人，所以在欧洲文化范围内的不列颠人、原不列颠人、高卢人等都是凯尔特人，包括盖尔人、威尔士人、康沃尔人、布列塔尼人等，其后裔直到今天还在使用凯尔特语言。

《新时代百科全书》根据考古材料对凯尔特人的起源重新作了追溯，他们大约生活在公元前 1500 年的中欧地区，到了公元前5 世纪前后扩张到欧洲其他地区。他们早期活动空间在欧洲中部，即阿尔卑斯山以北的地区，后来由于掌握了较先进的冶铁技术，拥有铁制兵器之后，便称雄于欧洲北部的大部分地区，也就是从大西洋到巴尔干半岛之间，所以凯尔特人常常手持着尖锐的铁制武器，以骁勇善战而著称。

人类学家弗雷泽在《金枝》中从凯尔特祭祀礼俗切入，探讨欧洲的篝火节起源、橡树崇拜起源、万圣节起源等，也就是把今天欧洲文化中常见的某些节庆与凯尔特民族的风俗联系起来。美国考古学家克拉普从天文考古的意义上考察欧洲的史前巨石文化，所谓巨石文化是指用巨大的石头搭建仪式性建筑的文化传统，以英格兰西部的巨石阵最具代表性。这位考古学家认为这些巨石阵都是凯尔特民族观星象、定季节、定时间的重要仪式场所。古代的凯尔特人常常围着这个圆形石阵建筑，举行一些盛大的仪典。这样的记忆在欧洲人的文化中一直传承，不绝如缕，而在今天对这些文化记忆又有了不同的认识。除此之外，也有人认为这些巨石阵起源于距今约

5000 年，甚至有先于凯尔特人登上英伦岛的族群。但这种说法目前尚在求证之中。总而言之，西方文化内部的文化寻根知识，对于从新的高度理解这个在主流意识形态中已经失落的凯尔特传统，是富有启发性的。

我们在欧洲文化中看到的这些古老的遗迹，究竟哪些是凯尔特人所留下的？现在有越来越清晰的图像展示出来了。例如爱尔兰小说家乔伊斯在其代表作《尤利西斯》中嘲讽了英格兰的大文豪莎士比亚，认为他的作品曾经吸收了蛮族凯尔特文化的成分，最有趣的代表就是莎士比亚喜剧中福斯塔夫的形象，他的头上插着鹿角这一形象很可能来自凯尔特的主神——群兽之主。

在丹麦出土了公元前 3 世纪的鹿角神形象，他左手拿蛇，右手持铁环，头上长着两只鹿角，而在他身侧就站着一只神鹿；除了蛇、鹿以外，在他身旁还有狼等其他动物。这就是凯尔特人所认为的兽主，即动物世界的神主，他代表着生命繁衍。

凯尔特文化已经融入了当今的流行文化。例如"威士忌"这个词就来自凯尔特语，本义就是生命之水。除此之外，法国时装设计师范思哲复兴苏格兰风格的皱褶短裙、流苏饰品等，灵感也都来自凯尔特文化。还有欧美流行音乐中的凯尔特音乐以及美职篮中的凯尔特人队，诸如此类的名称都体现着古老欧洲文化中的非主流传统的顽强复兴。

凯尔特文化与基督教文化有明显的区别。它不注重文字，也没有自己的书面《圣经》，注重口传文化，并且其宗教倾向十分古朴，保留了原始宗教的特征，带有强烈的巫术倾向，这往往代表着前文明时代的古老根源。

罗琳在创作系列小说《哈利·波特》时，便有意识地融合了欧洲历史中的许多边缘性文化元素。例如哈利·波特在奥利凡德商店购买了一件公元前 382 年制作精良的魔杖。作者之所以强调魔杖的初始制作年代，就是为了表明，魔法巫术的传统比救世主基督的降生还要早数百年，基督的降生是在公元元年。除此之外，女巫、巫师的形象在《哈利·波特》中一再出现，哈利·波特的母亲和父亲也都是巫师。所以这位流行一时的新文学主人公，堪称巫者的当代传人。

问题是，为什么这部当代风靡世界的文学作品会以巫师作为主人公？这个问题与凯尔特文化复兴运动密切相关，凯尔特文化的复兴激发了罗琳的创作灵感。在《哈利·波特》中，主人公哈利·波特特别追溯到他的双亲身世。他之所以无法被大魔头杀死，就是由于他的女巫母亲牺牲了自己，哈利·波特获得了爱的力量。魔法学校的校长邓布利多专门把这件事情告诉了哈利·波特。在传统的基督教文化中，耶稣基督才是西方仁爱精神的化身，而巫术、巫婆都被视为邪恶的，即上帝的对立面。从这个视角看，《哈利·波特》的创作具有颠覆性。下面是邓布利多校长的原话：

> 他没有意识到，像你母亲对你那样强烈的爱，是会在你身上留下自己的印记的。不是伤疤，不是看得见的痕迹……被一个人这样深深地爱过，尽管那个爱我们的人已经死了，也会给我们留下一个永远的护身符。它就藏在你的皮肤里。

可见这本小说的文化认同，与传统的西方文学作品大相径庭，因为作者并不谈耶稣基督的仁爱精神，却强烈地渲染女巫的伟大爱心，以此作为超越所有黑暗法术的防卫力量，这也是凯尔特文化在当代文学中的奇异呈现。

由于凯尔特文化先是在英伦三岛被罗马帝国征服，后来又得到了某种意义上的复兴，所以这个民族十分珍视自己的文化遗产。凯尔特人的宗教体系一般被称为德鲁伊教，德鲁伊就是他们的教士，一般女性比较多，其实也就是女巫。关于德鲁伊教有很多口传的知识，在中古时期之后有一部分形成文献，在民间流传。在凯尔特的神系中，特别强调生殖母神的崇拜。在《哈利·波特》中，对于主人公母亲形象的刻画，也要比父亲多得多。

图9-3　匈牙利出土中世纪人鱼双身浮雕（现藏匈牙利国家博物馆）

图9-3是匈牙利出土的中世纪人鱼双身浮雕，现藏于匈牙利国家博物馆，这是当时的凯尔特人塑造出的一个人身、两个鱼尾形象。因此，《哈利·波特》中人鱼的形象并不完全是罗琳个人的发明创造，而是呈现出欧洲文化深刻的渊源和原型，罗琳只是用文化再编码的方式进行创作。作家对文化传统中的非主流元素了如指掌，应用起来才能如同探囊取物。

图9-4　英格兰石雕像：洛基神被绑下阴间。[1]

图9-4是英格兰的一件石雕像，表现的是洛基神被绑下阴间的场景。虽然这件石雕像只有图像没有文字，但是凯尔特人可以从中解读出一套神话文学的叙述传统。也就是说，民间口耳

---

[1] Pennick, Nigel. *The Celtic Cross*. Blandford Books, 1997.p.111.

相传，一直是凯尔特神话的主要讲述方式，图像则能够起到辅助性的叙事传承作用。从文学人类学的四重证据法来看，文字记录是第一、第二重证据，口传文化属于第三重证据，图像叙事则为第四重证据。研究某个古老文明传统的主流内容，一般依赖于文字记录，而探究非主流传统则往往需要诉诸第三、第四重证据。任何一个社会的文字知识，无疑都是被占主流地位的权力话语掌控的。

图 9-5 是凯尔特风格的大地母神造像。母神两侧有动物，头的左右两旁均有一只飞翔的鸟，旁边还有两个在祈祷的女性。有专家认为这两位祈祷者就是母神的变身形象。所有的农耕社会都流行土地崇拜，而生长农作物的土地在神话思维中被类比为大地母亲，其所代表的生命力遍及植物世界和动物世界。

图 9-5 凯尔特大地母神造像[1]

凯尔特神话最重要的内容，就是在欧洲文学中举足轻重、家喻户晓的传说——亚瑟王和圆桌骑士的故事。该作品是西方武士精神、骑士精神的一个文学性标志。以下简单介绍一下这个传说。

亚瑟是在罗马统治之后，统一英格兰的本土英雄领袖。他受到了人民的广泛拥戴，因此登基做了国王。在亚瑟举行婚礼的这一天，他命令他的一位军师兼巫师——默林，至少要找出 50 位最勇

---

[1] Heros of the Dawn: Celtic Myth. Time-Life Books, 1996, p.25.

敢、最值得尊敬的骑士前来婚宴圆桌就座。结果在默林找到 50 位骑士之后，又从卡米利亚德来了 50 位骑士，因此亚瑟王婚礼当天在圆桌旁围坐的骑士正好是 100 人。

这个传说在古代的造型艺术中留下了印记，有一幅意大利画稿，作于 1390 年。这个传说的原型被认为是凯尔特的骑士习俗，也就是最杰出的领袖人物周围要有其拥戴者围坐。圆桌骑士的历史图像说明，亚瑟王与圆桌骑士的传说并不是文学虚构，而是来自中世纪凯尔特的骑士礼俗。

图 9-6 呈现的是一幅中世纪意大利教堂的马赛克画，画的是亚瑟王骑在马上。亚瑟虽然是王，但是他王权背后的神权并不是来自基督教的势力，他是靠魔法、巫术获得超能力，以此而成为统一天下的英雄。今天有专家认为，亚瑟王就是罗琳所塑造的英雄哈

图 9-6　亚瑟王，靠魔法、巫术帮助获得超能力的英雄——哈利·波特的一个历史原型。中世纪意大利教堂的马赛克画。[1]

---

[1] *Heros of the Dawn: Celtic Myth.* Time-Life Books, 1996，p.12.

利·波特的一个历史原型，也就是说，在少年的魔法形象背后，透露出的是古老凯尔特文化的传奇。

2000 年罗琳推出了《哈利·波特》系列第四部——《哈利·波特与火焰杯》，这部作品出版后迅速成为畅销书，并获得了雨果奖，在世界范围内产生了极大的反响。为什么叫火焰杯呢？火焰杯的原型就是基督教传说中的圣杯，《哈利·波特与火焰杯》中的火焰杯究竟与基督教的圣杯是一种怎么样的关系？在霍格沃茨魔法学校的开学典礼上，校长邓布利多宣布，中断 100 多年的三强争霸赛将在魔法学校举行，届时将有一个神奇的火焰杯从欧洲三所最大的魔法学校中各选出一名勇士参加比赛，胜者赢得三强争霸赛奖杯。因为比赛充满着危险，按规定只有年满 17 岁的人才有资格报名，但意外的是，火焰杯在选出代表三所学校的三名勇士之后，居然喷出了第四名勇士的名字——哈利·波特。但当时哈利·波特并不满 17 岁。在圆桌骑士传奇中，最重要的情节就是亚瑟王曾为政权而祈求上天给予一个神圣的征兆，于是便在霹雳闪电中看到天上闪现的圣杯。据说这个圣杯就是耶稣在最后的晚餐上用来喝酒的杯子，实际上这也隐喻了耶稣被害以后流淌的血。在亚瑟王传奇中，圣杯具有以下法力：其一，生病的人喝了圣杯里的水就会马上痊愈；其二，圣杯中的水可以让人长生不老、返老还童；其三，圣杯能判断人的善恶本性。这也就是说，哈利·波特不到 17 岁就能够被火焰杯选中，这个情节显然是来自亚瑟王传奇。

亚瑟王与圆桌骑士们有无数次探险，目的就是寻找圣杯并且解读其中的神秘奥义。这也是中世纪武士们所追求的最大的人生功绩。圣杯后来被一位伟大的圆桌骑士兰斯洛特发现了，他在一座庙宇内的银桌上找到了圣杯，当他正要去拿的时候，突然被一种力量推出了庙宇。这也说明了圣杯并不属于他，虽然他能够看见圣杯，但是以他的功力却拿不到，因为他的身上沾满了血腥和罪恶。最后拿到圣杯的是他的儿子，他的儿子是一位名叫加拉哈的骑士。加拉哈的身份是一位贞洁的童男子，在他身上没有任何罪孽。他能够找到并且得到圣杯，就因为他的灵魂纯洁无瑕。圣杯代表着神奇的魔法力量，而这种观念完全来自民间的信仰。

哈利·波特在三强争霸赛中赢得了冠军，这样的写作题材，完全来自亚瑟王圆桌骑士寻找圣杯的传奇，如果不了解中古凯尔特文化中最著名的传说内容，阅读流行作品，确实就像是面对无源之水、无本之木。

为什么父辈能够看到却拿不到圣杯，儿子辈却能够有幸得到？因为儿子加拉哈代表的是宗教信仰中的洁净概念。换句话说，在圣与俗的二元对立中，神圣的一定是洁净的，世俗的一定是肮脏的。基督教徒的受洗指的就是精神上的洗礼，也就是要把信仰者身上的污秽、罪恶全部荡涤干净，他才能获得一个新生的灵魂。兰斯洛特先看到圣杯，但在圣杯的周围有很多天使，他刚想靠近银桌，就有一股莫名的力量把他推出来。他跌倒在地，甚至有 24 个昼夜昏睡不醒。等他醒过来，他才最终觉悟到圣杯并不属于他，所以他只好沮丧地离去。他的儿子本身是一位圣洁的童子，他的灵魂脱离躯体被天使们拥到天堂上，有一只大手从上空伸出来抓住了圣杯。这完全是一种神话式的描写，也可能是出于某种幻象，但是亚瑟王圆桌骑士的传奇就是这样讲述了父子两个人的人格之别：一个在世俗中摸爬滚打、沾满了罪恶，另一个拥有圣洁的灵魂、得到神的保佑。由此可见，在圣杯故事的背后支配叙事的，是对"圣"的信仰和虔诚思想。

加拉哈找到了圣杯并用圣杯帮助芸芸众生，留下了许多奇迹，这就是这位圆桌骑士在欧洲社会里深受人们喜爱的原因：他拥有类似耶稣的神技，能够治病救命，扶危济困。因此当地的教士、人民一致推举他做国王。然而，加拉哈骑士的心思并不在人世间，他一心想到天堂去，于是他就祈求上帝将他带走。在他去世的时候，有一只手从天上下来，取走了圣杯。象征永生不死的圣杯得而复失，这与华夏神话中后羿得到不死药又失去不死药的故事，在叙事语法上是具有相同结构的。

2014 年，据美国《纽约每日新闻》3 月 31 日报道，西班牙里昂大学的两位历史学家发表了他们的研究成果，宣称经过多年的研究找出了"达·芬奇密码"的真相，也就是耶稣在最后的晚餐上所用的圣杯被他们找到了。图 9-7 就是宣称被找到的耶稣的圣杯。耶稣圣杯的故事比中世纪的圆桌骑士故事还要早。因为圣杯的传奇在欧洲家喻户晓，流传非常久远，所以各种造型的圣杯在美术作品中不断出现。图 9-7 展示的圣杯制作于佩尼亚的圣胡安修道院，制作者可能是来自拜占庭的金匠。圣杯的上部造型源自近东地区，其纯金底托上镶着 28 颗珍珠、2 块红宝石、2 块绿宝石，杯体高 5.5 厘米。我们对这个成果也不能完全相信，因为欧洲历

图9-7　西班牙历史学家宣称找到的圣杯[1]

---

[1]《历史学家找到〈最后的晚餐〉中耶稣所用圣杯》，2014 年 4 月 3 日，http://news.sohu.com/20140403/n397688820.shtml。访问时间：2019 年 5 月 5 日。

史上曾经出现过各种各样的圣杯，犹如中国历史上的传国玉玺。在中国也有类似的圣杯，就是在秦阿房宫遗址发现的一个用白玉制成的杯子，现收藏于西安博物院。

除此之外，我们还要重点介绍一下亚瑟王传奇中的重要人物默林，这个人物是《哈利·波特》系列作品中把魔法师、巫师等作为正面形象的原型。在以基督教文学为代表的西方文学中，一般把巫师、巫婆作为反面形象、恶魔的化身来表现，但亚瑟王之所以能够成就他的王权，离不开默林这位具有神权背景的人物的支持和帮助。默林所拥有的最大的力量就是魔法，他既是巫师又是亚瑟王的高参。

关于默林的出生有一个传说。相传默林是一位修女被恶魔强奸后所生之子。修女的神父挫败了恶魔想把默林变成伪基督徒的阴谋。默林天生有超人能力，未卜先知，并能讲圣杯故事。他还喜欢住在森林里与野兽为伍，能够用变形术变成动物，并同动物交流。这位大魔法师在亚瑟王传说中占据重要地位，是他安排犹瑟王的一次私情，结果生下私生子亚瑟。犹瑟王便把亚瑟托付给默林照管。在亚瑟 12 岁这一年，又是默林魔法师安排了一场比武大赛，让 12 岁的少年亚瑟从巨石上的铁砧中拔出神剑，应验生父犹瑟预言，亚瑟于是就成了英格兰的王。默林后来还帮助他从森林女巫那里再得到一把神剑。关于默林的神迹还有很多，这也是亚瑟王故事中脍炙人口的内容。但是默林晚年却犯了大错，相传他晚年热恋一位美少女，将魔法和魔咒悉数传授给她，结果却被她设计施以魔咒，最终闭锁于岩洞而死。这一情节不仅突出了魔法的强大力量，也突出表现出，最伟大的巫师也往往是英雄难过美人关，这是西方文学特别是骑士文学中一再表现的主题。默林这一生的事迹与结局让我们想到了中国的神话英雄后羿，他的妻子嫦娥最后偷走了不死药。二者都包含了父权社会中女人祸水的观念，即将男性英雄豪杰所遭遇的厄运归结到女性那里。

通过魔法师默林的故事，可以总结出以下人生教训。第一，导师传弟子要留一手。中国有逢蒙学射的故事：后羿是天下最伟大的神射手，他的徒弟逢蒙在把师傅的武艺学得差不多之后要取而代之，唯一的办法就是在背后放冷箭把师傅害死。于是逢蒙就成为天下第一射手。这样的传奇故事在中外文学里都有体现，实际上就是告诫导师，传弟子要留一手。第二，施魔法者反倒可能成为魔法受害者，也就是聪明一世、糊涂一时。第三是关于欲望与智慧。默林代表的是宗教智慧，他能够未卜先知、预测未来，以及会使用变形术。虽然他在信仰的社会中拥有通神的能力，但是他也不知道自己的结局竟是如此悲惨。所以这个故事的结局透露出心理学家们最需要寻找的教训，那就是：人毕竟是生物，难逃生物法则的支配，再有智慧和法力的人，也会成为被爱情冲昏头脑的牺牲者。20 世纪精神分析学的代表人物弗洛伊德提出一个核心概念——力比多，指的就是人与生俱来的欲望，他认为人的欲望能够驱动历史。他的后学弟子马尔库塞，写出一部著名的文明史理论著作——《爱欲与文明》，其中的观点可以参考。在凯尔特的民间传说中确实突出表现了这方面的思想智慧。

凯尔特神话中还有一些重要的神，比较神话学专家们正在从大量的文物中将其分辨出来。凯尔特人本来没有教堂和《圣经》，主要是通过口传和民间表演等途径进行精神文化的传承，虽然文字记录较少，但在通过图像表现神话这方面，凯尔特人留下了丰富的遗产。

以上是对凯尔特神话的基本内容介绍。凯尔特文化作为在欧洲内部被压抑、被遗忘的古老文化，在 20 世纪以后逐渐被学者们辨识考证，并被确认为欧洲文明两大源头之外的又一个重要源头。

最后有两本书重点推荐给大家，分别是《凯尔特神话传说》和 *Heros of the Dawn: Celtic Myth*。《凯尔特神话传说》这本书可以帮助我们了解西方民间文学方面的知识源流。*Heros of the Dawn: Celtic Myth* 的特点在于图文并茂，其主书名直译过来是"黎明的英雄"，讲的是在欧洲文明黎明期遗留下来的凯尔特故事。这两部书对于我们认知在欧洲文化中被埋没的文化根脉很有帮助，也让我们认识到：凯尔特文化的复兴是整个西方文化寻根运动在 20 世纪最有代表性的成果。也就是说，今天对凯尔特文化、凯尔特神话传说的理解程度，已经远远超过 19 世纪和 20 世纪初年，这也是与时俱进的一部分新知识。

参考书目

1. 荷兰时代生活图书公司编：《史前英雄：凯尔特神话》，费云枫、张晓宁译，中国青年出版社，2006。

2. 叶舒宪：《现代性危机与文化寻根》，山东教育出版社，2009。

3. ［爱尔兰］托马斯·威廉·黑曾·罗尔斯顿：《凯尔特神话传说》，西安外国语大学神话学翻译小组译，陕西师范大学出版总社有限公司，2013。

4. ［法］德尼兹·加亚尔、［法］贝尔纳代特·德尚：《欧洲史》，蔡鸿滨、桂裕芳译，海南出版社，2000。

5. ［美］戴尔·布朗主编：《凯尔特人：铁器时代的欧洲人》，任帅译，广西人民出版社，2002。

6. ［英］罗伯特·A. 西格尔编：《心理学与神话》，陈金星主译，陕西师范大学出版总社有限公司，2019。

7. *Heros of the Dawn: Celtic Myth*. Time-Life Books, 1996.

8. Blair-Ewart, Alexander. "The Celtic Spirit in the New Age: A Astrologer's View," *The Celtic Consciousness*, ed. O'Driscoll, Robert, Braziller, 1982.

9.　Markale, Jean. *The Celts: Uncovering the Mythic and Historic Origins of Western Culture*. Inner Traditions International, 1993.

10.　Pennick, Nigel. *The Celtic Cross*. Blandford Books, 1997.

11.　Pennick, Nigel. *Celtic Sacred Landscapes*. Thames & Hudson, 2000.

12.　Thompson, Gerry Maguire. *The Encyclopedia of the New Age*. Time-Life Books, 1999.

日本、韩国神话

　　日本、韩国神话为东方神话的代表。由于日、韩两国与中国一衣带水，自古有着密切的文化交往，所以，在了解日本、韩国神话的同时，读者也可以对中日、中韩之间的文化交流情况有所学习。

　　讲到日本神话，首先要提到两部书，即记载日本最早的文学和历史的两部书。这两部书在日文里就用两个字来代表——"记"和"纪"。"记"即公元 712 年编成的《古事记》，关于日本民族文化传承的重要记录都率先写在这部书中。"纪"即公元 720 年成书的《日本书纪》。在日文中提到"记""纪"这两个字，一般指的就是日本最早的这两部神圣历史之书。之所以说神圣历史，是因为这两部书从开天辟地神话、日本列岛的形成，讲到日本众神的由来，以及日本天皇的起源。这就相当于把日本历史叙事和神话叙事编成了一个完整的叙事体。

　　在这两部书中，《古事记》作为早期日本文献，是用假名来写作的；而《日本书纪》则是完全用汉字写成的。在隋唐时期，日本派出大量的遣唐使来中国，虚心学习和模仿大唐的文化，并试图一切以中华文明作为模范，汉字也是在这个时候传入日本的。这种情况也说明，一个东方文明古国和它周边的一个海岛文明国家之间，通过文化传播产生了重要关联。由于这两部书是日本最早的文字记录之书，所以它们是日本文明史上一切教育的开端，在日本可谓家喻户晓。日本神话的主要内容，也基本上都包含在这两部书中。

日本神话和世界其他神话相比，其特点为何？相较于公元前几千年就开始有文字记录的古埃及神话、苏美尔神话、巴比伦神话等，日本神话是到公元 8 世纪才记录下来的。所以日本神话的体系相对来说是比较完整的。口传时代的内容在经过提炼和整编之后变成万世一系的规整体系，即从创世神话开始，一直讲到日本历朝的天皇族谱。这样的叙事既是神话的又是历史的，既是文学的又是一切信仰的基础，所以日本神话对后来的日本文化产生了深远的影响。下面就简单介绍一下《古事记》中所讲述的开天辟地神话。

天地初分之时，高天原先后出现五位天神——所谓高天原，指的是日本的奥林帕斯山，诸神的居所。之后又出现了七对兄妹神，其中第七对神，被称为伊邪那岐和伊邪那美，大致相当于中国的伏羲、女娲。日本的列岛都是由这两位兄妹神创造出来的。当时的天下只有大海，没有陆地。所以日本神话中的开天辟地是从海洋讲起的，这完全符合岛国文明的生态宇宙观。陆地需要从海洋中创造出来，于是伊邪那岐和伊邪那美兄妹就开始创造土地。他们站在天上的一个浮桥上，手中拿着神秘的矛在海水中搅拌，随后便提起这个矛，矛尖上的水滴落到了海上就凝结成了岛。因此，在日本神话中，日本列岛被认为是从海洋的海水中凝结出来的。这样的创世故事开端，反映了日本神话虽然受中国的强烈影响，但是也保留了岛国文明独有的生态特征。

岛屿形成后，这对兄妹神便从天上降到这座岛上，两个人结为连理——这就相当于大家都熟悉的伏羲、女娲兄妹结婚，或亚当、夏娃的神话。这对兄妹神生下了许多岛屿，至此，两神创造出了日本的国土。在此基础上，他们又产下众神。就在伊邪那美生育火神的时候，火神把母亲的生育部位烧伤了，于是伊邪那美一病不起，最后死去。

伊邪那美死后，去到阴间的黄泉国，即地狱。此时伊邪那岐大怒，他要杀死火神，为自己的妻子报仇。同时他又想见到自己的妻子，于是就到地下的黄泉国去寻找妻子。黄泉的概念在中国古代史书《左传》中首次出现，死后的阴间就是一个黄泉国。在佛经传入中国之前，华夏传统关于阴间的记录十分稀少，除了《左传》所记黄泉国以外，几乎找不到有关阴间的具体描绘。而在《古事记》中提到的黄泉国显然是受到了中国的影响。

伊邪那岐到了阴间的黄泉国之后，伊邪那美说她已经在阴间吃了黄泉国的食物，要与黄泉国诸神交流，于是就让丈夫在外等候。由于妻子久久没有出来，伊邪那岐便进入寻找，进去之后发现妻子的身体已经腐烂，遍体是蛆虫。看到如此场景，伊邪那岐吓得慌忙逃跑。伊邪那美认为丈夫的行为侮辱了她，便派黄泉国的诸神追捕自己的丈夫。伊邪那岐一路上设法击退了阴间众神的追杀，最后逃了出来。可以看出，生命的孕育和死亡，在《古事记》的开篇叙事中记载得非常具体。在我们看来这是神话，但在日本，这就是最早的历史，即神圣的历史，因为创造大神创造出了日本列岛和日本岛民。诸如此类的叙事，我们就不作过多追究了。下面主要分析日本创世神话的特殊性，它既有和中国文化的关联，又有其海洋文化、岛屿文化的鲜明特征。

二兄妹神还生出了一个重要的神，就是日本的太阳神，太阳也是日本国旗的标志。日本人的宗教也是以太阳神为主神的一套信仰体系。太阳神叫作天照大御神，简称天照大神，她能够照耀宇宙。她是日本人崇奉的天皇的族源，因为天照大神把她的子孙派到人间来，成为日本最早的统治者。天照大神凸显了日本神话的特性，因为天照大神的性别和其他国家神话中的太阳神不同，日本的天照大神并不是男神，而是一位女神。所以在日本的神话体系中，女神是天空中的主神，其他的诸神围绕着女神，组成天国体系和家族。

与天照大神形成竞争关系的，是她的弟弟速须佐之男命。这两位神争夺天上的霸主地位，最后弟弟失败被赶了出来，于是高天原的天照大神就如同宙斯一样占据了天王主神的地位。这个叙事非同小可，因为我们讲过，所有的文明在进入文字书写阶段之后都是父权制文明，父权制文明下的主神毫无疑问都应该是男神；日本神话虽然深受中国文化的影响，但是日本神话中的太阳神却是一位女神，这表现出日本神话的特性，即以女神为中心组织起了神谱。今天在日本神社中供奉的天照大神都是女性形象。我们认为，日本神话的特征就是一种女性中心世界，它的神界主神是女神，其他的神是次要的，这样的安排反映了日本列岛从史前文化进入文明阶段的特殊性。

在我国的《汉书》《三国志》等史书中，有专门记载当时所认知的日本情况。《汉书·地理志》所记非常简略："乐浪海中有倭人，分为百余国，以岁时来献见云。"在《三国志·魏书》的最后，有关于日本的一大段详细记录，和《汉书·地理志》的说法一样，称日本为"倭"或"倭国"。后来国人曾称日本人为倭寇，便由此开始。由于三国时代的日本还没有文字，所以，中国三国时期的史书中对于倭国的记载就相当重要。《三国志·魏书·倭（国）》中记载说，当时倭国的国王是一位女巫，名字叫卑弥呼。

其国本亦以男子为王，住七八十年，倭国乱，相攻伐历年，乃共立一女子为王，名曰卑弥呼，事鬼道，能惑众，年已长大，无夫婿，有男弟佐治国。自为王以来，少有见者。以婢千人自侍，唯有男子一人给饮食，传辞出入。

由于中国古代统治者以天下之中、中央大帝国自居，因此对邻国并不太关注，对邻邦日本虽然有些零星的记载，但学者们并没有去仔细探究日本文化。从今天的视角看，日本神话中特殊的女性中心世界现象，并不是个别文学家神话想象的结果，它反映的恰好是女性作为社会统治者的日本史前文化的真相。以现代以来的社会发展阶段理论为参照，中国史书对女巫为王的日本早期社会记载，才有可能得到合理的解释。就中国神话中的女神地位而言，女神在父权制社会作用下已经全部被改造成男神的配偶，例如西王母配东王公、西王母配玉皇大帝、女娲配伏羲等。对一个独立由女神主宰的神界，我们并不习惯，也自然会感到意外。通过日本留下来的神话遗产，可以很好地认知这样一个原理，那就是 20 世纪神话学最重要的发现，即在男神崇拜之前，人类在这个星球上崇拜的神主要是女神，特别是能够生育的母亲神形象。

虽然日本书面文化起步晚，进入文明的年代也较晚，但是由于汉字的传入，日本神话能够把母神、女神、女巫统治的现实情况记录下来，保留了非常珍贵的母系社会文化的活化石，这也是日本神话的寻根意义所在。在中国也有以女性为中心的社会，例如在云南永宁纳西族存在一种走婚制度，这就导致在纳西族的家庭中往往存在知母不知父现象。这种情况表明，日本社会从史前到文明这一阶段以女性作为中心的神话传说，折射的是现实社会的真相。至今在中国的少数民族中还存在所谓"女儿国"的现实。在人类学领域，对云南永宁纳西族的"女儿国"社会的研究在国际上也成为显学。一位在云南插队的知青到法国留学，其博士学位论文写的就是云南纳西族知母不知父的社会现象，这篇论文还获得法国总统奖，因为它推翻了人类学关于家庭的既有定义。这一现象作为活化石让我们见证了所谓崇拜母神的社会并不是遥远的幻想，而可能就是边缘地区的社会现实。一旦父权制建立它的权威，母权制就会被扫荡干净。所以在今天的语言文化中，很难再找到过去那样一种女性中心的世界。这也是我们在介绍日本神话时特别要强调的一个方面。

今天的日本还在上演传统戏剧——能戏，"能"字在汉语中就是"熊"字的本字，"熊"字就是在"能"字下面加了四个点。关于日本的传统戏剧为什么叫作能戏，以及能戏跟中国文化有什么样的关系问题是非常值得探讨的，在这里先不去深究。日本能戏舞台上戴着白面具、头上有金冠的就是天照大神。在今天的文艺舞台上，日本人津津乐道的民族英雄、民族的神王依然是一位女性，这也是令我们非常惊奇的一个方面。

因为日本书面文学在一开始就展现出一个十分鲜明的女性中心世界，所以给后来日本文学以及文化的发展，留下一种深深的"文化恋母情结"——作家往往要表达男主人公对于自己母亲的依恋。这种倾向变成日本文学中一以贯之的特征。借用日本第一个获得诺贝尔文学奖的作家川端康成的一句名言，就是："女人比男人美，这是一个永恒的主题。"川端康成的小说从成名作《伊豆的舞女》开始，直到他晚年的搁笔作，都表现了女性中心的世界。而日本神话的古老传统，为其创作提供了深厚的精神原型。虽然在表面看来，日本文学属于亚洲文学的整体，但是日本文化的特性非常鲜明地在其文学中体现出来。

下面介绍一下天照大神和她的兄弟速须佐之男命的故事。虽然在高天原的天宫主神权力争夺中，是天照大神获得胜利，而弟弟速须佐之男命被赶了出去，但是姐弟俩所传承下来的三件法宝却都变成今天日本天皇继位时必须用作证明的圣物，这一制度类似于秦始皇建立的传国玉玺制度。社会权力的交接，往往有神圣的物质作为见证。而每一种文化中都有其独特的神圣标志，例如基督教文化笼罩下的欧洲圣杯、围绕日本天皇的"三宝"等。

"三宝"中的第一件宝物叫八咫镜，它实际上就是一面铜镜。铜镜在中国战国时期就已经普遍出现了，到了汉代则大批量生产和使用。往后历朝历代都在制作铜镜，如今民间甚至有收藏家建起了专门的铜镜博物馆。我们不能仅从实用的角度去理解这些镜子，因为早期的铜镜都是跟神圣的信仰连在一起的。当人们发现铜这种材料能够被冶炼熔化、重新铸造的时候，它就被神话的联想神圣化了。所以，早期制造和使用青铜器的人都不是等闲之辈，他们都是社会的上层人士。铜这种材料在西周由统治者垄断并用来分发给诸侯王，这表面上是物质的交流，实际上还包含传递神圣物的意思。尤其是汉代以来的铭文铜镜，其铭文往往将冶金神话的信仰原理直接叙述出来。邱龙昇《两汉镜铭文字研究》（中国社会科学出版社，2012）就提供了很好的案例。书中举了《三国志》中记载的例子。三国时期魏明帝曹叡景初二年（238）六月：

> 倭女王遣大夫难升米等诣郡，求诣天于朝献，太守刘夏遣吏将送诣京都。其年十二月，诏书报倭女王曰："制诏亲魏倭王卑弥呼：……汝所在逾远，乃遣使贡献，是汝之忠孝，我甚哀汝。今以汝为亲魏倭王，假金印紫绶，装封付带方太守假授汝。其绥抚种人，勉为孝顺。汝来使难升米，牛利涉远，道路勤劳，今以难升米为率善中郎将，牛利为率善校尉，假银印青绶，引见劳赐遣还。今以绛地交龙锦五匹……又特赐汝绀地句文绵三匹、细班华罽五张、白绢五十匹、金八两、五尺刀二口、铜镜百枚、真珠铅丹各五十斤……"

　　由上可知，中国生产的铜镜在三国时期作为日本倭女王进贡的回报，一次赏赐的铜镜数就达 100 枚。这当然不只有物质财富方面的意义，从精神信仰方面看，如果从金属辟邪和照妖镜这个层面去理解铜镜，就可以一下子进入神话的语境中。为什么要反照妖邪鬼魅之类？因为人类面临着宇宙中各种各样的威胁，靠自身的肉体力量是抵挡不了的。这时先民们幻想着借助于冶金铸造的物质力量，生产出一些具有魔法的东西，它能够帮助抵御外在的威胁，甚至能够像激光武器一样把敌对力量阻挡在外。所以，日本天皇三宝中的第一件宝物就是一面铜镜——八咫镜，如今作为当地的第一圣物供奉在日本三重县的伊势神宫。

　　第二件宝物叫八尺琼勾玉，又名八坂琼曲玉。琼就是红色的玉，因为红色的玉在古代是罕见的，所以按照物以稀为贵的原理，自然十分珍贵。琼在日本神话中的命名很显然是受到了中国文化的影响——琼瑶作为珍稀礼品，在中国西周至春秋时就有表现。同时，日本神话将玉作为王权的神圣见证物，这也与中国文化的影响密切相关。八尺琼勾玉是一个尖辣椒形状的玉坠，呈翠绿色。结合中国史前考古的知识，我们发现，这个玉坠的来历并不简单。八尺琼勾玉在公元 8 世纪的日本被记录下来，但是像这个形状的玉坠在中国的西辽河流域、赤峰地区大约 8000 年前就出现了。如果把 8000 年前出现的这种玉和日本的八尺琼勾玉进行对比，我们就会发现二者形状几乎是一样的。除了日本和中国，在朝鲜半岛也发现了类似的文物，朝鲜的王冠是金冠，金冠上挂着的都是这种物什。所以东北亚文化就是一个崇玉的史前文化综合体，各民族文化在源流上有着非常密切的关系。

　　第三件宝物为相传的神剑，又被称为天丛云剑。相传天照大神的弟弟用这把剑斩杀了八岐大蛇，而关于这把神剑的下落有各种各样的传说。今天，这把剑就作为天皇的三件圣物之一流传下来了。

可以看到，八咫镜象征的是照妖镜，八尺琼勾玉象征着和平，天丛云剑象征着武力征伐。美国著名的人类学家本尼迪克特在其著作《菊与刀》中，用菊花和刀代表日本民族的民族性。但在日本的花道以及武士道出现之前，日本民族用玉来象征和平美好，用剑来象征武力征伐。日本的三宝虽然来自神话传说时代，但它们同时又变成了现实中天皇的传承圣物。这到底是历史还是神话？最好的概括是，这就是我们要认知的神话历史，神话历史既是现实的又是神圣的。

日本神话中的三神器是日本社会中代表最高权力的三件圣物，而一旦跟权力结合，这就变成了我们所说的神话历史的见证物。如何理解日本神话中讲述的这类器物，它和现实中的情况有怎样的关系？我在《中华文明探源的神话学研究》这本书中提到了这个问题。这本书中有一章讲的就是中、日、韩三国共有的玉石神话信仰。现在看来，古老的信仰都来自先于文字、先于文明、先于国家的文化大传统，而关于玉的崇拜通过玉器是可以得到见证的。

之前提到日本列岛的创生兄妹神伊邪那岐和伊邪那美用一支矛搅动海水，创造出了日本列岛，这个情节让人百思不得其解。在日本神话中，伊邪那岐和伊邪那美创造日本列岛用的矛叫作天沼矛，天沼矛与天神连在一起，因此天沼矛具有神圣性，但它具体是什么物质，在《古事记》中并没有提及。按照《日本书纪》的注释，天沼矛就是用琼玉做成的一支玉矛，书中天沼矛用汉字写作"天之琼矛"，而玉代表着天和神，以及代表着能够生长的物质，所以这支矛从海水中所滴出来的水绝对不是一般的水。

伊邪那岐和伊邪那美是如何把天沼矛从天上伸到海里去的呢？由于当时还没有产生陆地，他们是站在天浮桥上把天沼矛伸到海里，天浮桥就是连接天庭和海水的一个空间，也就是天和海之间的通道。于是玉矛从海水中带出了最早的陆地，这就是日本列岛的由来。这样一来，日本列岛其实是由玉石的工具从海水中化生出来的，所以这里玉的神圣性就相当于上帝说的"要有光"，它从海水混沌中分出了光明、黑暗、白昼、夜晚、陆地、生物。

《古事记》和《日本书纪》中还记载了天照大神是如何成为高天原统治者的。《古事记》的上卷记载道："这个时候伊邪那岐、伊邪那美非常高兴地说，他们生了不少孩子，最后得到三个贵子，于是把自己脖子上戴着的玉串摇动得咚咚作响赐给了天照大御神。"也就是说，太阳女神从创世男女神那里得到的圣物是一串玉，接下来两位神对太阳女神说："你去治理高天原吧。"因此，这串玉代表着创造大神把治理天国的权力赐给了天照大神，这串玉被称为御仓板举之神，所以说日本的女神依靠这串玉变成了天空中的神王。日本神话中这些细节的叙事让我们清楚地知道玉作为一种神圣的物质，其功能就相当于西方的教堂与《圣经》。后来天照大神的孩子被派到人间成为日本的天皇，今天日本天皇代代继承的三件宝物中就有八尺琼勾玉，所以日本整个的神圣世系就是从神话中的玉石崇拜开始的。

除此之外，在这个神话中还出现了蛇，也就是刚才提到的，天照大神的弟弟最大的功绩就是用神剑斩了八岐大蛇。蛇在日本神话中最早也是女神的象征物，蛇女神和太阳女神同时在母系社会遗留下来的一些早期文物中有所表现。作为女性的太阳神占领了高天原，象征高天原统治权力的是玉串；此外，还有一个中间环节的象征物，即三宝中的八尺琼勾玉。前面提到，八尺琼勾玉又称八坂琼曲玉，曲玉不仅在日本存在，在韩国的考古发掘中也有发现，在中国东北地区的史前文化中也有类似的文物，所以我们看到的是一个完整的文化带，曲玉是东北亚民族的共同圣物。玉产生的最大作用就是沟通天和人，所以后来出现的佩玉、戴玉等行为背后都有信仰的背景。日本神话学家安田喜宪在其代表作《蛇与十字架》中专门解释了在日本神话中频繁出现的母题，例如蛇、鹿等这些神话化的动物与太阳神之间的关系：太阳的特征是朝出夕落，循环运行；蛇的特征是蜕皮与冬眠；鹿角象征着生命循环，永生不死。因此在日本神话中，蛇与鹿都被神话化，象征着太阳的运行和永生不死。这些能够变形的动物作为生命再生的信仰在日本的史前文化中一再出现。例如，在长野县的一处遗址中发现了绳文时代的人俑，人俑头上盘着一团蛇。结合我们之前讲述的克里特岛的操蛇女神、雅典娜蛇女神的渊源，我们就会发现，人类的神话在很多的思维想象层面是相通的，而这正是因为在人的经验世界中，蛇都是能够蜕皮、能够返老还童的，因而联想都是一致的，其神圣的造型也就可以理解了。

蛇女巫在日本的传说中很常见，常常是以蛇缠身，所以日本的神社或神殿前面往往有两条稻草绳缠在一起，它代表有神力的大蛇，捍卫着神社或神殿的神圣性，这与我们常说的二龙戏珠是类似的。今天的日本国旗上只剩下了一个红彤彤的天空主神，由蛇转向太阳也意味着日本从史前文化进入了文明阶段。《蛇与十字架》这本书分析了日本文化从古老的原型阶段到进入文明阶段之后的变化，这对理解日本文明的发生过程是有帮助的。

以上对日本神话中的一些重要主题作了一个挂一漏万的介绍和分析，主要突出日本神话和中国，以至整个东北亚地区玉石神话信仰的相关性，这与古埃及神话、克里特神话中对于青金石、绿松石的崇拜形成十分鲜明的对照。拜物教信仰的存在导致出现彼此相近似的文化现象，但是各自所崇拜的玉石种类不同，则是明显差异所在。

玉文化在史前时代发生，必然伴随着神话和信仰。图 10-1 是 2010 年上海世博会震旦馆的标志物。震旦馆的屋顶上用 5000 年前红山文化的玉神像，即牛首人身形象，作为 5000 年中华文化的标志。震旦馆的门口则用中华第一玉龙作为标志（图 10-2）——该玉龙的真品现收藏于中国国家博物馆。中华第一玉龙是 20 世纪 70 年代在内蒙古赤峰地区发现的。后来，中华第一玉龙被

图 10-1　2010 年上海世博会震旦馆的标志物，采用红山文化牛首人身神像模型为标志。

赤峰市作为市标。再后来，我国的一家银行即华夏银行，也用它当作标志。由于玉龙的形象与我们所熟悉的龙的形象完全不同，它非常像英文字母中的 C，所以中华第一玉龙在业界又被俗称为"C 字龙"。外国人并不了解这些符号背后的意义，而中国一般的读者也看不大明白。虽然我们的玉文化资源和神话资源无比深厚，但是并没有完全被认知和开发出来。这些内容在基础教育中也是大体缺失的，所以没有知名度，也没有变成公众认知的对象。上海世博会本是人气爆棚的地方，但是这个震旦馆却显得门前冷落车马稀，因为观众根本无法理解其标志物的文化内涵。这也预示着中国文化创意产业的努力方向。

　　总结一下，用玉来代表世间至高无上的宝物，这一点在整个东亚地区是一致的。同时，玉作为神圣生命的由来，这一点也是史前发生的信仰内容。《红楼梦》原名"石头记"，男主人公身上的玉与生俱来，而且和男主人公的生命息息相关。中国民间常说的"人养

图 10-2 2010 年上海世博会震旦馆门前，采用红山文化玉雕龙为标志。

玉、玉养人"，这类观念都是来自 1 万年民间信仰的传承。通过以上的分析，我们知道玉石作为圣物，具有沟通天地人神的媒介物意义，从而又派生出了王权象征的意义。

前面讲到，日本神话的女性中心世界对后世文学具有深远影响：在今天的日本文化中有一个习俗就是艺伎表演音乐和舞蹈，这实际上也体现了女性神灵的中心世界给日本文化留下的深远影响，这样的习俗在今天的比较文化中表现得非常鲜明。日本神话的女性中心世界为研究世界神话的学者提供了非常难得的案例，因为一般的神话都是在父权制时代记载、流传下来的，以男性作为中心，女性的地位很低，而如果我们把日本神话和世界上仍有母系社会遗留的少数民族加以对照，就能重见史前人类的情况。以上就是对日本神话的介绍，大家可以参照当代女性主义理论方面的著作，进而理解以女神为中心的神话世界。

除了日本神话，本讲还将介绍韩国神话的内容。这部分内容在今天是韩国、朝鲜两个政体共同拥有的一套神话遗产，由于篇幅所限，我们只重点讲述韩国的建国神话。建国神话是韩国神话的核心内容，它与王权的建构、历史的认同紧密连在一起，这种情况与日本的《古事记》《日本书纪》的情况非常类似。

早期的韩国史料《三国史记》记述的就是标准版的韩国建国神

话，在这里简单地介绍和分析一下韩国的开国君王——檀君的神话。"檀君"这个名称和"檀香树"的"檀"有关系。檀君是今天在韩国的舞台上露脸最多的神王，他的血统是来自神的，他的父亲是一位天神，他的母亲是一头母熊，他是韩国的第一任国君，他所在的时代叫作古朝鲜时代。

图 10-3　韩国檀君圣母像（韩国林炳僖博士供图）

相传天神桓因的儿子桓雄想从天界下凡来帮助人类，于是向父亲要求将朝鲜半岛作为领地。父亲应允了儿子的要求，并派了 3000 名随从，从天上一起下凡来到人间，这也是神话讲述历史的惯常用法，即地上的神圣血统是从天界而来的。桓因的儿子桓雄降临在太白山山顶的一棵檀香树下。他自称天王，建立了神城，任命了三位大臣分别掌管风、雨、云，并教臣民学习耕作、医药、捕鱼等 360 种技艺，甚至人间的法律也是神恩赐的。当时有一熊一虎住在檀香树附近的山洞里，它们每天来到树前向桓雄祈祷，请求天王把它们变成人。桓雄天王于是就给了它们一炷艾和二十头蒜，叫它们把蒜吃下去，并且告诉它们要回到洞里修炼，一百天之内不要出来，也不能见阳光，如果能够做到，就可以变成人的形象。结果老虎在洞里待不住，故未能变成人；但熊照办了，它只蹲了二十一天，就提前变成了一个美女，人称熊女。熊女来到人间，因为找不到丈夫，就与天神桓雄交合生下了檀君，这就是韩国第一王的由来。由于建国的君王是天神和熊女生下来的，所以在韩国产生了熊图腾崇

图 10-4　熊图腾的纪念物，韩国公州（旧称熊津）的石雕熊。（韩国林炳僖博士供图）

拜，全国的臣民对檀君的出生都十分喜悦，后来他就做了半岛上的君王，并将平壤定为首都，称王国为朝鲜，最后又迁都到了太白山上。相传檀君作为国君统治了 1500 年，最后退位变成了山神。这就是韩国最主要的建国神话。

动物和人之间发生这种关联，一定与我们所说的古老的图腾崇拜神话有关系。在中国东北地区的长白山、兴安岭一带，还有不少生活在渔猎社会中的少数民族群体。在这些群体的神话中，熊是作为本族群的祖先而被信奉的，他们认为自己的族群是神熊的后代。由此可见，韩国神话与整个东北亚古老的熊图腾崇拜有着非常深的渊源。

讲完韩国的神话，再回到日本。日本北海道的原住民叫作阿伊努人，在他们的图腾神话中，阿伊努人是熊的后代。所以，在韩国、日本的神话之中，都可以找到解读古老的熊图腾崇拜和熊神话的真正标本。

参考书目

1. 叶舒宪、李继凯：《太阳女神的沉浮：日本文学中的女性原型》，陕西人民教育出版社，1992。
2. 于晓飞、黄任远：《赫哲族与阿伊努文化比较研究》，黑龙江人民出版社，2002。
3. ［韩］金贞培：《韩国民族的文化和起源》，高岱译，上海文艺出版社，1993。

4.　［韩］林炳僖：《韩国神话历史》，南方日报出版社，2012。

5.　［韩］徐大锡：《韩国神话研究》，刘志峰译，陕西师范大学出版
总社有限公司，2018。

6.　［日］矶前顺一：《记纪神话与考古学》，角川丛书44，2009。

7.　［日］吉田敦彦：《日本神话的考古学》，唐卉、况铭译，陕西师
范大学出版总社有限公司，2013。

8.　［日］江上波夫：《骑马民族国家》，张承志译，光明日报出版社，
1988。

9.　［日］樋口隆康、蔡凤书：《卑弥呼的铜镜百枚》，《华夏考古》
1988年第2期。

10.　［日］森雅子：《西王母的原像——比较神话学试论》，庆应义塾
大学出版会，2005。

11.　［日］小熊英二：《单一民族神话的起源：日本人自画像的系谱》，
文婧译，生活·读书·新知三联书店，2020。

12.　李广志：《论日本原始信仰中巫女的主体地位》，《民俗研究》2010
年第1期。

原住民神话

　　原住民指的是殖民者在世界各个角落、边缘地区发现的所谓原始人，即生活在前现代社会状况中的人，我们今天都叫原住民。他们的文学作品绝大部分是通过口头讲述世代相传的。但是在过去的学院派中，文、史、哲学科基本上没有包括这部分内容。我们把原住民神话作为外国神话的一部分，相对应地，我们还会在后面中国神话部分链接中国的少数民族神话，这也是本书的一个突出特点，即贯彻文化相对主义原则，争取覆盖地球上人类的各个方面。

　　原住民神话随着殖民过程而被外来学者和传教士们发现、收集、翻译、整理，现在其总规模在世界上已经蔚为大观。有一位法兰西院士在南美洲做大使馆文化参赞之余，收集并研究当地的原住民神话，最后成了 20 世纪的神话学大师，他就是克劳德·列维－斯特劳斯。在他的著作中，南美洲、中美洲的神话数以百计。传统的文学观念是以西方的大国列强为核心的，而这些被殖民的、被压迫的民族的文化并没有进入我们的知识体系。世界上的原住民按族群算有两三千，借用一个词语，可将其称作"沉默的大多数"。由于受霸权话语的支配，他们过去无法发出自己的声音。这种情况在后殖民时代终于迎来转机。

　　21 世纪以来，卡梅隆执导的《阿凡达》在全球引领文化创意的风潮。如果没有对原住民文化，特别是对他们的信仰神话体系的深入了解，我们要想理解这一部影片是很困难的。

　　我先从三个原住民神话的案例讲起。第一个案例是美洲印第安人的洪水神话。美洲印第安人是 1492 年哥伦布发现美洲大陆以后才进入西方世界的知识视野之中的，以前他们在南、北美洲已生活了 1 万多年，却并不为地球上其他地方的人所知。在北美洲的哈德逊海湾地区有一个叫蒙台格奈斯的印第安部落，部落里流传着这样一个洪水神话：

　　天帝怒而发洪水，世上只有一人乘舟逃生。他派一只水獭潜水找到一小块泥土，那人手持泥土，对它吹了一口气，那泥土立即开始长大。他将土放在水面上，不让它下沉，等到它长大为一个岛时，他又派一只鹿上岛探查岛的大小程度。鹿很快在岛上跑了一周，回来对他说岛还不够大。于是，他继续向岛吹气，直到岛上有了山峰、湖泊和河流，他才下船走上这新创造的陆地。①

　　这则神话讲述的是大洪水之后重新开始创造世界的过程，这样的讲述对于我们研究中国神话极有帮助。我们都知道，在中国的洪水神话中有两位著名的领袖人物，父子两代都去治水，父亲叫鲧，儿子叫禹。先是父亲鲧从天神那里偷了一种法宝——息壤，鲧拿息壤去堵塞洪水，结果失败了。后来他的儿子禹治水成功了。在本书中国神话部分，我们将专门讲述这部分内容。这里先讲一下"息壤"，息壤在中国洪水神话中是十分神秘的存在，并没有更多的解释性细节。息壤到底是什么东西，它是如何与治水联系起来的，此类问题自古以来都一无所知。而通过太平洋另一岸的美洲印第安人的口传活态神话，我们终于知道：原来所谓息壤，就是神把神圣的呼吸、气息灌注到土壤中而形成的有魔法的土。它出自海底，能够

① 叶舒宪：《中国神话哲学》，中国社会科学出版社，1992，第 349 页。

自我生长，并能够变成水中的陆地——岛屿。诸如此类以息壤为创造陆地之原材料的神话，一般而言是属于海洋民族、岛屿民族的神话。日本的创世神话就是天神用玉矛在海水中搅拌，玉矛滴下来的水便形成了海岛——日本列岛。虽然在日本神话中没有出现息壤，但在太平洋另一岸的息壤神话让我们对此有了重新认知的空间，浩瀚的太平洋并没有阻隔住神话的传播和分布。神话学在创立之初就叫比较神话学，通过一些跨文化的对照材料，很多难解的千古之谜可以得到合理解释，或者可以得到解读的线索，这就是我们介绍的原住民神话的第一个案例——美洲印第安洪水神话对华夏息壤治水故事的启发。

原住民神话的第二个案例为大洋洲原住民神话。澳大利亚是太平洋南端最大的国家，澳大利亚的动植物与欧亚大陆、美洲大陆的都不相同。在澳大利亚生存的原住民大约是在 4 万至 5 万年前移居到澳大利亚的。原住民世世代代在这个大岛上依靠渔猎生存，尚未进入农耕社会，他们留下了非常丰富的口传神话传说。我们通过《银河与毒蛇》这则神话介绍一下澳大利亚原住民神话的特点。

很久以前，大地人烟稀少。一个单身汉珀拉，希望能够遇到一个女人，娶她作妻子。有一次他在过河时发现河水发红，便判断上游有姑娘在月经期，所以河水变成了红色。于是他沿着上游寻找，果然在河水的源头看到岸边躺着一名女子。该女子上半身在河岸上，下半身在水里，她是毒蛇之女。珀拉就抓住她说，你是我遇到的第一个女人，我要娶你为妻。但这个蛇女听不懂人话，单身汉便在地上画出一男一女躺在一起。这个时候蛇女的父亲知道了，毒蛇父亲就开始追击珀拉。为了躲避蛇女父亲的追击，他不得不带着蛇女到处逃跑。每次停下来，都感觉毒蛇追来，所以他在夜晚就点起篝火以防止毒蛇的追击。有一次在过河的途中妻子跑了，珀拉又成了自己一个人，而且还觉得蛇女父亲在后面追自己。珀拉在大地上无处可逃，就升到了天空。他在空中还是拿着火把在逃跑，他所带火把也跟着他从天的一端到了另一端，火星到处洒溅，于是就形成了布满火星的路——银河。

　　狩猎采集民族对付毒蛇猛兽最好的办法就是用火。大约是在 50 万年前人类学会了使用火。在澳大利亚的原住民神话中发现了这些细节。除此之外，澳大利亚原住民神话的情节非常简单，因为他们处在进入农业文明之前的阶段，狩猎者们与自然天地、野兽禽鸟为伍，所以他们的想象跟文明民族有着很大的差距。他们的思维与逻辑思维不同，是一种变形和穿越的思维，一切都是可能的。这个古朴的神话故事讲述了人的七情六欲，也就是人最基本的男女两性之间的需求；除此之外，还讲了人与蛇之间的变换，以及澳大利亚原住民的狩猎采集生活方式：他们在举行狩猎仪式时，要在地上画画，把狩猎对象画在地上，然后用矛枪去进行模拟攻击。这样的仪式行为比狩猎本身还重要，因为他们坚信举行了这个神圣的仪式，天神就会保佑他们拿下狩猎对象。如果没有举行绘画模拟攻击的仪式，真实的狩猎是不能举行的。所以对澳大利亚原住民而言，那完全是一个原始信仰支配下的万物有灵的世界。

　　通过澳大利亚原住民的《银河与毒蛇》神话，我们领略到，所谓原住民神话与文明民族神话完全不同，它最大的特征就是天真。马克思曾经把希腊神话比作人类童年的幻想，但希腊神话已经是非常成熟的体系性神话。马克思和他的老师黑格尔一样，认为西方文明发端于古希腊，因此古希腊就代表人类的童年。而当我们看了澳大利亚原住民的神话，我们才能够领略什么是天真的人类童年幻想。这一类故事非常适合儿童阅读，因为它会真实呈现出一个万物有灵的世界。

第三个案例为美洲印第安的萨满神话。印第安人所有的部落，治病全靠社会的领袖人物萨满（巫医），他们能体验到升天入地的幻象，能带来治疗所需的神圣正能量。若社会群体遭遇自然灾害以及瘟疫，解决方案都是依靠萨满仪式。北美印第安有一个支系叫温纳贝戈族，温纳贝戈族的萨满医师雷云在幻想中能够上天入地、经历三界，他的修炼方式就是经历一种死而再生的仪式。萨满能够治疗疾病的原理，都与这种神秘的精神现象有关，也就是人的出神状态。雷云对于自己的出神状态有如下自述：

> 那些来自海洋中心和萨满村庄的精灵跟随我，保佑我。

萨满教是原始宗教，没有一个至高无上的神灵，主要信仰的是宇宙间的精灵，而这些精灵就是治疗疾病的能量来源，精灵常常是以动物的形象出现的。

> 他们（精灵）让我试试法力：浩瀚的大海波涛滚滚，我按照精灵的要求对大海吹气，顷刻间万顷波涛犹如碟中水般安静。我一连试了三次。

这就证明他已经练出法力，于是精灵就说：

> 人啊，你现在该做点事情了……你已经所向披靡，无论多严重的病人，你都能治愈。

以上说的是萨满在幻觉中在精灵的指引下，通过面对大海吹气练出了治疗的能量。雷云接着描述：

> 地球上的所有的精灵都保佑我。"任何人遭到痛苦并送烟草给你时，你若需帮助，我们定会有求必应。"精灵们对我说。

　　烟草是印第安人独特的发明。在萨满的治疗中，因为烟是渺渺往上升的，所以烟代表着一种通神的物质媒介，同时又发挥刺激大脑进入幻觉的作用。

　　河畔住着一个神奇的生命，那是一只会跳舞的灰熊精灵。

　　可以看到，神熊又出现了。在北美印第安的治疗仪式上，萨满要么披着熊皮，要么披着画满熊图像的袍子。陆地上最大的猛兽变成了萨满治病的第一个臆想。

　　遇到大麻烦时，我会拿出很多烟草，它就会帮我。这只灰熊给我唱歌，赋予我看到圣物的神力，并给了我它的熊掌。那是神圣的掌。灰熊边跳舞边表演，以显示其神圣：一只灰熊撕开它自己的腹部，然后自己愈合，这样重复了好几次。

　　在这个表演之中，萨满在幻想中看到自己的熊导师能够自我撕开、自我愈合，这实际上讲的是神奇的生命再生与修复。

　　一只灰熊用一只爪子抓伤另一只爪子，使其严重出血，随后它又治愈了自己。它们就这样使自己变得神圣。它们的一个前爪不见了，掉在地里。随后，它们从地里拿出草原萝卜。[1]

　　在萨满的幻象中，生命自我愈合的能力与之前提到的土壤自行生长的能力都是由一种神秘的能量支配的，从这个现象中，我们可以理解神熊和原住民之间存在着信仰与被信仰的关系。之前介绍韩国的建国神话时，我们只强调了檀君与熊图腾有关，熊既是神又是族群的来源，现在更可以明白：神话想象的熊，就是生命能量的具

---

[1] 以上引文均出自：［美］简·哈利法克斯：《萨满之声：梦幻故事概览》，叶舒宪主译，陕西师范大学出版总社有限公司，2019，第147-148页。

象符号，它以幻象的形式出现，而并不是一个抽象的生物学概念。可以说印第安神话向我们展示了在文明开化的民族中早已失落的幻象之熊的这种神奇作用。所以萨满在幻象之中向熊祈祷就等于是向神祈祷。这位叫雷云的印第安萨满在每一次治疗的时候都会向动物精灵祈祷。

原住民神话的基本呈现方式是原生态的，也就是没有外来人为宗教的干预，它们是自发产生的一种信仰叙事，其中出现的幻象与现实生活中的攘灾治病仪式紧密联系在一起，而其神话原理其实都是仿生学的。因为原住民发现神熊在冰雪覆盖的漫长冬季能够躲在洞里不吃不喝，一动不动长达半年时间而维持生命，到了春夏之际它们又从洞中走出来，这就好像生命的再生。这种现实的狩猎生活经验支配着他们的神话幻想，进而又变成了萨满治疗的能量。因此可以说，这完全是一种原生态的人与自然关系的案例，这可以为所有的文明民族提供宝贵的借鉴。在这个神话中，雷云有对神熊的祈祷，在祈祷词中他把神熊称为祖父，同样这也是以熊为图腾祖先的信仰表现。

以上通过三个原住民神话的案例，链接到我们所熟知的文明民族的神话，可以知道原住民神话具有的原生态特点，它没有经过人为的改造，更能说明人类神话发生的现场感，这对于我们理解所有民族的神话，特别是熊图腾、熊崇拜和以熊为神圣的观念，具有非常生动的启发。

下面主要介绍一下对原住民的研究情况。有关原住民的生存状态的知识，对当代思想转向产生了重大推进作用。它不仅反映出人类不同形态文化的多样性存在，反过来也为反思西方文明主导全球发展的合理性提供了参照。最早观察、采集、整理、翻译原住民口传文学的以人类学家为主。人类学家通过研究原住民重新定义了人类的概念。我们今天所理解的人类，与 19 世纪伟大的思想家们所想象的人类已经很不一样了。这自然会带来观念的转化，体现在当代的文化创意产业方面，其中的先知先觉者们把目光投向在这个星球上原本受歧视的"下里巴人"，后殖民理论家将这种思想转化叫作"第四世界的发现"。

大家都知道第一世界、第二世界指的是资本主义列强发达国家，第三世界指发展中国家。但是在我们的话语中基本上没有第四世界。在民族独立解放的后殖民时代，原住民先后获得文化自觉。按照《世界人权公约》，他们和所有发达文明的人类一样，都是平等的。所以原住民文化才逐渐被学界所认识。第四世界指的就是在这个世界上受压迫最深、被遗忘最久的原住民族世界。这些原住民的神话传说在今天看来是非常珍贵的人类遗产，因为它甚至可以见证进入农业阶段之前，也就是 1 万多年以前人类在这个星球上的生存状况。所以这些原生态神话像活化石一般展现出了人类的过去。这样看来，人类学家研究的这一批文化遗产，首先在今日西方国家名正言顺地进入了教育体系中。因为后殖民时代主张人人平等，所以原住民的神话被摆上课堂，写进教材。这样的转变过程在过去是不可想象的。过去的中国本身就曾经历半殖民地半封建社会，所以我们应该同样关注第四世界的文化遗产。

20 世纪的人类学家把这个星球上数以千计的原住民族的所有生活状况都写成系统的民族志报告。这一部分知识是需要关注和补习的新知识。在伟大思想家马克思、黑格尔的时代还没有这些知识，但马克思在晚年阅读了当时最早的人类学书籍。因为马克思要在资本主义社会下寻找解放全人类的力量，所以马克思找到了工人阶级。在 21 世纪来看，真正在这个星球上被蔑视、被压迫最深的人群就是这些原住民。未来世界如果还存在一种新的解放力量的探索空间，那就包括重新学习原住民文化。后殖民时代的理论家们把世界各地尚未进入现代化的原住民族命名为第四世界，而第四世界一旦进入当代的媒体和课堂，其所起的作用就是：给自认为是最发达、最先进的西方文明提供了一面反思的镜子。西方的工业社会是从农业社会发展而来的，而在农业社会之前的是狩猎采集社会。所以人类学家根据所调研的人类进化的情况，给出了人类在这个星球上几种主要的生存模式，第一种模式就是狩猎采集生活模式。也就是说，如果从 300 万年进化视野来看，人类在这个星球上大概有 299 万年都处于狩猎采集模式，所以这些还没有进入农耕社会的生活样态代表着人类漫长的早期历史。这也是大传统中的最大一块。中国兴安岭地区的赫哲族、鄂温克族、鄂伦春族等，也保留着以狩猎为生的生活方式，这些民族的神话都带有类似原生态的意义。

第二种生存模式叫农耕生产，大约从 1 万年前开始普及到世界。随后出现的城市和文明都源于农业的发展，特别是集约化的农业能够生产大量的粮食，养育更多的人口，这个时候文明才可能发生。所以狩猎采集、农耕两大阶段奠定了文明的发生，文明发生之后仅用数千年时间就进入到工业革命，所以，今天的资本主义秩序就是人类在西方城市文明的基础上催生的一套新的生产生活方式，即第三种生存模式。

从生态学眼光来看，今天人类在这个星球上面临的最大的危机是生态危机。在文明产生以前，地球上生活着不到 1 亿的人口，而今天在这个小小的星球上挤着近 80 亿人。人与环境资源之间的紧张关系都是出于这个原因。人类之所以会爆发世界大战、族群冲突，就是由于进入工业文明要大量地耗费自然资源，进而产生了领土之争、资源之争、文化之争以及宗教之争。这样一看，原住民的生活模式对于我们今天的镜鉴作用就凸显出来了。

　　所以当我们带着人类学对第四世界原住民文化大发现的观念，再去审视以《阿凡达》为代表的引领风潮的好莱坞影片，就可以明白其中的思想观念变革意义。当然，原住民文化进入西方电影史，要从著名的《与狼共舞》开始。在那个时代，对原住民文化的认知仅仅是传统西方的观念，电影要表现的是所谓"高贵的野蛮人"，即原住民族天真淳朴的人格。但是卡梅隆导演在拍摄《阿凡达》时，已经完全发生变化，原住民已经不再是"高贵的野蛮人"了，他们代表着人类未来的生存理想。卡梅隆将他们放到外星世界，也就是潘多拉星球上去。潘多拉实际上指的就是希腊神话中的一个盒子，这个盒子一旦打开，灾难、恶魔、疾病就全都从中跑出来了。所以这个盒子是不能打开的。卡梅隆导演反其道而用之，把潘多拉这个原本代表邪恶的盒子，变成指引人类未来发展的理想。这样一来，我们再看以原住民为题材的作品就容易理解其后殖民批判的意识了。

　　第四世界给世界提供的启发是，在这个星球上，资本主义的生产生活方式是难以持续的。因为人口还在不断增加，人的欲望也在增加，这就意味着要耗费更多的资源去生产和消费。但是地球上所有的资源都是有限的。在这样的视角的反观之下，人们容易理解，以《阿凡达》为代表的作品引领的是有关人类未来走向的终极思考。原住民的神话世界并非仅有文学的美学的意义，这是他们的信仰和生存状态。所以，当代的西方知识精英要借助于昔日的"原始人"来引领未来的人类解放，这主要是由人与自然、生态关系的紧张而引发的一种新的生存理念。

　　英国人类学家罗宾·克拉克和杰弗里·欣德利在他们合著的《原始人的挑战》一书中说道："人在这个星球上已经存在了大约200万年。在所有这些时间里，人靠从大地获取食物而存活下来。

百分之九十九的时间里人都是靠渔猎和采集来获得食物的。农业仅仅有 1 万年多一点的历史，工业社会只不过才 300 年。在地球上曾经有过的 800 亿人口中，百分之九十是狩猎采集者，百分之六是农人，只有剩下的百分之四是依赖于农业的工业化社会成员。"这样的观点为我们认识这个星球，认识人与人、人与自然之间的关系提供了深远的参照，对于人类进化的全程把握和理解也是我们反思、批判资本主义最有力的新知识。如果按照生态学的术语来界定这三种变化形态，我们可以说，人类在明确进入农耕社会之前的阶段，才是真正原生态的社会。大自然的万物都处在一个竞争与共融的生态链中。我们把农耕社会的开始叫作"次生态社会"。原生态社会的特点是不干预自然，次生态社会的特点是在大地上用人工培育的办法生产更多的食物。次生态社会的刀耕火种对大自然的破坏是非常有限的，所以次生态的生存方式对地球生态没有太大威胁，在人与人之间也没有造成多大的紧张和威胁。而到了近 300 年来的工业革命时代，所有的严酷问题就暴露出来了。从这个大历史角度看，工业革命并不是社会进步的标志，而是造成一切生态问题的开端。因为蒸汽机、汽车、火车等工业文明的产物都要耗费不可再生能源，所以严格来说，现代化的生活方式在理论上是反生态的。

原住民文化作为一面镜子让我们看清人类现在的处境，也看清我们的未来。所以联合国在 1992 年 6 月于巴西里约热内卢召开环境与发展大会，通过了以"可持续发展"概念为主旨的《里约环境与发展宣言》《21 世纪议程》等文件。因为人们意识到了资本主义的生产生活方式是不可持续的，所以才有了今天的绿色发展、文化产业的发展。导演卡梅隆给世界提供了一个新的样板，这就更凸显出原住民神话的意义。这看起来是文学想象的作品，但是其更多表现的是人类思想重大转向的由来，这也是后殖民时代的知识观，即：

这个星球上所有的人都是平等的，因为他们都能够提供人类在这个星球上可持续生存的宝贵经验。因纽特人之所以能够数万年来在冰冻的世界中存活至今，正是因为他们的神话、信仰、生活方式有效地适应了冰雪的环境，他们能够依靠冰雪提供的有限资源持续地生存下去；赤道热带地区的情况也是如此。过去原住民生活在地球的边缘和角落不为人知，但在今天，他们都能代表人类的骄傲，因为他们的生存模式是可持续的。所以原住民神话这部分内容虽然放在本书外国神话部分的最后，但是它的意义绝不亚于我们介绍的任何一个文明的神话。

从进化史的角度来看，既然人类在这个星球上绝大多数时间都处在原生态阶段，那么卡梅隆就把潘多拉星球的外星民族塑造成一个不吃粮食、不种庄稼的民族，他们代表的就是人类学所说的真正可持续几百万年的生存方式。西方知识界中的罗马俱乐部发出了"增长的极限"警告，两次世界大战都是在资本主义语境下发生的，人与人之间的紧张关系必然导致战争。所以现在先知先觉的编导和艺术家们看中了人类学研究的对象，也就是原住民。

原住民文化对资本主义的反照作用可以用人类学家提出的"社会恐龙"进行概括。虽然今天看起来科学技术已经无限强大，但是若不加限制地发展，人类最后或许难逃恐龙的命运。联合国启动了保护口传与非物质文化遗产项目，目的之一就是调查和研究无文字民族的遗产。中国是第一批加入《保护非物质文化遗产公约》的国家，但这些内容在我们的教育中却鲜少涉及，所以本书专章介绍原住民神话的内容，就是要我们重新认识在这个星球上现存的刀耕火种的民族，以及连刀耕火种都没有的民族，这等于是对整个人类文明的再启蒙。

接下来，我们再把从《指环王》到《阿凡达》的整个创意写作、编导的链条介绍给大家。作者、编导们创作诸如此类作品的目的就是想在这个星球上深厚的文化资源中寻找一种能够引领未来人类正能量的元素。托尔金利用欧洲英伦三岛周边的四种神话资源，创作出《指环王》《霍比特人》等相关作品，创建了他的"中土世界"。所以，托尔金实际上是想为英国文化，特别是为爱尔兰和苏格兰的凯尔特文化重新建立一个精神标杆。一提到西方文明，大家想到的往往只有希腊罗马和基督教，但托尔金认为应该有属于英国本土的精神遗产，所以他通过创作为英伦三岛进行精神文化寻根。不管译作"魔戒"还是"指环"，这一枚黄金的戒指象征着西方文明的第一圣物。在基督教世界，寻找黄金的圣杯已经延续了一千多年。但在今天，托尔金却反其道而行之，他将这黄金戒指表现为人间祸害的终极根源。因为它是贪欲的象征，也是资本主义工业文明的象征。只有把这个魔戒抛弃掉，人与人之间才能和平相处。虽然作品的主人公弗罗多是一位善良人，但是他在魔戒面前也会产生占有欲和贪欲。作品表明，魔戒不除，人类永无宁日。所以在这部看似儿童文学的作品中，蕴含着拯救人类的希望和深刻的现实启迪。

托尔金的创作，启发了一批作家和编导：到世界上最原始的原住民文化中去探索。《阿凡达》的导演卡梅隆原来是一位开卡车的司机，因为观看影片《星球大战》而立志要改行当导演。他在成名作《泰坦尼克号》之后，用十年时间补习人类学的相关知识，研究原住民文化，交出了他的第二部巨作《阿凡达》。影片塑造出身高3米，长着兽耳朵，甚至还拖着尾巴的深蓝肤色的原住民形象。由于地球上的资源即将消耗殆尽，大资本家派出科学家和军队，全副武装地飞到潘多拉星球去掠夺当地资源。虽然卡梅隆套用《星球大战》的外星想象作为构思线索，但实际上表现的却是原住民引领人类未来生存方向的哲理。

在影片《阿凡达》中，卡梅隆呈现了两种对比强烈的社会生活：以地球人的社会隐喻表现病入膏肓的资本主义现实危机。因为地球上的资源已经快耗尽了，所以全副武装的地球人军队要去外星掠夺价值连城的超导矿石。潘多拉星球的原住民社会，代表前现代的生存方式，纳威人没有先进武器，但他们有萨满教的通灵术以及原始母神的信仰。影片最后的结局是，武装到牙齿的地球人大军在入侵潘多拉的战争中战败，失败的地球人希望能够移民到潘多拉星球。卡梅隆已经看透西方资本主义的绝症，所以他创造出一个外星人的世界，当作地球人反照自己的一面镜子，让观众看清楚近百年来随着人类学发展产生的全新知识，西方世界如何开始向原住民重新学习，特别是学习他们与大自然和谐相处之道。

图 11-1 是 2010 年荷兰莱顿大学人类学博物馆的特展海报，展出的是澳大利亚原住民及其生活图像，这也是今天西方的顶尖大学在学习的。为什么西方高等教育界的知识人，要重新向原住民学

图 11-1　荷兰莱顿大学人类学博物馆举办的澳大利亚原住民生活特展（摄于 2010 年）

习？因为澳大利亚原住民还没有进入农耕社会，还保留着人类在这个星球上可持续发展的最好经验。所以卡梅隆也希望借助外星人教育地球人的方式，提供未来解决方案的启示录。当《阿凡达》在我国上映时，虽然也是好评如潮，但其博人眼球之处一般都是 3D 技术的玄幻效果和张家界外景之类。即便是专业影评家，也无法有效认知这部作品的人类学思想蕴含。为此，本书在原住民神话这一部分中，以古贯今，借古讽今，希望有助于大家理解原住民文化对现代社会的生态借鉴意义。

在结束本讲之前，还要引一位美国人类学家的书来作为我们的结语，这本书的书名叫作 *Savages and Civilization：Who will Survive?* 翻译为中文就是"文明人与野蛮人：谁将存活？"这一标题实际上是将西方资本主义的生产生存方式和原住民的生存方式进行对照，并加以反思，对当代世界提出警示。此外，在中国社会科学院研究生教材《文学人类学教程》中，也包含有自哥伦布发现新大陆以来的原住民文化的新知识。对原住民文化的再认识，如何改变西方文明自古以来的傲慢和偏见，如何改变 20 世纪思想史的格局脉络，在该教材中也有集中阐述。

为什么今日的卡梅隆等著名编导不约而同地将目光转向魔法巫术、神话穿越与萨满幻象，甚至转向东方的古老文化传统？这是一个世纪性的文化寻根风潮。在殖民时代开启时，掌握坚船利炮的殖民列强企图占领全世界并消灭或同化原始人。如今这种情况已发生 180 度的转向，原来被当作野人、野蛮人并要加以消灭的对象，现在变成了新的启蒙导师。这就是原住民神话带给我们的重要思想意义。

参考书目

1. 叶舒宪、彭兆荣、纳日碧力戈：《人类学关键词》，广西师范大学出版社，2004；陕西师范大学出版总社有限公司，2018。

2. ［美］简·哈利法克斯：《萨满之声：梦幻故事概览》，叶舒宪主译，陕西师范大学出版总社有限公司，2019。

3. ［美］杰拉德·戴蒙德：《第三种猩猩：人类的身世与未来》，王道还译，海南出版社，2004。

4. ［美］M. 艾瑟·哈婷：《月亮神话：女性的神话》，蒙子、龙天、芝子译，上海文艺出版社，1992。

5. ［美］马歇尔·萨林斯：《历史之岛》，蓝达居等译，上海人民出版社，2003。

6. ［美］尼古拉斯·黑麋鹿口述、［美］约翰·G. 内哈特记录：《黑麋鹿如是说》，龙彦译，九州出版社，2016。

7. ［美］时代生活图书公司编：《太阳与献祭众神：阿兹特克与玛雅神话》，孙书姿译，中国青年出版社，2003。

8. ［日］百田弥荣子：《中国传承曼荼罗：中国神话传说的世界》，范禹译，民族出版社，2005。

9. ［英］罗宾·克拉克、［英］杰弗里·欣德利：《原始人的挑战》（Clarke, Robin & Hindley, Geoffrey. *The Challenge of the Primitives*. Jonathan Cape, 1975.）

10. Diamond, Stanley, ed. *Primitive Views of the World*. Columbia University Press, 1964.

11. Price, Neil. S., ed. *The Archeology of Shamanism*. Routledge, 2001.

/ 第十二讲 /

中国神话概说：
从"中国神话"到"神话中国"

　　本讲将进入中国神话的专题讲解。神话学进入中国以后，发展了 100 多年，今天已经达到本土理论的提炼概括阶段，学界称这一阶段为"神话中国"。

　　这一讲旨在帮助大家深刻地理解中国的"国"字。对"国"字的理解离不开此前讲到的对 5000 年前的玉雕鸱鸮——猫头鹰形象的理解。"玉"在"国"字的正中央。人们经常写这个字，可是似乎很少有人问起为什么这个字要写成这样。所以从"中国神话"到"神话中国"的范式转换，就是要先把"国"的"底牌"亮出来。

　　我在第一讲中就对"神话"作了解释。学界普遍认为神话不仅属于文学的范畴，它还是文学、历史、哲学、宗教、艺术、政治共同的源头。用一句话来说神话的功能，就是：神话是对人类社会现实的建构和原编码。如何通过中国神话来揭示中国文化的"达·芬奇密码"？这也是本讲需推进的理论层面的探索。

　　进入正题之前，需要对神话中国说作个追溯。2019 年是"神话中国"概念提出的第 10 年。本讲的题记就是一句话："文化自觉"不是一个口号，而是整体地、深度地、全新地认知中国文化。

　　我们希望通过对神话的研究，找到一个文明信仰的根源，这也许就是对文明的深度认知。文学人类学派近 10 年来在做中国文化理论的建构工作。2005 年，第一次提出用"四重证据法"的研究方法，探索历史文化的真相；2009 年，第一次提出"神话中国"命题，同时提出的还有"神话历史"；2010 年，第一次提出"文化大传统"和"文化小传统"的再划分；2013 年，提出"玉文化先统一中国"的命题。这一系列理论命题是有前因有后果的，并逐渐形成了一个理论体系。可以说，人们对"神话中国"的认知，超越了 10 年前的浅层理解，上升到更具有深度的层面。

本讲内容主要运用若干个"蒙太奇镜头"把所有的内容串联起来，以揭示中国文化的"达·芬奇密码"。第一个镜头的标题是"明朝灭亡那些事"。

有一本书很火，书名就叫"明朝那些事儿"。历史是宝贵的资源，它既为今天的文化创意产业提供灵感，又为文学创作提供素材，是取之不竭的文化矿藏。而做神话研究的人文社科领域的学者，是怎么样来看待明朝的灭亡的？首先，我聚焦一个事件，就是崇祯皇帝之死。崇祯皇帝死后，李自成军队打进北京，接下来就是清兵入关。众所周知，清朝是满族的政权。清朝政权的建立结束了汉族的统治，崇祯皇帝就成了汉族统治历史中的最后一位皇帝。我的镜头聚焦在一个点上：紫禁城北边的一座山。

图 12-1　紫禁城北面的人工筑土之山——景山，原名万岁山。

凡是北京人都熟悉这座山的名字：景山（图12-1）。而我要告诉大家的是，这只是现在的称谓。景山在明朝统治者迁都北京并修建紫禁城时，并不称"景山"，而称"万岁山"。"万岁山"的名字一恢复，这背后的神话意义就显露出来了。要了解景山，要了解紫禁城，要了解明清两代近600年最高统治者生存的空间，就先要看昌平，先要看十三陵，而不是北京城里，为什么？就因为在修紫禁城和景山之前，永乐皇帝先派人修建位于昌平的明十三陵（图12-2）。明朝从南京迁都北京，要重新确立统治中心，因此先修的是明朝皇帝的阴宅。当然对今天的90后、00后来说，"阴宅"这个词可能比较陌生。皇帝阴宅就是统治者死后住的地方。修皇宫之前为何要先修阴宅？我曾在第四讲解释古埃及金字塔是作为法老的王陵而修建的，通过类比思考会发现，古文明的统治者之生活法则，是被神话观念支配的。古人都不认为死亡就是人生旅途的终点。相反，死后的世界更为持久漫长。所以中国古人有一句话叫"视死如视生"。

我们把镜头聚焦在景山这座号称"万岁山"的山上，是因为它有串联性，便于对"神话中国"进行整体性认知。众所周知，十三陵之始是明朝统治者专门为了迁都而设计的皇帝族之阴宅。永乐皇帝迁都到北京以后，明朝历代皇帝都葬在十三陵。

过去的神话研究只盯着文本，即书本中的文学故事去看，那时还根本没有意识到需要把握整体的"神话中国"。在我们看来，中华文化是一个完整的、由山河大地与人共同建构的文化文本。

明十三陵的选址紧靠燕山，燕山的背后是太行山，太行山的背后是内蒙古阴山，阴山再向西是宁夏贺兰山，贺兰山连着的是甘肃、青海之祁连山，祁连山连着的是新疆天山、昆仑山。中国的主要大山脉基本上都是自西向东"一"字排开的，当然也有个别是南

图 12-2　北京昌平明十三陵

北向的，但是主线全是东西向的。因此诗词中所说"一江春水向东流"，即是对中国的大地特征的表现：高原皆在西部，总地势为西高东低。在中国，如果你要找各山脉的祖脉或龙头，那一定是世界屋脊帕米尔高原上喀喇昆仑到昆仑这一线，海拔 5000 米以上的巨大山脉。

　　紫禁城的修建者考虑到这些因素，将明朝的皇陵设计为倚仗燕山。这样就能直通万山之祖昆仑，而昆仑作为神话宇宙山，是通达天上永生世界的。古人讲统治者的朝向，需要"南面而王天下"。燕山的地形刚好像一个太师椅，坐北朝南，南边是整个华北平原，所以在此处修建帝王的首都。这就是明朝永乐皇帝特聘的风水大师们设计出来的。在古代，风水师所遵循的设计理念直截了当：先找龙脉，让人工建筑与自然的山脉和水系都发生关联。

人们到景山去旅游，会看到民国时期立的一座碑，碑名是"明思宗殉国处碑"。明思宗即崇祯皇帝，这座民国时期所立之碑，是为纪念汉族的最后一代皇帝在此自尽。其用词"殉国处"，显得意义非常庄重。李自成打过来，明朝江山保不住了，无论是用"自杀"一词还是"上吊"一词，或者"殉国"一词，都没有真正揭示出明朝最后统治者所选择的死亡方式的信仰原因。为什么紫禁城里有一千间房子，他非要去北边的景山（万岁山）上自尽？由此我们引出文化文本背后的"神话中国"的重要脉络。

如前所述，风水术语将所有的山都叫作龙脉，所有龙脉只有一个"龙头"，龙头就在昆仑山。紫禁城、景山、十三陵、燕山连着的是中国山河的整体龙干和龙脉。《山海经》把昆仑山叫"天帝之下都"，就是天神来人间的第一站。当时的人不认识珠穆朗玛峰，也没有探索到现在的中印边界，他们认为昆仑山既是黄河的源头，又是出产美玉的地方，还是天神来人间的第一站，或者称为神人沟通的中介点，因此十分重视昆仑的多重寓意。这就是为什么《山海经》中的西王母、瑶池、琼楼玉宇、不死药、不死树等母题都发生在那儿。明思宗受神话观念支配，深知景山即万岁山连通着 4000 公里以外的昆仑山，连着天堂的永生世界，故上景山自尽殉国，期盼灵魂"死后升天"。这一事件发生的年份 1644 年值得记忆。本讲的第一个镜头，以明朝灭亡、明思宗景山自尽作为标志。

昆仑，华夏的万山之祖，天神的"下都"。它既是"神话中国"建构出来的最神圣的一座山，也是后代的风水师们在设计任何一个皇家建筑时不得不考虑的大背景。昆仑有玉山，玉山有瑶池，瑶池有西王母，西王母掌管着宇宙间唯一的永生不死秘方。所以，只要一讲到昆仑，中国古人就会想到，生命是循环的，死亡只是一个站点。经过这个站点之后会有来生，否则人就消失掉了。再看统治者选择的死亡行为方式，我们不难看出，这一选择是由华夏文化传统的三观，即被"神话中国"的信仰支配的文化文本所决定的。这就相当于文化的潜规则、潜语法。

　　我根据这样的线索，归纳出古代最高统治者的社会人生准则，用十个字概括："生则守玉玺，死则归玉山。"这引出一个问题，即北京城里平平坦坦的，怎么会有山？其实，那本不是山，而是修建紫禁城之前，用人工堆土的办法垒成的土堆，好让4000公里以外的昆仑山龙头在这里再次探出头来，其下方就是紫禁城。游览紫禁城的时候，导游会说紫禁城今天叫故宫，古代修建的时候叫紫禁城，英文叫"Forbidden City"。这还能听出神话观念的所以然吗？完全不能。紫禁城1000间房子哪一间房是紫的？没有紫颜色，又为什么叫紫禁城？这其实蕴含着另一则神话编码。紫禁城不是因为地上的房子是紫色才叫"紫禁城"，而是因为它对着位于北天中央、紫微星（北极星）所在的紫微垣。紫微垣被认为是天帝的居所。所以，这是用天上的中央对应地下的中央，最高统治者的统治空间一定要位于天地之中。

　　这里讲的每一个意义，无一不是来自神话观念和信仰，只不过我们生活在其中，很少会去思考为什么。"生则守玉玺，死则归玉山"，这就是我给中国封建统治者归纳出来的生死守则。"归玉山"，或"归道山"，更通俗的措辞是"上西天"，都蕴含着永生不死之意。我们将其归结为神话观念支配下的中国历朝历代统治者的行为模式。

　　了解了紫禁城修建的风水神话背景和十三陵、燕山、景山（万岁山）等坐标，再看紫禁城中最神圣的三个建筑，就能发现华夏神话的"开天辟地"模式。紫禁城以中轴线为界，划分为外三殿和内三宫。外三殿最前面的叫太和殿，即通常说的金銮殿。这是皇帝处理朝政、举行外交活动、接待大臣和来访贵宾的场所。而"内三宫"是不让外人进的，就像家里堂屋是接待客人的，而卧室是私密的一样。

那么，紫禁城内三宫（图12-3）中的乾清宫、坤宁宫是什么意思呢？只要读过《周易》就会知道乾坤、天地、阴阳。《周易》告诉我们，天地如果没有阴阳，没有乾坤，没有交合，宇宙就会万物不生。所以乾清宫和坤宁宫一个是给皇帝住的，一个是给皇后住的。二者代表着宇宙之间的阳性力量和阴性力量。阴阳不交合，万物便不化生。这些建筑是取法传统三观的宇宙观而来的，寄寓的是乾坤、天地、阴阳这些宇宙法则。

在乾清宫、坤宁宫中间的宫殿，虽然矮一些，却是最神圣的，名叫交泰殿。交泰殿被认为是最重要的地点，它一不住人，二不办公开会，只存放一种东西——传国玉玺。这就解释了，为什么要把

图12-3 取法《周易》开天辟地神话模式的紫禁城内三宫：乾清宫、坤宁宫、交泰殿。

有 600 年历史的皇宫的解读作为"神话中国"的最好案例。它是在告诉我们:皇宫里用玉玺象征权力的天赐神圣性。而天赐的权力,则是统治者在地上巩固统治、使权力具有合法性的证明。过去讲中国神话时,多从夸父逐日、大禹治水、女娲补天引入,这样很难抓住"使中国成为中国"的主线索、主观念。现在,当我们知道交泰殿里存放的是传国玉玺,也就把握住了明朝和清朝统治者确立统治时所采用信物的神话层面原因。

　　我们将镜头从都城皇宫转向中国这一多民族国家的边疆地区。我国有 960 万平方公里,这片土地上生活的民族之间有很大不同,文化不同,服装也不同,吃的、喝的都不同,为什么是同一个"文化共同体"? 一个行政共同体是靠什么来证明的? 如果到西藏拉萨的布达拉宫,便可知晓。我们将镜头切换到明永乐皇帝敕封西藏地方统治者的玉玺——布达拉宫展出的"大乘法王"玉玺(图12-4)。

　　虽然这些被赐予的玉玺不象征中央权力,但它说明了西藏为什么一直以来属于中国,而不是仅仅现在属于中国。所以,当我们说到中华民族是多元一体的,我们就不得不从传国玉玺的来源说起。

图 12-4　拉萨布达拉宫展出的珍宝:明永乐皇帝敕封的"大乘法王"玉玺。

　　传国玉玺是秦始皇在公元前 221 年统一天下以后制定的象征物,这个象征一直延续到 1911 年,是全世界绝无仅有的文化现象。不论哪一个民族入主中原,建立统治,都没有换过象征物。玉也就渐渐成为中国人最神圣的东西，写在我们"中国"的"国"字里面，一个"玉"字代表这个文明的核心价值。

从紫禁城到布达拉宫，我们讲清楚了玉玺见证的是天人之间的合约。西方的基督教《圣经》，叫"旧约""新约"，意思就是人跟天神、跟上帝之间达成的约定。上帝不让人类吃伊甸园智慧树的果子，不让人类碰生命树，如果违反了就要受到惩罚，这就是"约"。中国人与天地、天神的约定很简单，以"玉"作为中介。所以，玉上面刻上的字不是人说的话，而是天神恩准、恩赐的意思。从布达拉宫里永乐皇帝亲赐的"大乘法王"玉玺，我们就可看出，两千年没变的玉玺制度体现的就是"神话中国"的核心要义。

若要问这样一种象征物为什么两千年没有变，就要追溯它深刻的历史渊源，这时，光靠文字记载就不够了。下一个镜头，将从1644年跳到公元前1046年。这一年，发生了中国第二王朝灭亡事件——"周武王伐纣"。如果大家读过《封神演义》这一类历史小说，就会发现中国文学围绕着这个题材，早就创作出了许多作品。

常言道"败军之将，不可以言勇"，仗都打败了，变成他人的囚徒，英勇作战便无从谈起。所以但凡是亡国之君，大都背负着千古骂名。周人灭亡殷商时，当政的是商纣王，文艺作品则常常表现名叫妲己的狐狸精造成殷商灭亡。这是中国历史的真实写法吗？这到底是历史还是文学对历史的虚构？再看夏朝是怎么灭亡的，一位叫妹喜的女人导致夏桀丢掉夏王朝的江山。再看看周朝是怎么灭亡的，让周朝丢掉江山的女人名叫褒姒……怎么全是一个红颜祸水狐狸精出来亡国的叙事模式？所以，人们熟知的叙事，往往不是客观意义上的历史，而多为神话历史。它是按照父权制社会的神话叙事模式建构起来的。

我们再将镜头转向河南安阳旁边的城市——鹤壁。鹤壁市在

2016 年重新建起了一个标志性建筑——鹿台阁（图 12-5）。

鹿台阁是在地上封土堆筑的一个高台，同景山的修筑原理是一样的，其寓意为高台通天，本用于祭天神。而这个地方之所以叫鹿台阁，就是因为公元前 1046 年商纣王兵败朝歌，国家灭亡，商纣王在鹿台以自尽的方式结束自己的一生。

司马迁详细记载了商纣王自尽的细节：商纣王把宫中所有的宝玉取出来缠在自己身上，在鹿台下点火焚烧，十分悲壮。此前已谈及玉代表天，具有神性，它在这里的作用也是辅助统治者死后升天。统治者的升天之路唯恐没有动力，火焰熊熊燃烧，伴着滚滚青烟炎炎向上，统治者就此升天。在这里可以看出，从公元前 1046 年到公元 1644 年这将近 3000 年的时间里，不论是商纣王鹿台自焚还是明思宗景山自缢，都体现了最高统治者面对死亡时相似的行为方式，这是体会"神话中国"最好的案例。

据司马迁的记载，商纣王离开人世的时候带走了宫中所有的宝

图 12-5　鹤壁市新修筑的纪念性建筑——鹿台阁，鹿台是商代最后一位帝王商纣王点火自焚升天处。

玉，有一部分玉烧毁了，还有一部分玉叫天智玉，火烧之后没有丝毫损伤。这一记载堪称传奇，当然，在这里我们只能当作文学叙事来理解。历史上是否发生过天智玉火烧不毁的事件，目前无法考证；但是，既然距今 2000 多年的史学家司马迁能够写出在他之前近1000 年的商朝末代帝王升天的细节，还描述了宝玉损毁和保存的细节，就可以将此作为合理的依据进行参考。

这样，我们便了解到"中国"为什么叫"中"，又为什么叫"国"。"国"字和繁体的"國"字，以前是并用的。笔画少的古代俗字"国"字沿用至今，并作为"國"的简体字，四四方方就代表着城墙，城墙里守着的只有一种"宝贝"。

如果你觉得还有点不服气，就到紫禁城参观去吧，紫禁城的珍宝馆中收藏的是历代珍藏的帝王级"宝贝"。珍宝馆中收藏了很多玉器，历代帝王最奢华的奢侈品就收藏在这里，包括权力象征物玉玺。

如果说"四方的城墙守着一种国宝"的解释还欠缺说服力，那就走出紫禁城，穿过天安门广场，走到东侧的国家博物馆参观。青铜、石碑等物件其他国家也有收藏，而国家博物馆二楼专门设置的玉器专馆，则是全世界独一无二的。参观后你就会明白，之所以国家博物馆专设玉器展，是因为中国人认为玉是天下至高无上的物质，玉被神话化、神圣化了。玉礼器的功能相当于教堂，又相当于《圣经》。中国古人不用建教堂，不用念《圣经》，只要有玉礼器就足以完成天人沟通、神人沟通。

在一开始，本书就强调，我们在理论引领、方法论引领上，不拘泥于文献"小传统"的风格，而更侧重对"大传统"的深度认知。公元前 1046 年距今已有 3000 多年，商纣王宝玉缠身、点火升天是他首创的行为吗？我们认为这不是他首创的"升天"方式。

镜头再稍微一转，转到河南灵宝。21 世纪初，在一个名叫铸鼎原的地方发现了仰韶文化大墓。相传黄帝铸鼎以后，龙下凡接应，"黄帝骑龙升天"。所以铸鼎原这个地名，来源于当地百姓对黄帝升仙传说的纪念。地名见证着"神话中国"的原理。

灵宝是纪念黄帝铸鼎升天传说的极佳纪念地，从地图上便可窥见一斑：它位于河南最西端，再向西就是陕西的潼关，黄河九曲八十一弯最大的一个弯就在这里。

黄河从内蒙古高原流淌而来，因为阴山山脉的阻隔，不能再往北流淌，于是改道从北向南，形成晋陕大峡谷。中国人常说的"三十年河东，三十年河西"，指的就是黄河切割的地形分野，河东边的就是"山西"，河西边的就是"陕西"。"山""陕"两个字发音差不多，二省中间的天然分界就是黄河。黄河从北向南流到了秦岭的华山脚下，受到中原最高的山 —— 华山的阻挡，又拐了一个将近90 度的弯，从此"一江春水向东流"，流入山东入海口。就在黄河拐 90 度弯的河南灵宝，黄河最大的支流汇入，它的名字叫渭河。故灵宝这个地方是中原中的"中原"，是母亲河黄河的干流和最大支流相汇之地。灵宝发掘出了仰韶文化遗址，这是距今 7000—5000 年的中原史前文化。

21 世纪，当地为发展旅游产业，在铸鼎原周边寻找了一些文化遗迹，作了一些考古钻探。这一钻探不要紧，发现了一个 200 多平方米的史前建筑遗址。五六千年前的古人日常居住的地方就是不到10 平方米的一个窝棚，或是半圆形或是圆形，而这 200 多平方米的建筑遗址在当时是干什么的呢？

这个发现震惊了考古界。学界认为此处一定是一个社会统治的中心建筑，类似故宫太和殿，由此推测建筑的周边可能会有更高等级的墓葬和文物。于是考古工作者顺藤摸瓜，开挖出土了中原地区最高等级的墓葬，即包括西坡墓地在内的十几座属于当时社会统治者的墓。墓葬的结构比较特殊，墓主人被放在一个狭长的通道口，通道口的上方摆放着一件墨绿色的玉钺（图12-6），指引着墓主人升天的方向。

此前讲到埃及金字塔的建立时曾说，金字塔东、南、西、北四个棱线严格对应着宇宙四方。而仰韶文化遗址墓葬的90%以上都是一个朝向：太阳落山的西方。就是在这个方向，墓主人的头顶上方

图12-6　河南灵宝西坡仰韶文化大墓M22出土玄玉玉钺，距今5300年。[1]

---

[1] 中国社会科学院考古研究所、河南省文物考古研究所编著：《灵宝西坡墓地》，文物出版社，2010，图版五七。

放着一个墨绿色的玄玉制成的玉钺。

在狭长的墓道的底端，也就是墓主人脚的朝向下方，修了一个稍微宽一点的脚坑，里边放着以陶器为主的礼器。它们是陶土烧制的，其中心是一件陶灶。

灶，是厨房煮饭的设备。在传统文化中，国人在灶房里还要祭拜灶神，因为灶中点燃的火和烟，都会引发上天的联想，即和玉皇大帝相通。5300 年前的墓中，陶灶作为礼器，提供着为墓主人点火升天的动力。当我们用"二元结构"来解读 21 世纪新发掘出来的灵宝西坡大墓，就会发现它的颜色对比十分鲜明。玄玉玉钺是墨绿色的，玄玉，俗称墨玉。这个颜色恰恰是华夏人所认定的天的颜色，如《易经》说"天玄而地黄"，《千字文》说"天地玄黄"。而陶灶色黄，对应黄土地。

再看一下墓葬结构的线描图（图 12-7），画面整体就像一个发射架，死者尸骨只有上半身（不知是出于什么原因），但是头顶上是一剑悬天、指引升天的玉钺，脚底下是以陶灶为中心、象征点火动力的陶礼器。

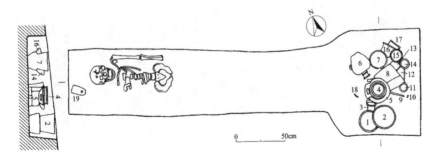

图 12-7　灵宝西坡墓葬 M31 结构图[①]

---

① 中国社会科学院考古研究所、河南省文物考古研究所编著：《灵宝西坡墓地》，文物出版社，2010，第 103 页。

该墓葬整体结构的设计在当时是为了让死者灵魂能够顺利升天。在灵宝大墓中，一共出土了 13 件近似墨绿色玉钺的文物，平均一座墓一件。中原地区鲜见玉石资源，5000 年前，也没有发现和田玉，浅颜色的玉也没有登场，只有这一种墨色的玉。

借助对死者陵墓、墓葬仪式、墓葬结构的解读，再回应第四讲中提及的古埃及文化专家们对墓主人魂灵升天的评判。墓主人或墓葬建造者对死后永生十分关注，所以当时社会上的绝大部分人力、物力、财力都用在建造死后的金字塔、木乃伊。

5300 年前的中原人遗址比古埃及文明遗址还要早几百年。它的建造非常简朴，没有用更多的建材来建造，只用象征玄天的玉钺、象征黄土地的陶灶把天地和阴阳编码进去。"引力"加"动力"，我们认为是墓葬行为背后具有支配性的思想。

图 12-8 呈现了灵宝西坡墓葬 M9 的发掘实景。"M"是汉语拼音"Muzang"的第一个字母，"9"是这一年打开的第九座墓葬的意

图 12-8 灵宝西坡墓葬 M9 发掘实景①

———————

① 中国社会科学院考古研究所、河南省文物考古研究所编著：《灵宝西坡墓地》，文物出版社，2010，图版二一。

思，这个墓跟 M31 的墓稍微有区别，墓主人公的遗体是全的，有上身和下身。而墓道相对窄一点，没有其他的礼器陶器，只有一件随葬品：墨绿色的玉钺。玉钺的摆放位置就像枕头一样，枕在墓主人的头边。这体现了考古学家所说的"唯玉为葬"，即在下葬死者的时候只随葬一种东西：玉礼器。这离不开玉具有的代表天神、永生的神话意义，是中原统治者"凭玉升天"的梦想的体现。

5000 多年前的这些用玉随葬的社会统治者离开人世的时候，对死亡有恐惧吗？也许大金字塔下面那些安睡的埃及法老们，用简单的金字塔铭文就能回答这个问题："人生只是一个短暂的停留，死后才是永久的享受。"

这句话表明支配古人行为和统治者行为的都是对死后永生的信念。仰韶文化墓葬中简单的礼器、玉器表明了这种神话观念，古埃及文明时期动用成千上万劳动力修建的巨大的金字塔也表达着统治者对死后永生的向往。

解释过古老文明发生的思想观念背景，我们的镜头再转向北方的红山文化，并聚焦在距今 5000 年以上的"唯玉为葬"的经典案例——20 世纪 80 年代发掘出土的辽宁建平牛河梁 21 墓的实景（图12-9）。

墓主人从头到脚尸骨保存完整，为男性，墓葬中没有任何其他东西，只有用玉制成的随葬礼器，有一些圆环形的玉环、玉镯，还有一些今天已经叫不上来名字的玉器。其中有一件放置于墓主人头部、比茶壶还要大一些的中空玉筒子，无底，功能不详，但一定有5000 年前红山文化先民的升天梦想寄托在其中吧。

对中医、气功、瑜伽有了解的人都知道，修炼者认为人身体最重要的部位是丹田。再看 5000 年前的这位统治者，唯一的一件玉雕兽面形（饕餮纹之前身）礼器就安放在其丹田部位，所以这就是墓

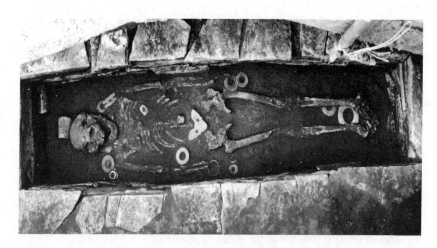

图 12-9　红山文化墓葬：辽宁建平牛河梁第二地点一号冢 21 墓。[①]

葬告诉我们的文化文本。

墓主人不需要写字记述，不需要语言描绘。了解过中医、观察过华夏神话宇宙观、懂得玉所代表的神话象征意义的人，就能看懂这些墓葬的陈设，那绝不是没有意义的行为，而是经过精心设计的。

看完北方红山文化的"唯玉为葬"，下一个镜头又从辽河流域跨越黄河、淮河来到了长江流域，在长江以北 20 公里的地方，聚焦一座 21 世纪最惊人的中国史前墓葬，它的地点在安徽含山凌家滩。编号为 M23 的墓葬（图 12-10）是 2007 年才被发掘出的，这座墓葬的揭开震惊了所有专业考古人员。包括今天从事文化创意写作的人在内，可能都会震惊于这座墓的建造年代：距今 5300 年。墓葬中一共有 300 多件玉礼器，作为墓主人升上西天的辅助法器。这座墓的年代之久、礼器数量之多，均创纪录。司马迁记述的商纣王宝玉缠身、点火升天行为模式的深刻历史渊源也与此密不可分。凌家滩

---

① 辽宁省文物考古研究所编：《牛河梁红山文化遗址与玉器精粹》，文物出版社，1997。

M23 墓距今 5300 年，比商纣王自焚的公元前 1046 年又早了 2000 多年。墓葬中别无他物，唯有玉礼器，而靠近墓主人头部的都是圆形的玉环一类。凡是在身体下面的都是长方形的玉钺，从摆放方式都可以窥见神话宇宙观的文化编码意义，正所谓"不着一字，尽得风流"。南方水土的化学成分有较强腐蚀性，墓主人的尸骨荡然无存了，所有为他随葬的玉器却全部保留，这也充分说明了古人选这种材质的石头来象征永生的原因。经历了 5300 年的时光，剩下来的全部是玉，墓主人左手的位置有 10 个玉镯子，右手的位置也有 10 个玉镯子，总共戴了 20 只玉镯子。如果我说 5000 多年前有人戴几十个玉镯子，恐怕没有任何一位文化创意写作者会相信；但是这确实就是凌家滩 M23 墓的发掘实景。

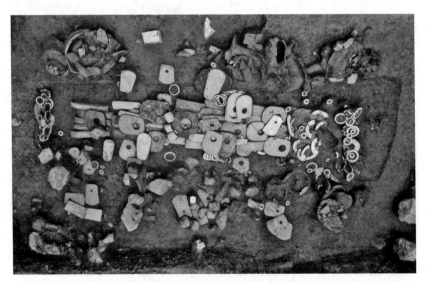

图 12-10　安徽含山 07M23 墓实景：5300 年前凌家滩文化的顶级墓葬。（安徽省文物考古研究所张敬国研究员供图）

　　到底是什么观念支配着 5000 多年前的地方社会统治者作出这样的价值选择？中国的古墓素有"十墓九空"之说。从先秦时代就有盗墓活动，完整保留、没有被盗的大墓很少见。墓葬里有高等级文物的更是少之又少。一个最简单的判断墓葬等级的方法叫"一票否决制"，也就是说，一座墓葬打开后如果有玉礼器，那墓主人一般都不是等闲之辈，有数百件玉礼器的墓，就是统治者的墓；如果墓葬打开后看到随葬品以陶器为主，那就是中等或者是偏下的墓葬；如果什么都没有，那多为平民的墓葬。为统治者服务、加工生产这些玉礼器就需要动用无数劳力。那个时候也没有机床，没有金属工具，玉器都是手工雕琢打磨的。所以，这样一个墓的出现确实带给我们很多的思考。

通过以上几个镜头，我们介绍了"神话中国"的命题，也就是将中国的"国"字聚焦到一种神圣物质 —— 玉。最后几个镜头来到了长三角地区，即在今天的杭州郊区发现的古老文化 —— 良渚文化的遗址，在时间上比刚才介绍的安徽凌家滩墓葬建造年代稍晚几百年。

2019 年 7 月，良渚古城遗址入选了世界文化遗产名录，这个景区车水马龙。同凌家滩墓一样，良渚墓最大的特征也体现在玉礼器上，出土玉器数量多者有 100 件左右。

良渚文化的余杭反山 14 号墓，也是王者之墓。墓主人的随葬品以大件玉璧、玉琮为主，与凌家滩文化葬俗一脉相承。通过观察可以发现，5000 年前的统治者死后升天离不开玉器，而帝王"生则守玉玺，死则归玉山"的行为模式也不是任何后代文明的统治者设计出来的，都是万年的玉文化传统在 5000 年前已经达到高峰的体现。所以，如果把一个世纪以来发掘出的、生产和使用玉礼器的史前文化作个排列，基本上可以从黑龙江排到广东。表 12-1 列了距今4000 年以上崇拜玉的考古学文化。早在秦始皇统一中国之前 2000年，我国大地已经被这些神圣的玉礼器率先"统一"了。

表 12-1　距今 4000 年以上的考古学文化（崇拜玉的）

序号	考古学文化	时期
1	辽河流域兴隆洼文化	距今 8000 年
2	辽河流域红山文化	距今 6000—5000 年
3	辽河流域夏家店下层文化	距今 4000—3500 年
4	长江下游凌家滩文化	距今 5800—5300 年
5	长江下游良渚文化	距今 5300—4300 年
6	长江中游石家河文化	距今 4600—4000 年
7	黄河下游大汶口文化	距今 6100—4600 年
8	黄河上游齐家文化	距今 4100—3600 年

在夏、商、周王朝到来之前，这些史前文化大部分就终结了，但其所坚持信奉的玉为至高无上的神圣理念被传承下来。到了商周时期变成"金玉共振"，也就是青铜器和玉器的共振。到了秦始皇时期，最高统治者放弃了所有的金属，选择单独用玉来象征帝国最高权力——传国玉玺。这也是"大传统"的选择。没有一个统治者的行为是他自己决定的，都受到文化潜规则的制约。

这种大传统的认知在当今学者做研究以前并不存在，是通过他们逐渐的摸索才终于达到这个新知识境界的。所以"文化自觉"不是一个口号，它需要一个深度的、整体的认知，用整体的眼光把中国的山河大地，特别是整个黄河流域的古文化脉络看作一个共同体。

唐诗中"隐逸终南"是指，一个人在朝廷里为官，如果得志就加官晋爵，如果不得志就到终南山隐居起来。但是很少有人问秦岭的这座主峰为什么叫"终南山"。"终"是"终结""终点"的意思，有"终"，就有"始"。如果说风水师把昆仑看成是华夏"万山之祖"的龙头，那么终南山的"龙头"当然也在昆仑。所以只有把整个西部的山河连成一个整体，中国的大地才向人们呈现出 960 万平方千米的规模。中国的地势西高东低，绿色的平原地区很少，仅仅集中在黄河下游、长江、淮河下游等地，剩下的都是山地和高原。还有相当大的地方是不适合大多数生物和人生存的戈壁沙漠，"千山鸟飞绝"就是形象的描写。如果开着越野车进入塔克拉玛干沙漠或巴丹吉林沙漠，开一两天可能连一只飞鸟、一只蚂蚱都见不到，如"死亡之海"一般。这样的地方占的面积很大。讲中国时经常会用"博大精深"来形容。关于它的"精深"我们已经讲了，玉文化给我们的线索是传承1万年以上；关于它"博大"的原因，则可以用一个词来回答：资源依赖。

新疆的南疆从且末、若羌开始，一直连通到东边青海的格尔木，向西是喀喇昆仑山，喀什、塔什库尔干，这些地方都出产宝玉。古代统治者发现了新疆的玉石之后，便源源不断地从新疆向中原运输玉石，交通运输线的畅通就很重要。中国之大有一个主要原因：历代统治者要取新疆南疆的宝玉。打开中国地图，观察河西走廊上的地名，最远的海关叫"玉门关"；再如"玉门镇""玉门市""玉门军"之类的命名，重要的地名都跟玉有关。这些本土地名的存在印证着运输玉石的必要通道的存在。自古以来，还有兵家把守，及修建长城，以保护这一特殊贸易路线的畅通。所以"资源依赖"解释了统治者对天下最好的和田玉资源的需求，解释了玉象征统治王权的历史。这样一来，"中国为什么博大"的问题，在这里用"资源依赖"的理论作出了深度的解答；"中国何以成为中国"的问题，也在神话追溯的过程中前所未有地得到了诠释。

玉文化在上至万年的历史大视野中传承不息，而在距今4000年前后，人们就发现了新疆和田玉品质独超众类。从此以后，为什么中原的统治者的眼光都盯住了河西走廊，河西走廊以西的昆仑山为何崇高，这类问题就可以迎刃而解了。中原王朝建立初期的夏、商、周三代，建都的所在地全集中于河渭一带，即我国的黄土高原和华北平原接壤的地方，陕西华山和河南嵩山之间的中原核心区。为什么最古老的统治王朝都建立在这一带？因为这里一能够接近通往西部的道路，二能够得到"天下之中"的便利，所谓"得中原者得天下"。周代之后，新疆、青海本地人是不会用本地的玉资源制作玉礼器的，只有中原的统治阶层坚持要使用和田玉。这些玉石原料要经历4000千米左右的长途运输。古代历史上的少数民族、游牧民族充当着玉石运输的"二传手"。"化干戈为玉帛"，就是从这条玉路上总结出来的民族团结的华夏原理。这也是学界最近才总结提炼出来的，适用于当下所说的文化核心价值观，是重新看待"多元一体"的中华文明的一个窍门。

在古代，从新疆到中原之间还有哪些玉矿山？《山海经》这部书里一共写了140处出玉的山，但是今天普通人的知识所涉及的就只有岫岩玉、蓝田玉、青海玉和新疆和田玉几种而已。中国比较文学学会文学人类学研究会从2014年到2018年组织了十四次玉石之路考察，这些科考覆盖了西部七个省区的250个县市，其中前十次集中在2014—2016年（表12-2）。通过科学考察，我们终于明白：除新疆以外，甘肃、青海等其他西部地区也有大量的宝玉资源存在。古代输送到中原的玉石，不光有新疆和田玉，还有一些过去我们不知道的玉的种类。玉石之路，为兼顾众所周知的丝路，又称"玉帛之路"。

表 12-2　中国玉帛之路考察（2014—2016 年）

时间	考察项目	路线	成果发表
2014 年 6 月	玉石之路山西道	雁门关道与黄河道北京－大同－代县－忻州－太原－兴县、保德－神木石峁	《民族艺术》2014 年第 5 期；《百色学院学报》2014 年第 4 期

（续表）

时间	考察项目	路线	成果发表
2014 年 7 月	玉帛之路河西走廊道	齐家文化和四坝文化：民勤－武威－高台－张掖－瓜州－祁连山－西宁－永靖－定西	《丝绸之路》专号，2014 年第 19 期；甘肃新闻网；丛书；电视片
2015 年 2 月	玉帛之路环腾格里沙漠路网考察	环腾格里沙漠	《百色学院学报》2015 年第 2 期
2015 年 4 月	玉帛之路与齐家文化考察	齐家文化遗址与玉料探源：兰州－广河－临夏－积石山县－临洮马衔山－定西	《丝绸之路》专号，2015 年第 12 期
2015 年 6 月	玉帛之路草原道	贺兰山－腾格里－巴丹吉林－额济纳－马鬃山	《民族艺术》2015 年第 5 期；《内蒙古社会科学》2015 年第 5 期
2015 年 7 月	玉帛之路河套道	包头－固阳－准格尔－鄂尔多斯－兴县－神木	《百色学院学报》2015 年第 4 期
2015 年 8 月	玉帛之路新疆北道	乌鲁木齐－木垒－清河－阿勒泰－克拉玛依	《百色学院学报》2015 年第 5 期
2015 年 9 月	玉帛之路新疆南道	湟源－都兰格尔木－若羌－且末－和田	《百色学院学报》2015 年第 5 期
2016 年 1 月	玉帛之路关陇道	庄浪－华亭－崇信－平凉－镇原－泾川－灵台－千阳－陇县－张家川－清水－天水	《丝绸之路》专号，2016 年第 13 期
2016 年 7 月	玉帛之路渭河道	渭源－陇西－武山－天水－关山－秦安	《丝绸之路》专号，2016 年第 21 期；中国甘肃网

我们在 2016 年 7 月进行的第十次考察中，找到了灵宝西坡墓地中玄玉玉钺的材料所在的矿山，它位于渭河上游的甘肃武山县。渭河边的鸳鸯山蕴含着丰富的蛇纹石玉矿。今天人们还用这座山的玉原料开发旅游产品——夜光杯。夜光杯造价低廉归功于原料价格低廉。5000 年前的中原并没有当今认为的和田美玉，这座山出产的深色蛇纹石玉顺着渭河运送过来后就被打造成了中原统治者的早期象征物。

上述就是通过实地科考的新资料，对古老的神话，特别是《山海经》讲的产玉之地所做的整体性再呈现。我们已经大概描绘出了从新疆喀什到甘肃武山县这长达数千千米、总面积将近 200 万平方千米的"中国西部玉矿资源区"的图景。此前所说的"资源依赖"，一大原因就是中国古代的统治者走过河西走廊的很少。实际上，只要走出了河西走廊，走出了新疆，又活着回来的，基本上都是"伟人"。例如，五帝时期神话里的后羿到昆仑山西王母处取不死药，再如周穆王西征昆仑，张骞出使西域，唐僧西天取经。河西走廊沿途大部分是沙漠、戈壁，没有水；还有当时在那里生活的游牧民族，张骞一次被匈奴俘虏，即被扣留十九年。能活着回来者凤毛麟角。

《山海经》的讲述在过去都被当作是文人的虚构，现在看来并不全是。通过调研，我们已经找出了一二十处产玉的地方，《山海经》叙事的真相将在未来的研究中逐渐被揭开。

借此总结之际，需要提及我于 2019 年出版的《玉石神话信仰与华夏精神》一书，这也是本讲的核心内容。换言之，通过对"神话中国"的认识，可以找到文明发生前深刻的、有万年传承历史的信仰脉络：玉石信仰和玉石神话。这里我们也尝试解答了中国广大地理空间和悠久历史的起因问题，说明玉石神话是怎样塑造统治者的核心价值的。

当人们写文章用到"宁为玉碎，不为瓦全"等语词的时候，当人们看到历代统治者给自己生活的描述是"琼楼玉宇"或"锦衣玉食"的时候，玉所代表的正价值、正能量，一切美好的东西，就都得到了印证；而那些差的、不好的寓意都跟玉不沾边。这样一来，我们终于可以看清楚华夏文明传统信仰之根，进而追溯到核心价值之源。我们对中国文化的理解也就能够达到深度认知的程度。

本讲的总结词是一句话："神话中国"理论引领"文化自觉"。

我们需要做到整体地、深度地认知中国文化，而不是就事论事。这里再额外介绍一下与文学人类学派相近的、国际上人文社会科学的学派——"大历史学派"。他们的代表作《人类简史》已经译成了几十种文字在全球风行。此外，该学派也试图超越文献记录的历史，利用考古发现和人类学科考、调研的数据、资料，来重新讲述数以万年计的人类大历史。

参考书目

1. 顾锋、杨庆存主编：《深度认识中国文化：理论与方法讨论集》，复旦大学出版社，2021。

2. 黄玲主编：《文学人类学研究的理论与实践》，光明日报出版社，2019。

3. 李继凯、叶舒宪主编：《文化文本（第一辑）》，商务印书馆，2021。

4. 谭佳主编：《神话中国：中国神话学的反思与开拓》，生活·读书·新知三联书店，2019。

5. 杨骊、叶舒宪编著：《四重证据法研究》，复旦大学出版社，2019。

6. 叶舒宪主编：《重述神话中国：文学人类学的文化文本论与证据间性视角》，上海交通大学出版社，2018。

7. 叶舒宪：《玉石神话信仰与华夏精神》，复旦大学出版社，2019。

8. 叶舒宪：《玉石之路踏查三续记》，陕西师范大学出版总社有限公司，2020。

9. ［美］张光直：《商代文明》，毛小雨译，北京工艺美术出版社，1999。

10. ［日］白川静：《中国神话》，王孝廉译，长安出版社，1983。

11. ［日］林巳奈夫：《神与兽的纹样学：中国古代诸神》，常耀华等译，生活·读书·新知三联书店，2009。

12. ［日］松浦史子：《〈山海经〉在汉魏六朝的接受和传播——神话

的时空与文学·图像》，东京汲古书院，2012。

13.　［英］艾兰：《龟之谜：商代神话、祭祀、艺术和宇宙观研究》，汪涛译，四川人民出版社，1992。

14.　［英］彼得·伯克：《图像证史》，杨豫译，北京大学出版社，2008。

15.　Loewe, Michael & Shaughnessy, Ediward L., ed. *The Cambridge History of Ancient China, From the Origin of Civilization to 221 B.C.*. Cambridge University Press, 1999.

鸿蒙、盘古：华夏创世神话的原型

在所有的神话类型中，有一类神话被认为是最重要的，对后世的思想或宗教产生决定性影响，这类神话叫创世神话（creation myth）。创世神话专门讲述开天辟地、万物和人类的诞生。

过去，人们对华夏的创世神话的研究集中在先秦若干典籍中的人物和形象，特别是《庄子》《山海经》两部书。今天要介绍的鸿蒙、盘古，是古代最常被提起的两位创世主。"自从盘古开天地，三皇五帝到如今"，明清两代历史小说开篇的套语说的就是这一点。口耳相传的故事成了约定俗成的道理，只要一说"盘古老祖"，都知道他是中国人的开辟始祖，相当于希伯来《圣经·创世记》神话中的上帝耶和华。

本讲的重点放在鸿蒙这个人物上，盘古作为他的参照，供我们探讨中国神话和印度神话的交流影响关系。这一参照基于盘古这个神话人物见诸中国古书的记载年代偏晚，上古时期的夏、商、周、秦、汉，全都没有关于盘古的说法，三国以后才出现盘古神话叙事。在汉朝，特别是东汉时期，已有大量的印度文献，即佛经翻译成汉语，而盘古神话出现的年代和讲述他创世活动的文本类型，和印度与欧洲的创世神话相仿。所以，我们认为它是比较后起的华夏创世神话。虽然在明清小说和今人的观念中，盘古被奉为"第一"，但由于有关盘古的记录年代相对较晚，先秦诸子没有一个人提到他，后来的历史学家司马迁等也不知道他，所以他可能不是华夏本土文化创作出来的，而是接受印度文化影响以后才转化而成的。

鸿蒙则不同，鸿蒙既作为一个寓言式的人物出现在《庄子》一书中，又作为《山海经》这部神话典籍中的创世（者）母题出现。所以，我要专门讲述的就是：鸿蒙是如何在《山海经》中作为创世的前提出现的？他的形象究竟代表什么？要解答这两个问题，最重要的就是解释鸿蒙神话的史前渊源真相。

1997 年时，我出版了《庄子的文化解析》一书①。这本书的第三章是关于"创世之前的浑沌"，该章的第三节叫"千面浑沌"，这一节用了大约 5000 字的篇幅来讨论文献记载中的、庄子所说的寓言人物"鸿蒙"形象。但是今天要讲的内容不是 20 多年前对鸿蒙的认知，而是自 2018 年以来我对鸿蒙形象进行的"大传统"原型的"再探索"。

2019 年，我在《民族艺术》期刊发表文章《创世鸟神话"激活"良渚神徽与帝鸿 —— 兼论萨满幻象对四重证据法的作用》。②所谓帝鸿，是《山海经》中关于鸿蒙的记载的别名。"帝"就是天帝，"鸿"就是"鸿蒙"的"鸿"。有的版本写作"帝江"，就是省略"鸿"字的右半边之"鸟"。"鸿"字右边是鸟，左边为江水，意思是大鸟落在水边。《周易》里有一个卦辞叫"鸿渐于陆"。我们知道，大雁南北飞的时候，中途会落在有水的地方栖息，所以"鸿渐于陆"讲的就是鸿雁从水中走上陆地。钱锺书先生的小说《围城》主人公名叫"方鸿渐"，典故就来自《周易》。大作家在动笔写作小说时，其主

---

① 笔者发表鸿蒙研究成果历时 22 年（1997—2019 年）。《庄子的文化解析》第三章"鲲鹏与浑沌"第三节"千面浑沌"（湖北人民出版社，1997，第 153–160 页），主要解析古文献叙事的寓言人物鸿蒙。

② 叶舒宪：《创世鸟神话"激活"良渚神徽与帝鸿 —— 兼论萨满幻象对四重证据法的作用》，《民族艺术》2019 年第 2 期。该文追溯鸿蒙形象的大传统原型至距今约 7000—5000 年的河姆渡文化，以及良渚文化神徽。

人公名字不是随便取的，背后有着深刻的历史文化意蕴。

这里只列举中国最著名的两部小说是如何表现鸿蒙的。《红楼梦》第五回有这样的说法："开辟鸿蒙，谁为情种？"这一听就是要讲贾宝玉是个情种的故事，贾宝玉在人间（红尘）历劫19年后出家，这19年的故事从"开辟鸿蒙"开始讲，相当于从西方人说的上帝创造天地宇宙万物这一刻开始讲，把一个人物放在整个宇宙产生的大背景中。

古代还有一种说法叫"凿破鸿蒙"，这就要追溯到《庄子》中关于"浑沌"的典故。"浑沌"就是创造世界之前万物浑然一体、没有分化的状态的人格化。"浑沌"起初既不可以被看见，也不可以被摸到，是黑暗的、液态的。《庄子》中说："南海之帝为倏，北海之帝为忽，中央之帝为浑沌。""倏"和"忽"合起来是代表时间流逝的"一瞬间"，"南"和"北"代表的是空间。这两位人格化的时间和空间神，为报答中央之帝"浑沌"，为他开凿人面所拥有的七窍，但"日凿一窍，七日而浑沌死"。一共凿了七天，结果导致"浑沌"之死。这就是《庄子》笔下的"反其道而用之"的开天辟地寓言故事。一般人们都讲开辟的伟大之处，但道家却认为开辟不好，因为"浑沌"本来就不需要耳目视听和外界的干扰。道家的修炼方式叫"闭目塞听"，这意味着修道者在精神上回归创世之前的混沌状态。

回头再看"凿破鸿蒙"说，其意指就更为明晰了。凿破鸿蒙指的就是用"开窍"的方式把完整的原始的整体给弄"漏"了，生命就因此而终结。在《西游记》里还有"浑沌初分，鸿蒙始判"之说，其中的"判"字很有讲究。"形而下者谓之器"，中国人讲的创世不像西方哲学那样形而上，而常以实际器物作为原型。"剖判"就是指从一个完整的事物中央切割开来，这是创世叙事经常用的隐喻表达。中国不少少数民族神话中都有"葫芦剖判"的母题。

完整的东西为什么要"判"？葫芦从中间一分为二，才会有舀水用的瓢。这样一来，一个完整的整体变成了两个独立的物体。如果葫芦里边还有葫芦籽，从中走出了最早的神人伏羲、女娲，这便是天、地、人的诞生。用道家的"数码逻辑"来说，就是老子《道德经》所云"道生一，一生二，二生三，三生万物"。所以这便是创世神话人格化的、故事化的表达。哲理的、数码的、抽象的表达，都来自我们所说的华夏创世神话的原型。不论是"开辟鸿蒙"还是"鸿蒙始判"，都说明"鸿蒙"被当作国人心目中开天辟地的大神，引领着宇宙的开端，从无到有。

下面我们将讲述根据 2018 年的研究所得出的新认识，即探寻《山海经》中的"帝鸿"（鸿蒙、帝江）之原型，解说这则神话文本的多重含义，阐释为什么说《山海经·西山经》中记载的这个"帝鸿（帝江）"就是鸿蒙开辟之大神。

原文说：

> 又西三百五十里，曰天山，多金玉，有青、雄黄。英水出焉，而西南流注于汤谷。有神焉，其状如黄囊，赤如丹火，六足四翼，浑沌无面目，是识歌舞，实惟帝江也。

有的版本"实惟帝江也"写作"实惟帝鸿"。也即我们之前讲到，"帝江"和"帝鸿"是同一个人物。根据神话类型，我们认为，他在《山海经》的叙事中代表的是开天辟地的创世之神和原始生命之神。

首先，需要分析的一个要素是"英水"注于"汤谷"。"汤谷"指的是东边日出之处，相对应的西边地名叫"蒙谷"，其中的"蒙"就是"鸿蒙"的"蒙"，蒙谷代表的是日落的、黑暗不明的地方。

日出、日落刚好是太阳周期循环的界标。《山海经·大荒东经》中说，汤谷上有一棵树名叫"扶木"，俗称扶桑树，扶桑树上一共有十个太阳。这离不开华夏文明的宇宙观。商代历法是按照十进位计算日期的，因此认为天上共有十个太阳，轮流照耀这个世界。轮一圈是一个周期，叫"旬"。一旬就是十天。所以甲骨文中所列的天干——甲、乙、丙、丁等十个符号，就是十个太阳轮流交替的符号。汤谷既然是扶桑所在之地，是日出处，那么"一日方至一日方出，皆载于乌"，就是说古人认为太阳在天上运行，它不是自己飞行的，承载它的是一种大鸟。通常的说法是，这种大鸟是三足的乌鸦，故又称为"三足乌"。把太阳在天上的运行和能够飞翔的鸟类联想到一起，这就是《山海经·大荒东经》所讲的日出处"汤谷"的特殊之处。

鸿蒙所处的地方有水流注入汤谷，这就跟日出东方联系在一起。鸿蒙的颜色被描述为"如黄囊"。太阳刚刚升起来的时候，颜色不是火红而是黄色，一旦从海上喷薄而出，就变成了"赤如丹火"，所以将鸿蒙的颜色描写为从黄到火红，实则隐喻日出东方的景象。

"六足四翼"是说帝江既有脚又有翅膀，能行走又能飞升。所以它隐喻着与日出相关的太阳神鸟超越三界、升天入地的能力。

"浑沌无面目"描绘了帝江的特征。《庄子》所讲的人格化的"浑沌"，在开七窍以前也是没有面目的。所以帝江或者帝鸿就是创世之前的浑沌大神，他没有面目，形貌如一只大鸟。这就是对《山海经》文本中涉及的几方面的初步辨识。

《山海经》所讲的开天辟地、日出东方带来光明等，跟西方《创世记》讲述的上帝创造世界的方式，其实有异曲同工之妙。《旧约》在叙述上帝六天创造世界和人类的第一段，就描述了开辟之前的状态：什么也没有，只有一片混沌的海水，上帝的灵运行在水面上。在创造过程中，上帝没有用任何劳动方式，没有拿材料，只是凭借口说，说什么就有什么，一开始创造时只说了三个字"要有光"。这样看来，大家便可明白前面所讲的，创世的过程需要光的母题。

什么叫开天辟地？什么叫万物由来？什么叫宇宙的创生？这都是从人类最习以为常的东方日出的视觉经验中来的。从黑暗中先有光明，有了光，黑暗和光明就区分开了，白天和夜晚就区分开了，阴和阳就区分开了，时间和空间就区分开了。这一套二元思维既是哲学的、思想的规则，又是神话编码的原型。

大家由此可以明白鸿蒙为什么与日出联系在一起，并为象征东方日出的大鸟。这样一种鸟，在基于文献的小传统的考据中几乎是没有什么参照资料的。所以，需要做的是在依靠图像表达的史前文化的大传统考据中，找出类似大鸟的神圣形象，追寻其深层脉络。

这一神圣形象可以在良渚文化的特殊神徽造型中找到。在良渚社会统治者垄断的高等级玉礼器上，发现了精雕细琢的半人半鸟的形象，简称"鸟人"（图13-1）。他就是我们要找的鸿蒙在5000年前的图像叙事的原型。鸟人形状的神徽，怎样和开天辟地的神话观念联系在一起？我们先按下不表。

2019年在某种意义上可以命名为"鸿蒙年"。因为这一年发生了几件大事。第一件是2019年5月，中国的民营企业华为公司在国家知识产权局申请注册一个商标，其名称即是鸿蒙，这件事一石激起千层浪。

当时，美国制裁华为公司，不允许美国的高科技企业为华为供应核心部件。比如当时谷歌公司就被迫宣布：对不起，我的安卓系统以后不给你供应了。在这种情况下，华为说：我有一个"备胎"，

图 13-1　5000 年前良渚文化反山 14 号墓实景：玉琮、玉璧、玉钺礼器与羽冠鸟人神徽的复原形象。（摄于良渚博物院）

这"备胎"的名字就叫"鸿蒙"，这个名字就来自开天辟地的华夏神话原型。这一名称的意义在于：它既是中国神话中的开辟老祖，又代表着中国人自主知识产权的高科技产品。这就是传统文化资源和现代科技的结合。

第二件事是 6 月 14 号四川省社会科学院成立了神话研究院。我作为神话学会的会长，发表了一篇祝词演讲，题为"鸿蒙的'激活'"。在演讲中，我主要讲述了神话在中国文化传统中是怎么被认知的，今天人们是如何通过"大传统"新知识观、考古学新材料找到 5000 年前的鸿蒙原型的，以及他究竟是什么样子。

5000 年前长三角地区没有国家，没有汉字，但是这里的地方政权已经相当发达了。地方政权标志的塑造采用玉雕神幻形象。良渚文化时期已经有城市、玉礼器，那时是高等级、大规模的玉礼器生产的

图 13-2　良渚王者玉器上雕刻的鸟羽冠神徽形象，即创世大鸟鸿蒙之视觉原型。[1]

时代（当时还没有进入青铜时代，所以金属也是没有的）。图 13-2 是在玉礼器上精雕细刻的标准的神像，乍一看难以判断这是什么，上面尖尖的部位比头要大好几倍；仔细一看，是一个人头上戴了一个比人头大三倍的、羽毛做成的王冠（或者叫皇冠），这个王冠简称"羽冠"。

下边是蜷缩着的人的身体，两只手指着自己的两个乳房部位。仔细再看，你会发现这个人盘坐着的脚是两只鸟爪。因此，这个形象：头上是插着鸟羽毛的冠，中间是人形，下边是鸟爪，从上到下就是一个鸟人的标准像，他是人格的神，又是鸟人。考古工作者认为这是存在于距今 5300 年到距今 4300 年的良渚文化的一个重要代

---

[1] 浙江省文物考古研究所编著：《反山（下）》，文物出版社，2005，第 55 页。

表形象。

这个神秘的形象是怎样变成良渚人的神徽的？它究竟讲述了什么样的故事？

2019年7月6日，良渚古城遗址入选世界文化遗产名录。在专业人士看来，这个形象是当时人崇拜的主神或者一神教的标志性形象，刻有此形象的文物就是良渚文物中最高等级的文物。配合着良渚古城申遗成功，我们来进一步解读鸟人与鸿蒙的关系。

大家都知道鸿蒙是神，从字面看就能知道，"鸿"不是小鸟，不是麻雀，而是一只能够一飞几千里的鸿雁。《史记》中描述陈胜、吴广起义时有句名言："燕雀安知鸿鹄之志"。所以，这种能够展翅翱翔万里的大鸟在古人心目中是神圣的。

我们通过对良渚文化的重新"激活"和对戴着鸟羽冠、长着鸟爪子的神徽形象的再解读，逐渐认识到这就是鸿蒙的原型。这个解读方式在第一讲中已经提示过。我们有自己的一套方法论，即四重证据法。当文献中的记载时间太久远，后人难以摸清个中含义时，当一个考古出土的文物、一个形象由于年代久远而今人不知道该怎么辨识时，最好的方式是把器物的造型还原到今天还在使用的器物、造型和现存的社会文化之中去，比如去到原住民、少数民族聚居的族群中，"底牌"就又会呈现出来了。在文明社会早已经忘了头戴鸟羽毛做的巨型头冠是什么意思的时候，如果向太平洋对岸看去，从夏威夷到南、北美洲，全部是头戴鸟羽冠的原住民。从美洲印第安人到新几内亚等地，都有戴鸟羽冠的文化礼俗存在，这就和我国浙江杭州湾等地区、太平洋此岸的史前文化形成一种环形的文化圈。

图13-3是一个巨型的鸟羽冠，是本人十多年前在荷兰莱顿大学人类学博物馆拍摄到的，这是美洲印第安人的宗教领袖、巫师长或

萨满在仪式上必备的一套行头。它插满了鸟羽,从头顶到身后,直到腰部以下,像一个斗篷一样。它比我们看到的5000年前良渚文化的鸟羽冠的形象还要大很多倍,竖起来有一米多高。那么,印第安的社会领袖人物为什么要这样打扮?

神话就是人类社会对现实的再编码方式。人生活在现实中,头上只有头发,一不长角,二没

图13-3 美洲印第安萨满的巨型鸟羽冠(摄于荷兰莱顿大学人类学博物馆)

有冠。人们看到公鸡有鸡冠,禽鸟类大都有鸟冠,所以人戴着冠,就是模仿会飞的鸟类,因为鸟类长着羽毛、翅膀,能飞上蓝天,飞向天神和祖灵的世界。人类羡慕飞翔的鸟类,期待穿越现实的束缚,实现海、陆、空三界的"穿越"。所以,鸟羽冠自然而然地代表着通神者、通灵者、社会领袖或宗教领袖,这是他们的标记、logo,是他们的标配符号。

崇拜鸟的文化不仅仅出现在一时一地。古代东方的民族被称为东夷,东夷在古文献中又叫"鸟夷",把东方的"东"去掉,直接用"鸟"这种动物来命名,说明那个地方是崇拜鸟的。因为鸟代表的不是今天唯物论世界观中的一种飞禽,也不是桌上可以吃的鸡肉、鸭肉、鸽肉,而是5000年乃至1万年前先民眼中的能飞的神圣使者,是人与神之间的沟通媒介。所以再看甲骨文在造字时对东部的淮河之命名,就很明晰。"淮"字,三点水代表东边的一条大河,另一边就是"隹"字。"隹"字在古汉语中指代所有的短尾巴的鸟。"淮"就是指在东部鸟图腾流行的地区有一条大河。实际上这是中

原的造字者心目中的东方之河，其地理位置恰好是鸟图腾崇拜的天下，这就是"东夷""鸟夷"，或者"淮夷"。其实，从山东半岛、江苏淮河流域，跨越上海市再到浙江杭州湾的地域，都是鸟图腾崇拜的天下。这样，我们就能大致明白良渚文化神徽的信仰背景，就能明白半鸟半人形象的文化底蕴究竟何在。

图 13-4 是该神徽的线描图。图中像头发丝一样细的阴刻线体现出来的玉器雕刻之功，让今天的大国工匠们感到无比惊讶。5000 年前的匠人们没有机器，没有金属工具，他们是怎样在坚硬的玉石上雕刻出如此精美、神奇的形象？

按国际标准来说，良渚文化难以企及"文明"的标准，因为判断是否是文明有三个标准：城市、青铜器、文字。良渚有城市，已

图 13-4　鸿蒙的原型：良渚文化神徽的鸟人形象线描图。①

① 浙江省文物考古研究所编著：《反山（上）》，文物出版社，2005，第 56 页。

发掘到残余的城墙墙基，其高等级墓葬也已出土大量文物。但是，良渚文化在一没有青铜器、二没有文字的情况下，还是有幸入选世界文化遗产名录，就是因为它有着如此精雕细刻的"鸟人"——鸿蒙形象的玉礼器，这震惊了全世界美术家，人们纷纷思考这究竟是怎么刻画出来的。今天推测，这不是"正常人"的思维能够创造出来的形象。要知道，戴着大羽冠的那些印第安宗教领袖们作法时，都是在一种"萨满意识"的支配下完成的。今天的专家把这种幻象视为环太平洋地区的原始宗教——萨满教的特点。

萨满教的观念有两大特征：一是认为萨满的灵魂可以脱离人的身体，上天入地；二是认为神灵或宇宙的精灵可以附在萨满身上，所以萨满作法时讲唱的行为被认为是神灵附体之后的表现。

在这种状态下，出现了穿越现实、打破任何界限的幻象——既是人又是鸟、既是兽又是禽的一类造型。良渚时期刚好有这样的出神的萨满，人们又用了当时最高等级的雕刻技艺把这一形象定格在5000年前的玉器上。

这一批玉器随着4000多年前良渚文化的灭亡埋在地下，一埋就是四五千年，直到20世纪80年代才被考古工作者发掘出来。

刚挖掘出来的时候，人们确实也看不懂这是什么。研究神秘主义的学者认为它是良渚的神徽，也被称为"中国文化的斯芬克斯之谜"。之前，我们讲了古埃及、古希腊的神话，斯芬克斯就是半人半兽的"人面狮身女妖"形象，至于它到底是怎么形成这样的异象的，我们很难知道，但是结合5000年前的良渚鸟人形象，这样的解读方式就进入了国际的视野，特别是在环太平洋地区的萨满教神话、幻想的意象体系中。

具体而言，又怎样确认他跟鸿蒙创世之鸟有关？首先，良渚文化中，除了玉琮、玉璧、玉冠形器之外，还有直接表现为动物形象

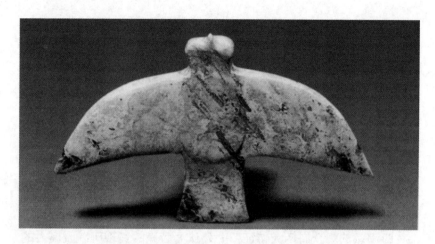

图 13-5　5000 年前良渚文化反山 M15 出土玉雕：玉鸟的遐想。[①]

的文物，特别是玉雕鸟类形象（图 13-5），有的展翅，有的蜷缩，总之都是鸟。鸟代表着人与上天之间沟通的中介或者神的化身、神的使者，所以在一些地区的原住民社会有听鸟叫声占卜以判断神意的习俗。如果左边的鸟在叫，代表着神允许我今天出去打猎，如果右边的鸟在叫，则代表着神告诉人今天不能出去打猎，这种占卜叫"鸟占"。此外，还有通过鸟的飞行、鸟的颜色、鸟的发音来判别神的意志的占卜。这些都说明原住民把鸟当作神的信仰。良渚文化塑造出的众多玉雕鸟类形象已经表明：鸟人的出现一定有鸟图腾的信仰作背景。

　　这里，我们专门链接一部西方名作——《萨满之声》。书中讲到一则南美洲印第安族的萨满神话《黎明创世鸟》（*Creator-bird of the Dawn*）。

　　一个青年从东方站起，伸展开他的双臂，宣布他的名字："黎明创

---

① 浙江省文物考古研究所编著：《反山（下）》，文物出版社，2005，第 210 页。

世鸟"。

他身上的羽毛不停地唱着只在东方能听到的新歌。

他有一种心想事成的特殊本领。当他想到一个房子——这个房子立即出现：烟草构成的房子。在这房子里，光萨满诞生了。在梦幻中或由烟草引起的通神状态中，光萨满到达天穹顶部，他踏着烟草构成的天桥，来到东方至上精灵的面前，保佑地上部落族人的生活。

通过这个故事我们就能明白鸟是怎么跟太阳组合在一起、变成创世之神的。青年从东方站起，他所在的位置就如同鸿蒙所在的日出扶桑的地方（太阳升起的地方）。黎明也好，日出也好，给黑暗的长夜画上句号的就是光明的出现，所以这位青年成为宗教领袖，当地人称他为光萨满。神话主人公在梦幻中或由烟草引起的通神状态中，借助烟草桥飞翔到天穹顶部。天穹的顶部就是神灵所在的神国，他到了这里，就可以保佑地上部落族人的生活。这个简短的叙事说明，光明、鸟类、太阳、东方、日出等母题，是怎样结合在光萨满的幻觉意象中的。

再回到良渚神徽背后的故事，就可逐渐明白太阳在东方升起、结束黑夜带来光明是开天辟地神话中宇宙走出混沌进入光明、阴和阳等二分世界形态出现的前提。这与人类观察到的日出东方经验有关，这一经验就是创世想象的经验原型。人每天早晨是伴随着鸟的叫声从梦中醒来的，所以民间故事中说公鸡一叫太阳就升起了，太阳和鸟类的联系就是基于天然的经验联系。

鸟头上有冠，人头上没有，所以叙述中一切插羽毛的行为都是试图把人幻化成半人半鸟，然后人就可以飞翔，可以升迁，可以创世、带来光明。这种想象确实不是后世的作家、艺术家根据自己的有限科学知识能够培育出来的，只有萨满进入通神的迷狂状态中，才能自然呈现。恰好有一位良渚的艺术工匠，一位"超级工匠"，他用精雕细刻的办法在 5000 年前把这一形象落实了，将其变成了良渚文化统一的神徽。只要是最高等级的墓都有这样的形象，没有比这更珍贵的视觉遗产了。

良渚文化起源于距今 5000 多年，那么这神徽是不是可以看作中国版的"黎明创世鸟"原型呢？看来还不是，因为在浙江余姚还有一个更早的史前文化——河姆渡文化。河姆渡文化在 7000 多年前就在大海之滨创造出太阳和鸟的形象。所以我们找到了长三角地区乃至整个南方的鸟图腾、创世鸟的中国版原型，相当于为《山海经》的鸿蒙叙事找到了视觉原型。

图 13-6 是浙江余姚河姆渡遗址博物馆的大门，大门上有复制的刻在象牙上的双鸟朝阳图像：两鸟面面相对，中间的太阳冉冉升起，没有比这更适合表达中国版"黎明创世鸟"形象的了。

图 13-6　浙江余姚河姆渡遗址，距今约 7200 年。

　　此前介绍了太平洋对岸的美洲印第安神话。按照全世界的人种划分，有黄种人、白种人、黑种人等。黄种人的标志是黄肤色、黑头发。只要确认一下印第安人的头发颜色，便可知道印第安人是 1 万多年前通过白令海峡迁移到美洲的。那时候，海平面还没有升高，白令海峡还是路桥状，是连接两大洲的通道。印第安人的"黎明创世鸟"神话或许就来自欧亚大陆的史前文化传统。所以环太平洋地区的萨满文化现象的再发现，为我们重新解释整个新旧大陆的文化底蕴，找到了同一个深远的史前文化脉络。

　　7000 多年前，余姚河姆渡先民的玉器就已经出现，但玉料小而不足以雕刻大型的叙事图像。于是，河姆渡先民采用了当时更珍贵的材料——象牙，雕出双鸟朝阳的图像，这件文物也成为当今中国国家博物馆的镇馆之宝之一（图 13-7）。由此再次看到，在长三角地区 7000 多年前的先民用他们的造型艺术手段所表达的形象中，没有一个是随随便便的涂抹，这些形象都是他们心目中的创世主的模样，即中国版的"黎明创世鸟"形象。

图 13-7　河姆渡文化象牙雕刻：双鸟朝阳，距今约 7200 年。（摄于河姆渡遗址博物馆）

两鸟夹持一个升起的火球——太阳，就是日出的景象。在四重证据法的框架下，我们可以把出土文物作为第四重证据，把多民族的活态传承的神话信仰仪式作为拥有激活作用的第三重证据。证据链合起来，就能把失落了几千年的史前文化信息大致还原出来，这确实是今天知识人所能够做到的认知尝试。

那么，印第安萨满又是通过什么方式进入通神的状态并产生幻觉意象的？印第安巫师有一种类似毒蘑菇的植物，吃了它之后就会产生幻觉，进入幻境；此外，还有最常见的烟草。在哥伦布发现美洲大陆之前，全人类只有美洲人是吸烟的。哥伦布发现美洲大陆后，自明代开始，烟草也渐渐进入中国。吸烟在今天是一个生活习俗，但在烟草起源的时候，这是宗教通神仪式上进入通神状态的必要刺激手段。

除此以外，我们还可以考察另一批史前文物的文化底蕴。此前讲述的印第安神话《黎明创世鸟》中光萨满是怎么升天的？是"踏着烟草构成的天桥"走上去的。这样看来，中国人烧的香，香散发出的烟火弥漫缭绕、冉冉向上的状态，可引发人们心目中关于通神方向的联想。抽烟的用具，特别是印第安人的烟斗上，就因为烟草本身的作用而有雕出的各种神话图腾形象，如熊或鸟。

中国酒文化源远流长，同理可以观察六七千年前长三角地区出现的鸟形酒器。图 13-8 是浙

图 13-8 浙江嘉兴出土崧泽文化大鸟形陶盉，距今约 6000 年。（摄于嘉兴博物馆）

江嘉兴发掘出土的距今 6000 年左右的一个大鸟形的酒器，是一件陶器。虽然展品吸引了众多的目光，却没有被辨析和解读。

根据对印第安人烟具的观察，我们大致可以解读出这件酒器也是仪式上的礼器和法器。一方面，人们借助酒精的物理作用以刺激人的神经；另一方面，喝酒的酒器也具有宗教神话意义，商、周时期的青铜器很多都是酒器。

这件陶制的酒器，设计雕塑成鸟形，实际上就体现了人们崇拜鸟、崇拜鸿蒙、崇拜大雁、崇拜大型鸟类的心理，是史前文化留下的珍贵文物。

从史前陶器时代过渡到青铜时代，用精雕细刻的办法铸造出来的鸟形铜酒器多不胜数，图 13-9 呈现的就是其中十分精美的一件。在这些观察中，我们逐渐认识到文化脉络就是从大传统进入小传统的过程，所有这些造型背后都有信仰神话的内涵。饮酒有致幻的功能，和印第安人的抽烟致幻功能形成对照。我根据这个认识，在国际会议上提交了论文，题为 Tobacco and

图 13-9　大鸟形青铜酒器（摄于北京保利艺术博物馆）

Alcohol（《烟与酒的起源》）。论文解读了烟和酒是怎样为神话意象的产生提供最原初的生态语境的。我们通过鸿蒙形象在史前文化里的原型，认识到了整个环太平洋地区有抽烟、饮酒致幻习俗的萨满文化共同体。

再回到本讲的主题，聚焦于鸿蒙的"鸿"字。下面列出三个字

甲骨文　金文　小篆

图 13-10　"鸿"在甲骨文、金文和小篆的写法，均无"氵"。

作为纵向对照（图 13-10）：最左边的是在 3000 多年前的甲骨文中的写法，是没有"氵"的；中间的是青铜器铭文的写法，还是没有"氵"，但突出"工"的部分；最右边的是小篆的写法，"鸟"身的翅膀上有"羽毛"，一根一根的，像我们今天写的"鸟""乌"。这个字直到后来才加上"氵"，写作"鸿"。我们生活在文字书写的小传统中，常常是离了文字记录就没有什么可以认知的。今天教给大家的"穿越"的方法就是"四重证据法"：从图像和考古原型找到先于甲骨文字的器物、图像原型，然后理解甲骨文字、象形文字的由来。

如果要问为什么在日常生活或者今天的教育素材里鲜见"鸿蒙"这一神话主人公，这主要是因为，我们今天的教育是西学东渐以来的教育，传统文化失落了。只要在《三字经》《千字文》里没提到的，我们的小孩子一般就不知道。但是在神魔小说《封神演义》中，作者把鸿蒙古老的原型加以再创造，并用了道教的人格化的方法，塑造出一位类似盘古的开天辟地大神——鸿钧道人。"鸿"字没有变，"蒙"字去掉了，用了"雷霆万钧"的"钧"字替代了"蒙"。他就是太上老君——神圣的祖师。这是一种把华夏创世神话原型拿出来再创造的做法，对他的解读一定要链接到《山海经》和《庄子》中最初出现的鸿蒙。

半人半鸟的巫师也好，萨满也好，这些形象在中国文化传承中并不是特例，此类民间宗教领袖人物经常出现在特殊的语境和场合之中。图 13-11 是云南晋宁石寨山出土的先秦时代的铜鼓图像，是

我们所称的"南方版的鸿蒙大
神"。他也是上半身是鸟，下半
身是人。铜鼓是当地少数民族通
天、通神的礼仪乐器，鼓声就代
表神的声音。上面刻画的图像
不是日常的美化装饰，而具有通
神的寓意。上方是巨大的展开翅
膀、插着羽毛的鸟，下方就是巫
师本人，身上还挎着短刀。这就
是我们找到的距今 2000 多年的
鸟人形象，同良渚的半人半鸟形
象相隔了数千年的时间，但是它
表明，类似的造型在中华文化中
还是有不绝如缕的传承的。

图 13-11　云南晋宁出土战国铜鼓图像：后
世"南方版的鸿蒙大神"——萨满巫师形象，
也是鸟人形。

　　结束关于鸿蒙的讨论，我们回到关于盘古大神的讨论。这一讲
的题目是鸿蒙、盘古，但重心放在对人们不太熟悉的鸿蒙形象的深
度挖掘上，特别是链接了考古新发现的良渚神徽。在汉语文献中，
盘古出现的年代比较晚。根据今天的学术判断的要求，"盘古到底
是中国本土的还是外来的"这个问题还有争议，我们暂且搁下不
表，先聚焦于最早的关于盘古的叙事。如下一段就出现在三国时期
的民间杂记之书——《三五历记》中：

　　天地混沌如鸡子，盘古生其中，万八千岁。天地开辟，阳清为天，
阴浊为地……

　　"鸡子"就是鸡蛋，是还没有打开的、浑然一体的状态。这也
和我们说的鸟人有关。鸟是从蛋里生出来的，所以这篇创世神话属

于宇宙卵型创世神话。盘古在鸡卵里经过一万八千年，才天地开辟，鸡蛋碎成两半，上一半变成天，下一半变成地。这是因为盘古从中走出来了。最早的盘古叙事虽然出现在三国时期，但是它还是符合宇宙卵型创世神话的基本模式。"到底是鸡生蛋还是蛋生鸡"的问题，本质上也是关于万物溯源的哲理问题。当你看到鸟的时候会想到卵，当你看到卵的时候会想到鸟，同样地，蛇（也就是龙的"替身"）也是卵生的，这些神秘的卵生动物在先民的经验中极为重要，它们被写进了中国版的盘古创世神话叙事中。

过去，我们对盘古神话没有科学的考证和认识，认为盘古开天地是天经地义出自华夏传统的。在 1992 年出版的《中国神话哲学》中，专章探讨盘古神话到底是外来的还是中国本土发生的这一问题。该章也专门讨论华夏创世神话问题，涵盖各种类型盘古的出现的文本和中外学者对其来源的判断。此外，本书第二讲介绍的东方第一部神话学著作——日本神话学家高木敏雄的《比较神话学》中，早就提出盘古的"国籍"问题。高木敏雄认为，印度传来的大神布鲁莎（音），他也是死后头部变成了天，身体变成了地，血脉流成了江海，叙事模式跟盘古的叙事一模一样。从时间上看，明显是印度神话版在先、中国盘古版在后。刚好两汉时期印度佛经翻译传入中国，所以按照高木敏雄的判断，中国的盘古应该是从外传来的。

民国时期，国学大家吕思勉翻检众多的汉译佛经，在这个过程中，他也找到了印度尸体化生型创世神话，并分析了盘古神话模型是如何通过佛经传到中国，又是如何在三国时期出现了华夏版、尸体化生型的盘古神话的。这些资料可作进一步深究的借鉴，在此不赘述。

参考书目

1. 晁福林：《先秦社会思想研究》，商务印书馆，2007。

2. 陈勤建：《中国鸟信仰：关于鸟化宇宙观的思考》，学苑出版社，2003。

3. 那木吉拉主编：《阿尔泰神话研究回眸》，民族出版社，2011。

4. 陶阳、牟钟秀：《中国创世神话》，上海人民出版社，2006。

5. 田兆元：《叙事谱系与文化传承：神话学民俗学文集》，上海文艺出版社，2018。

6. 覃乃昌等：《盘古国与盘古神话》，民族出版社，2007。

7. 石如金、龙正学搜集翻译：《苗族创世纪史话》，民族出版社，2009。

8. 王宪昭：《中国创世神话母题（W1）数据目录》，中国社会科学出版社，2017。

9. 向柏松：《中国创世神话形态研究》，中国社会科学出版社，2017。

10. 叶舒宪、雷欣翰主编：《上海创世神话论坛文集》，上海交通大学出版社，2020。

11. 叶舒宪主编：《玉文化先统一长三角》，上海交通大学出版社，2021。

12. ［美］博里亚·萨克斯：《神话动物园：神话、传说与文学中的动物》，多雅楠等译，陕西师范大学出版总社有限公司，2017。

13. ［美］凯文·斯齐布瑞克编：《神话的哲学思考》，姜丹丹、刘建树译，陕西师范大学出版总社有限公司，2019。

14. ［英］彼得·沃森：《大分离：旧大陆与新大陆的历史与人性》，孙艳萍译，格致出版社、上海人民出版社，2015。

15. ［英］胡司德：《古代中国的动物与灵异》，蓝旭译，江苏人民出版社，2016。

16. Golan, Ariel. *Prehistoric Religion: Mythology, Symbolism.* Jerusalem, 2003.

/ 第十四讲 /

伏羲、女娲

伏羲、女娲是中国古代重要的神灵形象，也是中国民间从古流传至今的祭拜民俗信仰的重要内容。本讲既突出上古文献记载中的伏羲、女娲神话的认知和解读，同时兼及民间传承着的活态的伏羲、女娲祭拜礼俗方面的情况。

图 14-1 是唐代的《伏羲女娲图》，出土于新疆吐鲁番阿斯塔那墓。图中彩绘的伏羲、女娲人首蛇身，双蛇交尾；一位手里拿着规，一位手里拿着矩。按照中国人的说法"没有规矩，不成方圆"，这代表着阴、阳、乾、坤、方、圆。图中所绘的形象一般被认为是交尾蛇，是人类生物化生的始祖。这一讲中要解析的伏羲不是在一般的图像中表现的伏羲，而是在更古老的传承中伏羲的特征。

图 14-1　唐代《伏羲女娲图》，新疆吐鲁番阿斯塔那墓出土棺画。（摄于首都博物馆）

伏羲号"黄熊"。上古三部礼书之首——《礼记》的注释中提到了伏羲的号为"黄熊"，本讲将其与黄帝号"有熊"和南

方楚国二十多位王者改称"熊
某"的文化现象联系起来，作一
个深度的解读。这同本书一开始
介绍的神熊崇拜的图腾偶像有了
呼应。

伏羲的形象除了在唐代壁画
中常见，在汉代民间高等级墓葬
中出土的仪式性"汉画像石"上
也出现了（图14-2）。西汉、东
汉都有画像石，出土最多的是在

图14-2　徐州汉画像石上的伏羲女娲秘戏图
（江苏师范大学朱存明教授供图）

河南的南阳、陕西北部的榆林地区、山西的部分地区、徐州等苏北
地区、安徽的部分地区、山东地区，但是在汉代的首都长安（今西
安）却没有出土。

在北方广泛分布的汉画像中，常有用伏羲、女娲作为标志性的
神伴随着死者的灵魂升天的图像。一般出现的画面是：伏羲手里捧
着太阳，太阳上有三足乌；女娲捧着月亮，月亮上有蟾蜍。这样的
物象叫"日月同辉"。"日月"为日出、日落、月出、月落，象征着
阴阳照耀宇宙之间的生命力的循环。把伏羲、女娲作为阴阳力量的
代表，在汉代画像艺术中非常常见。

洛阳出土的卜千秋夫妇墓壁画中有一幅彩绘的《伏羲升仙图》
（图14-3），图中血红的太阳中有个三足乌。伏羲是人首龙身（或
蛇身），在天空中飞翔。这就是古代人心目中的大神伏羲的出场形
象，特别常见于汉代的丧葬礼仪场合。

但在先秦时代，记载伏羲的文献和造型艺术表现都比较少。在
河南新野一块汉代画像石上，画有伏羲女娲交尾图，而伏羲和女娲
的头顶上有一只双足舞蹈的神熊。人们不明白为什么作为大神的伏

图 14-3　河南洛阳卜千秋夫妇墓壁画出土《伏羲升仙图》局部：伏羲蛇身。[1]

羲、女娲头顶上还有更高的神。这个神的形象不是四足而立的动物，而是一只双足站立着舞蹈的神熊。熊是在猛兽中唯一能够站立的，一般的姿势是四足而立，但是也会用二足站立起来，看着很威严，比人还高。这样的造型表现的明显不是陆地上、森林中的熊，而是古代墓穴、壁画中为死者亡灵升天做祈祷、开路的神，是天国境界中的熊，简称"天熊"。"天熊"这个词在古代域外的文献中也偶有出现，比如我们的邻国——日本的古书《日本书纪》中就有一个名叫"天熊人"的形象。图像之中就更多了，比如熊图腾文化中，熊代表神，它的原初生命在天上，转化为熊后，来到人间。这个熊的神话表达往往是处在"天人之间"的观念中。所以，今人理解"天熊"就很困难了，人们看得最多的是书包上的卡通熊等，熊基本上已经没有神性。要读懂古代汉画像石中位于伏羲女娲头顶上方作为天空中央之神的熊，是需要一番功夫的。

　　图 14-4 是在中国大地上保留了几百年的一座伏羲庙中供奉的伏羲画像。该庙位于甘肃天水，明代开建，在后代历经多次翻修后保存至今，远近闻名。如今，每年清明前后，甘肃省政府都会举行公祭伏羲大典。图中，伏羲手里拿着阴阳八卦，这是因为相传伏羲是创制周易八卦的人，属于文化开辟的始祖。

　　笔者在 2017 年应邀参加了天水的伏羲、女娲祭祀大典。除了伏羲庙，天水北部的秦安县还有女娲祠。可见祭祀伏羲和女娲的活动在古代民间没有中断，当代又把它"复活"了，变成了非物质文化遗产，是全民参与的民间盛会。

图 14-4　甘肃天水伏羲庙供奉的伏羲像（摄于天水伏羲庙）

　　伏羲庙里保留了很多与伏羲、女娲相关的文物，特别是一对石磨盘。相传，伏羲、女娲是兄妹，他们和亚当、夏娃很像，是初代人类，有兄妹亲缘关系的最早的男人和最早的女人。人类要繁衍，兄妹就要成婚。很多神话（包括一些少数民族的神话）在讲述到类似题材的时候都要让主人公迈过这一道坎。但是，按照伦常，兄妹是不能成婚的。那人类要传宗接代怎么办？必须成婚。所以这一对磨盘在唐代以来的著名传说中就出现了，它就是兄妹两人不知道能不能成婚时，用来算卦的圣物。故事中多讲述二人在山顶上一人拿着一个磨盘，让磨盘从山上往下滚，磨盘滚到山下时，如果分开了，意为两人不能结婚。结果是这对磨盘滚到山下后摞在一起了。这证明天意让兄妹必须结婚，从而繁衍人类。

伏羲庙里的文物对我们追忆古老的伏羲神话在民间信仰中的久远传承非常有帮助。这与从书本中读神话故事是完全不一样的。所以，我们这一讲突出了公祭伏羲、公祭女娲大典的仪式现场。

图 14-5 中女娲祠中左边题词叫"补天功"，右边叫"圣母德"，与女娲相关的神话多讲述她的功绩"补天"，即恢复被破坏的宇宙秩序、修复毁坏了的天地。至于女娲用什么材料、用什么方式、怎么补的天，一般人就不去追究了。最早的关于女娲补天完整叙事的记载见于西汉的《淮南子》："女娲炼五色石以补苍天"。

五色石就是一种带颜色的透亮的石头，中国人认为是玉石、带有神性的。同样，成语"琼楼玉宇"说的就是人们仰望苍天的时候想象天是用玉石做成的，天上的建筑都叫"琼楼玉宇"。那么，天

图 14-5　天水市秦安县女娲祠公祭女娲。

破了怎么办？不能用一般的材料，比如黄土、泥巴去补，必须用炼好的五色石以补苍天。这是冶金时代的人想象中的用玉石去补天的行为。这样一来，女娲祠里留下的这些古老的对联、民间传承形态就带我们重新进入了崇拜伏羲、女娲的古老的年代里。图14-5 就是秦安县每年公祭女娲的大典，仪式和节目主要由女性来表演。

我们已经熟悉了伏羲和女娲一同出现的造型艺术，但是在先秦文献《山海经》里，女娲、伏羲没有在一起。尤其是在叙述女娲的文本中，女娲都是单独出现的。

这里需要知道一个知识点：母系社会。人类曾经经历了一个"知母而不知父"的漫长的史前时代，人类学家把这个时代的社会形态叫作"母系社会"，在父权制和一夫一妻制的家庭建立起来之前，家庭中的长子不知道父亲是谁。这个时候权力、家庭财产是由最小的孩子——"末子"继承。所以在母系社会，早期的女神是独立的，不依赖于男神，不是作为男神的老婆、男神的妃子、男神的亲戚存在的，女娲的形象就是这样。当我们看到今天的女娲祭典仪式上只有女性没有男性，这一点也不奇怪。

离北京最近的女娲庙在河北涉县太行山上，那里不仅是山西、河北、河南三省交界的地方，还是八路军一二九师司令部旧址。就在那里，有一座从北齐开始建造的女娲庙——娲皇宫，庙里没有伏羲与女娲做伴。庙里流传的并不是女娲补天造人的功德故事，在今天的当地老百姓的记忆中，庙里的女娲只有一个功能：保佑生育。凡是没有怀上孩子的人、多年不育的人都到这儿去求拜。她是老百姓心目中的生育之神。

用今天的多民族文化视角、多学科视角重新认知女娲神话时，我们也从这些遗存的文化中得到了重要的启示。如果大家有兴趣，可以在每年农历三月三到涉县去看一看，这里也是中国民间文艺家协会授牌的"中国女娲文化之乡"，节日时的表演盛况空前，所有的祭典、礼仪都以女性为主，男人只能在旁边敲敲边鼓。以上就是独立女神崇拜信仰仪式在民间千百年来传承的情况。

在这一讲中，我们要把伏羲号"黄熊"的问题作为一个突破口，看一看古书中为什么会有这样的记载。既然伏羲常见的形象是人首蛇身，为什么又牵扯到熊这一神圣的动物上去？

我们反复提及的考察神话的"四重证据法"不仅要依赖传世的古书，还要观察古书里没有的新出土的汉字文献。在民国时期，湖南长沙有一个叫"子弹库"的地方发现了一批写在丝绸上的出土文献——"帛书"（古代文献如果写在竹板上叫竹简书，写在丝绸上叫帛书，所以有"书于竹帛"的说法）。这一部分文献既有绘画又有文字，因为出土于古代楚国，所以就叫"楚帛书"。

珍贵的楚帛书在当时的文物界流传，最终被卖到美国，现藏于美国大都会博物馆，十分珍贵。全世界能够看到的先秦时期跟伏羲、女娲有关的创世神话，就只有这一个文本了。现在传世的书基本上是秦始皇焚书以后汉代的知识分子重新整理出来的，而这个帛书的年代是战国。所以，长沙出土的子弹库帛书中讲的创世神话是一个十分完整而珍贵的叙事文本。

虽然在此无法就全篇展开详述，但可以就开篇的第一句进行解读，窥看大概：

"曰故，天熊，伏羲。"

"故"是指古老的、过去的。开篇的主人公既不是混沌也不是鸿蒙，"曰故，天熊，伏羲"一句非常清楚地告诉我们伏羲的圣号是"天熊"。也有人说这个"天"字中一个笔画比较模糊，不应该念"天熊"，应该念"大熊"。大家都知道，汉字"天"字实际上是从"大"字派生出来的。中国人说"世界上有三大，天大，地大，人大"。人站在地上把两只胳膊横向展开就是"大"字形，如果要标示比人还大，就在"大"字上面加上一个方块，"天"字就是这么来的。以人为坐标、指示人头顶上就是"天"。

因此，头顶的部位在民间不叫头盖骨，不叫前额，叫"天庭""天灵盖"。由此可见，中国人的语言词汇中都带有"天人合一"的神话宇宙观，没有神话观念，人们是理解不了这些语词的。人站在地上，最接近天的地方就在这儿，所以古人认为人跟天的沟通很重要。

暂且不论是"天熊"还是"大熊"，我们首先关注伏羲作为创世之神的问题。根据日本古书中留下的"天熊人"的记载，可以确认还是解释为天熊更合适一些。天熊反映着古代图腾信仰中的神熊在天界和人间循环运行的轨迹。日本列岛有一个少数族群——阿伊努人，该族群中盛行熊图腾崇拜。早期人类学家通过对口头文本的调研和整理发现了他们的神话，逐渐弄明白了天熊是怎么回事。阿伊努人认为，人间看到的熊都不是原本的熊，原本的熊都是天上的神，他们化身为熊来到人间给人提供猎物。阿伊努人不种粮食，没有农作物可吃，但他们有赖以生存的手段——狩猎。他们打猎的对象之一就是熊，阿伊努人认为熊就是天神派到尘世给人们送来食物的神。神化身为熊被人类猎杀、食用，人类也得祭拜熊的头骨，像供奉上帝一样，这是不能打碎、不能吃的部分。这样一来，阿伊努神话中的天熊和人间现实的熊就完整地组成了一个循环链：把天熊的头骨供起来，熊的灵魂又回到了天上，来年，神熊又化为人间的熊为人提供猎物。这是一种循环的生命观。

我们根据更多的民族学材料判定"天熊"的概念为何。例如，根据远古原生态的神话讲述，熊在天界人间的上上下下循环代表了熊图腾崇拜的本来意义。反观天熊伏羲的神话，他作为开天辟地第一大神和熊联系在一起的观念让我们读懂了更多的民俗文物、少数民族文物的神话意义。

下面用两个图像来解释，一个是美洲印第安的，一个是中国的。所有的美洲印第安部落都有自己的图腾，图腾信仰即认为某一种动物是神，又是祖先，祖先传播了人的生命，所以要崇拜他们。印第安部落中最大的图腾有两个：熊图腾、狼图腾。熊图腾往往出现在最神圣的礼仪和萨满巫医治疗的仪式上，主要是因为熊代表正能量、医疗的能量、起死回生的能量，我们在一开始讲"能"和"熊"这两个字的时候，已经把它们的关系揭示出来了。图14-6是美洲印第安萨满（也就是部落宗教领袖）举行盛大仪典的时候穿的教袍，上面全是神熊的形象。崇拜熊图腾的部落要把熊的面相用在他们的服装上。北美印第安人还在太平洋另一端生活着，这些信仰也还保留在他们的文化中。他们是从北亚洲顺着白令海峡之陆桥迁徙过去的，因此跟亚洲古老文化几乎同根同源。

图 14-6 印第安萨满服装上布满熊神面形象。

另一件是有具体年代的出土文物——5000 年以上的玉礼器（图14-7），即红山文化双熊首三孔玉器，如今珍藏在辽宁省博物馆。

这件玉器在刚发掘出来时，人们对上面雕的三个并列的大圆孔

的用途表示疑惑，大圆孔下面的
底座上又钻了三个小孔，应该是
为了插在类似旗杆等物件上而作
的设计，整体是可以高举起来的
仪式法器。在法器的两端还有两
个熊头露了出来。当我们有了天
熊的概念，特别是知道了原住民
神话中原生态的天熊下凡变为人
间的熊为人们提供生存的保障，

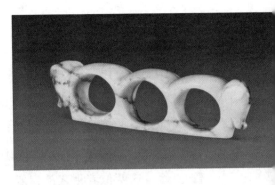

图14-7 辽宁建平牛河梁出土红山文化双熊首三孔玉器（摄于辽宁省博物馆）

就知道这些器物代表着天人沟通的媒介。玉代表天熊来自天，所以
这是古代红山文化（五六千年前分布于辽宁西部到内蒙古赤峰一
带）中体现天熊神崇拜的法器。现在，这件器物叫"双熊首三孔玉
器"，类似颐和园的十七孔桥。如前文所述，印第安神话中烟草搭
的天桥起到了人神沟通的作用，这些孔桥也一样不是用于人间交通
运输，而是神话的桥、升天的桥。再看仪式上的道具，我们就能知
道这些器物是在仪式中起到象征作用。如果把美洲印第安神话和中
国的北方神话连成一个整体看，会发现崇拜神熊和以熊为"天"的
人神沟通的信仰就完整了。这件文物是5000多年以前的，对文献中
"伏羲号黄熊""黄帝号有熊"这样一些记载了两三千年的文化作了
深度解读和背景补充。这就是我们要讲的楚帛书神话。

在四重证据体系之中，第一重证据是传世的书本知识，叫传世
文献。第二重证据是古代的书里没有的、现代新发现的，或者是考
古的、文物的文字，比如甲骨文、金文、竹简书、帛书。刚才提到
的这件楚帛书是世界上唯一的一件，比后来的这些文献都要珍贵。
楚帛书在年代上仅晚于甲骨文和金文，算第二重证据。第二重证据
一出场，往往会起到奇效。我们隔了几千年看到了能把断裂的历史

链条、文化缺失的环节补足的证据，它帮助我们把古书中没有的内容找回来。

现在，我们把这些线索排列一下。楚帛书中伏羲号天熊，是叙事的第一开始，伏羲是第一主人公。比伏羲年代晚的是黄帝，黄帝号"有熊"，明确地写在战国的竹简文献上（司马迁写《史记》的时候就参考了这些书，所以司马迁的书中也有黄帝号有熊这样的记载）。除了这两位老祖之外，夏王朝的三代祖宗鲧、禹、启的记载也和熊有关系。鲧治水失败被天帝所杀，屈原的《天问》中写"化为黄熊，巫何活焉？"是说鲧被杀了之后幻化成熊，怎么会有巫师又把他复活了？实际上，熊就代表着生命力的自我再生，是死而复生的象征。因为神话中的天熊跟人间的熊是上上下下、往复循环的关系，所以鲧被杀了以后化为熊，熊是祖宗，也是图腾，人死了以后化为黄熊相当于现为原形，这里包含祈祷再生的寓意。大禹治水的传说中讲到其中有一座山叫"轩辕山"，山十分坚固无法穿越，所以大禹化为黄熊把这座山钻通。这就是"大禹化熊"的神话，在民间非常流行。

过去人们弄不明白为什么这些神话里都是熊，很简单，伏羲是熊、是创造大神，那么人文始祖黄帝就是"有熊"，黄帝的儿子、孙子（颛顼）等，以及之后楚国的王都是一脉相承的。熊图腾现象在上古神话中偶尔闪现，但古人没有把它们联系起来就遗忘了。所以，今天我们把鲧、禹、启三代熊的故事连接起来，再借助《山海经·中山经》中的叙事就能明白了。

书中说："熊山，有穴焉，熊之穴 …… 夏启而冬闭。"启就是打开的意思，刚好是夏代建国的第一代王 —— 夏启的名字。为什么是"启"？"启"指的是山洞的开启、生命的开启。中国二十四节气之中有一节气原称"启蛰"，因汉代有个皇帝叫刘启，为了避讳"启"

字，启蛰这个节气从那时起就变成"惊蛰"，延续至今。这是每年春天，冬眠的、蛰伏的生物，小到蛐蛐、蚂蚱、蝉，大到熊、蛇等生物先后获得了"新生命"进而苏醒的时节。这一种神话思维是文化原编码的最原初的法则，也是"潜规则"。如果我们找到了法则就能"一通百通"，包括鲧、禹、启三代化熊，以及二十五位楚王在司马迁记述的《楚世家》中改芈姓为熊等问题，都将因此而迎刃而解。

我们通过《山海经》的记载，将史书中这些如"断线的风筝"一样的材料重新串联起来，熊神话的深意得到说明，"风筝"重新飞上了天。这不是一般的风筝，是一个天熊形象的"风筝"。在中国文化的深层，这样一个带有文化基因性质的信仰历经几千年，传承不衰。

大家会问，既然熊这么伟大、这么神圣，为什么今天我们还有"你看你那熊样""笨熊""狗熊掰棒子"等讽刺的熟语存在？因为，在后代的语言中，熊的神性早已经一落千丈了，包括动画片里的熊大、熊二等主人公也都完全没有神性，变成了木偶一样的卡通形象。实际上，华夏文化神话祖先中最神圣的一个主脉在汉代以后早已中断了。汉画像中在天国的神熊，在今天早已变成像乌龟一样的单薄的存在，先秦上古最神圣的神成了普通的动物。如果没有四重证据法，没有利用出土文物系统形成证据链，文化就会彻底断裂，这个失落的环节就永远失落了。西方人崇拜耶稣基督，就用一个十字架象征；圣诞节、复活节就包含死而复生的意思。神熊在这里根本不用这些人为宗教的教义来定义，它本身就代表大自然中猛兽冬眠后复苏、再生的意义，是美洲印第安、日本、韩国、朝鲜等地民间崇拜的第一圣物。这个已经失落的文化需要很长时间来恢复。今天人们宁肯信奉狼图腾，也没有人信奉熊图腾，我相信在不久的将

图14-8　楚克奇萨满祭祀：萨满身披熊皮，代表天神降临。作为文化史还原考证的第三重证据，可以同时激活古代文本与无言的出土熊形文物。

来也会拍出熊图腾的大片，把狼图腾这样有误导性的、似是而非的说法纠正过来。

关于以熊为偶像、为神圣的民间传承形态能非常有力地证明上述说法。萨满跳神时候穿的萨满服装遗存能够提供旁证。刚才看的是美洲印第安的传统，再来看看中国北方的赫哲族、鄂温克族以及东北西伯利亚的楚克奇族等狩猎民族的民俗。图14-8呈现的是楚克奇萨满的服装，是由一张完整的熊皮制作而成的。萨满披上它，手里拿着鼓，音乐一演奏起来就代表天熊下凡了。天熊下凡后仪式才开始。四重证据法中的第三重证据指的就是这样一些没有进入文献、没有历史记载，但是今天的老百姓还能表演、还在信仰、还能够在每年的节庆上展现出来的活态文化。

有人会说这些和汉族没什么关系，这个证据不够充分。虽然汉族早已脱离了狩猎时代，但还有一个传统的养生秘方叫华佗五禽戏。五禽戏中有一戏的名字就叫"熊戏"。练过一点武术、懂一点中医的人马上就能明白这一戏的意义：以神熊为榜样，把神熊伟大的能量操练到人的身上来。中国南方还有种拳术叫"形意拳"，它的最高境界就四个字：鹰熊合练。鹰就是老鹰，熊就是猛兽熊。老鹰是天空中的飞禽之王，熊是陆地上的猛兽之王，把它们的能量都修炼到人的身上就是最厉害的。所以，这些民间传承的文化作为第三重证据的文化形态，实际上都是活着的"大传统"文化。过去人们不知道熊戏是谁发明的，还以为是神医华佗。其实这跟华佗没有关系，只是假借华佗的名义传承。今天再看，这就是熊崇拜最活生生的"偶像剧"。熊戏的每一个动作都是模拟熊的。"能"为"熊"的本字，熊是"能"的生命楷模，它六个月不吃不喝（冬眠），人操练熊戏是崇拜它、学习它，这就叫"仿生学的神话"。综上所述，伏羲号黄熊的问题已经不是古代文学欣赏的问题了，而是欧亚大陆千万年的文化遗产存留至今的再发现和再认识问题。

看完了华佗五禽戏的熊戏，我们还要举出我们所强调的最有力的证据：第四重证据。因为前面三重证据的年代都有限，一旦涉及文字，就难以找到比甲骨文年代（商代）更久远的证明。但是，出土的文物上如果有熊图像，其年代可能是夏代，也可能比夏代还要早。这样一来，我们就能够把四重证据立体地构建出来，把熊文化的文本还原出来。

河南洛阳的偃师县（今偃师区）发现了重要史前遗址——二里头遗址。因为遗址所在村子叫二里头，所以该史前文化称"二里头文化"。出土的遗址距今约 3750 年，比商代早一点，相当于是在夏代的末期。这个地方出土了镶嵌绿松石的青铜牌饰（图 14-9）。起初出土的墓葬等级很高，因为旁边宫殿就是帝王的宫殿；此后还出土了中原最早的一批青铜礼器，比如"问

图 14-9　河南洛阳偃师二里头遗址出土镶嵌绿松石熊形铜牌（摄于首都博物馆）

鼎中原"之鼎等。二里头对考古学界来说是一个非常神圣的地方。中国社会科学院考古研究所在这里立了一个碑，名为"华夏第一王都"。至于是否能够链接到上古以前的文化脉络还存争议，但是在这里出土的镶嵌绿松石的动物形状铜牌推进了我们对天熊神话的再发现。通过比较神话学的解读，我们已经辨识出这是一只神熊。绿松石、天青石等这类颜色的材质从苏美尔文明开始就带有神圣的寓意，是天或天神的代表。所以，同理推断这块天蓝色的玉石形象也带有这一寓意。用玉石塑造神熊，铜底牌上镶嵌有几百块细小的绿松石，三四千年后出土形貌完好无损，它是国宝中的国宝。

如果这个国宝会说话，可能会说商代以前的夏代有关神熊的信仰。它所象征的意义相当于夏朝的国徽。关于它的形象究竟是何动物，起初我们排除了几种形态近似的动物，比如鸮、狐狸等。因为古代没有狐狸崇拜，它也不像鸮，从相近程度上来说还是更像熊。熊的吻部是突出的，和老虎、狮子截然不同。现在看到的狗熊也是一样，吻部突出。这个神熊和甘肃天水伏羲庙崇拜的神熊、黄熊有什么关系？刚好，天水也出土了一块这样的牌子（图14-10），年代比二里头的还要早。如果把这两个地方出土的相似文物联系起来，那就相当于从洛阳穿过整个陕西，穿过八百里秦川，再向西到了甘肃天水，中间是近千公里的距离。这是从距今约4100年的齐家文化开始的一个史前文

图14-10　甘肃天水出土齐家文化镶嵌绿松石铜牌（摄于天水博物馆）

化，那时西北先有了青铜冶炼，也生产了大量的玉礼器。

　　齐家文化这段历史是中小学、大学教育中都没有展开的内容，因为对此的研究还很不够，很长一段时间以来连一本专著都没有。但是，齐家文化在民间收藏界名声很大，它分布于西北地区，时间上跟夏王朝时间最接近。

　　哪里还有这样的铜牌？ 20 世纪 80 年代，成都旁出土惊世遗址——三星堆。在三星堆遗址中也有类似的镶嵌绿松石的铜牌。如果把这几个地方联系起来，就从空间上构成了一个三角形，分处于中国的大西北、大西南、大中原，这也是一个我们要寻找的失落的文化环节。有人说，这些铜牌的辨识挺困难的，看着像熊又像其他动物，很难确定是不是可信的证据。那么，还有陕西华县（今渭南市华州区）出土的年代晚一些的证据可以进一步印证。图 14-11 是距今 2000 年左右的汉代"熊抱罐"。人们一看这个造型就能识别出它是一只威猛的熊抱成一团。2010 年，该文物调到首都博物馆展出之时，笔者刚好拍了这个图像。这是一只神熊，它没有按照大自然中四足动物的样态来表现，而是表现为半熊半人，与伏羲、女娲头顶上的

图 14-11　陕西华县出土汉代熊抱罐（摄于首都博物馆）

两足舞蹈神熊相比，这一件更显憨态可掬。它张着嘴，身体抱成一团，老子说 "圣人抱一为天下式"，道教修炼中"抱一"的姿势就是模拟抱成一团的神熊。这也是神熊冬天走进山洞冬眠的形态，若

是张牙舞爪的话，能量很快就耗完了。这是冬眠之兽抱成一团取暖的行为的体现。所以"圣人抱一为天下式"说法的背后也有类似华佗五禽戏的仿生学的神话原理。这些文物皆为新近出土，古人都没有见过，我们今天有幸都见到了。所以，根据这些崭新的材料，利用"四重证据共振"的新方法论，有可能把失落的神圣信仰的脉络、缺环逐渐补回来。

如果大家觉得这些讲解把当今对熊的理解完全扭转了过来，这就对了。如果你再学一点天文学就更容易理解为什么这里的熊一定要叫"天熊"。古人晚上最爱看的"大屏幕"就是天上的星空，夜间万里无云的时候，满天都是星斗。在没有小屏幕，没有手机、没有电视、没有一切的时候，古人只有这一个"屏幕"，所以顾炎武先生说古代的人"三岁知天文"。他们的知识一半都来自天上。之前说到紫禁城象征天下之"中"，因为天上之"中"是紫微星，也即北斗七星围着旋转的北极星。北极星所在的这一块星象在古希腊叫小熊星座。先民把这些星星连成一个整体，想象为一只天上的熊，这就是神话产生的"天人合一"的根源。所以要研究神话，就一定要按照《周易》的说法，像伏羲一样 "仰观天，俯察地"而画八卦。没有仰观、不看天，神话就少了一半甚至多半，原型的模式其实都在天上。

图 14-12 是北京天文馆演示的天熊北斗星象图，北斗七星刚好位于熊的背部和尾部，如果和周边其他的星连起来就是一只熊。古希腊人是这样认为的，美洲的印第安人也是这样认为的。但在我们华夏则没有这个说法，古人把北极星叫"帝星"，把围绕着北极星旋转的北斗七星叫"帝车"，你也可以把"斗"理解成一个舀水的容器。北斗七星除了车斗以外，伸出去的部分就是车辕，它围绕着不变的中心在旋转。这样一来，天熊神话跟希腊神话、印第安神话

中的天熊的概念就完全吻合了。

我们通过对伏羲文化的寻根，给伏羲神话的解读作一个小结：天熊的观念来自遥远的渔猎时代的文化记忆，那时人类还不会种庄稼，没有农作物可吃，人们只吃猎物和采集到的野果或者其他野生植物。

这个时间应该在1万年以前。要在流传至今的文献之中找到1万年以前的蛛丝马迹，这确实是非常不容易的一件事。历史绝不仅是古书上记载的东西，绝大部分的历史像一个筛子一样把我们想要知道的东西都筛选掉了。

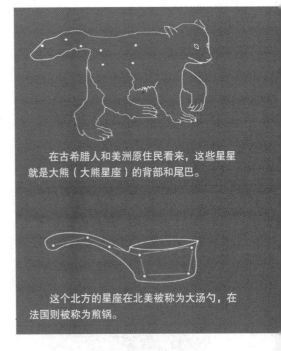

在古希腊人和美洲原住民看来，这些星星就是大熊（大熊星座）的背部和尾巴。

这个北方的星座在北美被称为大汤勺，在法国则被称为煎锅。

图 14-12 北京天文馆的天熊北斗星象图

在本讲的最后一部分，我们把女娲的问题作一个附带的解释。获诺贝尔文学奖的莫言的小说《蛙》是在计划生育的社会背景中展开书写的。女娲是我国民间认为的女神、生育之神，而在古代，青蛙、蟾蜍、蛤蟆在古人看来都象征着生命的自我再生。女娲的"娲"看起来跟青蛙没关系，但是汉字的一大特征是同音假借，同音的字可以相互换，叫假借字。所以，女娲的"娲"如果换成青蛙的"蛙"，就更为明晰了。全世界在史前时代都崇拜青蛙，不仅因为它发出的声音跟人类的婴儿降生到这个世界上发出的啼哭声几乎是一样的，还因为蛙的生育能量巨大。神熊是因为会冬眠复苏，蛙是因为能够一下子繁殖众多，有生命再生产的超级能量，所以古人认为它们是神圣的。

古人在墓葬的陶罐上画蛙人神的形象就是为了祈求生命能够像青蛙、蟾蜍一样再生、传播。

2004年我出版的《千面女神》书中有一章就叫"女娲和女蛙"，我们把来自民间的和出土文物的100余幅图像呈现出来，说明蛙崇拜的背后所象征的神圣的生命再造的寓意。

图 14-13 甘肃临夏出土蛙人神彩陶壶（摄于临夏州博物馆）

图 14-13 展示了 5000 年前陶器上的蛙人神的形象，与今天民间剪纸中的神蛙形象一样，充分展现了祈祷生命再生、再生产的寓意。中国人口最多的少数民族——壮族的春节叫蚂拐节，节日上崇拜的偶像就是青蛙。云南纳西族的《东巴经》和重要的祭拜仪式上都有神蛙的出现。如果放眼世界，就会看到更多蛙崇拜的现象。古埃及的青蛙女神两只眼睛血红，代表的是生命的神力。

纳西族巴格图（图 14-14）也称"青蛙宇宙图"[①]，图中宇宙四方是以一个蛙的身体作为中心发散出来的。这样的概念反映的就是以蛙为创世大神的想象，宇宙四方空间有派生出来的万物。以后大家在各地少数民族博物馆调查发现的这类图像都可以链接到我们讲的神蛙崇拜中，比如，如果在商代青铜器上发现了这样的青蛙图

---

① 藏传佛教神话象征图中有类似的蛙形宇宙图模式。这究竟是受到印度文化影响的结果，还是本土神话观念，有待探究。如果诉诸文字记载，则古印度的梵语文献提供了最早时期的证据。

图 14-14 纳西族巴格图（青蛙宇宙图）

像，就无须奇怪了，青铜器上的青蛙图像没有一个是作为美化生活的装饰铸造的，都象征着千百年传承的神圣偶像。

在结束这一讲之前，我将为大家介绍甘肃东乡族民间传承的一个神话故事《蛙经》。东乡族是在黄河上游地区聚居的少数民族，当地老百姓盛行对两种动物的祭拜：一是蛙，二是蛇，他们称之为"蛙蛇祭仪"。每年端午前夕被认为是蛙蛇出行之日，人们都要在河水、泉水设立香案，祭拜这两种动物。这一天，男女老幼到河里沐浴。如果男子在洗澡的时候看到一只蛙，女子在洗澡的时候碰到一条蛇，就会被认为是这一年大吉大利的征兆。因为这两种动物代表神意，代表生命的再生产，而且这里所蕴含的性别意向也非常明确。

黄河上游流传的大多数蛙神话里，其中重要的母题就是"青蛙创世""青蛙造人",这跟"女娲补天""女娲造人"等汉族典籍神话刚好形成对应。最典型的一则神话是这样的:伏羲和女娲结婚三年,有一天女娲对伏羲说,青蛙嘴里一吐泡,洪水即将来临。不久后,女娲在水中生下来一个肉团,从肉团里出来的就是一个蛙人。

女娲能够生下蛙人的民间叙述说明了女娲生育大神的地位。所以"娲"与"蛙"之间的隐喻联想在民间故事中表现为"语音同构"的意义,今天在西北民间还有这样一个谚语:"蛙吐泡,大雨到。"这实际上就是,农民在观察大自然中的生态时发现了动物的行为变化代表着特定的气候征兆,所以将此作为神灵给人间的启示,一旦青蛙吐泡了,就是神在告诉人们:要为下暴雨做准备了。

最后,我们郑重地推荐《伏羲神话传说与信仰研究》这本书。这是"神话学文库"专门聘请我国台湾地区民间文学专家刘惠萍教授撰写的,书中除讲解了所有文献中的伏羲以外,还记载了该书作者在中国各地调研的伏羲崇拜庙宇和民俗。这部"立体"描述伏羲文化的著作可以帮助大家更好地理解中华民族神话传说中最早的两位神。

参考书目

1. 《山海经校译》,袁珂校译,上海古籍出版社,1985。
2. 霍想有主编:《伏羲文化》,中国社会出版社,1994。
3. 李祥林:《女娲神话及信仰的考察和研究》,巴蜀书社,2018。
4. 刘惠萍:《伏羲神话传说与信仰研究》,陕西师范大学出版总社有限公司,2013。
5. 刘雁翔:《中国伏羲祠庙志》,中国社会科学出版社,2021。
6. 杨利慧:《女娲的神话与信仰》,中国社会科学出版社,1997。
7. 叶舒宪:《千面女神》,上海社会科学院出版社,2004。
8. 叶舒宪:《金枝玉叶——比较神话学的中国视角》,复旦大学出版社，2012。

9.　余粮才：《从仪式过程到信仰圈——黄河流域伏羲祭祀仪式考察研究》，人民出版社，2019。

10.　[德]埃利希·诺伊曼：《大母神——原型分析》，李以洪译，东方出版社，1998。

11.　[法]爱弥尔·涂尔干：《宗教生活的基本形式》，渠东、汲喆译，商务印书馆，2011。

12.　[法]安德烈·勒鲁瓦-古昂：《史前宗教》，俞灏敏译，上海文艺出版社，1990。

13.　[美]杰克·波德：《中国的古代神话》，程蔷译，载中国民间文艺研究会上海分会编《民间文艺集刊（第二集）》，上海文艺出版社，1982。

/ 第十五讲 /

黄帝、炎帝、蚩尤

这一讲旨在对中华民族的"共祖"进行文化寻根式追溯。

图 15-1 呈现的是河北涿鹿县新建起来的"中华三祖堂"。长久以来，汉人习惯称自己是"炎黄子孙"。在这一表述中，炎帝、黄帝并列，没有蚩尤。一般来说，人们常把蚩尤当作反面形象。但是，中国是多民族国家，一些少数民族认为他们不是黄帝、炎帝的后代，尤其是湖南和云南、贵州的苗族，他们认为自己是蚩尤的后代。

图 15-1　河北涿鹿中华三祖堂，同时供奉黄帝、炎帝和蚩尤。

　　所以，今天的中华祖先神话溯源改变了传统的"中原中心主义"，把少数民族的祖先蚩尤与黄帝、炎帝并列纳入了"中华三祖"祠堂供人们瞻仰祭拜。

▌"炎黄子孙说"："黄炎"与"炎黄"

　　这一讲的内容分为三个部分，第一部分主要是介绍"炎黄子孙说"的由来。如果按照年代排列，最早出现关于炎黄说法的文献是东周时期的《国语》，这是一部记载诸侯国之间名人对话的史书。在《国语·周语（下）》部分，提到炎帝"神农氏"和黄帝"有熊氏"。按照当时的排序，或许可以归纳出"黄炎子孙说"，即黄帝在先，炎帝在后。后来，又出现"黄帝子孙""炎黄子孙"这样的说法。《国语》这部书里有一部晋国的对话录《晋语》，讲到了"昔少典娶于有蟜氏，生黄帝、炎帝"：

　　昔少典娶于有蟜氏，生黄帝、炎帝。黄帝以姬水（陕西武功漆水河）成，炎帝以姜水（陕西宝鸡清姜河）成。成而异德，故黄帝为姬，炎帝为姜。二帝用师以相济也，异德之故也。

　　这说明了黄帝、炎帝的关系，他们是同父母的兄弟，男性的祖先叫"少典氏"，女性的祖先叫"有蟜氏"。"有蟜"的来源在古书中很少有记载。

　　既然黄帝和炎帝都是"有蟜氏"所生，那她就是华夏民族的女性祖先。既然是兄弟，为什么有很大差别？就是因为"德"不同。这里所用"德"字，和我们今天理解的伦理道德没有关系，而是指"与生俱来"的、类似于生命基因的胎记一样的东西。正因为他们生长的地方不一样，一个在姬水，一个在姜水，所以黄帝就是姬姓，炎帝就是姜姓。两个不同姓的祖先，在文化上也有区分，故有"成而异德"之说。

这些说法是今天能够看到的、关于华夏两位祖先的最早的文献记载，没有比这更早的了。至于黄帝、炎帝的母亲叫"有蟜氏"的问题，在非历史性的文献，如《山海经·中山经·中次六经》里，有一些精怪神兽的叙事中记载了相关的内容：

> 缟羝山之首，曰平逢之山。南望伊洛，东望谷城之山……有神焉，其状如人而二首，名曰蟜虫，是为螫虫，实惟蜂蜜之庐。

这段话说的是有蟜氏乃崇拜蜜蜂的部落，与有熊部落通婚。有一位神，状如一个人两个头，"名曰蟜虫"，这和有蟜氏的"蟜"字对应上了。蟜虫"是为螫虫，实惟蜂蜜之庐"的记载，一些学者解读为，意思是说有蟜氏是崇拜蜜蜂的部落和崇拜有熊的部落通婚的结果。

2011年，"中华炎黄母族有蟜氏故里文化研讨会"在河南洛阳孟津县（今孟津区）举行，当地人认为他们就是崇拜蜜蜂的有蟜氏部落的后裔，当然这也是无法考证的，只能算民间传承的说法。

一般认为黄帝的出生地在河南郑州南边的新郑。新郑有一个村庄，过去叫熊庄，这个名字就来源于黄帝的"有熊氏"，这里居住的人姓熊比较多一些。国务院批准在此立碑——"黄帝故里"。关于黄帝故里所在地的描述是传说中的历史，不能当作确凿的信息来看待。但是，当今的海外华人如果要寻根问祖，就会到这里来拜谒华夏祖先。

据记载，还有一个黄帝升天的地方，即陕西黄陵县桥山。所以陕西省人民政府每年清明节时都会在这里组织国家公祭黄帝大典，海外的华裔游子们会回来到这里参加盛会。这样一来，一个河南，一个陕西，覆盖了我们所说的中原一带。

新郑黄帝故里建立了巨大的铜鼎，作为黄帝故里的标志物。中国自古有成语"铸鼎中原""问鼎中原"等，鼎象征着权力、政权。图15-2的三熊足大鼎，是按照商周青铜器的范式铸造的，有两个耳朵在两端，整体是容器形状。鼎的三足是三只站立的神熊，这是今天的文化创意工作者为使该鼎蕴含文化记忆而设计的，十分巧妙地将黄帝出

图15-2　河南新郑黄帝故里三熊足大铜鼎，作为有熊氏的标志性纪念物。（2005年摄于新郑）

生地和黄帝号"有熊"等和熊崇拜信仰相关的说法联系在一起。所以来到此地，看到三熊足大鼎，千万不要以为是进入了卡通世界，这是华夏民族寻根问祖的"黄帝故里"——新郑。

从东周开始就出现了关于祭祀黄、炎二祖的礼仪。如《史记·封禅书》云："秦灵公作吴阳上畤，祭黄帝；作下畤，祭炎帝。"上畤和下畤都是类似于神坛的地方，用于祭拜两位祖先。以上的这些材料讲到二祖时，顺序都是黄帝在先，炎帝在后。什么时候"黄炎子孙"变成了今天说的"炎黄子孙"？学者考证后认为，大约就是在清末西方列强入侵、国破家亡的背景下，"炎黄子孙说"才开始流行。尤其是辛亥革命推翻了清朝的统治，让炎黄子孙的文化认同有了标的，对"炎黄子孙说"的流行起到了推波助澜的作用。后

来，抗日战争也进一步促进了国内民族凝聚力的加强，突出了国族的认同感。晚清台湾诗人丘逢甲诗云："人生亦有祖，谁非黄炎孙？归鸟思故林，落叶恋本根。"虽然这四句非常简单，却完整地表达出中华儿女寻根问祖、对祖先寄予无限崇拜的情思。

下面要探究一下炎帝姓氏"姜"背后的文化密码。两位老祖宗姓不同，一位姬姓，一位姜姓。姜姓容易让人联想到少数民族称谓——羌。"姜"是"羊"在上，"女"在下；"羌"是"羊"在上，"人"在下。这两个字实际上是一个字，只不过一个字突出了性别和"女"有关，另一个字没有突出性别，而是"羊"和"人"的组合。实际上，"羊"字的字形就像羊头上面伸出"羊角"。牧羊对农业文化来说是一个后来的附加的生产方式。其来源是草原的游牧文化，跟中原的农耕文化是两种不同的文化。按照《说文解字》的理解，"羌，西戎牧羊人也"。因此，这一地区古代民族的自我定位是放牧人，而且放牧这一生产方式的生产对象也很"专一"，那就是羊。因此，后来将这一西部放牧的族群泛称为"羌"。"姜"跟"羌"二字，在甲骨文中通用，从字形来看都是"羊"在上，这到底代表什么？

华夏意识形态的关键词也像西方思想一样，离不开"真""善""美"。其中的"善"和"美"二字，字形上方都是"羊"。因为中国核心的文化观念背后与羊崇拜、羊神信仰有直接关系。牧羊文化虽然是外来的，但是它带来的文化成分、文化要素对华夏文明产生了非常深远的影响。

有人会问，汉字"美"本来是什么意思？古代的解说很简单，上面是羊，下边是大，"羊大为美"。古代农业社会只吃粮食没有油水，人们非常渴望增加点动物蛋白和营养，这就需要牧业。对于肉食而言，只吃瘦肉是不够的。羊小就会太瘦，没有脂肪，即"油水”，“羊大为美”就是这个道理。

所以，古人认为油水大的就是好的，把占便宜的行为称为“捞油水”，把富家人子弟称为“膏粱子弟”。“膏”，指的就是动物脂肪。由此看来，“羊大为美”的观念来自华夏祖先时代的味觉，跟西方人以视觉判断美的原理是不一样的。

华夏文化不只有一个源头，其源头既有农耕文化，又有外来的游牧文化。所以，“姜”也好，“羌”也好，所代表的牧羊文化从很早的时候就开始融入中原华夏民族。华夏的祖先，一个姜姓，一个姬姓，代表的是游牧传统和农耕传统，二者之间既冲突又融合，共同铸造出华夏民族。早期的牧羊人到了农耕区域就放弃了牧羊，也开始农业生产，所以羌人就变成了炎帝的这一支，华夏祖先中有一部分血统是从西边来的。我们了解到的中华民族的文化密码就在两位祖先的姓里。这个信息非常重要。

“善”字是一个抽象的概念，“善”加上一个代表肉的“月”字旁，形成“膳”字。吃饭，为什么叫“膳”？皇帝吃饭就叫“用膳”，那是最好的饭。最好的饭当然会有羊肉。古代人把汤叫“羹”，勺子叫“调羹”。“羹”字的上面还是羊。从周代开始，最高级的汤就是羊肉汤。牧羊文化为农耕民族送来味觉和营养的最佳调剂，也就逐渐产生了“善”“美”“羹”等字。如此看来，通过对汉字的解读，就可以大概知道炎帝的姜姓、羌族与牧羊文化的关系，及其对华夏文明的重要性。

牧羊文化会崇拜羊吗？其实，一个社会群体赖以生存的对象，往往就被该社会升格为图腾。吃粮食的古代周人就以农作物为神，所以“社稷江山”的“社”，指生育农作物的大地神，“稷”就代表促进谷物生长的谷灵或谷神。“社稷”二字蕴含着农耕民族靠土地粮食为生的观念，所以农耕民族以二者为神。这是很典型的例子。

这跟之前介绍的狩猎熊的民族，把熊作为它们的祖先和图腾的情况，是一样的道理。只不过一个是农耕民族，一个是狩猎民族。

羊作为华夏文明的一个原初符号，虽然有源自西方的外来成分，但是已经完全融入了华夏正宗之中。渐渐地，"羊"字又变成了国人心目中最好事物的代表，比如吉祥的"祥"字，右边就是"羊"。

图 15-3　四川广汉三星堆出土羊头龙青铜器（摄于三星堆博物馆）

汉代的画像石中经常可见一个巨大的羊头或羊角独立在那里，对此的称呼不叫"大羊"，而叫"大吉祥"。羊头代表的就是吉祥如意，是人们祈求平安的寄托。图 15-3 的青铜器出土于成都平原三星堆遗址，距今大约 3000 年。这件叫"羊头龙"，身体是龙，头部却有明显的山羊胡须，是半羊半龙的形态。它就明显代表着西北、西南民族地区依赖放牧生产的族群的图腾。前面曾提到史书记载的楚国王族二十五位王者原来都姓"芈"，可后来登上王位、留下来的名字全都改叫熊某。这是因为楚人是颛顼（黄帝之孙）的后代，颛顼崇拜熊，故楚人把神圣的熊变成了雅号，这一点也不奇怪，问题是这个"芈"字。在《芈月传》电视剧热播以前，"芈"字是当代人很少念到的冷僻字。从字形看，上部像两个羊角。为什么这个字发音是 mǐ 呢？我把它的正确发音告诉大家：芈字的原初发音就是羊的叫声——咩。这显然与三星堆出土的羊头龙是源自一个脉络的文化，就是把羊作为祖先图腾，把羊的叫声作为自己的尊姓。

中华文化是一个"大家庭"，南来北往的各种文化成分经过融合后熔炼出了华夏一体。我们精挑细选这些细微的成分进行分析，是有助于理解中华文化形成的多元背景的。

以上就是本讲的第一个方面内容，即"炎黄子孙说"的由来。

▍《山海经》中的熊山熊穴

本讲第二部分内容专注于"黄帝有熊"的问题。《山海经·中山经》[①]中提到了名为"熊山"的山，熊山上有一个洞叫"熊之穴"。熊之穴的特征为"冬闭夏启"。这是指冬天熊洞就关上了，夏天熊洞会再打开。《山海经》这个叙事，实际上是对神熊冬眠作息的循环制度的一种神话化的描述。还有一句叫"恒出神人"。就是指从熊山熊穴走出来的不是熊，而是神人。熊之所以被理解为天神，就是这么来的。《山海经》用穿越性的叙事讲出了生命的循环理想。神性的生命具有自我再生性。

黄帝姬姓，号轩辕，又号有熊。这之间到底是什么关系？上一讲中已经解析了古人观察天上的星象，将北极星及北斗七星联想为天熊的过程，而黄帝的"轩辕"也与天上的星象有关。"轩辕"两个字的偏旁告诉我们，轩辕是一辆"车"，这辆车既不拉货也不载人，它是指示方向的。古人把天上的星象北斗看成是一辆"帝车"，坐在北斗中央的是天帝。天上的帝车处在旋转之中，就是"斗转星移"。车中坐着的是天帝，北斗星的斗柄部分就被理解为车辕。所

---

① 《山海经》中的山经，是指天下的东、西、南、北四方加"中"方，一共五个方位的山，所以叫"五藏山经"。就像人有五脏六腑一样，它把天下的河山按照类似五脏的方位排列，最中央的"中山"无疑是最神圣的。中国的"中"就指地理上的中间，也是方位的意思。

以，"轩辕"指的是一辆有车辕的、指示方向的车。一则古代神话讲述黄帝与蚩尤大战时，蚩尤刮起风沙，黄帝军队霎时间无法看清方位，极其危险。于是黄帝发明了一辆指南车，用于辨别方向。天上的北斗星就是指示方向的，所以这则神话中黄帝发明指南车表明：轩辕的符号"编码"原型就是天上的北斗星帝车。北斗星在大熊星座中是"熊"身体的一部分，这时候就会发现，轩辕和有熊在天上的形象就完整地呈现出来了。感兴趣的话，大家可以去北京天文馆看关于星座知识的科普片，看完就能理解双鱼座、人马座的寓意，古人观天产生的这些想象和联想，也正是神话产生的终极根源。

黄帝号"轩辕"又号"有熊"，这是在《竹书纪年》这本战国时期的文献中首次记录的。司马迁写《史记》采纳了这一说。《史记·五帝本纪》云："黄帝者，少典之子，姓公孙，名曰轩辕。"又云："自黄帝至舜、禹，皆同姓，而异其国号，以章明德。故黄帝为有熊，帝颛顼为高阳，帝喾为高辛，帝尧为陶唐，帝舜为有虞，帝禹为夏后而别氏，姓姒氏。"华夏的祖先是一个脉络、一个世系的，他们是同姓而异其国号。后人将此称为万世一系。这是华夏祖先认同的一个最根本的核心观点。

为《史记》作注的张守节认为："黄帝有熊国君，乃少典国君之次子，号曰有熊氏。"有熊是地名，也是黄帝建立的国家的国号；轩辕黄帝是有熊国的统治者。如果把轩辕为车的情况和黄帝发明指南车的神话传说联系起来，就得回答帝车北斗星和熊之间的关系问题。这确实是一个非常具有挑战性的议题，但借助探究上古文化的四重证据法，便有了一些古人没有看到过的文物，用来求证和说明车和熊的联系。

伏羲庙所在的甘肃天水，原下辖一个县叫礼县（现属甘肃陇南），这里发现了秦国统治者的祖先墓群。古时，秦人在这片区域为西周王朝的王室养马，所以周代统治者给他们封了一块地，取名为"秦"，这就是秦国的由来。

为什么是秦？"秦"字中有"禾"，说明这个称呼是和农耕有关的。但是，秦人真正特殊的本领在于养马，这对于军事战争有着十分重要的意义，也对华夏文明产生了非常重要的影响。秦人统治者的祖先在甘肃礼县留下一些先王或先公的墓葬，20世纪陆续出土许多珍贵文物，其中一件珍品就是一辆青铜车（图15-4）。这个车四四方方，车的四角趴着四只螭虎作为守卫，车顶上方的四个角站着四只鸟，眺望四方。而车的中央只有两个形象，一个是驾车夫，一个是车夫身后端坐的神熊，坐姿俨然一位王者。

四方的车指示着四个方向，车辆本身又体现出轩辕车的轱辘，这是中国迄今所见最早的一辆四轮车舆。通过这件文物我们就能明

图15-4 甘肃礼县秦先公墓出土青铜熊车（摄于礼县博物馆）

白什么是指示方位的轩辕车，什么是中央神熊，有熊的位置在哪里等问题。同时，它也体现出端坐在车中央的熊作为天国王者的至尊地位，几乎是无以复加的。

秦先公墓里出土的重要文物虽然仅此一件，但它足以说明秦人的祖先文化记忆。青铜器不是给儿童的玩具，它的设计和制作都有着神圣的通天、通神的含义，是礼器。青铜器上如果有文字记载，那么最后一行字基本上都要对青铜所代表的神力进行说明，即要保持它世世代代地传承下去："子子孙孙永宝用。"这种传承的期许不仅指财富方面，更重要的是，将神的保佑力量，作为一种神圣的生命力，世世代代地传承下去，永不衰竭。这就是青铜礼器设计背后的神话和宗教崇拜观念。青铜熊车的发掘，可以让人们看明白轩辕和有熊在先秦时代是如何通过造型艺术结合为一体的。

北京天文馆的北斗帝车图（图 15-5），可以作为上述内容的辅助说明：北斗的斗就是车厢，斗柄就是车辕，车中端坐着的主人，

图 15-5　轩辕为车：北斗帝车神话想象。（摄于北京天文馆）

可理解为有熊或天熊，也可理解为天上的帝星——北极星，古人也称之为太一。古人没有精妙的科学仪器，不可能有现代天文学，只有神话天文学。因此，古人将轩辕理解为指示四方的神车，北斗帝车中端坐着的就是黄帝有熊氏。在讲到黄帝升天的神话时，我们专门介绍过黄帝在中原铸鼎，鼎铸成后天神派神龙下凡接黄帝升天的故事。

　　这个传说在中原民间广泛流传，尤其是在仰韶文化高等级大墓所在的灵宝市。仰韶文化晚期大墓出土地点是河南灵宝铸鼎原一带，关于黄帝升天的传说有很多。铸鼎原旁还有一条沟——龙须沟。很多人都知道北京作家老舍的代表作也叫"龙须沟"，但并不知道这些地名背后的神话编码。灵宝龙须沟的名称就来源于当地的百姓讲的民间的神话情节。说黄帝铸鼎升天时，骑在龙身上，黄帝的 72 个大臣也要跟随他升天。他们都想跟着龙上天，但是龙坐不下，所以他们就抓住龙的胡须。不料半途龙须断了，他们摔到地上，砸出来一条沟，这条沟便被称为龙须沟。

　　这就是华夏地名背后的神话编码，这也再次表明：为什么需要把中国神话研究从纯文学拓展到全新的"神话中国"的大方向，其必要性何在。事实上，除了文学以外，中国的地理和历史中也充满了神话。文化的原编码皆源于神话观念。这就需要用神话学的专业知识和眼光，重新进入华夏文明的探索之域。大家日后再次站在考古遗址前，站在博物馆里，看到了相关的文物，除了拍照留念，如果还能对文物展品进行文化编码的深度思考，就不再是茫然状态了。

　　根据这些证据我们逐渐明白：黄帝有熊、伏羲黄熊等隐喻着远古最神圣的中央天神，也就是天地间的主神。换句话说，就是在道教崇拜的玉皇大帝诞生之前，如果要找一位古人心目中的至高无上的神，非天上的神熊莫属。汉代画像石中的两足神熊，华佗五禽戏、南北武术中所有模仿熊的动作等，都是通过造型艺术和活态文化传承至今的熊崇拜的历史活化石。

上一讲中提到的在二里头和天水出土的镶嵌绿松石的铜牌，其产生年代是在距今 4000 多年到 3000 多年之间，这些神圣物所呈现的就是在甲骨文流行之前，古代中原人用图像方式表达的神熊形象。图 15-6 是安徽出土的一对汉代鎏金神熊，非常生动。可想而知，汉代人对熊的重视程度是远高于现在的。两汉终结，华夏的正统中断，外族入侵以后，天熊在人们心中的地位开始一落千丈。再往后，天熊观念被淡忘，就只有传统玉雕工艺等还保留着神熊的形象。在其他的场合，熊的地位就只能一落千丈。

图 15-6　安徽出土西汉鎏金双熊（摄于安徽博物院）

如果想要恢复远古的神熊信仰，最好的办法是系统地把这些上古时期、远古时期神熊偶像的造型呈现给大家看。笔者在 2007 年出版了《熊图腾：中华祖先神话探源》一书（2018 年又出版增订版），书中记录了对北方红山文化、兴隆洼文化的实地考察。笔者考察了距今 8000 年、6000 年、5000 年的熊崇拜文化遗迹，并把图像采集下来，形成这样一本考察记。书中以大量的彩图呈现了神熊崇拜在北方留下的遗迹，包括山东临沂孔庙中保留的一些汉画像和石雕。汉代留下来的神熊形象通常呈现出顶天立地的样貌。这类形象不是艺术家对大自然的写生，而是神圣的符号和远古熊崇拜信仰的遗留。

接下来要讲尧、舜和大禹。大禹化熊的故事此前已经提到，大禹还有一个事迹是创制了夏朝的国旗。这是新发现的楚国竹简书《容成氏》中记载的：大禹创制的国旗上有一种神圣的动物——神熊。夏禹所创制的夏王朝的神圣之旗到底是什么样子？大家可以通过这两讲提供的图像材料，自己去联想和想象。

图 15-7　山东临沂出土汉代石雕神熊（现藏临沂文庙，摄于临沂市博物馆）

▌ 姬姜从女：女神文明论的中国物证

黄帝姬姓、炎帝姜姓，两位都是传说时代最早的统治者或王者。"姬""姜"的偏旁部首都是"女"，为什么当华夏祖先的文化寻根聚焦在两个最原初的姓氏时，会发现它们都从"女"部呢？这就要探索标题中的"女神文明论的中国物证"。

在 20 世纪的国际神话学研究中，有一个成绩最大、影响最广的流派，叫"女神文明论"流派。研究神话的人过去都是在文献中研究，到了 20 世纪，地下考古发掘的文物大量出土，学者的眼光一下子就拓展到几万年前去了。这时，史前的神像出土数量也成倍增长，同时人们看到一个非常明显的现象：如果发掘到的是 5000 年以前神的偶像，那么这个偶像八九不离十是女性，男性的神很少见。最先发现的偶像是在欧洲，特别是德国、奥地利、法国等地。这一批史前偶像的性别特征极为明显：丰乳、肥臀、怀孕的大肚子等，专家们就认为她们代表着史前人类崇拜的"母亲神"。这些特质充分体现出当时人们崇拜的是生育。在史前社会，人类最关键的问题是传宗接代、人口繁衍。在史前女神像中，最早的距今几万年，最晚的也距今 5000 年左右，都比文献中记录下来的神灵要早，所以人们逐渐认识到女神崇拜在先、男神崇拜在后的事实。这就是所谓"女神文明论"。这是 20 世纪后期人文学界最重要的学术发现之一。该学派代表人物是一位立陶宛裔美国考古学家 —— 金芭塔丝。

中国神话学会组织力量翻译了她的两本代表作《活着的女神》和《女神的语言》。这是对西方文化创意产业产生最大拉动作用的一派。而国内的创意写作者们较少关注国际学界的新动向和新理论，一般采取闭门造车的方式。21 世纪中国有本畅销小说《狼图腾》，我们认为这部书的构思有一定失误，它把狼认为是先于龙的中国图腾动物，其误导作用十分显著。这里要提到 21 世纪以来全球第一畅销书《达·芬奇密码》。如果你没有读过此书，可以看一下根据这本书拍摄的影片。如今，由该书衍生出的文学影视作品、主题乐园都相继出现了，就像迪士尼乐园和环球影城的哈利·波特主题公园一样，文化娱乐产业随着文学艺术作品而兴旺发达起来。

《达·芬奇密码》写的是基督教中的一个秘密教派 —— 圣殿骑士团。基督教崇尚父权制社会价值观，上帝叫圣父，耶稣叫圣子，加上圣灵就是神圣的"三位一体"，不提圣母。而《达·芬奇密码》的作者就在小说中抛出问题：基督教，就像通常人们认为的那样，是以男性为主导的宗教吗？书中一切题材都是用象征符号来隐喻女神文化的传承，所以他就主要围绕着崇拜女神的基督教秘密教派——圣殿骑士团展开描写。小说的故事背景就借鉴了"女神文明论"的科研新成果。只可惜，国内的导演、编剧们还没有在神话学的新成就方面有所觉悟，一般仅仅是在《山海经》中找题材，左捞一个、右拉一个，很难进入深度阐释的境界。再看《达·芬奇密码》的创作和同名电影的制作，就容易明白为什么它能产生摧枯拉朽的影响力，被翻译成全世界50多种文字，广受欢迎。作者在写作前进行了大量的调研工作，包括欧洲多地点的实地考察。小说成功后，光是为这本小说"解码"的书就有几十种。丹·布朗自述，他本人在写成《达·芬奇密码》这本300页的书之前，先写了3000多页的考察笔记。丹·布朗几乎是用学术探究的方式构建他的"密码世界"。他不辞辛苦地把20世纪最重要的发现链接到自己的创意写作之中，图书畅销多年也是意料之中。

回到"姬姜从女"的问题上。不仅黄帝、炎帝两人的姓都从"女"部，汉字中的"姓"字本身也从"女"部；为何"女"加"生"即为"姓"，而不是"男"加"生"呢？这充分体现了文字背后古人知母不知父的社会现实。经验表明，所有的婴儿都出自母亲身体，对女性孕育人类生命产生崇拜，也就理所当然。这也恰好符合女神文明论中的发展脉络，崇拜女神在先，象征女性的符号就会出现在历史的"前排"。如今，"姬"和"姜"在《百家姓》中都是小姓，反而赵、钱、孙、李、周、吴、郑、王等姓的人口最多。在先秦，统治者们的姓才是最重要的，所以有《诗经·衡门》的如下说法：

衡门之下，可以栖迟。泌之洋洋，可以乐饥。

岂其食鱼，必河之鲂？岂其取妻，必齐之姜？

当时齐国最显赫的姓就是姜姓，姓这个姓的人是炎帝的后代，如果谁娶娶的是姜姓女，那就是"攀龙附凤"。今天，大多数人都已经忘记了这个脉络背后的意义，原因就在于女神文明早已离我们远去。用文字记载的一切文明基本上都是父权制的文明印记。从此之后，女神要不就被父权制意识形态的筛子筛掉了，要不就被"拉郎配"，比如把女娲配给伏羲做他的妻子去体现"一夫一妻制"。这是后代对原生神话进行破坏和改造的结果。当人们生活在"文字小传统"中时，是看不清楚前文字时代"大传统"的女神崇拜之渊源脉络的。

图 15-8 是河北出土的距今约 7000 年的女神石雕像，图 15-9 是辽宁建平牛河梁出土的距今 5000 多年、中国乃至亚洲最早的一座神庙中的女神塑像。这座神庙有完整的建筑设计，还出土神像和动物塑像（熊与鹰）。考古学家对此神像的性别判断没有任何争议，随即给它所在的这片遗址命名为"红山文化牛河梁女神庙"。为什么是女神庙？是因为这庙里的塑像有巨大的乳房。

图 15-8　河北滦平出土史前女神石雕像
（2009 年摄于首都博物馆）

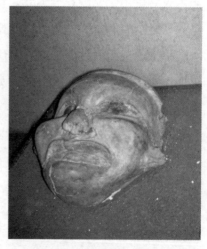

图 15-9　辽宁建平牛河梁女神庙出土女神像
（2006 年摄于牛河梁遗址）

女神庙还出土了一个神熊头骨的下半（下颚骨，见图 15-10），这部分骨骼上有两颗獠牙，旁边是泥塑的神熊的偶像和鹰的偶像。就像之前说到的"鹰熊合练"，这些偶像代表的是宇宙之间最神圣的、最强有力的动物。天空中的猛禽、陆地上的猛兽都和女神的象征发生关联。如果大家今天到

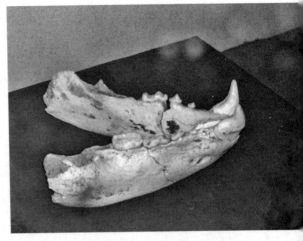

图 15-10　牛河梁女神庙出土熊下颚骨（2006 年摄于牛河梁遗址）

北方去旅游，我推荐给大家的首选地就是辽宁省朝阳市的牛河梁遗址博物馆。辽宁省政府对此投资 5 亿元人民币，建成全世界最大的史前遗址公园，就是因为这里出土了整个亚洲最早的神庙。我们现在看到的所有的庙都是佛教传来以后兴建的，仅仅距今 1000 多年；距今 5000 多年的神庙是人们无法想象的。如今，神庙和女神像相继被发现，跟女神同在的动物象征的偶像也出土了。所以，现在当我们提到黄帝有熊、伏羲黄熊、姬姜从女等概念的时候，已经不必像作家创作一样完全依靠想象去附会，这里全部是实证。

看完这些几千年前的女神偶像，再聚焦一本英文书：*Did God Have a Wife*？翻译过来就是"上帝有妻子吗？"从书名上看，似乎是《达·芬奇密码》的续篇，看似是在写基督教中上帝有没有妻子的问题，但是再看副标题 *Archaeology and Folk Religion in Ancient Israel*（考古学与古代以色列的民间宗教），我们就能明白这是一本考古学专著。其封面的女性形象就来源于书中的研究对象——以色列出土的史前女神偶像（图 15-11）。所以，专家们也相应提出，上帝应该

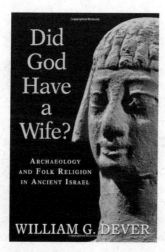

图 15-11 *Did God Have a Wife?*
一书封面

也有妻子的吧，甚至认为上帝本身也可能是位女性神。打开任何一部世界艺术史、人类艺术史图书，都不难看到，排在前几页的图像，都是距今 3 万年的丰乳肥臀的女性偶像文物，统称"史前的维纳斯"。

古希腊人塑造出来的裸体的男女神像，一般是公元前 500 年左右的雕塑作品，而本讲所说的是数万年前的神像，这些神像确实以女神像居多。所以，这个现象让我们重新思考，黄帝、炎帝二姓为什么都跟"女"有关系。以上，和大家分享了一些与"女神文明论"相关的著作和讨论，目的是希望大家以后从事学术思考、撰写论文、经营文化创意产业时，能有一个取之不尽的源泉。

卡梅隆先生拍摄《阿凡达》之前，努力补习了学界关于女神文明的研究成果，因此在电影编剧和制作时体现了诸多女神文明的要素。比如影片的结尾叙事：武装到牙齿的地球人用了最先进的火炮武器到手无寸铁的纳威人的星球上侵略，却被显灵的纳威女神力量打败。这些最流行的国际大片背后都有深刻的神话学研究成果的参与，绝不是哪一位作家或编导随兴所至就能创作出来的。《达·芬奇密码》和《阿凡达》等作品的文化考察功夫，为文创产业带来重要思想启迪，其影响之大是理所当然的。

以上，两位重要华夏祖先黄帝和炎帝讲完了。

本讲的最后，我们再对蚩尤作一个补充讲解和深层阐释。同时，也用文化溯源的方法对他作一个背景交代，这个探究的过程就围绕女神文明。首先，为什么女神文明到大约 5000 年前就消失不见了？

这是因为 5000 年前左右是古埃及、苏美尔、古巴比伦文明诞生的时候。"文明"自其诞生之日起，就天生是父权制文明。所以，传承几万年的女神信仰就受到了冲击、挑战，开始走向沉沦和中断。

对女神文明冲击最大的是游牧民族。游牧民族与农耕民族最大的区别在于生活方式。农耕民族定居在一个地方，人们相安无事地从事自给自足的小农经济生产，同远处居住的人可以老死不相往来。游牧民族则要逐水草而居，生活是移动迁徙的，这边的水草不行，就跋涉几百甚至上千公里寻找新领地。而在这个过程中，要克服旅途中发生的冲突，难免有战争，因此逐渐培养起来的战斗力、机动性对定居的农耕民族造成巨大的威胁。

女神文明最初面临的冲击就发生在游牧民族的崛起时期，这是学界公认的看法。游牧民族的刚需是"金戈铁马"，金戈铁马就又离不开冶金文化。在华夏文献的文化记忆中，蚩尤神就曾和冶金联系在一起。

图 15-12 中呈现了汉画像石中的蚩尤形象：左手持剑，右手持戟，都是金属武器。蚩尤一出现，必然是战斗力非常凶猛的兵神、战神形象。为什么在炎黄大战时，蚩尤的军队这么厉害？因为他们比农耕民族更早地掌握了更先进的冶金技术，有金属武器，让中原人既羡慕又惧怕。

冶金文化在中原地区产生较晚，大约 3600 年前的二里头文化二期，才出现最早的一批青铜铸造的礼器，还有武器铜戈等，在此之前是没有金属的。从世界范围看，古埃及、苏美

图 15-12　汉代画像石中的兵神蚩尤形象（摄于山东博物馆）

尔文明也是在大约 5000 年前进入冶金时代的。冶金文化在欧亚大陆上的传播有清晰的过程，特别是黄金和白银的冶炼。中国境内过去没有黄金，冶金文化是通过古老的西亚文明进入中亚，通过中亚草原地区的游牧文化，再向中国新疆以东的地区渐渐传播，等越过河西走廊后，才进入中原地区，成为农耕文化的一部分。所以，今天所知中国境内最早的一件黄金器物，发现于河西走廊西端的玉门市火烧沟文化，距今大约 3600 年。这是在中国全境发现的最早的黄金器，与英国国家博物馆珍藏的 5000 年前的苏美尔文明文物黄金神树和羊、埃及图坦卡蒙法老之墓出土成吨的黄金相比，文化差异较大。

这里引用文献中的说法，作为对蚩尤形象的补充分析：

《太平御览》卷七九引《龙鱼河图》云："蚩尤兄弟八十一人，并兽身人语，铜头铁额。"[1]

关于蚩尤和冶金文化的描写，从"蚩尤兄弟八十一人""兽身人语"等记述就能看出，蚩尤兄弟十分厉害，长着野兽的身体，有铜头、铁额。铜头铁额的相关描述，就把蚩尤和冶金文化紧密地联系在一起。中原文化在汉字造字时代，把东边的人叫作"东夷"，把西边的人叫作"戎狄"，"戎"字就是一个人手上拿着一件金属武器——戈。西戎之所以厉害，一是因为他们属于游牧民族，二是因为他们骑马，三是因为他们有尖锐的金属武器。所以，蚩尤代表的是兵神——金属武器神的观念，或许正是受到西边外来的冶金文化影响。通过这个脉络，可以大致理清，炎帝、黄帝、蚩尤三大形象背后，有两股西来的文化势力：炎帝代表西来的牧羊文化，蚩尤则代表西来的冶金文化。在华夏文化的大熔炉中，今天我们把他们三位供奉为"中华三祖",而在三大形象背后,则潜隐着三种不同的文化渊源。神话叙事对此起到一种三合一的整合作用。

参考书目

1.　费孝通主编:《中华民族多元一体格局》,中央民族大学出版社,2018。

2.　贾墨冰:《炎帝》,中华书局,2019。

3.　马长寿:《氐与羌》,广西师范大学出版社,2006。

4.　苏秉琦:《中国文明起源新探》,生活·读书·新知三联书店,1999。

5.　田兆元、叶舒宪、钱杭:《中华创世神话六讲》,上海交通大学出版社,2018。

6.　王明珂:《游牧者的抉择:面对汉帝国的北亚游牧部族》,广西师范大学出版社,2008。

7.　王艳:《面具之舞:白马人的神话历史与文化表述》,社会科学文献出版社,2020。

8.　叶舒宪:《中华文明探源的神话学研究》,社会科学文献出版社,2015。

9.　叶舒宪:《熊图腾:中华祖先神话探源(增订本)》,陕西师范大学出版总社有限公司,2018。

10.　张道一:《汉画故事:刻在石头上的记忆》,中华书局,2020。

11.　张经纬:《四夷居中国:东亚大陆人类简史》,中华书局,2018。

12.　中国民俗学会、花垣县人民政府编:《魂牵蚩尤:全国蚩尤文化研讨会(湖南·花垣)论文资料汇编》,民族出版社,2010。

13.　[美]张光直:《中国青铜时代》,生活·读书·新知三联书店,1983。

14.　[日]白川静:《汉字的世界(上):中国文化的原点》,陈强译,四川人民出版社,2018。

15.　[英]杰西卡·罗森:《祖先与永恒:杰西卡·罗森中国考古艺术文集》,邓菲、黄洋、吴晓筠等译,生活·读书·新知三联书店,2011。

/第十六讲/

尧舜禅让：儒家的政治神话

前面几讲谈及伏羲、女娲、黄帝、炎帝、蚩尤，这一讲则是按照神话历史传说的时间顺序，谈谈夏、商、周三代之前的两位圣王，在古书上，他们叫"唐尧"和"虞舜"。尧舜禅让的神话，我们认为是后世的儒家建构出的政治理想，所以本讲的副标题是"儒家的政治神话"。通常来讲，中国的神话跟道教关系密切，一般认为儒家侧重现实伦理方面，不语怪力乱神，当然也没有神话。大家看了这一讲的题目就会发现，儒家神话的提法似乎和常识的观点有很大不同。儒家为什么要建构这样一个禅让的神话？通过这一讲，我们要揭示儒家的仁爱精神、政治理想是怎样借助故事来建构的。

图 16-1 是今天大家能够在祖国大地上看到的尧的庙，这座尧庙位于山西临汾。

在中国，历史人物常被供奉在庙宇中，人们把他们当作神来祭拜，这个传统所体现的就是我们所说的"神话中国"观念的一部分。也就是说，神话在中国，不仅仅指向文学中的一些故事和人物。整个中国文化就是由神话编码的，把现实中的人物请到神庙中去，他就变为人格神。山西临汾的尧庙今天依旧香火不断。

这一讲主要说明儒家文化所表达的政治理想是怎样的，并和大家一起感受，比夏朝还早的尧舜时的中原，其现实是怎样的。以前，我们对古老的传说只能听之任之，今天有"四重证据法"，这

图 16-1　山西临汾尧庙（摄于 2007 年）

让我们无须去费神考证到底有没有尧、舜，就可以大体看到 4000 年前的中国是怎样的文化状况，也因此可以借由神话历史展开的方式，大体上判断神话中所讲的到底哪些是虚构的、哪些是属实的。这是古人做不到的。

4000 年前的中国究竟是什么样子呢？虽然本讲的内容是关于尧舜时代的神话，但它们可以与三个新发现的考古遗址相互参照，这三个遗址刚好都是黄河流域从中游到上游距今 4000 年左右的重要遗址，即陶寺遗址、石峁遗址和喇家遗址，分别在山西、陕西、青海，都离黄河不远。大家可以通过这些遗址的发现展开思考：如果真的有唐尧、虞舜的时代，这个先于夏、商、周王朝的时期，其社会是和平的和理想的吗？究竟是"温良恭俭让"的，还是充斥着残酷的社会冲突呢？验证的结果是，在那个时代所看到的，是充斥着残酷暴力的现实。

　　文明绝不会像人们想象的儒家思想那样都是"温良恭俭让"的。你让我、我让你，大家都不做王，天下有这样的好事吗？今天我们对文明到来的理解很简单，就是原来的史前社会小国寡民的生存状态被打破后，人流、物流发生了集中，城市、贸易、奢侈品才会出现。所以，在这种情况下，社会不可能是和平的，必然有一方要依靠武力来垄断这些资源，发生冲突和战争更是不可避免的。

　　大家可以思考一下，古老的城市为什么要修建高大的城墙？文明诞生以前是没有城墙的，顶多有一个壕沟，大家住在村落里面。城墙的建立就是因为有暴力、有冲突，要抵御非常凶猛的外敌。

　　山西省临汾市襄汾县的陶寺遗址在南流的黄河以东，距今大约4300年，也比夏代稍微早一些。陶寺的所在地刚好就在今天还在给尧祭拜香火的尧庙附近，这个地方属于汾河流域。汾河是黄河在山西最大的一个支流，其流域覆盖的范围刚好是山西南部——晋南。

　　石峁遗址在黄河西岸，位置要更靠北一些，靠近内蒙古河套地区，也在黄河边上，其年代是距今4300年到3800年。

　　青海的喇家遗址也是约4000年前的，恰好也在黄河边上。这里发生了史前的灾难性事件，而且这里的先民所使用的玉制礼器和中原一脉相承。所以，我们顺着黄河把这三个"站点"连起来，通过对尧舜神话时代的追溯，实际上可以探索小学、中学、大学的历史课大都没有讲过的4000年前的中国是什么样子。

　　让我们跟着历史的镜头走进尧庙，看一看尧庙是怎么建构儒家理想的君主的。前面几讲侧重讲伏羲、女娲、黄帝、炎帝、蚩尤，但是中国古代儒家的神话人物谱系中没有这些公认的神话传说人物。不仅孔子没有提，孟子也没有提过，直到战国时期之后，上古的神话人物才纷纷出场。而在儒家的谱系中，上古就是六位圣王，《论语》讲了儒家心目中的六位圣王：尧、舜、禹、汤、文、武。

尧、舜是本讲的主题；禹就是"大禹治水"的禹，建立夏王朝的第一位功臣；汤就是商代开国君王商汤；文、武指的是周文王、周武王。这样看，儒家的历史谱系最正宗的就是六位圣王，至于尧以前有谁，孔子没说过，似乎他并不知道。

儒家认为尧就是伟大的开天辟地的圣王，所以在《论语》里，孔子有一个赞叹："大哉！尧之为君也！"就是说，尧是孔圣人心目中最伟大的，排在第一位，没有比他更伟大的人了。这样看，儒家所建构的伦理榜样都是从唐尧、虞舜开始的，唐尧到虞舜王位的继承方式，就是"禅让"。什么叫"禅让"？禅让就是王位的获得既不是依靠打仗、争斗，也不是传给儿子，而是到民间去找一个最贤能的人承接王位。这到底是历史还是神话？这是我们走进尧庙所要求证的历史疑问。

下面给大家介绍一下儒家心目中的尧在史书中究竟有怎么样权威的记载。中国古代有"五经"说，也有"六经"说，后来增加到"十三经"。在所有这些经中，排在最前面、仅次于《周易》的书是《书经》，即《尚书》。《尚书》的第一篇为《尧典》，专门讲尧舜时代的历史。所以我就把《尧典》，也就是中国古代儒家心目中权威历史的第一篇《尧典》中的说法介绍一下，然后再展开神话历史的分析。

> 昔在帝尧，聪明文思，光宅天下。将逊于位，让于虞舜，作《尧典》。曰若稽古帝尧，曰放勋，钦、明、文、思、安安，允恭克让，光被四表，格于上下。克明俊德，以亲九族。九族既睦，平章百姓。百姓昭明，协和万邦。

前两句意思是说，《尚书》中关于尧时代记忆的这一篇《尧典》的背景，就是尧要退位时把自己的王位让给虞舜，就是这么一次禅让变成《尧典》的开篇。"曰若稽古帝尧，曰放勋，钦、明、文、思、安安，允恭克让"，从一开始就把儒家所说的温良恭俭让美德放在 4000 多年前的这位统治者身上。"光被四表"，是说他浑身都在发光，像太阳一样。"格于上下"，是说天神、地鬼对他来说都是可以沟通的。"克明俊德，以亲九族。九族既睦，平章百姓。百姓昭明，协和万邦"，是说天下一片太平。2500 多年前儒家学派创始人孔子，他心目中如果有一个比夏朝还早的理想盛世，那就是唐尧时代天下太平的景象吧。这就是《尚书·尧典》关于尧的描绘。其内容大多是美赞之词，这里面到底有多少可信的历史内容？留待下面再看。

随后就讲到舜。尧和舜一般是连在一起的。毛主席诗词中有"六亿神州尽舜尧"一句，是为了押韵而把两个词调换位置。"舜让于德"，是说尧让舜来接替自己的王位，舜自己不愿意做王，最后没有办法勉强为之。"正月上日，受终于文祖"，其下有一句"在璇玑玉衡"。实际上，这是指北斗七星。北斗七星在《尚书》中被称为"璇玑玉衡"，古人把天上发光的星想象为是玉做成的，故有"在璇玑玉衡，以齐七政"的说法。这七颗星，对应地上的七种政治要素，这就是古人说的"天人合一"。下面是"望于山川，遍于群神"，是说舜虔诚地祭拜山川众神。"辑五瑞"后面还有"既月乃日，觐四岳群牧"。这是说舜把手下的这些类似诸侯的辅佐之士都召集起来，"班瑞于群后"。这就是《尚书》中叙述的舜给各地方统治者颁发玉礼器的事件。

舜继承尧王位的事件中，为何要专门讲述一个玉礼器传播的事件？所谓"五瑞"是指五种玉礼器，接下来我们要讲这五种玉礼器的作用。"群后"就是地方的统治者，每个地方的王，都是一位"后"。舜把他们叫来后，颁发给每个王一块玉器作为信物。"瑞"

指的就是瑞信，即作为信物的玉器。以前学界无法判断《尚书》中这样说法的虚实真伪，今天总算有办法了。刚才提到的三个史前文化遗址都发掘出系统存在的玉礼器，它们多是几何形状的，刚好符合史书中所说的瑞信之物。这样一来，有了出土的实物，再去权衡对照过去无法辨别真伪的历史叙述，至少可以推测出在 4000 年前，若真有作为瑞信的玉器，应该是什么样式的。

在这里要提示一下尧舜禅让的说法。我认为这是儒家建构的神话，不一定是客观发生的历史事件。因为在儒家的记载之外，还有矛盾的记载。儒家典籍《荀子·成相》中，有这样的说法："尧有德，干戈不用三苗服。举舜畎亩，任之天下，身休息。"建立王权、建立统治靠什么？秦始皇靠打仗，儒家认为依赖战争得胜不算本事。而《孙子兵法》认为最高境界是"不战而屈人之兵"，连战争都不需要就能降服他人，这才真厉害。以德服人、以德治国的理想就是儒家的理想。《荀子·成相》中说尧不依靠打仗就能使"三苗"（非华夏族人）臣服，建立王权，下面又说"举舜畎亩"，"举"就是推举，"畎亩"是说舜是在田地里种庄稼的普通农夫。因为舜在乡下的口碑太好了，又极为孝顺，就适合接班为王。天下居然存在这样的王权转换之事，这就是儒家的"禅让说"。"任之天下，身休息"是说尧把天下让给这位农民，自己可以放心地去歇歇了。

你们觉得这是历史吗？这是一种说法，是儒家的禅让说在《荀子》书中的表达。在《竹书纪年》中则有相反的说法，即："舜囚尧，复偃塞丹朱，使不与父相见也。"这是张守节给《史记》这本书做注解时引的古书。也就是说，不是舜被人让了王位，而是他把先王囚禁起来，夺权、造反。丹朱是尧的儿子，他们让儿子见不到父亲。这完全跟儒家的说法背道而驰。至此，我们仿佛真的不知道该信谁。

下面还有第三种说法。《韩非子·说疑》中说："舜逼尧，禹逼舜，汤放桀，武王伐纣。此四王者，人臣弑其君者也。"一提到武王伐纣，人们就会联想到《封神演义》。朝代的更迭没有太平，而是充斥着阶级斗争。"此四王者，人臣弑其君者也"，是说臣下在推翻了天子统治后自己篡位，所以叫"舜逼尧，禹逼舜，汤放桀"，这跟儒家的禅让说是截然相反的。但这些说法也缺乏足够的可信度。从现有的证据来看，这个时期不可能有和平的、"温良恭俭让"式的改朝换代。

《尧典》中的禅让内容缺乏证据，是很难令人信服的。班瑞事件中，舜将几种玉器赠予地方统治者，作为中央王权和地方政府之间的神圣信物，这倒是可信的，因为在4000多年前的遗址中就有批量存在的玉礼器，它们作为神圣的信物，确实在中原文化中流行开了。比如之前说的"在璇玑玉衡，以齐七政"，就是把天上的北斗星看成是玉质的，并且和地上的政治一一对应。这就是我们所说的玉石神话信仰支配王权政治。

还有一种说法见于《管子》一书，其中出现了孔圣人心目中的理想治国者。《管子》中专门写了一件事，即尧舜"北用禺氏之玉"而王天下，指出尧舜建立天下统治权威，需要依靠玉器。玉器的玉石原料，是从北面的"禺氏"人那里得到的。这个"禺氏"，又写作"月氏"，学者们认为指的就是在祁连山一带生活的大月氏人和小月氏人。他们都不是华夏人。他们给中原华夏运送来玉石，尧舜利用这些玉的资源，建立起威震天下的王权。这个说法在过去无从判断，但现在看来，是非常可能的。

陕西、山西都没有优质的玉石资源。中原王权所仰赖的美玉，都是从西北地区，顺着黄河之路和草原之路输送过来的。之前已经讲过"西玉东输"的史实。用四重证据法来看《尧典》等先秦典籍中的内容，就会看到，凡是涉及玉礼器的叙事都可能是靠谱的，而尧舜禅让之类的叙事则是毫无根据的。

"禅让说"是儒家出于美化上古政治的目的而建构出来的，他们站在仁义道德的立场来谴责和掩盖远古的暴力行为，把虚构的仁爱政治神话当成了历史，以此来遮盖血淋淋的现实。禅让的目标，就是让社会中最贤能的人来当最高统治者。这看似十分民主，加上儒家影响巨大，所以后人也分不清楚4000年前的改朝换代，究竟是靠禅让，还是靠战争，这样就产生了后人难以辨别真伪的神话历史。

我们把这个概念延续到下面的考察，聚焦于4000多年前黄河上游和中游的三个史前遗址。尧庙开发了旅游业，举行了很多地方活动。当地人把在陶寺遗址发掘出来的4000多年前的玉瑗模型（图16-2），放在尧庙的大路边上，其实就是要告诉人们，4000多年前这些玉礼器已经流行了。

在临汾尧庙中供奉着金身的尧像，形态威严，俨然一位武将。

图16-2　临汾尧庙大院中的玉瑗模型（2007年摄于尧庙）

下面贴着"有求必应"，老百姓们便在这里上香火、求保佑。全国并不是只有这一处有尧庙，但这座尧庙历史悠久，当地百姓中流传的关于尧舜的传说也比较多，尤其是从襄汾到运城这一带。运城是关公祖庙所在地，那里还有一个舜帝陵。所以说，晋南地区关于尧舜的文化记忆，在民间保留得非常丰富，这也是相关学者采集资料调研的热门目的地。

现代文明的再建构，需要有一个理想的远古政治作基础，所以尧舜的理想盛世与当下的歌舞升平，就在山西临汾这个地方变成地方文化品牌建设的榜样。中国社会科学院考古研究所也开过与此相关的发布会，将陶寺遗址指认为尧都所在地。其实这还是个问号，因为没有文献可以证明这个地方就是尧都。不过，也不能完全排除这种可能性。文史研究的结论毕竟不像化学实验室里得出的结论是可以检验的。没有文字，大家认为有尧庙，就可算尧都。但尧庙也是后代才出现的。目前掌握的信息，无法百分之百地对号入座，将这里确认为尧都。

4000 年前的华夏文明建立城邦要靠什么？城市高大的城墙，就是武力和防御的象征。所以，陶寺遗址出土了大量的武器，高等级的男性墓葬大都随葬玉石钺。前面提到灵宝西坡遗址，你会发现 5000 年以前统治者墓里一般只享有一件玉礼器，而发展到陶寺遗址的时代，中原地区的玉器开始变多。玉石钺除了象征权力以外，更像一个杀伐的武器；从结构上看，它可以装配把柄，似乎被设计用于近战作战。陶寺文化年代稍微早一点，当时刚好即将进入青铜时代。距今 4300 年前后的墓葬中出土了一件十分重要的青铜器——铜铃（图 16-3）。这个铃是可以摇响的。可以说，礼乐器中的镛钟和编钟，就是铜铃的放大版或改进版。这就是目前所知道的中国礼乐文化的"青铜第一声"，在中原，再没有第二个。这个时候还没

图 16-3　山西襄汾陶寺遗址出土铜铃：中国所见最早的金属乐器。（摄于中国国家博物馆）

有出现青铜做的戈、刀、剑等武器，要等到几百年之后的河南偃师二里头文化时期才有铜戈出现。陶寺文化及更早的文化，如果有武器，大多是石器和玉器。史前时期的玉石钺，或者殷商时期铸造的锋利的大铜钺，一般认为是做象征军权之用。钺能够代表统帅军队打仗的威严。而且其玉质越精良、级别越高，号召力越大（图 16-4）。古人都知道最好的玉要献给最高统治者。商代开始就大规模地铸造铜兵器。如在安阳殷墟出土的硕大铜钺（现藏于中国国家博物馆），器型很大，象征君权和王权，非常威严。上面还镌

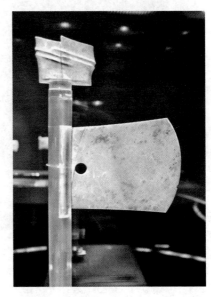

图 16-4　玉钺与王权：良渚玉钺的仪仗复原。（摄于良渚博物院）

刻两只虎，张开大口，衔着人头，威严至极，其所体现的杀伐气息浓重。

所以这种王权象征物，从石钺、玉钺再到铜钺，从石器时代、玉器时代进入青铜时代，就是从大传统进入小传统的过程，虽然物质材料发生了更替，但器物的神圣性没有变化。

在这些出土的年代久远的玉器之中，斧可以用来作为劳动工具，钺可以在战争中当武器，而礼器是没有明显实用价值的，只做仪仗和象征用。比如图 16-5 中右侧文物，即陶寺出土的玉圭。玉圭的形状是长条形，上部有时是尖的，有时是半圆形，总之是这类形状的大多叫玉圭，圭，即圭璋的圭。也有学者认为玉圭和玉璋是分别从玉斧和玉钺演化而来的。圭是一种扁长的玉礼器。在有关夏王朝

图 16-5 《尚书》等文献所记西周统治者"执璧秉圭"的礼制传统，可溯源到以陶寺玉圭为代表的中原龙山文化玉器实物。图中为龙山文化玉铲（左）和玉圭（右），后者为陶寺遗址出土的文物。（现藏中国社会科学院考古研究所，摄于首都博物馆"考古中华"特展）

始祖大禹的叙事中，玉圭成为众所周知的大禹治水成功的神圣象征物。《尚书》说天帝赐给禹一件"玄圭"。什么是玄圭？就是灵宝西坡出土的黑色蛇纹石玉钺的"升级版"吧。

夏王朝始祖的标志是玄圭，那么比夏朝早的唐尧虞舜时代有没有圭呢？完全可能有。图16-5（右）是陶寺出土尖首玉圭，它上方是尖的，明显不是刀，也不是斧，就是玉圭。所以在陶寺遗址，我们找到了中华玉礼器的实物原型。这件玉圭是浅色的，陶寺遗址还有一件玉圭出土便是黑色的。这两件是迄今所见到最早的玉圭。

为什么本讲要侧重讲这些遗址和文物？这是因为，陶寺遗址在时间上接近华夏文明早期的夏朝和商朝，所以4000多年前的文物组合，非常能够说明当时的实际情况。这要比古书中捕风捉影的叙事更加实在。图16-6是陶寺遗址出土的一件玉璧，该玉璧非常精美，从器物表面像云雾一样的纹理就能看出来。大家都

图16-6　陶寺遗址出土玉璧（摄于山西博物院）

知道新疆和田玉最好，鉴别和田玉品质的方法就是用肉眼判断里面是否有类似棉絮状或者云雾状的交织纤维结构。

如果将这件玉器拿到珠宝玉石检测部门，他们会给出一份鉴定证书，凡是和田玉都会写清楚有无交织纤维结构。这块玉璧的纤维结构非常明确，若不是新疆和田出产的，至少也出产于靠近新疆的甘肃西部地区（如肃北的马鬃山）。在陕西以东地区没有这么好的玉资源，纯而又纯，没有杂色。所以我认为，这件玉器是否说明陶寺遗址是4000年前尧统治的都城并不重要，它至少说明当时王室已

经能够充分调动西部的玉石资源了，说明我们在探索中的玉石之路
在当时就已经开通了。山西全境直到今天也没有发现有优质玉矿资
源，陕西也没有。所以这件玉器的玉料来源问题，富有启发意义。
如果你喜欢玉器首饰，经常去古玩市场或珠宝玉器市场，看看就明
白，这种优质透闪石玉料，绝不是哪里都有的。为什么新疆玉能卖
得那么贵，就是因为物以稀为贵；陶寺文化出现的这种高等级玉器，
可以认为是从西部运来的。

刚才讲到《尧典》中说舜建立政权的时候有星象作为对应："在
璇玑玉衡，以齐七政"。什么是璇玑呢？玉器中有一种玉璧，其外圈

好像长了牙一样，有人叫它"带
齿玉璧"，也有人叫它"玉牙
璧"。这就是所谓的璇玑。陶寺
遗址也出土了玉璇玑（图 16-7）。
天上的星星被想象成玉质的发光
体。大家都能理解天上的月亮被
想象成玉质的，因为李白有诗曰
"小时不识月，呼作白玉盘"。现
在看来，这是诗歌的文学修辞，
但是 4000 多年前的制玉人没有修
辞，就只有信仰。他们将天上所

图 16-7　陶寺遗址出土玉璇玑（摄于山西博
物院）

有的发光体，甚至天本身都想象为玉质的。"青天"的说法也是如此，
古代中国用得最多的一种玉就是青玉。天上呈现出白光的太阳、月亮
和行星，都可以设想成白玉的。所以白玉比青玉更高一个等级。玉璇
玑一出土，4000 多年前的人观察星象的过程，甚至在人间用玉器来代
表星象、来调整自己地上的王权政治的观念，就得到了确实的印证。
玉璇玑有什么实用价值？可以说没有任何当下所谓的实用价值，这纯

粹是神话观念的产物，也是"神话中国"的体现。

到这里要讲一讲瑞玉，即《尧典》中"辑五瑞，班瑞于群后"的意义。"班"就是颁发的意思，"瑞"字也是今天家长给孩子起名字最喜欢用的字之一，它象征美好吉祥。《说文解字》对"瑞"的定义很简单，用五个字"以玉为信也"就解释了，即这件器物拿出来就能代表天下的诚信。"以玉为信也"就是"瑞"的本义。离开了这个玉礼器传统，根本无法知道这个"瑞"字说的是什么。

《周礼》记载，古代官府中有专人负责管理玉的事务，官名叫"典瑞"，即掌管玉礼器的生产、使用和颁发。至于以圭为瑞器，在《礼记》中有一篇讲到瑞的含义。图 16-5 中上部呈尖状的长条形玉器就是瑞圭，而且时间要比古书中记载的周代礼制情况早 1000 多年。这样就将历史记述与出土实物对证到一起了。所谓瑞圭，指天子赐给臣属的作为凭信的玉圭。

那么，这是赐给谁的呢？假如说，你是我下面的一个地方臣属，我是本地的诸侯王，你到我这儿，我给你一个玉圭，下回你再来时，必须带上这信物。我可能不认你的人，但我能先认出玉圭。因为生产瑞玉的材料是五花八门的，我颁发给自己臣属的玉器和我自己留存的玉器同源同种，上面的纹理、颜色等都是可以一一对应的。如果对应不上，我就不认你是臣属了。"班瑞于群后"讲的大致就是这个意思。古人常常只认信物而不认人、不识脸。现在不同了，有人脸识别技术。古代只看瑞，瑞就是信。此前，根本不知道儒家的典籍里说的是真是假，但是现在，4000 多年前的文物相继出土，就能从侧面印证一些记载的真实性。古书中的说法可能掺假，但当然也有较为真实的部分，关于瑞玉的记载就是一个很好的案例。

后来"瑞"字的意义扩大了，可以泛指吉祥事物的征兆。世间以瑞为圣王和盛世的标志，凤凰、麒麟这些神话动物，都被看成是瑞兆，它们被当作是天神安排的祥瑞，比如麒麟的寓意为天下的改朝换代，即一个新时空的开始。《春秋》这部鲁国的断代史，写到第 242 年麒麟出现就终结了。当你看了这些记载就会知道，上古时期的"瑞"字，不是随便可用的字，它与对神话的信仰有关，如以玉石为天神信物或瑞兆的信仰。因此可以说，王权背后一定有神权，若你去参观梵蒂冈就会知道；中国可能确实用不着梵蒂冈，也用不着有一位教皇象征神权，只要见了最好的玉礼器，那就是中国的"梵蒂冈"。

图 16-8　班瑞。龙山文化和齐家文化都有多联璜玉璧，可分可合，符合信物的条件。（摄于临夏博物馆）

图 16-8 是一件玉璧被截成三块，材料上的斑纹是一样的，彼此可以对应起来。《尧典》中所谓的"班瑞"，就是把代表五个诸侯联盟的一块玉器分发给五兄弟，下回见面的时候合起来。这也是"玉瑞"的本义。如果对玉文化不了解，古书中说的内容虚实，确实无从知晓。现在这种玉璧称为"多联璜玉璧"，弯条状的叫玉璜，合起来是一个圆形玉璧。这种可以分合的造型，是从陶寺遗址的时期开始出现的。这类玉器后来在河西走廊一带都有出土，时间也是在大约 4000 年前。其他地方就没有此类形制的玉器。这就是中原王权背后玉瑞观念的神话，经对照出土实物考证，可知"辑五瑞"的说法是有根据的。

　　为什么说"尧舜禅让"的时代记忆是儒家编造出来的呢？这里

可以参考《襄汾陶寺遗址研究》一书，该书是国家专业考古人员研究陶寺遗址的成果，2007 年由科学出版社出版。书中列举了尧都城遗址出土的文物，展示了六个案例，表明当时的时代状况。

第一，陶寺中期的城墙被晚期的城墙叠压或者打破。这表明后来的人用暴力推翻前面的墙，有毁坏城墙的遗迹。

第二，陶寺中期被毁的建筑上堆积着陶寺晚期的垃圾，说明原来的宫殿被废了，变成垃圾堆。这也是暴力的结果。

第三，陶寺中期的灰坑中充填着几十具身首异处的尸骨。如果没有战争，为什么身体跟头都分离了呢？所以这也是当时杀壮丁的暴力事实，通过这些尸骨的年龄大概能推测出他们当时都是青壮年。

第四，遗址中发现了一具 35 岁左右的女性骨架，她因颈部被折断而死，阴道里还插着一只牛角，非常残暴，令人发指。

第五，陶寺晚期的文化层压在中期的小城祭祀区之上，说明原来祭祀宗庙的地方，后来被毁了。

第六，M8 墓的墓主人人骨被损毁和移位，M22 棺下有被随意抛弃的人头骨 5 个。这是破坏祖陵的现象。[1]

如果没有战争、没有暴力，我们便不会在 4000 多年前的遗址中看到这些令人发指的遗迹。还有石峁城东门下面埋着的 24 个人头骨，全是青年女性的头骨，这绝不是正常死亡的人的遗骸。这些现象说明，4000 多年前是文明即将到来的前夜，人流、物流开始向大的聚落汇聚的时候，一定伴随着武力和施暴。我们把考古学家的证据列出来就是想告诉大家，以前说尧的时代君主如何贤明，王位都是禅让出来的，这些可能都难以令人信服。

---

① 王晓毅、丁金龙：《也谈尧舜禅让与篡夺》，载解希恭主编《襄汾陶寺遗址研究》，科学出版社，2007，第 406—407 页。

看完尧庙和襄汾的陶寺遗址，再将视角从河东转移到河西，到达陕西北部的神木市，其属于榆林地区。神木以北还有府谷县，都属于河套地区。2012 年，神木市发掘出距今约 4300 年的中国最大的史前城址，完整的城墙依山修筑，城池面积有 400 多万平方米。如果要找相当于夏代或者比夏代更早的王权中心，就是这里。2012 年石峁城的发现公之于世，转年 2013 年即被评为"世界十大田野考古发现"。可以预测，未来人们到陕西去旅游，首选的目的地将不再是秦始皇陵兵马俑，可能会是这里。秦始皇陵兵马俑曾经震惊世人，但那只是 2000 多年前的遗迹，而这是大约 4300 年前的遗迹。所以，陕西神木石峁以其巨大的史前城池震惊世人，它并不在大家想象的中原地区。刚才所说的 24 个人头骨就在石峁城东门门口地面之下。在旁边的城墙边，后再度发现埋有 24 个人头骨的人头坑。为什么都是 24？在这里还发现了和陶寺遗址出土的基本一样的玉璇玑，不止一个。

过去，石峁村的老乡在耕地时，常从地里挖出来玉器，人们都觉得是古玉，但不知道是什么时代的。因当地遗留有各时代的长城，故人们将依山而建的城墙推测为汉长城或者明长城的遗址。2012 年，考古工作者对所谓的"长城"里的木料做了碳 -14 检测，才发现这根本不是什么长城，而是约 4300 年前的城址，比秦始皇的时代早了 2000 多年——那时怎么会有长城呢？人们这才恍然大悟，这一定是史前的城，而且是规模宏伟的城。这一发现轰动了世界。建城时，城墙的石头缝中穿插了很多玉礼器，最大件的近 1 尺长。以往没有确定年代，这些玉礼器都流传在民间，大量的玉礼器从老乡那里收集来卖给文物商贩，并卖到海外。现在在陕西历史博物馆一个展厅里放了两柜子约 1 尺长的玉璋、玉刀等文物，都是在这个地方出土的。现在才知道是 4000 多年前的文物。刚才已经讲到，玉礼器是建构王权必备的东西，所以看了石峁古城出土的这些玉璋、玉刀后，就会知道当时玉的用量是很惊人的，城墙的石头缝里面都要放玉，那需要用多少玉呢？

之前也分析过，陕西没有玉矿，山西没有玉矿，河南西北部也没有玉矿，这些玉可能都是顺着黄河从西部运来的。这是过去的人完全不知道的一个历史脉络，现在，这些证物将其呈现出来。学者们把这一4000多年前的文化叫作龙山文化。龙山文化之后就是夏商周，所以龙山时代的中原的玉礼器，就是印证尧舜时代的中原王权圣物的最好证据。图16-9呈现的就是4000多年前先民在河套地区建起的史前最大城池的东门。

画面中间用草席盖住的，就是24位女性人头坑。古城的建造过程并不复杂，主要是用黄泥当水泥，用石头当砖，一层一层盖起来，中间有木料做加固结构，在墙体的关键部位像钢筋一样嵌入。

图16-9　陕西神木石峁古城遗址
（2013年摄于石峁古城考古现场）

当时的媒体用"石破天惊"四个字来形容石峁古城的发现，2012 年，石峁古城被鉴定为 4000 年前中国最大的城。

2013 年，文学人类学研究会联合中国收藏家协会在这里召开了"中国玉石之路与玉兵文化研讨会"，会议要解决一个问题，就是这个地方没有玉料，考古出土大量玉器的制作玉料是从哪来的？在这次会议上，学者们在全国范围内找出最重要的玉石资源运输路线，从用玉石制作的兵器，即"玉兵"入手。

如今，陕西历史博物馆在展出一批约 1 尺长的玉璋等玉器外，还附上了一张图（图 16-10），指出史前中国出土的牙璋遗址分布情况。

图 16-10 显示了距今 4000 年上下在中国哪些地方出土了类似的璋。东边是山东，今天的胶东地区；从辽东半岛一直到黄河，顺着黄河下游又来到黄河中游，再到成都平原，最后来到广东、香港。以前人们根据古书学历史，从来没有注意到这个事实，即史前的每一种玉

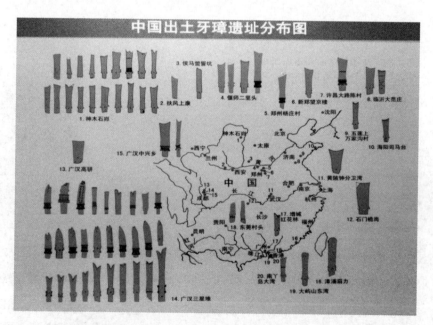

图 16-10 中国出土牙璋遗址分布图（摄于陕西历史博物馆）

器都代表了一个神话观念。成都平原的三星堆遗址中有一件青铜人跪地像，双手捧着玉璋。璋的韧部朝向天，一看就知道是拜神用的，即拿着璋就能通神，意指十分明确。所以，4000年前中国大部分地区都有玉璋，根据类似的迹象我们才提出了"玉文化先统一中国"的理论命题。没有对玉的崇拜和信仰就不会生产和使用这种玉类的东西。玉璋制作非常费料，1尺长的玉璋，就需要动用大量的劳动力才能制造出来。

　　除了玉璋外，还有一种外方内圆的玉器——玉琮。收藏瓷器的收藏家可能会比较了解：明清时期的一种瓷器就是仿玉琮的，叫琮式瓶。有的时候还会在瓶上刻上八卦的符号。实际上，玉琮就是5000年前从长三角地区发源的，到4000年前的中原已经发生了改变。图16-11是山西柳林县出土的新石器时代北方最大的玉琮，今天藏于山西博物院，也是镇院之

宝。这件玉琮形制高大，外方内圆，中间的孔完全打通，一般认为是象征天圆地方。这件巨大的玉礼器，谁拿着谁就能够通天地、通鬼神。在现在看来，这是不实用的东西，是用玉象征的瑞信，建立王权时却是必须有的。

　　看过史前文物，我们终于对4000年前的中国有了一个近似于感同身受的体会。这样的认识孔子做不到，司马迁也做不到。他们没有看过任何一个4000年前的东西。所以，了解尧舜文化

图16-11　山西柳林新石器时代遗址出土大玉琮，是北方地区发现的最大玉琮。（摄于山西博物院）

最好的方式，就是到陶寺遗址考古现场去走访，甚至到当地老乡家里，他们也都有相关的故事。

图 16-3 展示的是中原出土的我国第一件青铜器——陶寺铜铃。它既算乐器，也是礼器。古代中国礼乐不分，有号令天下的意义。陶寺遗址出土的外方内圆的玉琮，现藏于山西博物院。关于玉琮的用途，有各种各样的解释，我们可以从它作为礼器的用途去理解。玉琮和玉璋的情况一样，从一个地方发源，随后散布到中国各地，最远的传播到甘肃河西走廊一带，最南的传播到了广东等地。如广东韶关石峡文化遗址中，也发现了距今约 4000 年的玉琮。今天坐飞机从山西到广东要飞几个小时，4000 年前的人为什么能分享使用如此遥远地方的玉礼器？大家还会想，为什么非洲、欧洲、大洋洲都没有这些器物，唯东亚有？说明这是一个文化共同体、命运共同体，玉的信仰让他们在观念上形成初步的统一性认同，这类器物是非常有力的实证，而且年代久远，十分可靠。在甘肃静宁县，也出土了大件的玉琮（图 16-12），如今是甘肃省博物馆的镇馆之宝，属于距今 4000 年左右的齐家文化。这件玉琮玉质优良，十分接近和田青玉，这就是中原与西部新疆这片土地产生联系的物证。文物自己会"说话"，我们甚至不用去找文献，只看器物就能明白西玉东输的历史。最好的玉都是从西部往中原运送，一般离不开河西走廊，离不开甘肃这个通道。

图 16-12 甘肃静宁出土齐家文化大玉琮（摄于甘肃省博物馆）

看到这些，就看到了玉文化、玉资源的源流迹象。敦煌西面的要道关口何以叫"玉门关"，就显而易见。

参考书目

1.　陈泳超：《尧舜传说研究》，南京师范大学出版社，2000。

2.　高忠严：《陶寺文化：山西襄汾陶寺古村落文化资源研究》，山西人民出版社，2021。

3.　神木市石峁文化研究会编：《石峁玉器》，文物出版社，2018。

4.　宋建忠：《龙现中国：陶寺考古与华夏文明之根》，山西人民出版社，2006。

5.　孙广德：《政治神话论》，台湾商务印书馆，1990。

6.　解希恭主编：《襄汾陶寺遗址研究》，科学出版社，2007。

7.　杨永俊：《禅让政治研究——王莽禅汉及其心法传替》，学苑出版社，2005。

8.　叶舒宪：《图说中华文明发生史》，南方日报出版社，2015。

9.　叶舒宪、古方主编：《玉成中国：玉石之路与玉兵文化探源》，中华书局，2015。

10.　[德]恩斯特·卡西尔：《国家的神话》，范进等译，华夏出版社，1999。

11.　[美]彼得·伯格、托马斯·卢克曼：《现实的社会构建》，汪涌译，北京大学出版社，2009。

12.　[美]海登·怀特：《后现代历史叙事学》，陈永国、张万娟译，中国社会科学出版社，2003。

13.　[英]艾兰：《世袭与禅让——古代中国的王朝更替传说》，北京大学出版社，2002。

14.　[英]菲奥纳·鲍伊：《宗教人类学导论》，金泽、何其敏译，中国人民大学出版社，2004。

15.　[英]詹·乔·弗雷泽：《金枝》，徐育新等译，中国民间文艺出版社，1987。

/第十七讲/

鲧禹治水

鲧禹治水是中华大家族人尽皆知的上古神话，这个神话故事非常鲜明地表现出华夏民族面对自然灾害时的伟大抗争精神。这也是本讲要突出的重点。鲧禹治水的神话确实有许多可以讨论的话题，既联系着过去，也与当下息息相关，我们听着关于鲧禹治水的远古神话，也生活在一个被洪水地震灾害时时侵扰的现实中。所以，本讲的内容除了要讲 4000 年前的洪水，还要讲到当今发生的地震和洪灾。

首先，聚焦河南登封周公测影台一带，这里不仅有登封启母阙汉画像石"博物馆"，还有西周人心目中认同的华夏始祖——夏朝开创者大禹的塑像（图 17-1）。

距今 2000 多年的西汉年间，人们用画像石的浮雕方式记录了大禹化熊的图像（图 17-2）。相传大禹在治水时要穿越一座叫轩辕山的巨大山峰，他穿越不过去，就只能化身为熊，将此山凿

图 17-1　河南登封周公测影台的大禹塑像

通。这个汉画像石就是用图像讲述大禹化熊的瞬间。

同样，在河南登封旁边有一个城市叫作禹州，当地有禹王庙，禹王庙里有一幅大禹化熊的图像。我们前面讲到伏羲号"黄熊"，黄帝号"有熊"，神熊信念传至大禹时期，禹、鲧、启也都跟化熊或熊化有关，这就与之前所讲的内容有了衔接。

"四重证据法"中的第二重证据是古人没有看到的，即考古新出土或新发现的文字资料。除了大禹治水以外，夏王朝的历

图 17-2　河南登封启母阙汉画像石：禹变熊。

史和神熊有非常重要的关联。上海博物馆藏战国竹简书《容成氏》，专门讲到一个重要事件，不见于传世的文献。这件事就是大禹建立五方旗帜：在东、西、南、北四方的基础上，加上自己的中央一方，一共五种旗帜。中央旗帜上没有别的图像，只有一种动物——神熊。从这里大概可以猜测公元前 21 世纪夏禹时代开创夏王朝的"国旗""国徽"应该是什么样子。

《容成氏》的如下内容，就是我们进入夏王朝历史的一个引子：

> 禹听政三年……因民之欲，会天地之利矣。是以近者悦治，而远者自至，四海之内，及四海之外，皆请供。禹然后始为之旗号，以辨其左右，思民毋惑。东方之旗以日，西方之旗以月，南方之旗以蛇，

中正之旗以熊，北方之旗以鸟。禹然后始行以俭。衣不亵美，食不重味……①

大禹治水成功以后建立了中央王权，听政三年之后远近皆服，争相跑来进贡。"禹然后始为之旗号，以辨其左右"，是说四面八方的人都带着宝物来进贡。这时，为区分不同地方来的人，禹就给每个方位来的人各弄一面旗帜，下次各地的人来时打出旗帜，禹就知道他们是从哪里来的了。"东方之旗以日"，从东边来的人举太阳旗；"西方之旗以月"，从西边来的人举月亮旗；"南方之旗以蛇"，如果是"南蛮"到夏朝进贡，就把蛇旗举起来。南方人在当时中原人心目中是南蛮。"蛮"字里有一个"虫"，虫就是蛇，古人常把蛇叫"长虫"。所以"南蛮"一称代指的是当时有蛇图腾的地区。福建的"闽"字就是"门"字里面有一个"虫"，这个"虫"其实指的就是蛇。再如南方地名"巴蜀"等，各类古时候的称呼，就不用多说了。当时的中原人给南方人命名一般都带着"长虫"的意象，即表示他们以蛇为图腾徽号。"南方之旗以蛇"是有道理可讲的。"东边日出""西边月出"就更不用多说，这是古时人们对日升月落的认识和观念的集合。"北方之旗以鸟"，从北方来的人举的旗帜上有鸟的图案。北面来的人比较善于战事，以鸟来代表，但旗上具体是什么鸟很难辨别，可能是鹰，也可能是猫头鹰之类的猛禽。

四方的旗帜图像说完了，是两种动物加上日、月。最后一面旗就是大禹自己的旗了。他建五方旗时，自己是中央之方，是"中国"。"中正之旗以熊"这一简单的描述，再无二话。4000年前华夏"第一王朝"的旗上没有其他东西，就是一个神熊。夏王朝的旗帜

---

① 马承源主编：《上海博物馆藏战国楚竹书（二）》，上海古籍出版社，2002。

上的熊到底是什么样子，无从知晓。但我们尽量找贴近夏商王朝出土文物上的熊，或许能比较接近。

上面的引言链接了我们前面所讲的熊作为中华文化中失落已久的最深远的天神崇拜对象——天熊偶像，及其在标志夏王朝王权的旗帜上留下的影子。下面进入鲧禹时代最重要的事件——战胜洪水。《旧约》一开篇，讲的就是亚当、夏娃、伊甸园、大洪水、诺亚和方舟之类的神话传说。弗雷泽作为英国人类学家，在《〈旧约〉中的民间传说》中首次使用来自五大洲的民间叙事材料，对照解读《旧约》的洪水和方舟神话。正是他，在学术史上第一次把洪水变成世界文学的主题来加以全面研讨。其讨论围绕着这样一个问题：为什么世界上不同地域、不同民族、不同国家都讲到大洪水后的人类重生？究竟是历史上真正发生过毁灭性的大洪水，还是这些民族不约而同想到一块儿去了？这也是我们今天要面对的问题。因为洪水确实是贯穿世界文学的母题。如果从现在所收集到的材料看，只有非洲干旱地区的部落神话中没有出现大洪水。世界其他地方的神话都有洪水叙事，这是物质决定意识的直接体现。如果没有见过洪水，肯定也不会去讲和写。世界五大洲神话都谈及洪水，到底先民经历的是怎样的洪灾呢？为什么人类各族群都在不约而同地讲述上古时期发生过一次由神发动的惩罚性洪水呢？

《旧约·创世记》中的洪水是上帝要惩罚人类而降下的灾难。人类犯了罪，洪水是惩罚的结果，用以惩罚那些不够虔诚的有罪过的人类，之后还需要再造人类。洪水之后，新的人类就变成虔诚信奉神的新生人类。所以希伯来人早期的洪水神话在一定程度上是为宗教信仰服务的，充分体现特定宗教体系中"罪与罚"的逻辑。

在这个背景下，反观中国的鲧禹治水神话，就会发现，"治"

这一个字点明了华夏洪水神话独有的特征。世界洪水神话的母题基本上是相似的，其他国家和地区的文本中叙述的，大都是用方舟，我国少数民族的文本中有的是用葫芦，有的是用抹上沥青的篮子，还有的是用箱子，总之都是能在水上漂浮的、用以代替船的容器。人祖劫后余生，再造人，是全世界的洪水神话中基本都有的逃难叙事。只有华夏神话凸显出英雄行为，他们不逃难，而是治理洪水。关于洪水的治理，只讲了两代人的接力故事。大禹的父亲叫"鲧"，"鲧"这个字先写个"鱼"字旁，而鱼正跟水有关。华夏第一王朝始祖大禹的父亲叫鲧，鲧一开始也要治洪水，只是他治水的方式不对，没能成功。

《山海经》的神话叙事"鲧窃帝之息壤以埋洪水"，是什么意思？是指鲧从天帝那里偷了一件法宝用来治理人间遭遇的大洪水。当全天下都被水淹的时候，他用这个法宝来治水。这是一件什么样的法宝？"息壤"，"息"就是"呼息"的"息"，"壤"就是"土壤"的"壤"。"息壤"是什么意思呢？过去没有更多的关于这个词的解释。后来经过比较神话学的对照才知道，息壤母题普遍出现在环太平洋地区，是海洋创世神话中一个共有的母题。就是说一块泥土或者一颗沙子、一块石头等，从海底下捞出来以后能够自行长大，先变成一个岛，最后膨胀变成大陆。在神话中，将这个叫息壤的东西放在海水里，陆地就诞生了。采用"息壤"治水，是鲧的治水方式。这个方式没有成功，所以鲧也被天帝所杀。

大禹从父辈那里吸取教训，不再用息壤，毕竟到处去修堤坝堵水是不可行的。于是，他改用疏导的办法，哪里有堰塞湖出现，就把这水先引到河里、渠里，让大水顺着河渠流到大河，最后东流向大海。所以大禹的功绩——"建立九州"就是因为他疏导了天下的大江大河。他之所以能成为华夏百姓心目中历代崇奉的第一位圣王，就是因为他有治水这个"第一业绩"。再看大禹神像就能感觉到，他在人们心中并不是一个高高在上的天神，而是手里拿着治水工具的治水英雄。这就是中国治水神话所显出的独有精神。面对洪水，要用智慧和勇敢去奋斗，实际上，这也反映了中国人在这片农耕的土地上生存，面对灾难时的经验。

由这样一个简单的问题，可以引申到一个具有文化编码意义的汉字——"治"（图 17-3）。"治"字的偏旁是"氵"，如果问这个字是什么意思，大概要从古人说的"天下大治"开始说起。什么是天下大治，也即什么是中国最大的政治呢？我们经历了 1998 年长江洪水，也经历了 2008 年四川汶川地震和地震后堰塞湖引发的洪水灾害。经历这些之后，我们或许才终于知道，在这片土地上要当好人民的"父母

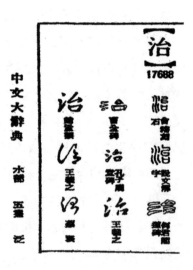

图 17-3 《中文大辞典》中"治"字的各种写法

官"太不容易了，首先就得解决大自然的暴力水患。所以，在中国什么是最大的政治？平息水患，就是最大的政治。"治"的本义就是治理水，引申为中国人的家国治理和政治。"堵"与"疏"两种不同方式决定了父子两代治水的成与败。"胜者为王"，失败的一般是败军之将不可以言勇，他的形象就不那么灿烂光辉了。所以，治水成功者作为夏王朝的开创者是理所应当的逻辑。

理解了"治"字背后隐含着的生态政治意义，就基本理解了华夏王权的由来之谜。1999 年，笔者写过一篇题为"洪水神话与生态政治"的文章，发表在当时出版的《天涯》杂志。文中指出，古代

中国政治不是一个纯粹的关于王朝更替的问题，谁当王、谁被拥戴作为最高统治者，首先都要解决百姓最亟需解决的难题——维持生存、维持生态的平衡。我国处在一个灾难多发的地理环境中，领导人的责任非常重大。所以，当看到大禹被说成是一个道德楷模，"三过家门而不入"，我们就知道这是古代儒家最推崇的一点——"天下为公"精神在大禹传说中的体现。为了治水而整天在外面跑，路过自己家门口都不回去。这是人们逐渐树立起来的仁政楷模，在我看来这就是古代中国的生态政治所决定的。古代的统治者，首先要代替社会群体承担对抗自然灾害的责任。古人认为，发生的灾害都是天灾，即神的惩罚结果，是老天爷发怒后的现象。所以统治者自己要解决生态的问题、政治的安定问题，二者息息相关。而在当下，回顾洪水神话与生态政治议题，有三点值得思考。

第一，为什么中国神话中最著名的圣王大禹最主要的功绩是治水，并且他就是一位治水患成功者的形象？第二，鲧的失败和禹的成功透露着怎样的现实经验？第三，2008 年汶川大地震，灾难发生之际，我们听到最多的一个词叫"多难兴邦"。今天讲"中国道路""中国经验"，到底什么是中国道路、什么是中国经验，这和灾难兴邦有什么关系？如果把以上这三个问题带到本讲对大禹治水这个家喻户晓的故事的解读中，就能够结合现实思考，触及一些更深层的意义。

现在，我们将目光转向河南禹州的禹王庙。这里过去叫禹县，现在是禹州市。这个地方就是以大禹的名字命名的，这里的老百姓世代供奉的尊神也是大禹。当我们走进禹王庙（图 17-4），就能瞬间体会到当地民间文化对夏代开国圣王的无限追忆。禹州人民政府在当地还保护了一口井，井边碑题为"禹王锁蛟井"。大禹跟蛟龙斗争的事迹居然要立碑为证？这到底是神话还是历史，大家可以自己体会一下。这也是为什么我要一再强调"神话中国"这个命题。

我们再将目光从河南禹州跳转到四川汶川。2008 年，这里发生了现实中的地震和洪水，洪水是所谓堰塞湖型洪水。地图上，汶川的位置在崇山峻岭之中。

在唐家山堰塞湖，当时有 1800 名突击队员负责疏导堰塞湖所引发的洪水。大禹治水的疏导法，仿佛在现实中再现出来。21 世纪，还是用这种方式来面对突发的洪灾。那么，洪灾究竟常发生在什么地方呢？治水主要在什么地方治呢？有些洪水是下雨导致的，有些是台风、海啸、堰塞湖导致的，但大多数情况是，易发生地震的地方也是衍生性洪水的高发区。

图 17-4　河南禹州禹王庙

"世界屋脊"青藏高原往东便是黄土高原，往东南方向是云贵高原，位于这几大板块之间交接处的四川，地震多发。松潘地震、汶川地震基本上都是在同一条地震带上。地球板块交错、地质活动频繁是主因。平原地带一般很少有地震，比如长三角地区，历史上基本没有什么地震事件的记载。而在4000年前的地震多发带，为什么要强调治水为王？因为当时没有直升机和交通抢险设备，也没有医疗系统，发生灾难，人类要延续就只能凭借众人之力战胜灾难，所以"谁为王"的问题太明确：治理不了洪灾，整个社会就将不复存在。关于大禹的出身，古书中有多种说法，主流说法为"大禹出西羌"。就是说大禹所属的族群和西羌有关系。我在讲"炎帝姜姓"的时候已经介绍过姜与羌，羌代表的是西部牧羊文化。汶川刚好是今天中国少数民族羌族的聚集区。实际上，新疆有一个地名叫若羌，联系起来一看，整个西部都跟牧羊文化有关。大禹的祖先很可能就起源于青海积石山到四川汶川一带地区。

那么，什么是《尚书·禹贡》所言"导河积石（山）"？大禹治水从哪里开始？青海、甘肃交界的地方有一座俯瞰黄河的大山，叫积石山。它就坐落在龙山时代遗址之三的喇家遗址所在地。导河积石，是从黄河上游开始，顺着黄河一直到龙门（中游），大禹走的路线刚好是从西羌到中原这样一个水路的路线，这也是神话传说中接近真实历史的记述吧。

为什么在此要提"生态政治"问题？了解了中国地震多发带的分布图就知道，从青海玉树到四川的西部地区，都位于地震多发带上。我们把1998年的长江洪水、2008年的汶川堰塞湖型洪水进行对照，可以得出如下三点启示。

第一点，鲧、禹治水方式的差异是有现实原因的。所谓"息壤"就是能够把洪水堵住的土，或者是可以自行生长的土，从而在水中再造大陆以治水。用息壤治水不是鲧的错误，而是整个环太平洋区古老的史前文化留下的一个母题的表述。这个母题旨在说明陆地的起源，陆地是从一颗小小沙粒子、一块泥土或石头中生长出来的。神把气息赐给土壤，赋予土壤生命，它便自己能够长大。鲧、禹治水方式的差异，并不在于鲧是多么不成功而大禹是多么有智慧，而在于治水方式和洪水发生的原因、类型息息相关，比如，堰塞湖型洪水只能用疏导方式治理。下面还会讲到"息壤"这个母题，它最开始不是在洪水神话的叙事中出现的，而是在创世神话中出现的。

洪水一般发生在哪儿？洪水发生在创世以后，众生之恶源起，所以神要用洪水惩罚人类，消灭犯罪的初代人类之后，才会再造人类。所以洪水叙事中的息壤不是原生的母题，而是创世的时候就从混沌中捞出的一粒沙子或一块泥土、石头。在洪水神话中，劫后余生的人类需要继续创造新的世界。因此洪水发挥着清洁洗涤、消除罪恶的功能，旨在将污秽的、不干净的世界，恢复为洁净的、虔诚的世界。这样的一种思考意味着将洪水理解为第二次混沌，随之而来的是第二次创世。

第二点，我国是多灾多难的国度。从 1976 年唐山大地震，到随后的松潘大地震，再到 2008 年的汶川大地震，我们不得不联想到联合国减灾委员会报告中的数字：近 300 年来世界发生的 50 次死伤 10 万人以上的大灾害，中国占了 26 次，超过一半；欧洲国家只有 3 次。近 300 年来世界发生的 50 次重大自然灾害，死亡人口是 1.5 亿人，中国占了 1.03 亿人。

多难如何兴邦？在世界几大文明的神话中，前面已经讲到苏美尔、古巴比伦、古埃及、古印度和古希腊神话，这些古文明都在过去中断了，只有华夏文明没有中断而且传承至今。

它是怎么传下来的？其生命力为何如此强盛？这就和古人说的"天将降大任于是人也"的原理有关。无论是对于个人，还是对于民族和国家，磨炼的原理都是相通的。就是因为多灾多难，唯有战胜灾难才能存活下来，这是一份最了不得的经验。如果生活在一个没有地震、没有水灾、没有其他各种灾难一切太平的伊甸园环境里，人们抵御危机的能力肯定是比较弱的。像大禹这样面对灾难挺身而出、以大无畏的勇气和智慧去抗争的人，一同造就了我们民族国家几千年生生不息的精神。通过对照当代现实中的洪水灾害与鲧禹治水神话，以及其中所传递出的大义凛然、实事求是的精神，找到华夏文明存活至今的根本原因，我们认为这就是历史和现实提供的最好的教育。

以上，是把鲧禹治水神话放在中国这样一个灾害多发的现实语境中所得出的推论。中国地域广大、人口众多，但可耕地很少。汶川地震让人们看到：在茂密的山林地区，连运送救灾物资的直升机都没办法顺利降落的自然环境（山区不易找到平地），在那么艰苦的地理环境条件下，依然有大量的人口聚集。如果是小国寡民，根本不会死伤那么多人。中国的自然环境、生存条件，若是和俄罗斯等拥有广阔平原的国家相比，显得十分艰苦和苛刻。千百年来，中国人就是在这样的艰苦条件下繁衍生息。所以，回到洪水神话的背景上就能明白，为什么全世界的洪水神话都讲怎么逃难、怎样获得劫后余生的希望，只有华夏文明的神话大讲治水。治水过程中还有失败的情况。失败不要紧，父亲失败了，儿子跟着上，这样的一种神话是在全球古老文明的精神遗产中所能够找出的绝无仅有的"教材"。

回到"息壤"问题，鲧治水失败，被天帝所杀，是因为息壤本不属于他，而是天帝独自掌控的宝物。鲧偷窃了息壤，治水又没成功，两件事的罪过加起来，他就被天帝处死了。我们认为息壤母题是从环太平洋的史前文化延续过来的，是一个非常古老的母题。有了世界性眼光，有了全世界神话作比较和对照，就可以找出该母题的文化传播基因和过程。在过去，大家都以为息壤是中国独有的母题，后来才发现，这来自美洲印第安人创世神话中的母题。笔者在1992年出版的《中国神话哲学》一书中专门讲到史前亚洲和美洲环太平洋共同体的形成，其中也包括太平洋两岸息壤神话的对比。当时笔者看到印第安人创世神话中也讲述息壤的功能，所以这本书的第八章题为"息壤九州"，其中专门讲述美国俄勒冈州印第安人的创世神话：

> 从前世界是一片汪洋，上帝孤独寂寞地生活着，独自一人，连个立足之地都没有。创世以前就是混沌，混沌就是水的状态，就是黑暗的，没有空间，所以上帝自己也没有立足之地。于是他从一片海洋的水底把沙子捞了起来，创造了陆地，这个世界就是这么来的。

这叫陆地潜水者型创世神话。人类各民族讲述世界万物发生的创世神话一共六类。我依据《新不列颠百科全书》中的词条串讲如下。

第一类叫"由至高创世主所主宰的创世"。例如，人们所熟悉的《圣经·创世记》叙事，即耶和华说"要有光""要有人"等，在这类创世神话中，一切创造，都是由世间唯一的创世主独自完成的。

第二类叫"通过生成的创世"。创造不是由神完成，而是自然生命的生成，叫"Creation through emergency"。

第三类叫"世界父母型创世"。比如我们所熟悉的伏羲、女娲，就可视为宇宙的老祖父、老祖母，两神作为世界上最早的夫妻，一切创造是由他们完成的。

第四类叫"宇宙卵型创世"。如盘古生在一个鸡卵中，在18000岁时，蛋壳打开，上一半变天，下一半变大地。

第五类叫"陆地潜水者型创世"，指的就是在一片汪洋中，有一个生物或人潜到水底拿来一块神奇的泥土、石头或一粒沙子，于是陆地就在水中生成了。这一类就是息壤神话的来源。

第六类叫"尸体化生型创世"。大家熟悉的盘古化生就属于此类：盘古死后，头化成天，身体化成大地，血脉流成江河，头发变成草木，这是一个原始生命解体并形成世界万物的过程。

看了以上六类，就大致知道潜水的创世母题恰恰就是刚才所说的印第安神话之特色内容。在这则神话里，从水里捞出沙子就能生出陆地、生出世界，这就是"息壤"的原型。

上帝造伊甸园之前先造亚当，亚当最初是土捏的人偶，没有生命。上帝对着他的鼻孔吹一口气进去，泥偶就变成了活人，"息"就代表着生命力的传播和输入。

这个观念来源于人类进化漫漫过程中的狩猎经验。早期的人类祖先不种粮食，只靠狩猎采集取得食物，狩猎最基本的经验就是一个猎物被击倒以后，可以通过看它是否呼吸来判断死活。还有气儿，意味着还有生命；没有气儿，就是死去了。

所以，先民们从现实生活经验中认识到：生命或者灵魂，就是潜伏住在气息中的。有气就有生命。现实中的一块土、一粒沙子是绝无生命的，一旦神把气吹进去，就有了灵魂和生命。

"息壤"区区两个字，古人基本上无从考证。虽然息壤治水以失败告终，此后再无其他描述，但是我们根据比较神话学的研究可以还原出来的信息是：先民认为，宇宙之间的空气流动，就是生命传播的主要渠道。所以息壤母题一旦还原到鲧治水的神话中，其背后应该还有一个已经失传的陆地潜水者型创世神话。虽然在太平洋的此岸，已经看不到最早的文本，但是在太平洋彼岸的印第安神话中，发挥着造陆创世功能的息壤，还按照其原样保留完好，这也透露着我们把环太平洋文化看成是一个史前文化共同体的原因。

参考书目

1. 陈建宪：《中国洪水再殖型神话研究：母题分析法的一个案例》，陕西师范大学出版总社有限公司，2019。

2. 李永平：《禳灾与记忆：宝卷的社会功能研究》，中国社会科学出版社，2016。

3. 彭兆荣：《重建中国乡土景观》，中国社会科学出版社，2018。

4. 唐启翠：《禹赐玄圭：玉圭的中国故事》，上海人民出版社，2020。

5. 萧兵：《中华民族神话与传说》，雪鱼绘，译林出版社，2020。

6. 徐新建主编：《灾难与人文关怀："汶川地震"的文学人类学纪实》，四川大学出版社，2009。

7. 叶舒宪：《中国神话哲学》，中国社会科学出版社，1992；陕西人民出版社，2020。

8. 叶舒宪、王宪昭编：《中华创世神话精选》，上海人民出版社，2020。

9. ［美］阿兰·邓迪斯：《洪水神话》，陈建宪等译，陕西师范大学出版总社有限公司，2013。

10. ［美］艾兰：《水之道与德之端：中国早期哲学思想的本喻（增订版）》，张海晏译，商务印书馆，2010。

11. ［日］宫本一夫：《从神话到历史：神话时代 夏王朝》，吴菲译，广西师范大学出版社，2014。

12. Hanks, B.K. & Linduff, K. M., ed. *Social Complexity in Prehistoric Eurasia: Monuments, Metals and Mobility*. Cambridge University Press, 2009.

13. Hodder, Ian, ed. *Changing Materialities at Catalhoyuk*: *Reports from the 1995-99 Seasons*. Baker & Taylor Books, 2005.

14. Kohl, Philip L. *The Making of Bronze Age Eurasia*. Cambridge University Press, 2007.

/第十八讲/

夏启升天：夏代神话历史

　　这一讲的主要内容将围绕夏代的第一任君王启，古书《山海经》中记录了他上天的事迹。本讲将通过相关细节，来对夏代历史信息作出某种验证，看看能够验证到什么程度。

　　一说"升天"，大家肯定觉得是神话虚构。但是，夏启是历史上有名有姓的王者，这一节当然也会有"神话历史"的意味，需要通过新的出土文物来说明，4000年前如果想实现"升天"梦想，究竟怎么样才能"升天"。

　　图18-1和图18-2是两件升天媒介的图像表达。图18-1是首都博物馆在中国社会科学院考古研究所成立60周年时举办的"考古中华"特展的海报。海报上的素材是一件出土文物——河南洛阳偃师二里头遗址发掘出土的镶嵌绿松石铜牌。我在讲伏羲黄熊、黄帝有熊时已介绍过镶嵌绿松石的熊形铜牌。而这一件则是鸮形铜牌。鸮（枭）、熊并列，有"一代枭雄"之说，这个"雄"用的是"英雄"的"雄"，但是只要把鸮和熊这两种动物原

图18-1　河南洛阳偃师二里头遗址出土镶嵌绿松石的鸮形铜牌，作为2010年首都博物馆"考古中华"特展的海报主图。

图 18-2 河南安阳殷墟侯家庄 1001 大墓出土大理石雕立鸮（2009 年摄于台北"中研院"文物馆）

型还原出来，就能明白，一个是天空中的"王"，一个是陆地上的"王"。二里头文化距今约 3700 年，该铜牌被认为是夏代后期的文物，其中镶嵌所用的绿松石，象征蓝天之色，意即鸮能飞上蓝天。这就是当时宫殿仪礼上使用的法器，相当于萨满一类神职人员的"牌照"。这个飞天的神圣动物"牌照"是夏王朝王公贵族升天梦想的体现。

图 18-2 是河南安阳殷墟侯家庄 1001 大墓出土的文物——大理石雕立鸮，该墓葬等级较高，相当于王者墓葬。这件大理石雕的神鸮非常威严，头上有毛角一样的形状，身体和腿又像猛兽一样粗壮，就是要突出表现当时王者之相。王者为什么要用猛禽来塑造自己？这离不开夏商统治者的通天梦想。

以这两件珍贵的出土文物开篇，让我们一起来揭示夏代"神话历史"。

回到祖国的地面上，回到上一讲提到的河南登封。在中岳嵩山下，有一块巨大的石头，它见证着夏王朝第一王——夏启的出生。凡是关于神奇的人物、英雄、帝王的出生都有特殊的传说，他们的出生过程一般都不像正常人。相传大禹的妻子叫涂山氏，在大禹治水时候，妻子中午给他来送饭，正值大禹化熊开山，化熊的场面被妻子看到，惊得她把送饭的担子放下就跑；可大禹却说，你跑了不要紧，你肚子里怀着我的孩子，得还给我。所以大禹喊出三个字："归我子！"意思就是"你把我儿子还给我！"大禹本人就是巫师长，所以他金口玉言一喊，涂山氏化作一块石头，石头裂开，就生出了夏启。这个"启"字，本身就是开启的意思。嵩山下面这一大块张开的巨石，被当地百姓命名为"启母石"。现在，游人们会在张开的巨石下拍照，会摆出犹如进入虎口中一样的造型（图18-3）。

通过生动的民间文物景观启母石，大家可以知道在河南登封一带的嵩山地区（相当于中原的"中原"），就是夏、商、周三代王权建都不远之处。启母石的民间记忆还告诉我们：石头能够生人。因此，有人自然会联想到孙悟空的出生，以及其他中国文学作品里诸

图18-3　河南登封启母石（摄于2006年）

如此类的神秘出生叙事，包括《石头记》。中国人的文学想象，往往就充分利用玉、石等的特殊象征性。民间有收藏爱好的人大都知道"赌石"，从外面的石皮上，看不出石头里边会蕴藏着什么样的宝玉，只有切开才知道。一般外边石皮叫"璞"。"璞"是玉石外表很不起眼的皮壳，和石头是一样的，看不出里边有什么神奇。所以国人有一句话叫"神仙难断寸玉"。以上就是国人从鉴玉的经验中生发出来的一种奇特的人类诞生传说。民间文学专家称之为"石头生人"。

通过启母石的故事，我们走近了夏代第一王朝的统治者。这一讲的主题既然叫"夏启升天"，那么就要看看古书中是怎么记载的。这一段记载不是出于历史书，而是出于《山海经·海外西经》：

> 大乐之野，夏后启于此儛九代，乘两龙，云盖三层。左手操翳，右手操环，佩玉璜。

《山海经》的叙事一般先要交代背景在什么地方，如同今天写新闻5个"W"中的"where"的要求。"大乐之野"，没有人知道在哪儿，但是出场的人物非常明确："夏后启"。这个"后"就是帝王的意思，"夏后启"即"夏朝的王者启"。他跳一种"九代舞"，下面还有"乘两龙，云盖三层"的描述，通过出土文物可以看出，如果在龙身上有个人，那就代表着龙载人升天。夏后启乘两龙绝不是一般出游，而是要上天了，"云盖三层"就是指要经历漫漫的云天。然后他"左手操翳，右手操环"，两手都没闲着，"翳"就是用鸟的羽毛构成的一种仪仗器——我们都知道鸟的羽毛是神徽。"右手操环"，那时候如果没有金属，这里所说的"环"应该就是一件玉环。玉环和玉璧都是圆形的玉礼器。最后三个字"佩玉璜"最重要，如同画龙点睛，就是说夏后启身上佩戴着一件玉礼器，这个礼器是玉璜。

前面的尧舜部分已解读过"三联璜玉璧"，玉璜就是半圆形或者弯条形的玉器，代表的是神话中一种升天的工具。这样来看，《山海经》中关于夏启的记述就是在讲距今 4000 多年的领袖是如何升天的。这里没有讲具体的动作细节，而是交代了全部的行头。若没有背景知识，确实也很难判断是在说什么；讲述的装饰倒确实挺美的，又是龙，又是环、翳，然而这些都是需要作深度解读的细节。

夏启上天干什么去？《山海经》还有一处记载，说是他上天去把天庭中美妙的"九歌""九辩"带回了人间。什么是九歌、九辩？屈原的作品里有《九歌》。古人认为人间的音乐、诗歌，最美丽的都不是人间的作曲家、诗人能创作出来的，而是天乐、天歌，所以这是最神圣的艺术，跟宋江从九天玄女那儿得到的天书一样，是天赐、神赐的东西，具有神圣性。这一讲述就奠定了中国礼乐文化有天界的背景，那是来自天神的，所以夏启升天的故事也蕴含中国文艺的起源观，也属于文化起源神话，包含天人合一之意。乘两龙的夏后启为什么还要手拿玉环、身佩玉璜？这些玉器都代表什么意义？这是这一讲要重点给大家说明的。

文本的叙事，古书对此都没有详细解释。我们大致可以说，只要玉礼器一出现，一般都是作为天人、神人之间的中介，都跟升天有关系，特别是跟升天想象有关系，这和龙的功能实际上是一致的。所以玉器上面为何雕玉龙也就能解释了。古代有一本著名的文学理论书——《文心雕龙》，讲的是诗、歌、赋等文学体裁的理论问题，但是为什么文学理论的书叫"雕龙"呢？《文心雕龙》的作者是六朝的刘勰，那时候都接近唐代了，但实际上用玉来雕龙的实践，要追溯 6000 年以上的历史。所以，过去人们不知道"雕龙"到底是怎么一回事儿，现在才理解：雕玉龙的数千年实践催生了雕

"文心"之龙的比喻。

华夏上古史记忆中最重要的一个文物为夏后氏之璜。"璜"字就是"玉"字旁加上"黄帝"的"黄"。大家都知道，西周灭亡以后就是东周诸侯争霸，鲁国是盟主，因为周公分封时把自己的儿子封到鲁国做统治者，让西周人从陕西跨越整个河南跑到今天的山东，即当时的东夷地带。西周统治者凭什么能镇住东夷人呢？就是用一件镇国之宝——夏后氏之璜。

周人推翻了商朝后，认为自己的政权具有合法性，是夏人的后代，因此要恢复夏王朝的礼乐典章制度，认为商朝是背叛了夏朝的正统，所以夏后氏之璜是一个物证，能够见证周人如何凭借夏王朝遗留下来的神圣礼器来统治天下，从西方到东方。这样的历史传说在过去确实没有办法求证，但在今天，从东北到珠江流域都有出土的史前玉璜，可帮助我们弄懂这一段失落的历史细节。

常识中，从孔孟开始言必称三代——夏、商、周，这三代或者叫老三代。对于外国人，特别是 20 世纪受过科学训练的外国知识分子来说，中国人说的夏、商、周只是中国人的传说，在国际上通行的古代史中，中国这一部分是从商代开始写的。为什么？因为他们只认有文字记载的历史。我们认为有夏朝，但是，夏朝的字在哪儿？夏朝的史书在哪儿？司马迁写了《夏本纪》，那是汉朝人写的，距今 2000 多年，而汉朝与夏朝还相差近 2000 年。换言之，《夏本纪》并不是夏朝人自己写的，就像我们今天写的秦始皇的历史，能当秦朝人的历史看吗？所以问题就是，没有文献记载。最早的汉字现在只有第二重证据，那就是 20 世纪在河南安阳发现的商朝甲骨文。而且，安阳的遗址是商代最后一个都城，是晚期的，距今只有 3300 年上下。

夏朝如果是距今 4100 年，这还差了好几百年，所以外国人写的中国史起笔就是商朝，依据就是甲骨文，他们承认这是正规的历史。至于夏朝，他们认为只是中国人的传说而已，没办法考证。要按西方的标准来判断，夏朝在哪儿？完整传承的王朝的名字、王者的名字为何？建都在哪里？王在位多少年？……这些问题确实说不清楚。

孔圣人在《论语》中明确说过："夏礼吾能言之""殷礼吾能言之"。讲到夏、商、周这老三代的礼法制度，他都能说上个一二三，这确实不容易。孔子是距今 2500 年前后的圣人，他能知道距今 4000年的事，这中间跨了 1000 多年。那这些知识从哪儿来的？有人认为是孔子博学，看了很多书；但春秋时期没有书，民间一本书也没有。那时的文本都是写在竹简上的，一片竹简写不了几个字，而且很难保存。现在我们看到的竹简，没有一片是春秋时期的，全是战国时期的。所以孔子的时代都是口传的教育，没有课本。如果说孔子知道夏商周的事情，那绝对不是通过看书的方式，而是口耳相传。文字流行以前，人类的经验和知识都是口耳相传的，因此无法见证。现在那些没有文字的民族（许多少数民族也是这样），他们的一切文化就是通过讲、唱、跳舞、仪式、表演等方式历代传承下来的。

经推断，孔子所知的夏朝的礼应该是以当时口传知识的方式获得，司马迁《夏本纪》的叙事基本上就是大禹治水的全过程，在上一讲也介绍清楚了。大禹建立王朝的时候需要物证，就像秦始皇统一中国时要设传国玉玺见证。大禹的神圣见证是帝赐玉圭，相当于陶寺遗址出土的 4000 多年前的玉圭。古书中讲的这一部分内容可以用四重证据法作判别，我们自己权且充当一回"历史的法官"，认为夏禹时用玉圭的说法是靠谱的。

再举一个例子。"黄帝铸鼎"的说法是说黄帝铸了大鼎或者铸九鼎（也有说大禹铸九鼎），这可信吗？这个在今天看来不太可信。

如果有黄帝，如果黄帝是 5000 年前的人，那就要考虑，铸鼎涉及金属冶炼技术，而 5000 年前的中原根本没有出现冶金铸造技术，所以铸鼎在 5000 年前的中原没有条件。我们给大家介绍了陶寺铜铃，那是今天能见到的最早的、也是唯一一件范铸的红铜器，是 4000 多年前的，大小跟杯子差不多，这也说明，那个时代要想铸一个大鼎是不可能的。

所以四重证据法的意义就在这里，可以把古书中讲的一二三用出土的实物去审验对证。

我今天把传说的、神话的历史用四重证据法来一一区分，虽然不能解决所有的问题，但像这些关键问题，还是可以判断一二。"黄帝铸鼎"的说法肯定是后人编的，是冶金铸造技术发明之后才有的想象。

究竟何时开始铸大鼎？四重证据表明商代的大鼎比较多。夏代时期，青铜器刚刚开始普及，如果有鼎，那也是小小的比茶壶大一点，跟所谓的"九鼎"还是有很大差距的。中国国家博物馆藏有几件商代的大鼎，比如后母戊（原称"司母戊"）鼎，比桌子还高，其所在的时代就是所谓"铸鼎中原"的时代。所以大家以后再看历史、神话、传说的时候，如果有这种物证，特别是出土的、有年代记录的物证，就可以试着对古老的传说作一个重新的辨析。

现代中国的史学工作者因为受到了西方"历史科学观"的影响，认为历史绝不是人讲的故事，而要用实证的方法来看中国的历史。在 20 世纪 20 年代，出现了一个影响极大的现代历史学派——古史辨派。以北大顾颉刚教授为代表的一批学者用科学的眼光重新看待古人传说中的盘古开天地、三皇五帝、夏、商、周，在他们看来，伏羲、女娲的记述根本就不算历史，就连夏、商、周也都是打上问号的。他们认为孔子以前的历史基本上是不可靠的，孔子以后有书本了才算。所以古史辨派考证的结果就常被一般人戏称"夏朝是什么，大禹是什么……"按古史辨派的观点，大禹是一条"虫"，因为"禹"字中的"虫"是蛇，所以大禹被考证为一条蛇，这样一来，中国的第一王朝就在这样的考证下彻底崩塌了。20世纪以来的科学证史风潮让人们都不信夏代以前的东西，这就是我们今天面临的困境。

既然我们现在已经提出"神话历史"这个概念，那我们就不能用科学考证去一一对应。但是，神话历史不一定全是虚构的，有些东西是有历史实物作原型的，我们现在把它们找出来，特别是先于青铜器出现的玉礼器这一部分研究，目的就是求证更早期的物质文化真相。

我们现在聚焦的是距今4000年的中原文明，看到底还有什么东西，可以对应古书上的说法。

老子《道德经》六十二章云：

故立天子，置三公，虽有拱璧，以先驷马……

这就是说，天子的标志物是一个巨大的玉璧，后世唐诗宋词一再以此作为典故来写拱璧，这里就不过多涉猎了。夏王朝有没有条件生产巨大的玉璧呢？从二里头文化到龙山文化都有玉璧出现，特别是前面讲的西北的齐家文化，在位于河西走廊的甘肃武威，一座墓里出土80个玉璧，距今约4000年。古书中的说法现在看来未必是凭空而来，这些说法怎么可能是哪个文人、哪个好事者编出来的？从中原到河西走廊，玉璧已经覆盖了整个西北和中原，需要解读的就是，如果有天子级政权，玉璧究竟代表什么。

前面的讲述一再采用的一种汉代的图像材料叫"汉画像石"。哪些地方常见有汉画像石？对于这一点，我们曾经专门介绍过。汉代的首都长安没有，而在首都以外的河南南阳，有汉画像石。那是东汉刘秀的老家，是汉画像石最流行的地方。江苏徐州等苏北地区、山东、陕北榆林地区、山西部分地区、安徽等地方出现了大量的画像石，画像石中最常见的图案叫"十字穿璧""十字穿环"，即用像十字一样的几何形线条从圆形的玉璧的中孔中穿过去。还有"龙蛇穿璧"。图18-4是马王堆1号汉墓棺材上的画，画的是"二龙穿璧"，两条龙盘旋着升天的图像。这个图像鲜明地告诉人们玉璧在神话的世界中到底代表什么、人间用玉璧到底是什么意思。玉璧代表着升天以后天门的开启。玉璧以圆形象征天，天上的发光体。之前已经讲过，古人把天想象成玉；玉璧中间的一个大孔代表天门，灵魂要升天，要觐见天帝、天神或祖先，一定要通过天门。

图18-4　马王堆1号汉墓棺画：二龙穿璧升天图。（摄于湖南博物院）

那两条龙指引着人们打开天门。这些图像不着一字就能把古人的想象表现得淋漓尽致。

看了马王堆1号汉墓棺材上的彩绘二龙穿璧升天图，古老玉璧的历史和整个几千年的神话历史就活起来了，背后的观念、想象的世界跃然出现。当今的人身上佩戴一个玉璧也不是单纯为了装饰，而是为了保佑平安，新的名称就叫玉平安扣。从当代考古知识出发，博物馆中陈列的文物足以说明玉璧有6000年以上历史。更不用问夏启的时代是否有玉璧玉璜了。若夏代始于 4000 多年前，那么在此之前，玉璧的发展已经有 2000 多年了。

图 18-5 是紫禁城里的清代统治者曾经把玩的古代玉璧。当时在没有考古知识的情况下，人们都认为这是夏、商、周的玉礼器。20 世纪后期的考古新发现，重新确认这种材料、造型的玉璧是长三角地区的文物，就是前面讲到的良渚文化遗存。良渚古城距今 5300—4300 年，在 2019 年入选世界文化遗产名录。良渚文化的特征就是玉璧、玉琮、玉璜三种礼器并存，而且在那时就已经大批量生产。虽然还不能说那时的玉璧就代表天门，但是一看这

图 18-5　清代紫禁城中帝王把玩的古玉璧，应属于约 5000 年前的南方良渚文化。（摄于台北故宫博物院）

种圆圆的中间有个孔的玉器到今天还在传承，佩戴平安扣的习惯仍然在延续，就可知玉璧文化一直没有中断。不过，玉璧的神话想象似乎中断了。今天人们很少能解读出这种器物和升天梦想有什么关系。乾隆皇帝喜欢把玩这些古玉，但是他也不知道代表什么，唯有怀古之幽思。

良渚文化在距今 4300 年的时候消亡，此后还有人在那里生活，但已经不生产和使用玉璧了。玉璧、玉琮等辗转传播到中原。这就是中国史前玉文化的一个奥秘：野火烧不尽，春风吹又生——在那里中断了，在这里又新生出来，始终有一个传播的链条，生命力一直没有中断。如果中国只是一个小国，那么玉文化恐怕早就消失多少次了。就是因为有广阔的地域可以回旋，遭遇天灾、人祸、战

图 18-6 辽宁建平牛河梁出土红山文化玉人（摄于北京艺术博物馆红山文化出土玉器精品展）

争、瘟疫都不要紧，换一个地方又会成长起来。

再给大家看一个 21 世纪新出土的北方红山文化的玉人（图 18-6）。这是一个精雕细刻的玉人，眼睛是眯着的，抱臂于胸前，这姿势代表进入通神状态。通神通天，就是要把自己的灵魂从身体中释放出来，让它升到天上去。看到这眼睛眯成一条缝的造型，不得不感叹 5000 年前的工匠刻画得多么惟妙惟肖。

中国的玉石雕刻把没有文字的历史保留到了今天。玉代表神、代表天，所以用玉雕刻出来的造型都有礼仪意义上的神圣性。今天的人一看到玉雕一般都将其归到美术、雕塑领域，这太可惜了，虽然艺术与此有关，但这更值得宗教学、神话学去深入解读。玉器的传承整整 1 万年，5000 年前就已经登峰造极。

前面我们从北方、南方玉礼文化的背景讲到玉璧这种礼器的由来，再回到"金声玉振"的中原二里头遗址。过去考古界在二里头立一块石碑，碑上写着"华夏第一王都"的字样。可知主流学界认为这里是夏朝的都城所在地。过去的考古测年技术测年结果不太精确。起初对二里头进行测年检测，认为其年代为公元前 20 世纪，即距今 4000 年左右。20 世纪末，国家启动夏商周断代工程，该工程动

员了历史学家、考古学家、化学
家、天文学家等协同攻关，要解
决夏商周的年代问题。因为外国
人不承认中国有夏朝，认为商代
的历史距今仅有3000多年。中
国学者要想办法把夏商周的年表
复原出来。夏商周断代工程把二
里头遗址采集到的所有有机物整
合起来，对其进行更精细的测年
检测，最后给二里头遗址重新确
定了年代，这些结论发表在21
世纪出版的五卷本《二里头》考
古报告中，这个报告让专业人士
们很吃惊，原来认为的二里头遗
址属于公元前20世纪的观点被

图18-7 河南洛阳偃师二里头遗址出土墨
玉大牙璋（现藏中国社会科学院考古研究所，
摄于良渚博物院）

推翻，重新确认的二里头文化一期的开始时间是公元前1750年，也
就是距今3700多年。

这样看来，说二里头是夏朝都城就有些勉强。在距今3600年之
际，商朝就崛起了。3700年往上这段时间，只能算是夏朝的末尾，
距离大禹和夏启建立夏王朝还差了近400年。这是一个不小的数字。
400年就相当于一个王朝的兴亡全程了。所以，二里头遗址作为夏
朝遗址的传统观点，如今显得牵强，不过仍有人认为它是夏都，或
者是早商的。

为什么用"金声玉振"形容二里头？因为这里发掘出另一批
铜铃。陶寺遗址出土了4000多年前中原的第一件铜器——陶寺铜
铃；二里头也出现了铜铃，而且还有青铜铸造的铜铃，摇铃的舌是

用玉制成的，像是一种白玉。孟子颂扬儒家圣人孔子时，就用了四个字——金声玉振。人们都以为孟子是修辞学家，写出这么美妙的比喻。现在看，这说法并不是后人发明的修辞。"金"就是金属，美妙的乐音是金玉共振发出来的。如今可以知道，这四重证据给我们提供的，相当于文化的"底牌"。也即，孟子的话不是随便说的，"金声玉振"的实际开始，就在距今 3600 年上下。这个时候中原统治者已经在使用金声玉振的礼乐器了。

这一部分的讲解是要告诉大家，史前玉器还有一个不为人知的功能——音乐功能。玉器发出的美妙乐音是中国古代圣人们所向往的天国之声。夏启佩戴玉璜而得以升天，带回来天上的美妙音乐，这一定跟"玉音"有关。湖北荆门有一个叫郭店的地方，那里发掘出一批战国竹简。竹简上有形容儒家人格最高境界的两个字——玉音。如果你没有在身上佩玉的习惯，没有聆听过玉和玉相碰撞发出来的乐音，你就永远不能体会何为"玉音"。有一次我在古玉收藏家那里参观，他用两块上好的和田玉璧轻轻碰撞一下，我们数秒数，玉音足足激荡 15 秒，在整个房子里引出余音绕梁般的效果。可是，这部分玉音听觉文化遗产，早就彻底失传了。现在的人们看玉璧就是看它是否值钱、是否好看，它音乐方面的功能全被隐没了。一旦玉礼器的制度失传了，后人靠想象是想象不出来的。

铜铃玉舌、金声玉振、玉音都不是神话，是中国独有的历史元素。这样一来，春秋时期的孔圣人，还有战国时期的孟圣人对上古的礼这么津津乐道的原因也就明晰了，因为中国人的音乐之美。看了《论语》中孔圣人对音乐如此推崇，我们才知道上古时期的中国是一个真正的听觉世界。

老子、孔子，他们共同推崇的人叫圣人或者叫圣王，如果写简体字，这个"圣"已经看不出意义；而"圣"的繁体字"聖"是一个耳朵加上一个口，下面是"王"，就是指所有的知识，口耳相传，伴随着音乐、伴随着歌唱。

中国最早的乐器跟玉器有关。进入金属冶炼的铸造时代，小小的铜铃尺码放大一些就变成了编钟，不是一个钟在发音，而是一排钟在发音。东周时期的编钟已有出土，最壮观的一件是曾侯乙墓出土的完整的编钟，藏于湖北省博物馆。我去参观的时候，正赶上编钟演奏，我发现，中国的游客大都看一看就走了，坐在那儿不走的基本都是外国人，因为演奏的最后一首乐曲是贝多芬的《欢乐颂》。有人认为，中国的传统音乐就是二胡、笛子，是俗文化，不登大雅之堂，而西方的音乐则属高雅艺术，其中，贝多芬是西方音乐之圣。然而，用春秋战国时期的编钟演奏出的贝多芬的《欢乐颂》却让外国人惊呆了，他们想象不到两三千年前的中国音乐有多么美妙、多么神圣。

我们讲了夏启升天，解说了他把音乐和诗歌从天上带回人间的细节。再回到历史语境中，在湖北省博物馆听演奏，虽然我们的感受不及孔圣人一般"三月不知肉味"，至少能够肃然起敬。这就是我们通过二里头出土的玉器对古老的文化传承作的一些说明。

我们多次讲到过齐家文化，那里玉璜是出土最多的。夏启升天就靠身上挂的玉璜。玉璜是半璧，璧是圆的，半璧就是半圆；或呈弯条形（图18-8）。如果圆边朝上那就像桥形。我们已经讲了美洲印第安人的萨满升天想

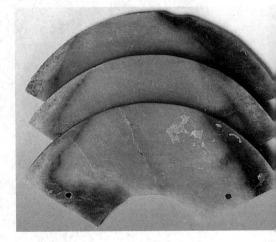

图18-8　齐家文化出土玉璜（摄于台北故宫博物院）

象会借助向上发散的烟。玉是透光透亮的，代表天、代表神，它就是下来接应人的"天桥"，所以谁佩戴着它，谁就像有咒语、有法术一样，自己就可以升上去了。其实诸如此类的玉璜，特别是三联璜、四联璜、五联璜，合起来能连成一个玉璧的玉璜，都带有隐喻升天的意思。

二里头 84M11 墓出土铜铃的同时，也出土了镶嵌绿松石的熊形铜牌（图 18-9），就是我们已经当成是夏王朝的"国旗""国徽"一类的标志物。那么，拿着"国旗""国徽"，拿着乐器奏出金声玉振之音乐的人是谁？这个墓主人就是当时的大法师，如果是在夏朝，就是国师一类的宗教领袖人物。民族学的知识可以借来对证。北方的萨满常用两种法器：乐器、神牌。所以，看到这些动物器型的神牌加上乐器，我们就能明白其中蕴含的寓意。湖北恩施有土家

图 18-9　二里头 84M11 墓出土铜牌、铜铃（摄于首都博物馆"考古中华"特展）

族，当地法师跳的舞叫八宝铜铃舞，嘴中唱词："铃声一响神就到。"古代人的仪式歌舞表演背后一定有通天通圣的想象，所以民间的戏台不是对着城隍就是对着土地庙，没有一个表演是给人的，人可能会捎带着被娱乐一下，真正虔诚的表演行为都是面对神的。

当我们看到二里头出土的铜铃、铜牌、绿松石，就可以将今天的民族学知识作为第三重证据，把这些文物使用者在当时的语境还原出来，这样一种进入历史的方式是前人做不到的，古人没有这么多参照系。我们今天把文物和历史的知识整合成一个完整的文化文本，进入到了那个通圣的场域。圣人的礼乐靠什么吸引了后代无数人的追求？这里可以看出一个大概来。有一句话叫"礼失而求诸野"，意思是王朝礼乐中断了，就到民间去寻找，民间传承的活态文化在今天就成为第三重证据——可借用来激活有年代的出土文物。

至于二里头遗址是不是夏代的，先不用争论，至少能肯定其比商代早。我们要看看是谁在使用铜铃、铜牌，用它们来干什么。

后代北方草原萨满墓葬出土众多铜铃、铜牌，萨满戴着神徽、神牌，铃一摇、鼓一敲、舞一跳，神就降下来了，民间社会靠此禳灾治病。孔圣人说："人而无恒，不可以作巫医。"中国的医跟巫师是分不开的，这个观念和仪式的传承靠的就是这些虔诚的信仰者，他们具有治病的能量和能力，所以中医的背后有完整的一套神话信念的传承。

看了这些器物以后，我们再回到博物馆里，看一看大禹建的夏王朝，如果他把神熊作为"国旗""国徽"的图像，其深刻渊源一定是先于夏王朝的。台北故宫博物院里原来没有红山文化的玉器文物，于是派专家到国际市场上去收购。现在在其第一展厅里藏有一个红山文化的玉雕神熊（图 18-10），这是五六千年前北方的玉熊。

图 18-10 失落的圣物与圣像：台北故宫博物院藏红山文化玉熊神像。（摄于台北故宫博物院）

我们已经看到，神圣的熊的偶像可以用今天的知识串成一个完整的文化传承链——夏禹的神熊崇拜之源。

从小小的铜铃发展到镛、编钟这样成组的乐礼器，这是一个进化的过程。讲到这里，夏启佩玉璜、凭借玉璜升天的神话我们基本上已经理解了。

假如夏启在中原建立了夏王朝，那么当时所用的玉是从哪儿来的？今天看来，河南南阳出产玉，那里的玉今天叫独山玉，市场上有生产一些独山玉制成的器物，但是独山玉有杂质、有绺裂，跟古人心目中的白璧无瑕的想象根本对不上。中原王朝的玉器生产基本上不用这些地方玉。儒家形容君子有一句话叫"君子温润如玉"。只有新疆和田出产的玉才有这种温润的感觉，看着好像有一种油脂光泽，实际上是它本身透露出来的质感。儒家心目中的玉的原型，毫无疑问是天下至宝新疆和田玉。夏商周都在中原建都，而新疆在几千公里以外。这就又回到了为什么是"中国"的问题。如果夏朝开始用优质透闪石玉，那么至少有一部分是来自西域；商朝就更不用说了，商朝王后——妇好的墓出土玉器 755 件，比张骞通西域要早 1000 多年，大量的玉都是白花花的，青海和甘肃以东没有这个成色的玉料，不会出产；这玉毫无疑问是从西域来的。商朝统治者已经掌控了大量的西域来的宝玉，这就是为什么商纣王临走时要把宝玉全都取出来缠在自己身上，点一把火升天。这一历史记载已经在第十二讲讲过了。我们的知识系统再一次被串联起来，这就是本讲所讲的夏代神话历史，我们讲到了宝玉神话，这也是中国人没有成文的历史。

参考书目

1. 丁山：《禹平水土本事考》，载《古代神话与民族》，商务印书馆，2005。
2. 高有鹏：《神话传说与民族记忆》，河南大学出版社，2015。
3. 李文实：《西陲古地与羌藏文化》，青海人民出版社，2001。
4. 吕思勉、童书业：《古史辨（第七册）》，上海古籍出版社，1982。
5. 萧兵：《楚辞与神话》，江苏古籍出版社，1987。
6. 萧兵：《中国文化的精英——太阳英雄神话比较研究》，上海文艺出版社，1989。
7. 谢丹、冯志飞、张放：《夏代音乐研究》，中国文联出版社，2019。
8. 徐旭生：《中国古史的传说时代（增订本）》，文物出版社，1985。
9. 王玉哲：《中华民族早期源流》，天津古籍出版社，2010。
10. 杨伯达：《巫玉之光：中国史前玉文化论考》，上海古籍出版社，2005。
11. 杨骊、叶舒宪编著：《四重证据法研究》，复旦大学出版社，2019。
12. 叶舒宪：《中国神话哲学》，中国社会科学出版社，1992；陕西人民出版社，2020。
13. 张立东、任飞编著：《手铲释天书》，大象出版社，2001。
14. 郑杰祥：《新石器文化与夏代文明》，江苏教育出版社，2005。
15. ［日］水野清一：《中国文化的开端》，杨晓钟、吴震译，四川人民出版社，2019。

后羿射日：神话原型批评的中国化

女娲补天、大禹治水、后羿射日，这些成语都是人们耳熟能详、家喻户晓的。本讲中链接了一些知识性的内容，所以就有了副标题：神话原型批评的中国化。将有十多部书链接到本讲的内容中，希望大家除了学会辨识"猎物"，也要学习使用"猎枪"，能够在阅读之外进一步深入学习，自觉掌握神话原型批评的方法，并去思考问题。

后羿射日神话的研究成果汇总为一本尝试性的著作《英雄与太阳：中国上古史诗原型重构》。在前面介绍巴比伦文学时，已经提到过它。这本书的起因，是我在进行苏美尔、巴比伦文学教学的过程中，关联到了中国的后羿神话。后羿跟苏美尔、巴比伦史诗英雄吉尔伽美什一样，意识到死亡后，去寻找不死药、得到不死药，最后又失掉不死药。二者的诸多情节和母题，竟然如此相似。《英雄与太阳：中国上古史诗原型重构》结合神话原型批评方法与结构主义分析方法，希望重建后羿神话叙事的完整性，将其视为华夏上古的史诗性作品。该书第一版出版于 1991 年，至今 30 多年过去了，我对神话原型批评的运用和改造基本实现了本土化。如今的研究取材中国大地上出土的上下万年的文物，从这一层面来讲，如今的研究范式对西方式的原型批评有所超越。原型批评就是要追溯文学作品中哪个原型来自更古老的神话时代。西方文学一般要追溯到希腊神话和希伯来人的《旧约圣经》神话，都是在文字层面上的追溯研究。但国内以大传统与小传统的再划分为原则，侧重四重证据法的研究，所以今天讲的神话批评的中国化，是值得进一步借鉴学习的方法。这是超越了西方理论原有格局，进入本土的文化理论建构过程。同时，我们从神话原型批评开始研究中国对象，逐渐发展出一个交叉学科——文学人类学，大大拓宽了原型批评的视野。

在 21 世纪初，我们又提出文化大传统理论，认为能够算得上"文化基因"的内容，一定是早于甲骨文字的，文字的产生标志着文化小传统的开启。"小传统"因为年代较晚，基本不会有任何的文化基因出现。我们要整体把握 5000 年的文明，而文字出现以来的时间仅有 3000 多年，确实够不到"基因"的层面。

近年来我主编了两套丛书，其一是"神话学文库"。从国际视野看，这也算是神话学领域规模最大的丛书之一，总共收录了 38 本图书，包括著作和译著。

这套书在第一讲已经介绍给大家，这些著作和译著对学习神话学的读者来说是一份宝藏。初学者们可以借助这一批研究成果，尝试自己学习和运用神话原型批评方法。

"原型批评怎样被中国化？"这个问题要从《神话—原型批评》这本书开始讲起。这本书是 1986 年翻译的，那个时代是改革开放之初，国内的文科师生们开始看到外部世界，接触到国际流行的理论方法。到 20 世纪 80 年代，国门大开，学界开始逐渐把 20 世纪有成就的西方理论流派的经典作品翻译、介绍进来。本人当时首先翻译的就是《神话—原型批评》，那时我是青年教师，教学之余完成译著，并于 1987 年出版。什么叫神话原型批评？为什么它在 20 世纪的西方文学批评理论中自成一派？这一派理论家的代表是加拿大人弗莱，他专注的就是西方文学源头——希腊罗马神话和希伯来神话。这些神话的解读在本书外国神话部分都有过专章介绍。学文学要饮水思源，源头不找到，就不知水是从哪里流来的，而水里有什么成分就更难搞清楚。所以，西方批评家认为西方文学就来自希腊罗马神话，开端于犹太教和基督教的《圣经》。弗莱举出一个简单的例子：托尔斯泰的代表作《复活》，在非基督教的语境下成长起来的读者，看到男主人公聂赫留朵夫早年荒唐，成年以后觉悟并且忏悔，希望重新做人。那么何谓"复活"？实际上，所谓的"复活"，不是指死而复生的复活，而是基督教教义如《新约》所言的"浪子回头金不换"。

亚当和夏娃都犯下原罪。按照基督教教义，亚当、夏娃的后代与生俱来就"遗传"着原罪。但是有罪不可怕，就怕不能觉悟、不忏悔、不祷告。西方文学中常见这种内容：忏悔、悔罪后，神就会接纳你，让你获得精神的新生。所以，没有基督教文化的背景，看小说的题目"Resurrection"，根本弄不明白到底是在说什么。不读希腊罗马神话，也不熟读《圣经》，这样去研究西方文学，是连作品题目都弄不明白的。托尔斯泰从小在教堂氛围下长大，他对这些信仰和教义太熟悉了，不用学，只要自己一写作，就自然而然地带出来了。

同样的道理，学中国文学，不了解华夏几千年文化脉络，就难以解读李白、曹雪芹。曹雪芹《红楼梦》开篇先写了大荒山下的一块石头。曹雪芹为什么要先写"大荒"？"荒"在古汉语中，有"荒唐""荒淫""荒诞"等词，都是负面意义的。而《山海经》的结构，则是将大荒放置在五方空间世界的最边缘的地区。描写距离文化中心最远地方的部分，就称为"大荒经"。学习文学要从神话想象的源头开始，原编码就像是"密码本"一样。编码都看不懂的话，怎么能作深一层的推究呢？所以，在努力把原型批评介绍到中国的同时，我们也应该思考这种方法应用到中国文学研究的可行性问题，全力开创一种深度研究文化的系统范式，由此再来研究中国文学。例如，搞清楚后羿到底是什么身份，需要大量考证，最后不会仅仅停留在文学层面上。文学只是文化文本巨大网络中的一串"网眼"，摸索文化文本，就如同找到文学发生的"所以然"。所以我们探究的最终目标是弄清华夏文明的原型是怎样的，而这个工作已经超出文学专业范围，因此我们采用文学人类学的新命名。人类学不是研究作家作品的，而是研究文化群体特殊性的。比如，为什么我们的文化用筷子吃饭，人家的文化用刀叉吃饭？归根到底都会落在文化的要素差异上。文化不同是因为其"潜规则"不同。所以说，原型也好，基因也好，都是足以塑造文化特征的东西，是规定行为和思想方式的要素，找到它，就找到了理解特定文化的钥匙。这30多年来我们做的工作，就是从神话原型批评出发，最终进入华夏文明原型的探索中。

《神话—原型批评》在1987年出版第一版，2011年出了增订版，增订版加入了中国学者这几十年来用神话批评方法解决中国文学问题的案例，更便于本土的学生学习参考。如果把这30多年来文学人类学的工作作一个划分，前20年做的工作主要为"案头作业"。西方批评家要分析希腊神话，就得找找希腊的文本、《荷马史诗》和悲剧等，而我们追溯神话就要诉诸《山海经》《诗经》和楚辞等。21世纪以来，我们做的就不只是案头研究，还在中国的广阔大地上行走。自古认为《山海经》是一部奇书，没有人能看懂这部书的叙事奥秘是什么。其中讲了天下140处出产玉石的山，这个数字就足以把后人吓蒙。试问，哪个作家能有这样的创作？我们认为，这样的山河物产叙事，非个人行为。如果我们抱着怀疑，却不去求证、不去探索，那么谜底永远也揭不开。为此，文学人类学研究团队组织长期的、系统的田野考察调研。尝试用科学考察、取证的办法，把《山海经》有关玉石资源的真实内容找出来。这一做就是十几年。如今我们所研究的原型，已不限于文学作品，希望能深入到华夏文明建构中最核心的思想观念的原型。

文学人类学这一新学科，参与人员基本上是大学中文系的中青年教师，所归属的学会组织是中国比较文学学会。因为比较文学界特别关注跨学科研究。后来，国家对跨学科研究的扶持鼓励不断加大，我们这个学会成员共获批七项国家重大招标项目和攻关项目，其中包括丝绸之路研究。从原型批评进入到文学人类学新学科，主要想解决的就是本土性、实用性文化理论体系及其研究方法论上的问题。开场介绍的大传统、小传统、四重证据法，就是我们在理论和方法方面的引领工具。如今的研究，再也不是拿着西方人的理论到处去套中国的作品。文化文本的这一套理论，是植根在中国本土文化现实上的。以甲骨文为分界，甲骨文之前的文化称为"文化大传统"，之后的叫"文化小传统"。这个分界非常实用。凡是在甲骨文之前出现的文化大传统要素，都对后来的文化发展有核心引领作用。比如中国的"国"：四方的"城墙"里，守着一种宝贝物质——玉。"国"字和"宝"字中皆有"玉"。在一个"玉"字背后，玉文化的历史已经近1万年了。为什么儒家只要讲到"学习"，其描述不是"如切如磋"就是"如琢如磨"，再或者"他山之石，可以攻玉"？因为儒家是2500多年前发源的思想传统，儒家"学习"的背后，还有以前未知的7000多年切磋琢磨玉石的行为历史。所以，只有超越文字、书本知识的壁垒和界限，才能找到真正的文化原型，这就是我们提出的理念：传统的文字知识要有"升级版"。

第二本书《文化符号学：大小传统新视野》，是学会同仁集体编撰的，是用大、小传统理论来解读莫言《蛙》书名的命名等文学问题。这个方法有实用性，它能够让我们重新面对中国作家和诗人写出来的作品，不论是古代的还是当代的。文化符号学就是把整个文化看成是一种符号现象。书本的形成有赖于文字符号，文字出现以前，则要诉诸图像和器物符号。因为，归根到底，文化所传承的就是符号，颜色也是符号。在人生活的大千世界中，到处都可以进行符号编码、归纳和阐释。当编码一个个被解开时，就能找到解读中国文化的原编码线索。当然，这也不是万能的，不是说你要什么就有什么。尤其是考古材料，可遇而不可求。考古学在中国的发展还不到 100 年，但是已经积累了相当丰富的、前人所不知道的资料。我们需要在重新学习的过程中，嫁接文化认知的考古学方法。从大传统的符号编码到小传统的编码，有一个逐渐叠加的过程，当我们把这个过程描述出来，就相当于掌握了神话解码的原理。再去到博物馆、考古遗址、艺术展览现场，就能阐述出具体符号的编码意义。

如果要问文学人类学这个新学科建构有什么特色，首先就是植根本土和面向本土。一开始是学习借鉴西方的理论方法，随后看到本土 5000 年的文明比西方 2000 多年的文明更深厚，我们就此提出象形文字背后的图像原型说。"日"字就是画个太阳，"月"字就是画个月亮。什么是原型？在这里，原型就是汉字所代表的物体。一旦找到某个汉字所反映的对象物，象形文字和它的原型之间的关系就得到了梳理。所以，植根本土，西方的神话原型方法就得到了升级改造的机会，我们面对本土文化实际提出了"汉字原型说"这样的理论命题。

进入 21 世纪后，我们团队承担了两项具有学术引领意义的重大项目。其一是 2009 年在中国社会科学院立项的重大项目"中华文明探源的神话学研究"。以前，大学中对神话的教学和研究只限于中文系的文学课堂上，讲作家文学时会去链接一些民间传承的神话故事。现在我们把神话确认为是文化编码的源头，是整个文学、历史、哲学、宗教、艺术、政治的共同源头。这个项目让我们把神话学知识和中华文明的追根溯源工作紧密结合起来。项目总成果的代表作《中华文明探源的神话学研究》，是本讲介绍的第三本书。

其次，面对今天社会和文化大转型的现实，面对文化创意产业的全球崛起，文学人类学及时提出"文化与符号经济"的创意理念，也就是探讨神话原型的再开发和创意应用价值。

如何把对神话原型的研究，对中国文化原型的研究应用到今天的市场经济中去，怎么指导创意产品的思路设计？这都是现实给出的新问题。2005 年，我们在《江西社会科学》开辟一个专栏，讲文化符号、神话原型的创意作用。2012 年，又集中学会的力量编出了一本《文化与符号经济》，这就是本讲要介绍给大家的第四本书。该书学理性与实用性都很强，对"哈利·波特"等魔法文化流行现象，以及韩国电视剧《大长今》等进行了文化解读。现在的年轻人可能不知道，连续剧《大长今》当年播出的时候，连北京的出租司机都为了回家看《大长今》而提前下班。这是一部韩国的电视剧，电视剧里的布景和服装都是按照中国明朝的风格制作的。电视剧的制作方动员了一百位学者专家参与，其中也有历史学家和民俗学家担任顾问。制作这样的电视连续剧，目标就是全面占据大中华的电视节目市场与文化市场。这里所讲的神话原型知识与文化创意产业息息相关，我们主要把精力用在 5000 年或 10000 年的文化脉络探索方面，在创意产品的实践方面，尚没有做更多的努力，这是非常值得总结和反思的。

第五本书《玉成中国：玉石之路与玉兵文化探源》出版于 2015

年，是文学人类学和考古学专家的研讨会文集。陕西石峁遗址新发现史前中国最大的城池，2013 年，我们在陕西榆林举办的这次研讨会，主要探讨当地出土的大量玉礼器的玉料来源问题。说到玉兵文化，可以再插入有关黄帝的传说中的一个内容：《越绝书》中有一个人物叫风胡子，他说，黄帝时代以玉为兵。"兵"就是兵器的意思。过去没有人把这句话当真，都以为风胡子就是一个信口开河的人物。比"以玉为兵"说时代更早的是"以石为兵"说。在黄帝时代以后，则改为"以铜为兵"。这个顺序刚好和考古学认识的石器时代到青铜时代的进化脉络是一致的。当代考古学者在我国北方、南方发现的最早一批兵器文物，不是石器就是玉器，比如玉钺、玉璋、玉戈等，都是带刃的。这些出土器物的存在表明，假如黄帝是 5000 年前的领袖，那时候完全有可能出现玉石做的兵器。如果你对此还有怀疑，那么就请去成都三星堆博物馆看看，其中一个橱窗展台里面全是 1 尺多长的大玉璋，质地都非常坚韧。古书中有关玉兵的说法，可以帮助解释中国文明为什么成为一个巨大的文化共同体，玉石神话的认同作用不可低估。而玉兵器到铜兵器的演化过程等，大都是没有得到文字记录和说明的。

　　图 19-1 是 2013 年安徽萧县发现的汉画像石拓片，它很典型，足以说明神话解码对于重新认识古代文化的意义。墓葬中的汉画像石，其社会功能之一是表示墓主人死后的魂灵去向——天国。这件拓片，可以看出是一幅门楣石的展开图，右侧一端是月中有兔和蟾蜍形象，左侧一端则是日中有三足乌的形象，可谓左右对称，日月同辉，画面内容就是天国的景致。紧靠着日月图像的，是左青龙、右白虎的形象，二者的中间是一只站立的天熊。之前说到中国人崇拜龙、虎、凤，却早已经忘记神熊的地位。这个图像中，熊的位置居中央，一看就知道这是汉代想象的天国中的主神——天熊或神

图 19-1　2013 年安徽萧县汉画像石拓片（江苏师范大学朱存明教授供图）

熊。伏羲、黄帝、楚王等二十几位帝王，都有以熊为号的传统。而且神熊形象还出现在大禹创制的夏王朝"国旗"上（参看第十五讲），这样的神熊图像叙事脉络一直在汉代艺术中延续，没有中断过。汉代灭亡以后，这一套宇宙模式，动物图腾的摆位就基本失传了。所以，今天想要恢复进入汉代人的神话宇宙观的语境，确实太难。因此，可以说神话解码是重新认知神话中国的有效途径。

　　下面再来说说汉字原型背后的实物原型。在讲后羿之前，需要做这么一个链接，解释古代国人所讲的一些核心的概念，这些概念背后都有农耕文化的实物原型。比如说，国人说国家政权，常用"社稷"二字，前面也常加上"江山"二字。什么是社稷？"社"字左侧是一个表示神圣的偏旁，凡是"示"字旁的字，一般都与宗教祭祀、拜神祈祷之类相关；"社"字右侧是祭祀对象——土。"土"指向大地，大地母亲能够生育农耕社会所赖以生存的农作物。所以古人把人的生育现象和土地的生育现象加以类比，认为农作物都是从大地母亲身体中孕育出来的，于是要祭拜"社"，即土地神。把土地女性化以后，就联想到大地母亲。英文"祖国"一词就叫 motherland，母亲就是土地。当然，土地神在后来中国改变了"性别"，"土地爷爷"是从"土地奶奶"或"土地老祖母"变化出来的。

"稷"是指促使小米生长的谷物精灵，或称谷神。这是北方旱地农耕文化的产物。稷崇拜就是农业民族对小米之神的崇拜。相传周人的祖先名为"后稷"。关于这个问题，我在 1997 年出版的《高唐神女与维纳斯》一书中有专章解说。该书在中国文化中探寻像西方维纳斯那样的爱与美女神，聚焦宋玉作品中的高唐神女，并溯源到社稷崇拜中隐含的两性神格。对照巴比伦的生命女神伊什塔尔下冥府寻找自己的恋人——植物神阿多尼斯，中国的"社"神原为大地母亲神，而"稷"既是植物神又是谷物神，虽然二者之间没有传出什么男神女神恋爱的故事，但是这一对神的阴阳互动意蕴还是较为明确的。其实这和谷物生长周期——一年一度生死循环相关：秋收意味着谷物的死亡，春播的寓意则为生命再生，就这么简单。

此外，前面提到过涉及鸿蒙人物分析的《庄子的文化解析》（1997 年第一版），其中专门解析古汉语中另一个关键词——"精神"的起源。"精神"从何而来？在庄子以前，汉语里没有这个词，可能庄子就是第一个使用此合成词的人。

"精"跟"神"是什么关系？研究中国神话，大家都知道"神"这个字重要，但在我们看来，"神"也许不是最重要的，"精"才是最重要的。了解中医原理的人都明白"精、气、神"，排在首位的就是"精"。看到"稷"字的偏旁，便知道它与植物、农作物相关，再看"精"字，也能猜到它与"米"相关，这里的"米"不是北方的小米，而是南方的大米。所以"精"的观念源于南方稻作农业。这和生活在南方楚地的老、庄这一派息息相关，是道家圣人从大米生产经验中提炼出来的稻谷之精灵的观念。如果从原型的视角看，中国人种大米的历史已经超过 1 万年，湖南和江西都发现了 1 万年以上的人工种植的碳化水稻，也就是说，"精"这个概念是从稻作农业实践中提炼出来的。

"稷"是小米之神、谷物之灵，"精"是水稻之灵、大米之灵。当你明白这些意思，就会看出文化原型和语言概念之间的关系。所以，《高唐神女与维纳斯》和《庄子的文化解析》两本书触及汉字的原型解析问题，进入到实物原型的探究领域，进入到考古学的领域。这是本讲涉及的第六、第七本书。《庄子的文化解析》第十一章第五节，旨在说明道家的一个思想原理——"守精与同帝"。道家认为生命之"精"不宜外泄，一定要尽量保持在自己身体里。而且"精"在婴儿那里才是最强大的，所以老子说"含德之厚，比于赤子"。婴儿生命力强大的原因，在于初生的生命含有无限的潜能。

当你明白"精"的概念跟中医有关，跟道家有关，也和后代的精神文明说法直接关联，你就会发现这确实是中国特有的农耕文化的产物。北方生产小米，南方生产大米。此外，麦子是外来的，不是本土发明和栽培的。传播大概发生在四五千年前，是从西亚传来的。五千年以前，北方只种小米，南方只有大米，麦子则是后来的。所以"麦"（麥）和"来"（來）这两个字，从繁体字看，上半部分是一样的，字典里"麦者来也"的解释，表明麦子是外来的谷物。这些都是古文献里没有的新知识。

社稷、精神等概念都不是一般的老百姓的语词，都带有核心价值和核心崇拜的意义，而且源于我们所熟悉的农耕文化实践。这就是唯物主义，要先找到物的原型，把汉字的原型探索落实到汉字所指的实物上。

按照国家的要求，每个县级以上的地市，都要"三馆俱全"，"三馆"指文化馆、图书馆、博物馆。即便是最普通的博物馆，只要走进去，就能发现摆在第一个展柜里的，基本上都是这一类文物：底下一个石磨盘，上面一个石棒。只要看到有这类东西，就可知本地的文化，在该文物所出现的年代里已经进入到农耕生产阶段。这个文物就是给谷物脱粒用的。磨盘文物虽然看似很简陋、很原始，但是打猎生产是不会用它的。它能告诉我们那时的当地先民已经进入到农耕社会。我们研究神话，应该理解社会生产的重要变迁。狩猎时代关注的是动物，农耕时代关注的是农作物，如果要问什么是他们的图腾，那就是当时先民赖以生存的东西、最崇拜的东西。

　　下面引用少数民族的猎头神话来说明，神话观念在不同的社会形态中演变的过程。云南最南边接近缅甸的地方有一个少数民族叫佤族，佤族人在现代还处在刀耕火种的生产状态中，他们的神话讲得很清楚，祖先姓杨，男的也姓杨，女的也姓杨，这对夫妇原来是一对蝌蚪（我们已经讲过青蛙崇拜、神蛙、蟾蜍的问题），后来变成青蛙和妖怪住在山洞里。为了求食，他们经常到洞外去捕食，先捕鹿，后捕猪、捕羊。有一天，这对夫妇捕了人，也把人的头盖骨带回来，吃完了人把头盖骨放在洞里。本来这一对夫妇没有小孩，自从杀了这个人，带回其头盖骨，就开始生孩子，一下生了很多孩子，这些孩子都像人一样，有了人形（这实际上是人类起源的神话）。于是他们二人把头盖骨放在柱子上，供奉起来，像拜神一样，认为自从有了头骨他们就子孙兴旺。后来，他们感到生命是繁衍了，但自己已经年迈，临终时，他们把所有子孙叫来，告诉子孙自己是怎么来的，为什么会生下孩子，为什么要把头颅供在这里，并留下遗言，要求子孙也为他们二人供献人头，这就是所谓的猎头（head hunting）。

　　今天一说"猎头"，好像是招聘公司的事，其实这在古代的原初农业社会中，是一种习俗。不研究、不做深度的思考，根本不知道为什么要猎头。原生态的"猎头"就是佤族刀耕火种的农业习俗，他们猎来的都是男人的头，而且要把里边的脑浆和着泥土，在春播的时候播撒到全公社的土地上。人们认为人头里储藏的是生命之"精"，借助它把人的生命力灌注到谷物中，播撒到土地上，帮助农作物生长，这不就是一种交感巫术思维吗？当你知道这个头是储藏"精"的，再看中国民间的绘画，就会发现凡是老寿星形象，都有一个特征，前额高高突起。这就是因为大量的生命之精储备在头里。

谷物的穗子就是谷物之头，也是谷物之种子。人头与谷头彼此之间的"交感"和"共振"的生命力，是原始农耕信仰的核心。我们本土文化传统中并不突出表现男女神恋爱的神话，但是最深刻的想法都体现在中医养生学的"还精补脑"理论和道家的养精蓄锐修炼观念里了，还有民间流行的说法如"大头有保"之类。

所以，一旦中国文化的农耕信仰密码揭开，就会产生出举一反三的演绎效果。当我们知道了最原初的神话观念，就能更好地认知农业起源期的信仰世界。还有一个例证，西北农村的庙里，供奉的谷神就是拿面做成的一个巨大的馒头。大家想想为何叫"馒头"？民间还有美食——猪脑，假如今天来个外国客人，你说请他吃个猪脑子，可能会把客人吓跑。中国人认为"吃什么补什么"，虽然是猪的脑子，但是它补的是"精"。西医兴起以后，中医这些传统观念就逐渐被荡涤掉了。

通过原型视角，就可以用原生态的神话来重新认知中国文化。中国台湾地区有一位著名导演叫魏德圣，他拍了一个关于少数民族的影片，放映当年获得金马奖，片名是"赛德克·巴莱"。这位导演不仅下乡调查少数民族生活，还选取少数民族人士作为主演，还原所有的少数民族服装道具，按照人类学的方式，把少数民族的原生态生活搬到银幕上来。影片一开场，就表现了赛德克人的猎头风俗，这就是人类学派的电影制作，希望能够真实地呈现原生态文化。

　　总结来说，从动物头到谷物头，最后到人头，其实是一个神话观念发展演进的序列。人类在这个星球上开始种庄稼，大约就是1万年前的事。在此之前的人类，只能依赖于狩猎采集的生产方式，那时人认为生命力都储存在头里。从狩猎到农耕的过程，就是人类崇拜物的一个转移演化的过程。

　　古人的生命观就是这样：在不断的循环变形中延续着生命的传承。这就是原始的精神性的生命信仰，它会深深地植根在每一个文明的底层中。作家、艺术家们，心理治疗师、法师们，也都无师自通，能够在特定的信仰语境中，对此类精神心领神会，并反复运用神话思维，创造出文化的再编码产品。

　　我们讲了很多关于升天的神话，在今天看来，这些神话是否荒诞？人生活在地上，本是无法升天的。但是先民看到长着羽翼的飞鸟类形象，就会类比联想到人类，想象人类也是能够在天界遨游的。世界上所有的生物，只有人类有神话想象，所以人类生活的现实一定是被人类的想象作用改造过的现实。人类和大自然中只能生活在山洞里的动物是完全不一样的。我们生活在一个神话建构的多彩现实中，就要认识这个现实，就要懂得这种神话编码的原理。

　　以上考察，从狩猎时代到农耕时代，从关注动物的头到关注谷物的头，以及猎头等早期农耕文化礼俗，对整个的神话编码与再编码过程，有了系统性的认识和讲述。这里再举中国北方大兴安岭中的一个民族为案例，一个不种粮食的狩猎民族——赫哲族。2005年，国内56个民族的代表在国家博物馆联合举办非物质文化遗产特展，我拍到这张赫哲族人的图腾偶像：用鱼皮缝制的熊头（图19-2）。由此可以知道，熊图腾离我们并不遥远，就在少数民族的日常生活中。赫哲族和鄂伦春族等狩猎民族，至今保留着熊图腾的信仰和神话，熊就是他们的神。这是当今可以看到的狩猎时代的

图 19-2　赫哲族由鱼皮制成的熊图腾像
（2005 年摄于中国国家博物馆中国非物质文化
遗产特展）

经典性遗留物。

我们讲了熊图腾、社稷、精神，以及中医理论中的"精气神"等的相互联系，所有这些原型，都来自人类文化进化的深远脉络。所以，从流行小说《狼图腾》到严肃考察的《熊图腾：中华祖先神话探源》，后者就是本讲要介绍的第八本书。熊图腾的存在，通过四重证据法的探究，如何立体地再现出来，已经在有关伏羲、黄帝、夏禹等讲中作出了说明。这些研究案例表明，要重新认识本土文化，可以从解析伏羲、黄帝以来的神圣编码入手，学习理解神话编码的信仰原因。

第九本书是《山海经的文化寻踪——"想象地理学"与东西文化碰触》。这本书太厚了，有 2000 多页，由三位作者合作完成。在解读《山海经·中山经》"熊山熊穴"神话时，这本书可作为背景参阅；还可链接考古新发现的 3 万年前的法国洞穴彩绘神熊等。这里应该提示的一点是，《山海经》这部书自古就以难懂著称，其中不仅包含狩猎时代的文化记忆，也有许多属于文化大传统的信息，需要结合多学科的知识视角，以攻坚的方式逐一解释书中的神话奥秘。

要介绍的第十部书是《中国神话哲学》。前面讲到美洲印第安人的陆地潜水者型创世神话时，引用过这本书中的故事。这部书主要探索思想史上一些重要核心概念的起源，比如说"道"与"太一"

等。而第十一本书《老子与神话》则侧重阐明"德"这个观念的神话信仰原型。在象形的汉字背后，有一些隐蔽的原型，古人造字时，不是随意编写的。"道"字像一个头颅坐在车上，而"德"字的字形，大家可能不太明白其究竟。如果把这两个字写成象形的，然后对字形作"合并同类项"，那么二者共同拥有的成分，就是人的一只眼睛（目）。"首"字，上面是眉毛，下面是"目"，即眼睛。该字是用眼睛来代表人头，原理是用局部表示整体。作为神圣生命力的"精"，都在人头中储藏着。人的生命或精气神都与头有关。再看"德"字，其中也有"目"的成分，不过这个"目"是横过来的，与"道"稍微不同。为什么道和德这样表示重要观念的汉字，都离不开用人的眼睛为结构要素呢？可以推测出，这两个字的原初语义，与今天所讲伦理道德无关，而关系到神秘的生命力信仰。二字的原型意义，都来自神话的生命观。眼睛位于人的头部。俗话说"眼睛是心灵的窗户"，其中潜藏着的，是生命自我再生的能量。

只要学会将关键的汉字概念，放回到先秦时代的思想家言论的真实语境中去，"道"与"德"之类关键词的本义，就会自己呈现出来。例如在老子和孔子的语境中，你会看到孔子自己说过"天生德于予"这样的话语，老子则说"含德之厚，比于赤子"。在这两个语境中，"德"的具体词义，都是指人与生俱来的天赐生命力，无关乎伦理道德或德性。天赐生命力就是神的生命力，人只要能拥有这种天生的"德"，就完全可以修炼出自己的精气神。所以，在道家和儒家话语中的这些概念，都是有信仰支撑、有原型可考的。

这里把本讲的第十、第十一本书链接出来，说明如何学会从具体的物象中引申出神话原型。头颅和眼睛的意象，就是承载原始神话信仰的重要载体，其载体可以体现为汉字造字的结构素，也可以直接表现为造型艺术。后者的例子如四川广汉三星堆遗址出土的青铜大面具，用非常夸张的凸目造型，表现眼睛所承载的"精"与"德"的能量。这样造型奇特的人面具，堪称具象化的神话观念。

本讲的关键主题是解释后羿射日神话。这是《英雄与太阳：中国上古史诗原型重构》这本书的内容。在中小学教材里会说，古代有一位大英雄叫后羿，他的本领是射箭。他射掉了天上九个太阳，消除了对人类生活造成极大威胁的旱热灾害。所以后羿被说成是人间对抗"自然暴力"的英雄。后羿的"羿"字原型是什么？逆时针转九十度，就可以看出这个汉字是"两只箭"。箭后边的"羽"是为了保持箭的平衡，就像飞机的尾翼一样。羿是天下第一射手，"百步穿杨"等词语全用在他身上也不为过。后羿神力巨大，不是人间的英雄。《山海经》里就说得明确，有个叫帝俊的神是太阳神。屈原《天问》里则说："帝降夷羿，革孽夏民。"可见"羿"是天神从天上派到人间来的。如果后羿是太阳神派来的，是否可以说他就是太阳家族中的一员？后羿能射箭，那他是什么神，这有关联吗？非常有关联。希腊神话中的太阳神阿波罗身上就挎着弓和箭篓子。那么为什么太阳神都能射？太阳光发出的万道金光，被神话思维理解为射出的万支利箭！所以，最能射的就是太阳神自己。只要是英雄射手，大约都会和太阳发出的万道金光有关。当你知道这是作为"语言化石"的"射线"一词中反映出的神话想象和感知方式，你就能体悟到后羿自己就是太阳神。

那么，他自己是太阳神，为什么还要射太阳？神话说东方扶桑树上方一共有十个太阳，一天只有一个来照耀，剩下九个在那排队。而后羿射日射掉了九个，如果说他是家里的老小，他就是把九个哥哥全射掉了："天下就由我来照耀，你们都别出来啦！"有人说这是一场篡权，也有人说这可能隐喻着一场天文历法的改革。不管怎么样，后羿自己是太阳神，这是我们通过原型辨识出来的。太阳神的妻子为月中仙女嫦娥，这正好符合阴阳对应的华夏哲理。

一个太阳、一个太阴，后羿的"克星"又是谁呢？历史上，后羿曾有三个"克星"。其中一个"克星"是嫦娥，代表月亮（阴）的嫦娥战胜了代表太阳（阳）的后羿，嫦娥把不死药吞了。这就是日出月落、生死循环的大自然规律的表现，女性变成男性太阳神的克星。还有一个"克星"是逢蒙，有成语"逢蒙学射"。逢蒙是什么意思？逢蒙指的是太阳被黑暗盖住后就没有光明了，所以"逢蒙"这个名字就是黑暗战胜了光明的意思。当知道太阳神的命运不由太阳神决定，而是由宇宙之间阴阳转化来决定，我们就能明白，后羿的神话不是人间的英雄和大自然在抗争，而是太阳家族中的兄弟之间发生了"内讧"，一个太阳神把其他的太阳神取代了。

所以我在《英雄与太阳》这本书里，针对吉尔伽美什——世界上第一部史诗中的英雄主人公，阐释了他和太阳的关系：他为什么要到太阳落山的地方寻找不死药？为什么不死药找到后又丢失？为什么后羿也是这样？两相对照，我们对文学作品的理解就进入了更深的象征性结构的层次。

最后还有两本书，一本是讲女神的《千面女神》，一本是研究华夏神秘数字的《中国古代神秘数字》。这两部著作都贯彻神话学研究的宗旨，力求揭示文化的原编码。比如，老子的哲学话语为什么借用数字模式来传达？所谓"道生一，一生二，二生三，三生万物"，是什么意思？诉诸大写的"壹"，可否通过汉字的造字原型，将创世之前混为"一"（壹）体的混沌状态，类比到许多民族神话中讲述的共有母题"创世葫芦"？葫芦剖判后成为两件瓢，这恰好是"一生二"或"一分为二"哲理的形而下原型。在史前大传统中属于形而下的东西，到了文字小传统的哲理抽象时代，自然就转化出形而上的观念和数字。

我把所讲的内容作了总结，编了一个顺口溜。顺口溜一共 36 个汉字，皆为华夏文明之关键词。

中国物象，

社稷精神，

一能壹，

二德异，

示为祀，

戈为戎，

道可道，

姓可名，

姬姜从女王，

枭熊变凤龙。

这个顺口溜囊括了我们分析过的一些汉字，这些汉字被普遍认为是中国文化关键词，每个字后面都存在神话编码的原理。了解中国文化的原型，再去思考中国文学的问题，"编码本"的意义就显现出来了。

参考书目

1. 刘锡诚：《象征：对一种民间文化模式的考察》，学苑出版社，2002。
2. 普珍：《中华创世葫芦：彝族破壶成亲，魂归壶天》，云南人民出版社，1993。
3. 唐启翠、叶舒宪编著：《文学人类学新论：学科交叉的两大转向》，复旦大学出版社，2019。
4. 汪宁生：《古俗新研》，敦煌文艺出版社，2001。
5. 王海龙：《视觉人类学》，上海文艺出版社，2007。

6. 王政、王娟、王维娜：《欧阳修陆游诗歌民俗祭典述论》，中国书籍出版社，2013。

7. 萧兵：《楚辞的文化破译：一个微宏观互渗的研究》，湖北人民出版社，1991。

8. 萧兵：《中国早期艺术的文化释读：审美人类学微观研究》，湖北人民出版社，2014。

9. 叶舒宪：《中国神话哲学》，中国社会科学出版社，1992；陕西人民出版社，2020。

10. 叶舒宪：《高唐神女与维纳斯》，中国社会科学出版社，1997。

11. 叶舒宪：《庄子的文化解析》，湖北人民出版社，1997。

12. 叶舒宪：《千面女神》，上海社会科学院出版社，2004。

13. 叶舒宪、萧兵、郑在书：《山海经的文化寻踪——"想象地理学"与东西文化碰触》，湖北人民出版社，2004。

14. 叶舒宪：《老子与神话》，陕西人民出版社，2005。

15. 叶舒宪编选：《神话—原型批评（增订版）》，陕西师范大学出版总社有限公司，2011。

16. 叶舒宪主编：《文化与符号经济》，广东人民出版社，2012。

17. 叶舒宪、章米力、柳倩月编：《文化符号学：大小传统新视野》，陕西师范大学出版总社有限公司，2013。

18. 叶舒宪：《玉石之路踏查记》，甘肃人民出版社，2015。

19. 叶舒宪：《中华文明探源的神话学研究》，社会科学文献出版社，2015。

20. 叶舒宪、古方主编：《玉成中国：玉石之路与玉兵文化探源》，中华书局，2015。

21. 叶舒宪：《熊图腾：中华祖先神话探源（增订本）》，陕西师范大学出版总社有限公司，2018。

22. 叶舒宪、田大宪：《中国古代神秘数字》，陕西师范大学出版总社有限公司，2018。

23. 叶舒宪：《英雄与太阳：中国上古史诗原型重构》，陕西人民出版社，2020。

24. 易华：《夷夏先后说》，民族出版社，2012。

/第二十讲/

西王母、玉皇、灶神

在中国神话中有三位著名的女神，在《伏羲、女娲》一讲中我们已经讲过女娲，在《后羿射日》一讲中已讲过嫦娥。第三位重要的女神西王母，要和玉皇大帝、灶神放在一起讲。她是中国民间信仰共同推崇的三合一"组合体"。

这一讲试图从大传统的、深远的文化源流视角去透视，寻找神话发生的脉络和基因。同时要讲清楚西王母是最早的女性玉神，而后产生出男性的"玉皇"，他从西王母那里接管了天上至高主神的位置。随后，二者又变成夫妻，他们高高在上，靠家家户户厨房里都有的"灶神"为媒介，实现天上与人间的信息沟通和传播。这样看来，关于这三位神的内容体现了民间信仰的传承，而西王母又叫王母娘娘，在《西游记》等通俗小说中反复出现。

图20-1是湖北恩施州博物馆中展出的清代寺庙中的锦绣帐子：瑶池天府中的西王母。帐子

图20-1　清代锦绣帐子：瑶池天府中的西王母。（摄于湖北恩施州博物馆）

图 20-2　云南剑川诺邓玉皇阁

中间端坐着西王母，周围是一群仙女在伺候。图 20-2 是云南剑川诺邓玉皇阁，玉皇塑像就和人们印象中的帝王一样，头戴着皇冠，坐在天庭的中央。

为什么道教天庭的诸神都聚集在三清殿？三清指的就是天上的三位主神，分别称为玉清、上清、太清。第一"清"就是玉清，这是把玉作为天神世界标志物的一种表达。此前已说过女娲补天的神话想象问题。成语"玉宇琼楼"指的就是天上的世界，即玉的世界。那么，天体如果破了一个窟窿，用什么材料去补呢？一般的材料肯定是不行的。《淮南子》中有"女娲炼五色石以补苍天"的说法，五色石是有颜色的、透亮的石头，就是古代的玉石。所以，居于三清之首的叫玉清。上清也好理解，"上"就是太上老君的"上"，太清中的"太"就是太一的"太"，都有至高无上的意思。所以三清实际上指的是一清，符合中国人神话想象的天国世界，即所谓玉宇。

同时，神话想象在国土大地上有一座神山，是和天庭对接的地方——昆仑山。由于昆仑山是和田玉的产地，所以在上古的典籍《山海经》《穆天子传》中都有大同小异的称呼，《山海经》称"玉山"，《穆天子传》则称"群玉之山"，指示此山不只出产一种玉，而是各种宝玉。以东西南北的"西"这一特定方位做标志的华夏三大女神之一的西王母，位于中原以西数千公里、出产世界上最优质和田玉的昆仑山瑶池。神话叙事把现实中的玉矿资源，即神圣物质加以人格化、女性化，就塑造出西王母这位西部大神。西王母在先秦时代就象征玉石，也象征玉石所代表的神圣"教义"——永生不死。相传，西王母掌管着天下唯一的永生不死之药。华夏神话的"第一大英雄"后羿，就有对永生不死药的追求。英雄的前半生像太阳一样走的是上升的路线，他无往不胜，杀妖怪、战群雄；他的后半生就像日薄西山那样，意识到死亡难以超越、必然降临。于是他像太阳一样向西行进，试图找到掌管永生不死秘方的女神——西王母。

这样看，先秦神话中的西王母形象，就有清楚的定位：住在大地的西极即日落处（也是昆仑山之宝玉所在）的女神，由她独自掌管着世间唯一的永生不死药。长生不死是秦皇汉武等历代华夏统治者孜孜以求的理想，整个封建社会被这一套神话政治观、地理观、生命观所支配。汉代帝王最高等级的待遇就是死后有金缕玉衣加身，这一待遇就相当于埃及法老的葬礼待遇，以木乃伊和金字塔象征其获得永生而升天。如此来看，神话内容也凸显出几大文明的重要共同点和分野所在。

昆仑、玉山、西王母等概念的相互整合，在先秦时代逐渐深入人心，后来的道教神话，也是在此基础上继续建构的。那个时代已经是父权制，因此不能按照西王母独尊的想象来建构世界了，所以就要把天上至高的上帝想象为一名男性统治者，他的名字就是"玉皇"，全称则为"玉皇大帝"。此后，代表玉女神的西王母及其神格、圣物，在某种意义上就转移到天庭中央的玉皇大帝那里去了。根据这一线索，可以说，玉就成为华夏先民在史前时期从世间万物中筛选出来的唯一至高无上的圣物。结合古代文献中的线索，可以进一步说明：早在玉皇大帝产生之前，为他的出场作铺垫的思想观念史，已经绵延几千年了。

第一个文献是东周时期的史书《国语·楚语》中的名言：

玉帛为二精。

楚国有一位知识领袖叫观射父，楚王等天下高人都不清楚的问题需要求教于他。在对答过程中，观射父告诉楚王，为什么在古代的祭祀礼仪中最神圣的两种物质是玉和帛。在古代，帛，即丝绸，基本上不会被单独地拿出来说事，一般都排在玉的后面，诸如成语"化干戈为玉帛"，再如唐诗"玉帛朝回望帝乡，乌孙归去不称王"。生活在西北的游牧民族，只要把玉石送给中原，那对朝廷来说就是最好的朋友。所以，根本不用称王称霸，古代的民族团结便是用物资交换建立起来的。"玉帛"两者，自古就连在一起并称。观射父回答楚王为什么古代祭祀的神圣礼仪要突出这两种物质，答案就是五个字"玉帛为二精"。"精"是指物体中承载的神力、精灵。我们讲过中国神话各方面的神圣，讲过中医思想的重要概念——精、气、神。排在第一位的"精"当然最重要。如果要问某一位神有没有神力、是否神通广大，先看他的"精"是多还是少。这是华夏传统中非常深厚的农耕社会信念。以上是第一个文献的信息。在玉皇大帝出场之前，玉和丝绸的地位已经被抬高，这是大自然提供给人类的两种神性物质的总称。

第二个文献是《道德经》中老子的名言：

> 圣人被褐怀玉。

圣人穿着不起眼的粗麻布衣服，但衣服里面揣着宝玉。过去人们以为这是老子在夸张描述。直到现代考古发掘出一批批史前社会领袖的墓葬，看到大量佩玉、怀玉的情况，我们才知道老子的这句描述是富含真实性的。现在用来判断墓葬等级的标准很清晰，就是看其中玉器的出土情况。只要出玉器，一般都是高等级墓葬；再看玉器的多少、种类、加工精细度、玉料质地等指标，就能精确判别出墓主人的身份等级。玉礼器或佩玉，就如同肩章帽徽一样，直指主人的身份。

在这种考古学新知识的背景中，审视从西王母到玉山瑶池女神、玉女神，再到玉皇大帝的整个演变过程，就能明白，这是近1万年的玉神话信仰所驱动的思想观念的铺垫结果。

第三个文献《竹书纪年》，是战国时的史书，其中讲到的一个事件是尧舜时期天下太平的证明：

> （舜）九年，西王母来朝。西王母之来朝，献白环玉玦。

用什么来证明中原王朝天下太平，达到理想盛世呢？很简单，遥远之地的大神西王母来到中原，给帝王献上白玉环。那时，一没有东王公，二没有玉皇大帝，只有在西天象征永生不死和美玉的这位女神，她从西极昆仑来到朝廷献白玉环。在现实中，大家知道最优等的白玉、羊脂玉都出产于新疆南部。所以在中国神话中出现这一类叙事既不完全是虚构，也不完全是写实，只是刚好符合华夏文明几千年所崇奉的"白璧无瑕"的理想观念。《竹书纪年》讲到的西王母献玉环事件，已经把玉石神话的信仰先于道家而在中国社会中流传的现象表达清楚，这会对统治者思想起到拉动作用。

昆仑山离中原国家很远，离华山却很近。玉石神话也体现在对华山的信仰中。华夏的"华"，就出自华山。华山的整体是一块巨大的花岗岩，在古人的想象中，它就是一块巨大的玉石。去过华山旅游的人都知道，华山有五峰，东、西、南、北和中峰，它们像五瓣莲花一样直指蓝天、直插云霄。对先民来说，这就是一个天赐的神圣物，起到沟通天地的作用，也是天神到人间来的第一站。华山上有座道观叫玉泉院，山上流下来的水就是"玉泉"。在当地流传最广的神话是"华山玉女"神话，所以国人想象中的大山，从遥远西方的昆仑到中原的华山，都被玉石神话信仰所笼罩着。

山东泰山、河南洛阳白云山等的最高峰都名为"玉皇顶"。这是道教所信仰的玉皇大帝跟人间沟通的站点，是神到人间来的落脚处。这样看，整个中华文化的信仰背后就是一个核心的物质和它引申出的精神——玉石神话信仰遗留下来促成的道教三清的想象和关于玉皇的想象。

三清之首的"玉清"的别称是"元始天尊"，元始天尊就是指"天空中最早出现的尊神"，他在民间水陆画中被刻画得眉清目秀、龙袍加身，俨然是个天宫中的统治者形象，和人间的帝王是一样的。而想象中的天庭也没有太过特殊之处，即便是仙风道骨，也要以现实中的统治者为原型来塑造天上的统治者。元始天尊是道教最高的神明，位于三清之首，被认为是"领自然之气"而生的。东晋之时，道教徒葛洪的《枕中书》中写道：

昔二仪未分，溟涬鸿蒙，未有成形。天地日月未具，状如鸡子，混沌玄黄。已有盘古真人，天地之精，自号元始天王，游乎其中。

这个玄妙的叙事，讲述的是天地创造之初的神和最初的生命，即元始天尊的出现。

"元"和另一个道教的神圣信念密切相关，那就是"玄"。下面要介绍一下"元"与"玄"之间的隐喻关联，去解读道教的创世神之谜。

"元"字跟"玄"字是假借字，所以"玄"也可称"元"，"元"也可称"玄"。通过对玉文化史上不同颜色玉石出现情况的分析，我们推断出：最先出现在中原地区的5000年以上的圣玉就近乎墨色，即玄色。"玄之又玄，众妙之门"是老子《道德经》中的一个说法。本来，"玄"就有神秘莫测的意思。只要解读出这个颜色的文化编码意义，就能知道跟老子同时或稍后的先秦诸子的一家学派——墨家的"墨"之含义。墨家用墨来命名到底是什么意思？原来，这个"墨"就是"玄"，两者是同义词，实际上隐含着崇尚黑色的意思，对应着"玄之又玄，众妙之门"的神秘想象。

"玄"和"墨"是具体的颜色词，其在古书中的表达，究竟有没有现实的原型呢？这还得回到华夏神话宝典《山海经》这部书。《山海经·西山经》关于黄帝的部分专门讲到一个叫"峚山"的地方，峚山离昆仑山不远。

在这座山上，黄帝先吃白玉膏，然后播种玉石，把玉的种子种在地里，长出新的玉石。于是黄帝种出了天下最好的玉，名为"玄玉"。这样一来，玄而又玄的东西，在《山海经》的黄帝故事中，具体落实到了一种物质——玄玉。这种玄玉在《山海经》的出场，就和中华民族共祖——黄帝联系在一起，它作为黄帝播种出来的圣物，有一个别名，叫"瑾瑜"。这种玉质地坚硬，密度又高，还能产生神奇的光彩变化，完全符合对一种神圣化至宝的描写。由此看，《山海经》所说的玄玉，就相当于老子、墨子他们所推崇的玄、墨、黑的原型物质，是这些颜色词语背后呈现出的真实物质。道教所想象出的"玄天上帝"神格，原来也不是凭空虚拟的。经过广泛的田野考察采样，我们可以揭示出"玄之又玄"所蕴含的颜色隐喻。最后，聚焦到中原出土的、5000 年前的灵宝西坡大墓的一批玉器文物，就有采用这种墨绿色蛇纹石玉制成的钺。在当时，诸如白玉、黄玉、青玉等都还没有登场，中原地区最先流传的玉器就是用这种黑色的玄玉制造的。

今天，在出产优等和田玉的新疆，有白玉、青玉，其中青玉产量最多。还有一种"墨玉"，产地就在和田西边的墨玉县，那里从昆仑山流下来的河叫墨玉河。其实，不仅墨玉县出产墨玉，新疆最远的喀什市下属塔什库尔干县也出产最优等的透闪石墨玉，该玉矿现在叫马尔洋矿。我们 2016 年到那里进行了实地考察，在当地采到最优等的墨玉标本，新疆当地人将其称为"黑羊脂玉"。中原这边的人都知道最好的玉是羊脂玉般雪白色的，但是大都不知道这种黑中透绿、绿中透黑的宝玉，也是极为珍贵的。该玉矿就在中国最西的边境地带，靠近巴基斯坦。

如果把国人对各种玉的发现过程大致排列下来，就能形成这样的认知：中原没有优质的玉矿，中原人要用玉礼器建构王权象征，全靠从西部这些遥远的地方输送过来玉石。我把这个文化现象命名为"西玉东输"，犹如当代的"西气东输"，资源调配和传播的大方向是一致的。

在 5000 多年前，从"不太远"的西边输送过来的玉是甘肃武山的鸳鸯玉，鸳鸯玉就是今天还在生产的旅游纪念品——夜光杯的材料，也是墨绿色的。如果做得薄了就呈现为透明的绿色，如果做得厚了就显现为不透光的黑色。这种玉在 5000 多年前顺着渭河水，传播到中原地区，仰韶文化后期的社会统治者一般用它来生产礼器玉钺。这就是我们所知道的玉石之路最早的开通情况。"玄之又玄"

的历史真相，是这样通过物质来求证的。

大约又经历了 1000 年，甘肃各地出产的浅色玉石，主要是青玉和黄玉，也进入中原地区。在距今 3000 多年之时，新疆的白玉跟随着进入了中原地区。这样一来，原来的青玉、黄玉、玄玉，逐渐退居到次要地位，后来居上的白玉成为最重要的玉。从此以后，当古人想表达完美无缺的理想境界时，就经常使用"白璧无瑕"这样的比喻。

中国人的理想没有更多的寄托物，既没有伊甸园，也没有乌托邦，唯独用玉色来代表纯净没有半点瑕疵的事物。老师给学生的作文写批语，如果看到文章什么都好，就只有一个标点错误，会用"瑕不掩瑜"来评价。就好比一件美玉很好，只是玉中有一个斑点。此类概念都形成于古人对玉的认知过程。3000 多年前的中原统治者享用来自西域的白玉，于是华夏的理想措辞就完全由白玉建构而成。至于老子说的"玄之又玄"、墨家崇尚的墨黑颜色到底有什么深意，就逐渐被白玉之尊贵和崇拜遮蔽住，以至于今天的国人，已经完全忘却了。

当今，如果谁说到"黑"，那通常指向不好的意义，比如"扫黄打黑""黑社会"等，黑已经沦为贬义词。人们根本无法理解"墨家"为何如此命名，尤其是无法理解《礼记》所述上古礼制的三种颜色偏好：夏人尚黑，殷人尚白，周人尚赤。现在看来，夏人尚黑排在最先位置，指的就是中原最早用的玉为黑色玉；商代时期有大量和田玉输入，白玉就此登场了。周代时期，同样是传自西域的一种红玛瑙大量出现，"周人尚赤"就是指向这种珍贵的红玛瑙。周代高等级墓葬出土的玉礼器中，常见的样式就是玉组佩，即用白玉和青玉雕成的玉器与红玛瑙珠、管相串连。这样一来，我们终于可以了解三代颜色好尚的实际内容。

在西玉东输的过程中，最早是距离较近的甘肃玄玉传到中原，随后是甘肃青海的浅色玉石，最后才是新疆的白玉和青玉等。这是一个"多米诺"过程，由此可知古代礼器变化背后，确实有物质原型起到支配作用。在见到白玉之前，人们肯定不会有"白璧无瑕"的理想，所以"玄"是中国历史上中原玉文化起源的第一个时代所用的玉的颜色，这个颜色也就随后体现在墨家得名、夏人尚黑、道家尚玄等先秦文化表达现象中。

通过这样的梳理，还能够大致明白在道教信仰和尚玄话语背后，隐藏的是中国没有文字记载的这一段深远的"西玉东输"的历史。文学人类学研究会组织了十四次西北地区玉石之路（玉帛之路）的调查，系列调查覆盖西部六七个省、自治区的 200 多个县、市，几乎把所有能找到的出产玉的山、出产史前玉器文物的遗址等，都作了系统排查和对比、采样。如今已能够大体上把崇尚玉色的时代变化规律揭示出来。中国之大，古人感叹"春风不度玉门关"，遥远的西部究竟是怎样和中原文明连在一起的？这个问题目前已得到理论性的解答，就是"西玉东输"和"华夏资源依赖"。

表 20-1　玉帛之路文化考察对"西玉东输"的新认识

年代	玉石情况
5500 年前	渭河上游的鸳鸯山 —— 深色蛇纹石玉
4000 年前	洮河流域的马衔山 —— 浅色透闪石玉
3700 年前	祁连山、马鬃山 —— 蛇纹石玉、透闪石玉
3500 年前	昆仑山—西昆仑山 —— 透闪石玉
2100 年前	张骞通西域采回新疆和田玉标本，汉武帝据此将于阗南山命名为昆仑，设玉门关

现在就带大家看一下这一批 21 世纪出土于中原地区距今 5300 年的珍贵文物 —— 玄玉制成的玉钺。前面已经讲过克里特岛上神秘的古王朝用双面斧作为至高无上神权和王权的象征。虽然现在还

不敢说中原已经有了和后世一样的国家文明，但是 5300 年前贵族
和平民的区别已经可以从文物看出来：唯有贵族的墓葬，即高等级
墓葬中有玄玉制作的玉钺。21 世纪初，考古工作者们先后挖出了
10 余座这样的仰韶文化晚期大墓，每一座墓基本只出土一件这样的
玉器。大家一眼就能看出这些玉基本上是一个颜色，就是以上所说
"玄之又玄"的玄色。

这些玄玉玉钺看上去像斧头，后面都钻着一个孔，可以装上一
个柄，举起来就是仪仗中的权杖物。这样的器物不能轻易理解为是
古人劳动用的工具；它颜色墨黑，可以成为类比玄天的象征物。考
古发掘者针对这一批文物出版了报告《灵宝西坡墓地》。我们讲西
王母、玉皇大帝、玄天的信仰时，为什么要落实到如此专业的玉石
考古知识呢？实则，这些知识前人是根本没有的，谁都想象不到中
原腹地在 5000 多年前会出现这样的社会分化景象，这就给华夏神话
研究找出了底牌一样的重要实物线索。

图 20-3 所示是灵宝西坡大墓 M9 出土的最长的玉钺，颜色跟墨
一样，但是在薄的地方，光照上去就会发现里面是墨绿色，绿中透
墨，墨中透绿。2016 年 7 月开展的第十次玉帛之路文化考察，目的
地是甘肃省武山县。根据当地老乡的介绍，我们顺着渭河边走到一座山里，去寻找今天仍旧能够出产这种玄玉资源的地方。

村里老乡家门口的地基或门墩石，都是用这种玄玉制成，可见其成本非常低。但是，在古

图 20-3　2005 年在灵宝西坡大墓 M9 出土
玄玉玉钺 [1]

① 中国社会科学院考古研究所、河南省文物考古研究所编著：《灵宝西坡墓地》，文
物出版社，2010，图版二二。

代交通极为不便的情况下，想要运输它们也不是一件容易的事。初步判断它们是顺着渭河水的流向，借助漕运的方式从甘肃运到陕西、河南一带。怎么能证明史前时代的本地人就用这批玉料来做圣物呢？武山县博物馆藏有用当地玄玉制成的齐家文化玉礼器，特别是有一件外方内圆的玉琮。其形状就像一个方方的杯子，中间是通的。这里面隐含着国人讲的天圆地方的寓意。古人用玉做成又圆又方的器物，用它代表天、地、人的相通，持有玉琮者就相当于人间社会的领袖。这样的器物虽然没有实用性，却有明显的宇宙象征意义。

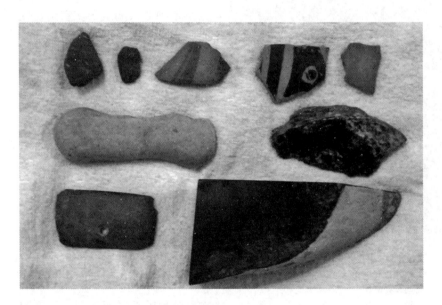

图 20-4　武山玉矿：墨色 / 墨绿色蛇纹石玉料（右中，右下），第十次玉帛之路文化考察采样标本。（摄于 2016 年）

在这次考察之前，也就是 2016 年的元月，开展了第九次考察，团队在陇东临近宁夏的镇原县的县博物馆中看到惊人的一幕：距今4000 多年史前统治者的墓葬模拟景象（图 20-5）。该墓葬的随葬品被完整搬到县博物馆里。该墓葬墓主人的身体得到完整的保留，而

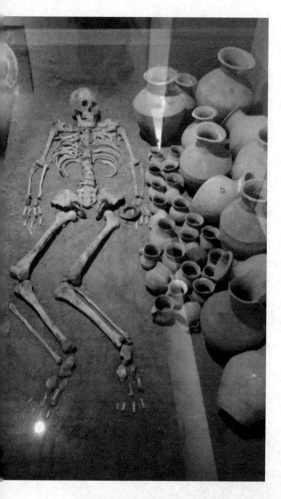

图 20-5　第九次玉帛之路文化考察：镇原常山下层文化巨人佩玉墓葬。（2016 年摄于镇原县博物馆）

且根据测量数据看，这是个巨人，骨架全长 2.1 米。史前人寿命短，在医疗不发达的时候，一般人身高都在 1.6 米左右，1.7 米以上就算高了。这位身高 2.1 米的墓主人确实是"鹤立鸡群"，他的墓葬等级当然也是最高的。为他随葬的陶器，在他身边整整摆成了一面墙，共 72 件。这个数字是中国人的圣数。它出现在诸如《水浒传》等文学作品里，一点也不稀罕，但是出现在距今 4500 年以上的圣人墓中，还是耐人寻味的。此外，陶器多而玉器少。这巨人左手拿一个玉环右手拿一个玉钺，均是玄玉做成的礼器，是有权力象征寓意的。在没有文字、没有史书的情况下，从墓葬特征已经能够大致看懂史前社会建构权力、建构统治的象征物。这也就是讲西王母、玉皇的时候要把史前的玉文化、玄玉传播的脉络分享给大家的原因。

陇东的镇原县曾出土珍贵的常山下层文化的玉钺和玉环（图 20-6），其颜色是明显的碧绿，碧绿而显得发黑。其制作材料在今天的地矿学中名称是蛇纹石，由于黑中透绿、绿中透黑，花斑就像蛇皮的颜色，故得名。

从收藏价值上说，这类玉和新疆透闪石白玉根本不在一个级别上。但是，正因为四五千年前的中原没有透闪石玉，所以只能在材料选择上退而求其次。这就引出了我们即将揭示的西玉东输过程：先是黑色的玄玉，随后是浅颜色的透闪石玉，最后才轮到羊脂白玉登场。这个演变本身就是几千年的过程，一直到今天。只要去看看电视购物就知道，每天卖得最贵的、论克计价的，是来自昆仑山的和田玉、羊脂玉。所以，西玉东输既是历史，也联系着我们现实的生活。珍贵玉资源，有一个先尚黑、后尚白的演变过程。这个过程的发现，完全依赖科考和采样的方式，给出的是历史和地理的新知识。

图 20-6　镇原县三岔镇大塬遗址出土常山下层文化玉钺：蛇纹石玉质。（摄于庆阳博物馆）

从商周以后，其他颜色的玉再也无法超越白玉。一直到诞生巨著《红楼梦》的时代，形容贾府的财富和势力，就是一句：白玉为堂金作马。如果你不懂得白玉崇拜的历史、不懂得中国文化所看重的唯一珍贵的资源，就很难明白作家写作用语背后的深层含义。

如果去河南三门峡虢国博物馆参观，你会看到该墓葬出土的玉璧。虢国墓葬群出土的有国君、王后墓葬，是西周时期的高等级墓葬，三门峡市为这些墓就地建起博物馆——虢国博物馆。在展出的玉石器里，玄玉早已退场、不见踪影；其他的玉都被放在次要的地方，只有雪白的羊脂玉制品被放在最尊贵的位置。因此，"白璧无瑕"这个词背后的意味，就是由这种物质不断建构和传递着的。

图 20-7　陕西咸阳出土西汉皇后之玺：这件玉器表明白玉崇拜取代玄玉崇拜，羊脂白玉成为天下至宝。①

秦始皇的传国玉玺早已丢失，人们永远不知道它是什么样子。但是陕西咸阳出土了一件西汉的玉玺（图 20-7），这件玉玺属于皇后，今天就珍藏在陕西历史博物馆。这件玉玺由羊脂玉制成，虽然体积不大，但绝对属于帝王级的珍宝，和同时期的其他墓葬出土的玉器一对比，就知道等级高下。如汉高祖刘邦、汉武帝刘彻，这些刘姓的帝王家族掌控着国家的宝玉资源，以白玉为至尊。其他的贵族和官僚们一般若用到白玉，皆为帝王所赏赐。中等官员们只能采用一些青白玉，即颜色介于青和白之间的玉料。

以上讲述大致将中国文化中的"玉女神"西王母、"玉男神"玉皇大帝信仰，这些神话背后真实的历史和地理信息揭示出来了，这对理解文化原型与文化基因，提供了非常实际的帮助。

汉武帝时代张骞共出使西域两次，第二次出使时带了 100 多人的使团，浩浩荡荡归来，随其而归的还有"神圣"物资。按照《史记》的记载：

> 而汉使穷河源，河源出于阗，其山多玉石，采来，天子案古图书，名河所出山曰昆仑云。

汉武帝亲自观看了从和田采来的玉石，便回去查阅古代图书来

---

① 古方主编：《中国出土玉器全集（7）》，科学出版社，2005，第 120 页。

给这座产玉的山命名，将其命名为昆仑山。这是没有走出过河西走廊的国家最高统治者心目中的"玉山"。所以，根据历史记载和现实存在，我们终于可以弄懂西王母、昆仑玉山女神永生不死，玉皇大帝这一先一后的神话叙事建构，这个建构过程以中国大地上的神圣资源作为依托，将王权建构的符号物作为现实基础。

　　通过这样的调研，我们逐渐找到了一个重新认知的窗口，把过去看不懂的内容解读出来，比如《周易》中有关龙的叙事。《周易》提到的龙有关于颜色的难题，《周易·坤卦》专门讲到"龙战于野，其血玄黄"。龙我们都没见过，更有谁见过龙的血？又有谁知道龙血是什么颜色？《周易》写得神神秘秘的内容，在古代的解经史中出现过各种千奇百怪的说法，但是没有科考、没有求证就永远不知道龙血为什么是玄、黄二色的。《千字文》中讲到"天地玄黄"，这里的"玄"除代表黑色，还代表一种变化——天色随时间变化，因此用玄来代表天。"地"的解读比较直接，黄土高原地区的黄色十分明显，所以"天地玄黄"的"玄黄"二字，就成为华夏文化的二元色编码，天和地的二元逻辑就此呈现出来了。

　　以前人们不知道"龙血"到底应该从哪里去找对应，今天，参照出土的史前玉器，《周易》所说"龙血玄黄"的含义就能被解读出来了。今天中国国家博物馆收藏了一件从内蒙古赤峰地区征集来的5000年前的玉龙（图20-8），其名或叫"C字龙"，随后当地又发现了第二件玉龙。两件玉龙一件玄色，一件黄色，现在国家承认的红山文化的C字龙就这两件。甲骨文距今3000多年，金文距今两三千年，古代最早的典籍、书册都距今2000年左右。秦始皇烧完书，汉人又重编，所以流传下来的大都是距今2000年之后写下的书。这些颜色的奥秘，在书本里怎么打转都找不到解答。但是在祖国大地上、在历史深处寻找玉颜色的发生和发展脉络，从而解读玄黄之谜，却是可能的。偏黄色的玉在今天一般归类为"青玉"，它代表着浅色，"玄"代表深色。一深一浅构成了中国上古神秘经典叙事的二元色编码。

除了龙血玄黄，《庄子》中也有类似表述，说天下太平，黄帝作为天子，出去远游，不料丢了一件宝贝，宝贝叫"玄珠"——又是"玄黄"二元登场。汉代的古书中有"黄老崇拜"，马王堆汉墓出土的《黄帝四经》中还记载了给黄帝当老师的"玄女"，这位"玄女"就是后来《水浒传》中恩赐宋江天书的"九天玄女"之原型。所有这些神秘的内容在华夏文献中已经传承了几千年，但是这个二元色的密码一直难以揭开。今人比古人优越的地方，就是找到了"玄黄"二元叙事编码的物质原型。这样一来，我们对玉皇大帝、西王母的理解就是：神话中有历史、有真实。所以，"神话中国"这个核心命题，指向的就是玉石神话信仰，是如何伴随着1万年的玉文化历程而逐步构建出来的。

图 20-8　内蒙古赤峰出土红山文化两件玉龙，一玄一黄。[1]

---

[1] 常素霞：《中国玉器发展史》，科学出版社，2009，第 23 页。

　　玉皇大帝是道教产生以后才有的尊神，唐宋时期给玉皇大帝的故事派生出很多细节。据《正统道藏》洞真部收录的道教礼仪必诵经文《高上玉皇本行集经》的叙述：玉皇大帝乃昊天界上光严妙乐国王与宝月光皇后所生之子。出生之时，身宝光焰，充满王国。幼而敏慧，长而慈仁，将国中库藏财宝，尽散施穷乏困苦、鳏寡孤独、无所依靠、饥馑残疾的一切众生。净乐国王驾崩后，太子治政有方，告敕大臣，俯含众生，遂舍国赴普明香岩山修道，经三千二百劫，始证金仙初号自然觉皇，又经亿劫，始证玉帝。

　　宋代的统治者非常相信玉皇，所以宋真宗、宋徽宗两次给玉皇大帝封以圣号，其中一个是"太上开天执符御历含真体道玉皇大天帝"。为什么这么复杂？就是因为他后来居上，在宋代统治者心目中已经成了天上的至高之神。

　　这样，玉皇大帝又被编入宋人所理解的天界万神殿。玉皇大帝被奉为万神之帝，他住在天界，是仙真之王、圣尊之祖。其居所号称"太上玄微玉清宫"，简称玉清宫。他的神名又称玄穹高上帝。《西游记》里管着太白金星、天兵天将的，就是他，天神都受他指挥，就是因为他是至高无上的天帝。

　　在玉皇传说中，老百姓的民间想象增添了很多有趣的内容。宋代的道教典籍或许讲得过于神秘，老百姓不易理解。下面再介绍一个通俗易懂的故事，那就是《王母娘娘坐灵霄殿》：

　　王母娘娘羡慕玉帝的高位，却不知掌权者的辛苦和责任。她曾代行玉帝职务。渔民来求风，果农则求不要刮风；农民来求雨，盐民则求不要下雨；弄得她不知所措，进退维谷，体会到众口难调的难处。后来还是玉帝巧解难题，命令"风从河边走，越过果树园。白天晒大地，夜晚浇大田"。[1]

故事虽然讲的是王母娘娘，实际上却突出说明了玉皇大帝为什么在天上有统治的权威。王母娘娘羡慕玉帝在天上独揽大权，人间百姓和天上众神都听他的，所以王母娘娘作为一位女神也想试一试自己的能力，想代替玉帝履行天帝的职责。结果她不知道这个掌权者除了威风八面、大权在握，还有责任和辛苦。面对渔民和果农、农民和盐民各自相反的呼告，她左右为难，这才明白这个王位不是那么好坐的。最后，玉皇大帝亲自上场，用他的智慧解决了难题，让地上的百姓有求必应、消灾祛祸。这在今天叫"管理学智慧"吧。

在玉皇大帝的传说中，人们用这样一个巧妙的构思，讲出为什么家家户户都知道天上有玉皇。其实，在民间还有大玉皇、小玉皇等叠床架屋的各种玉皇，还有用年画、纸马等造型艺术来表达的玉帝崇拜。可以说，这样的信仰在中国文化中已是铺天盖地，根深蒂固。

最后要介绍玉皇、西王母、灶神这样一个类似三角关系的神界关联的由来。玉皇被想象为天空中占统治地位的主神，同时，天庭中还有辅佐玉皇的一批神，他们按照人间朝廷的方式分管不同的事务。西王母原来是独立的女神，后来才加入道教的天庭神谱中。玉皇不能单独一神而没有亲属，所以西王母就成了玉皇的妻子。西王母脱离了原来所在的昆仑瑶池，脱离了她独立的神格，摇身一变成为天上至高的皇后。在天庭中，玉皇大帝在旁边盖了黄金殿——金銮殿，玉母神就变成金母神。所以，西王母在很多民间庙里被说成

---

[1] 本段引文根据《王母娘娘坐灵霄殿》缩写而成，见刘锡诚主编、陈建宪编：《玉皇大帝的传说》，花山文艺出版社，1995，第89-91页。

"金母"。在国人的观念中，玉皇已经是玉了，西王母即便是玉的代表，也不能再叫"玉"了。国人有"金玉良缘""金童玉女"并称的习惯，所以西王母这位本来与昆仑玉山、瑶池和玉文化相关联的女神，摇身一变成为"金"的代表，并同"玉皇"结合配对，成为"金母"。这无疑是父权制社会对原有女神独立神话的改制，是比较后起的神话再建构。

玉皇和王母居住的金銮殿外还有蟠桃园。孙悟空为什么要偷蟠桃，为什么吃一口就能够永生不死？玉皇与西王母的道教神话，是先秦时代永生不死的人类幻想神话的遗留和置换变形。这些神话同时也变成后来文学创作的灵感源头。这仙桃一千年结一回果，吃了能永生不死，这不是一般人能等到的，是把过去世间唯一的永生不死药变成了千年等一回的仙果。这也是民间想象对古老神话信仰时代的不死药母题的再造或再编码，均为老百姓所喜闻乐见。

最后要介绍玉皇与灶神的关联。如果说玉皇与西王母结缘，反映着父权制下的道教神谱所需要的两性配对方式，那么玉皇与灶神的关系则体现了天神与人间千家万户日常生活的关联。高高在上的玉皇，怎样跟下界老百姓取得联系？每一家都要生火做饭，生火的地方就是灶房，灶房就是厨房。每家人要在厨房供奉一个神像，叫"灶君"。在很多地方，人们还会专门给灶君建一个庙，叫"灶王庙"或"灶君庙"。灶君或灶王是玉皇派到人间来的神。灶烧火冒烟，青烟就从烟囱向上飞到天上，用不着烧香、用不着拜，青烟就把人间和天庭之间有效沟通起来了。

灶君主管着人间的生活实情，每家每户都有他，这样一来，高高在上的天庭玉皇就可以对民情了若指掌。相传，民间灶君每年会有一次从灶房里出来，上天给玉皇汇报工作。这一天就是腊月二十三，小年；有些地方是腊月二十四。回家过年的人们必须先过小年，再过大年，才算是完整过完年。这就是千千万万的百姓身处其中的中国文化氛围和神话信仰世界。我们讲的神话已不是古书中的个别叙事，神话就是生活场景，构成了"神话中国"。

所以小年这一天，人们要把灶君像摘下来换上新的。这就是为什么民间美术中的年画、门神像、灶君像需求量巨大。外国人不理解，他们观赏的画一般都是美术学院的作品。中国任何一个老乡家里都会进行民间艺术创作，把旧的灶君像烧掉，青烟袅袅升天，就代表着灶君到玉皇那儿禀报实情去了，灶君直接对最高统治者负责。高高在上的玉皇并不寂寞，因为有了灶神和灶台、有了烧火做饭的现实生活，他跟人间的千家万户就密切地联结在了一起。

图 20-9 是当今人们用的灶君像。有的地方称灶君为"司命灶君"，因为灶君管着人的善恶和人间的一切，他告知玉皇你是善的，你就能得到保佑；如果你是恶的，做了坏事、犯了罪，下一年玉皇就会降灾下来惩罚你。所以，中国人的灶君像上，一般都写着对联"上天奏好事，下地保平安""上天言好事，回宫降吉祥"等。这就是我们的神话信仰，普及到千家万户的信仰。

有一个俗语叫"人在做，天在看"，如果玉皇大帝没有亲自睁眼看，那他就有一位专门打报告的灶神，在下界盯着人们的一举一动。灶君信仰起到了监督、控制人间行为的作用，有伦理教化的意义。

图 20-9　民间流行至今的"司命灶君"像

灶君在民间又叫灶王爷，他变成了像土地爷一样慈眉善目的老先生。灶君在正月初四回到人间，根据民间信仰，这一天人们又要迎回灶神。今天生活在大城市的人们渐渐遗忘了这个习俗，住在高楼里的人们更不会在厨房里贴灶君像。我在讲中国神话这一部分时，特别把这些传统的民间神话风俗交代给大家，以提醒大家把传统文化的"根"留住。

以上，我们已经把玉皇、西王母、灶神的联动关系讲完了。结尾，还要带领大家穿越一下时空隧道，回到5000多年前中原地区的贵族墓葬中，看看那个时候的玉、灶两种器物是怎样发挥信仰符号作用的。

图20-10展示了灵宝西坡大墓M31的实景，墓主人头顶上方有一件代表玄天的玄玉玉钺，那时还没有玉皇的观念，这件玉器能指引墓主人头朝着西方（太阳落山，即升天的方向）。在他脚下的脚坑里面，放置了一堆陶器，陶器中央是一件陶灶。也就是说，后代

图20-10 灵宝西坡大墓M31的二元结构：玉钺在墓主人头上，陶灶在脚下。①

———————
① 中国社会科学院考古研究所、河南省文物考古研究所编：《灵宝西坡墓地》，文物出版社，2010，图版八五。

的玉皇加灶神的对应结构，在这 5000 多年前的墓葬中也有所体现。深色玄玉玉钺代表上天，黄色陶灶代表大地。灶的功能在于点火，向上的火苗代表着（死者灵魂）升天的动力来源。

解读完这个墓葬结构，就能理解为什么中国人根本不用修建高大的金字塔。史前先民通过灶、玉的联想，就能把天地的"管理体系"建构完成。图 20-11 是考古工作者历经辛苦在中原仰韶大墓中发掘的陶灶实物照片。陶灶用土烧制而成，是土黄色的，代表大

图 20-11　灶神的大传统原型：灵宝西坡仰韶文化大墓出土的陶灶。[1]

---

[1] 中国社会科学院考古研究所、河南省文物考古研究所编：《灵宝西坡墓地》，文物出版社，2010，图版一七。

地。这个灶不是普通人家烧火用的，也没有熏黑的痕迹，其功能就是辅助墓主人升天。后世灶神的原型，就在这里呈现出来了（距今5000+300 年）。这是切实的 5000 年灶王爷信仰和玉石信仰的遗存，陶灶上虽然没有写"灶王爷"字样，但它明显就是点火的器具，人们对火焰熊熊向上的动态联想、对灶的联想，确实可以衍生出无限丰富的神话观念和思想。

　　本讲推荐阅读《金枝玉叶——比较神话学的中国视角》（见第十四讲之参考书目）和《金枝》，后者是西方人类学家探寻西方文化中的黄金崇拜圣物而写出的代表著作。此前提及中国的黄金出现得比较晚，在金之前主要的崇拜物是玉。所以，在《金枝玉叶》一书中，"金枝"和"玉叶"代表两种文明的比较，是为揭示中国神话的"底牌"而设计的，其中有专章讲述西王母神话，将其作为"女神文明"的中国遗产加以解读。书中也讲述了玉石神话信仰对中华民族文化认同观念的拉动作用。

参考书目

1. 迟文杰主编：《西王母文化研究集成（传说故事卷）》，广西师范大学出版社，2009。

2. 刘锡诚主编、陈建宪编：《玉皇大帝的传说》，花山文艺出版社，1995。

3. 彭兆荣：《文学与仪式：文学人类学的一个文化视野——酒神及其祭祀仪式的发生学原理》，北京大学出版社，2004。

4. 彭兆荣：《生生遗续 代代相承——中国非物质文化遗产体系研究》，北京大学出版社，2018。

5. 杨伯达：《中国史前玉器史》，故宫出版社，2016。

6. 杨福泉：《灶与灶神》，学苑出版社，1994。

7. 叶舒宪：《玉石里的中国》，上海文艺出版社，2019。

8. 叶舒宪:《玉石之路踏查三续记》,陕西师范大学出版总社有限公司,2020。

9. 易华:《齐家华夏说》,甘肃人民出版社,2015。

10. 〔日〕森雅子:《西王母的原像——比较神话学试论》,庆应义塾大学出版会,2005。

11. 〔日〕伊藤清司:《〈山海经〉中的鬼神世界》,刘晔原译,中国民间文艺出版社,1990。

12. 〔英〕爱德华·泰勒:《原始文化:神话、哲学、宗教、语言、艺术和习俗发展之研究》,连树声译,上海文艺出版社,1992。

13. Rudgley R. *The Lost Civilizations of the Stone Age*. The Free Press, 2000.

新年与饺子

前面的一讲提及玉皇与灶王爷的关系，阐述了中国老百姓世世代代生活在神话、信仰所支配的文化氛围之中。要讲透中国文化，必须熟悉老百姓的日常生活，其中最重要的习俗就是，家家户户都要过的新年。所以这一讲的题目看起来虽然不太像神话，但等我解读完之后，大家就能判断了。

本讲要从新年这天吃的一种食物——饺子讲起。如今，人们只要想吃饺子，很容易就吃到。但在古代，饺子可不是随便吃的。古代吃饺子非常讲究，讲究在什么时候由谁来包、在什么时候吃等细节。在古代，饺子只在一个时候吃，即在大年三十的夜晚开始包饺子，到大年初一天刚亮的时候吃饺子。饺子和新年是绑定的，可以把这叫"规定动作"。是谁规定的？中国古代哪一个皇帝说过这规定，正月初一这一天必须先吃这种食物？没有。这是千百年来农耕社会的人们自发流传给后人的文化习俗。今天，需要用多学科知识去探究、解读它背后的根源。

解读什么呢？就是为什么在这个时刻有包饺子、吃饺子的习俗。这是中国独有的一种风俗，从制作技术到食用风俗，都是千百年来传承下来的。为什么会有这样一种把菜和肉作为馅，面皮包裹在外的做法？这就需要追溯到所有食材的起源上去。菜就不用说了，菜是自然界中的植物；肉是从畜牧业来的，这个星球已经有 1 万年畜牧的历史。在我们中国情况比较特殊，作为家畜的牛和羊是大约

5000 年前从西亚、中亚逐渐传过来的。但是吃麦子，也就是吃面食的历史，相比吃牛羊肉还要稍晚一些，大约不到 5000 年。小麦不是我们华夏史前独具特色的原生态植物，是从外边传进来的。最早生产大麦、小麦的都是地中海文明地域。一万两千年前，那里的居民就开始农耕和畜牧。在我们东亚这边，除了大米和小米有上万年的历史，还没有哪种农作物历史如此悠久。大麦、小麦从西亚地区传播到了中亚，又从中亚传播到新疆、蒙古高原，然后顺着草原、河西走廊最后传到中原。所以我们吃的麦子，即面食是外来的。众所周知，北方人爱吃面食，南方人爱吃大米，如此而已。根据最新的考古数据，可以确认唯有小米，是北方先民世世代代赖以生存的食物。为什么是小米，不是麦子？很简单，种过麦子的人就知道，麦子需要灌溉，纯旱地是无法生长的。勉强在旱地种麦，产量根本不够吃，成本会很高。小米是耐干旱的作物，天下雨会长得更好一点，不下雨照样能生长，它所生长的环境不需要雨水充沛。所以，当时在北方的黄土地上，大米种不成，麦子也种不成，大自然的选择是只能种小米。这就构成我国最早的粮食生产格局：北方小米，南方大米。

小麦引进中原以后，先民们开始发展灌溉农业，都知道麦子需要灌溉。先秦时代有著名的郑国渠，那时小麦种植已经普及到千家万户了。以前如果有麦子，那也是比较稀少的，小米一直是主食。小米就是古代所说的"社稷"之"稷"。小麦引进以后，开始有了用面粉做的面条、馒头、饺子等。但是"饺子"这个名称是后起的。今天叫饺子，在古代叫"馄饨"，这是它最初的名称。馄饨在有些地方叫"抄手"，如四川。

下面就要解读馄饨的"所以然"。馄饨两个字都是"饣"旁，若将偏旁换作"氵"，就变成另一个名称：混沌。发音是类似的，意思却变了。我们已经讲了很多民族的创世神话，例如一开始天地万物都没有，只有一片黑暗无边的大水，名字叫"Chaos"，汉语里就叫混沌。混沌二字为什么都是"氵"旁的？因为它是在创世之前，创世之后是宇宙万物有秩序的存在，而创世之前，一切都分不清楚，那是一个原始的整体的存在。所以，中国人对此的命名也很简单，混沌，就是模模糊糊的一片，整合为一体，如此而已。一听这个名字，我们会习惯性联想：吃的这个馄饨从"饣"旁，创世前的这个状态词"混沌"从"氵"旁，二者之间有什么关系？

华夏先民坚信要从混沌开始创造，要从混沌中创造出宇宙的万物、空间、时间、人类，这样的一种远古的带有哲学思考背景的观念，就演变成了新年礼仪上的规定动作。饺子在古代的别名叫"饺饵"，"饵"是耳朵的"耳"加上"食"字旁。饺子的形状就像耳朵。民间说冬天会冻耳朵，所以要吃饺子防止耳朵冻掉，这都是后来的附会。

更古老的称呼在《正字通》里，这本书讲述了古代用字中的别字现象。《正字通·食部》对"馄饨"的"饨"字是怎么解释的呢？

今馄饨，即饺饵别名。俗屑米面为末，空中裹馅，类弹丸，形大小不一。

这段话的意思是，"饺饵"一词使用得比较少，使用"馄饨"或者直接用"饨"比较多。作者还引用了六朝时期一位名叫颜之推的学者的记述：

今之馄饨，形如偃月。

说馄饨就像一弓弯月一样。后代的人们习惯把大一些的叫饺子，小一些的叫馄饨。都是面里包着肉或菜的饼食，却好像变成了两种食品，其实本来是一种食品。

我们接下来要探究，这种食品是怎样和华夏版的创世神话观念联系在一起的。《庄子》专门讲到一个名叫"浑沌"的人被开窍的故事。他是一个人格化的帝王，被凿开七窍之后，却不幸死去了。这个故事就是我们所说的华夏版的创世神话。

> 南海之帝为儵，北海之帝为忽，中央之帝为浑沌。儵与忽时相与遇于浑沌之地，浑沌待之甚善。儵与忽谋报浑沌之德，曰："人皆有七窍，以视听食息，此独无有。尝试凿之。"日凿一窍，七日而浑沌死。

华夏创世神话的原型情节，就是从"浑沌"开始创造宇宙。在讲《庄子》的文本之前，我先介绍一下国际通行的、认知新年礼仪和创世神话之间的关系的理论。按照道家的哲学观念，开辟之前的那个状态是最理想的状态，叫"浑沌"，后来这个词又引申出了一些不好的概念：浑浑噩噩或混混沌沌。开窍之前完全是浑然一体的，后来骂人语"浑蛋"就是从"浑沌"一词引申出来的。但是，在道家文本中的意思却是反过来的。开辟是人为举动，"浑沌"是自然而然的。所以道家崇尚自然，认为不开窍、不开辟反而更好。道家的修炼体系中，把"浑沌"作为一个理想的状态，即闭目塞听，关闭所有的感官。这也就相当于后人说的"难得糊涂"，实际上都有回归"浑沌"状态的意思，崇尚自然的、朴素的、整全的"浑沌"。

按照老子《道德经》的原话，这又叫"复归于璞"。"璞"是指玉石没有切开、没有雕琢的原始状态；又叫"复归于婴儿"，都是指复归于"浑沌"的意思。修道境界，需要修道者的五官和花花世界隔绝，内心才能够回到纯洁如一的状态。道家和道教都认为：开辟和创造，反而不如原始而"浑沌"的"一"。

神话学家们认识到，复归原始这样一个主题是新年礼仪的第一主题。什么叫复归原始呢？新年的活动实际上是在重演当初的创世活动。从混沌中创造出了万物，是一个从无到有、从一到多的过程。新年礼仪是人类用礼俗行为、用象征性的表达告诉大家：重新开始一次创世。许多民族只有在新年庆典上才朗诵、表演他们的创世神话。该类神话讲述的就是时间、空间的开辟，新年庆典就顺理成章变成了新创世的表演场所。所以，中国人正月初一吃馄饨（饺子）显然可以由此得到深刻的理解，那便是全民象征性地回归混沌状态，或者说，吃馄饨是为了告别创世前的混沌状态，迎接新的时空运动。这是一种无意识的礼俗行为。

吃馄饨的过程本身不重要，重要的是这个风俗重演着消灭混沌之后的开启新时空意义，即所谓"除旧布新"。国际宗教学研究领域权威学者伊利亚德[①]认为，原始社会中的新年礼仪没有例外，都是用表演（performance）的方式对创世神话的象征性重演。人们相信需要用这种礼仪活动帮助时间的车轮向前推进，促进宇宙生命的循环，带来一种新的生命、新的创造力，并体验一种回归初始的神秘与欢欣。

创世神话的功能，显然和农耕社会的农耕礼仪有联系，和宗教信仰有关系。吃饺子的习惯动作，是后来才逐渐世俗化的。没有对创世信仰的成文规定，人们也就不去深究这饮食礼俗到底有什么意义。通过观察众多的原始社会，人类学家发现：人们过新年，都是要重新回到创世神话的情境中去，再现创世的过程。再如我在上一讲讲过的过小年祭拜灶神、正月初四迎灶神的行为，大家也会看明白：神话信仰确实和我们的历法行为紧密结合在一起。

---

① 米尔恰·伊利亚德（Mircea Eliade，1907—1986），罗马尼亚裔美国学者，任教于芝加哥大学，是国际著名的宗教史家。

下面介绍一下 20 世纪神话研究中的一个重要流派——神话仪式学派。过去，神话在我国主要被当作文学、虚构的故事来研究和讲授。其实，它和生活关系最密切的，就是作为仪式的部分。神话仪式学派又称"剑桥学派"，因为其主要代表人物都是剑桥大学的古典学家，致力于研究希腊罗马神话和文学；此外也有关注原住民文化的人类学家。他们对 20 世纪的神话研究产生了重要影响。他们认为，神话是用语言文字等方式表达仪式的内容，仪式是用象征性的动作、行为来表演神话的内容，所以两者是一个事物的两面。

神话和仪式是一个整体，讲、唱、表演都融在一起，就是如今所说的"非物质文化遗产"的最早形式。人类学家认定：人类是一种仪式性的动物。其他动物受本能的支配，没有比如婚葬大事之类的仪式行为。这些仪式都用象征性的界线告诉你，仪式前后有别。例如，没有举行葬礼、没有下葬，则衍生出比如"孤魂野鬼"的概念，会对生人的社会造成极大的精神恐惧和威胁。再比如"入土为安"的说法等，暗示着仪式行为的不可或缺性。按照人类学家的分类，仪式行为可大致分为两类，一类叫"定期仪式"，比如我们的新年、端午，还有一类叫"不定期仪式"。不定期仪式又叫"危机仪式"。定期仪式与社会生活的循环节奏相关，有"仪式历法"的作用。即仪式行为标记社会生活的时间流程，如春季的播种仪式、秋季的丰收仪式等。而危机仪式，与人类社会遭遇突发的战争、灾难有关，是为火山爆发、地震、洪水等突发情况举行的仪式，用以禳灾避祸，平复惊恐的心灵，恢复社会秩序。所以，人类从进化之初到现在，仪式是我们生存的"法宝"，是调节人与自然关系、人与人关系、人的精神和肉体关系、生存节律的必备节目。通过对定期仪式和不定期危机仪式的解释，我们大体上可以将新年礼仪判定为定期仪式。

本讲主要说明新年吃饺子背后的神话观念。下面的第二十二讲，则要侧重讲述端午节和中医思想的内在关系，以及它们二者背后的神话关联。第二十三讲将介绍七夕牛郎织女神话的文化潜规则。通过仪式的原理去做揭示，是一种代入式体验的教学方式。

南朝梁人宗懔写了《荆楚岁时记》，这本书类似于民间的历书，记叙了一年四季什么时候做什么事，十分详细。其中，关于正月初七，书中有言：

> 正月七日为人日，以七种菜为羹。剪彩为人，或镂金薄为人，以贴屏风，亦戴之头鬓。又造华胜以相遗。登高赋诗。[①]

这个规定太神奇了。谁规定的？这是古代南方荆楚之地，有着楚地文化习俗。古代的这些礼俗缺乏早期的典籍记载，没有任何一个圣人说是自己创制的。但是你翻开《全唐诗》，便会发现光是在"人日"作的诗已经非常多。原来，人日作诗是先于唐朝的风俗，在南北朝时期就已经有相关的记载。看来，一定是先秦两汉时代以来渐渐形成的。"人日"讲的是人的纪念日，这一天登高赋诗，是所有文人墨客的"规定动作"。前面已讲过，古代希伯来神话中上帝用六天完成宇宙万物和人类的创造，在第七天休息。中国正月这第七日，天神不休息，人间也还要登高赋诗。为什么我国民间会有这种纪念"人日"的风俗呢？为《荆楚岁时记》作注者，在注解中引用了一本书——《问礼俗》，这本书把从"一日"到"七日"的各种名目都揭示了出来：

> 正月一日为鸡，二日为狗，三日为羊，四日为猪，五日为牛，六日

---

① 宗懔：《荆楚岁时记》，姜彦稚辑校，岳麓书社，1986，第9页。

为马，七日为人。正旦画鸡于门，七日贴人于帐。

继而宗懔说：

今一日不杀鸡，二日不杀狗，三日不杀羊，四日不杀猪，五日不杀牛，六日不杀马，七日不行刑，亦此义也。[①]

按照这个礼俗，从正月初一到正月初六，分别是鸡、狗、羊、猪、牛、马的诞生纪念日，而正月初七则为人的纪念日。在古代，和人类的生活关系最密切的六种家畜叫"六畜"。文本中按照鸡、狗、羊、猪、牛、马的先后顺序排列为一组，恰好对应正月一日到六日。六畜外加人，刚好满足七天一周期。在这些"规定动作"后面，还有一句话叫"正旦画鸡于门"。"正旦"就是大年初一早上，这时要把鸡画下来贴在门上，这跟迎接新年的礼俗之神话观念背景是完全吻合的。

为什么？正月一日既然是造鸡的日子，这一天就要把鸡贴出来，代表着鸡一叫太阳就出来，太阳一出来光明就战胜了黑暗。所以，鸡作为引子，又引出了狗、羊、猪、牛等其他家畜。"正旦画鸡于门，七日贴人于帐"的说法，只讲出七天中两天的规定动作内容，而中间五天该怎样做，并没有讲。正月七日要剪彩为人，或拿金箔做成人形贴在鬓角上、登高赋诗等。这都是纪念创世之初时人的诞生。在这"规定动作"中，隐约可以看出华夏应该有一个已经失传的创世神话，其情节就是：天神第一天造出鸡，第二天造出狗，第三天造出羊……第七天造出人。后世的新年礼俗行为，是庆祝这个创造活动。这符合人类学家所说的新年礼仪就是重演创世神话的程序。

---

① 宗懔：《荆楚岁时记》，姜彦稚辑校，岳麓书社，1986，第 9 页。

除了应该做的以外，还有什么规定呢？还有规定不能做的事，也就是节日禁忌。禁忌的存在，更加验证了礼仪与创世神话的对应关系。"一日不杀鸡"，即正月初一这一天不能下刀给鸡，此后依次为"二日不杀狗，三日不杀羊，四日不杀猪，五日不杀牛，六日不杀马，七日不行刑"。即使是犯了死罪的罪犯，也不能在正月初七这一天行刑，因为这一天不能杀人。礼仪习俗不仅告诉人们这一天该干什么，还告诉人们这一天不能干什么。正月初一到初七，先是六畜，然后是人类，相当于讲述了一个完整的生物创造程序。潜藏在这七天的礼俗和禁忌背后的观念为何？大约就是人类学家常说的"礼仪活动不能靠自身来说明和解释"，因为它是前逻辑的、前文字的，甚至是从远古时期世世代代传承下来的。解读的关键就是找到产生仪式的神话，有神话观念的，仪式的意义就可以复原出来。

现在的情况是研究者既可以参照仪式来复原失传的神话，也可以参照存留下来的神话，去复原和重构出已经不存在的仪式。《问礼俗》的记载是仪式规定都留下了，神话没有了，要怎样才能复原神话呢？首先要复原出一个创世叙事的程序。天神造物主，在第一天创造鸡，第二天创造狗，最后到第六天和第七天创造了马和人类。这样的一种创世神话程序，我们可以拟定名称"七日鸡人创世神话"。虽然古书中没有这么一个命名，但是古代民间的礼仪行为不会是生造出来的，不是随便设立。它一定是配合着创世观念逐渐形成的。在万象更新的新年，需要年年重演创世过程，年年正月初一纪念鸡，年年通过正月初七即人日的登高赋诗，纪念人类自己。以创世神话为根基的习俗，就是古人一套综合性的文化活动，特别体现在春节礼俗中。

前面讲过苏美尔、巴比伦文明的神话，巴比伦创世神话中的造物主叫马杜克。巴比伦的新年礼仪就是围绕着创世主马杜克的一系列的叙事而展开的戏剧表演和庆祝游行。在巴比伦新年吟诵创世史诗的行为，标志着混沌的、旧的一年的终结；在新年节庆十二天中的第五天，巴比伦人举行创世主马杜克与人间国王相互认同的戏剧性典礼。出面表演的是国王，但是他所代表的是创世之神。这就像古代中国人把皇帝叫天子，就是将最高统治者看成天神在人间的代理。大祭司从国王那里拿走王权的标志，打他的脸，迫使他跪在马杜克的神像面前，然后国王向神表示：他的统治是公平公正的，因而是合法的。然后大祭司再把王权的标志还给国王。巴比伦的新年礼仪告诉人们：政权的合法性也是要一年检验一次的。就像年终考核，达标后明年才能继续。这样的一个仪典也是由掌握神权的大祭司主持的，是得到天神恩准的象征。从而，国王变成新年礼仪上表演的主角。创世之神马杜克在创造世界时，先战胜混沌——一个人格化的海怪，叫提阿马特。所以，在新年礼仪上，国王还要重复上演他和海中妖怪提阿马特的战斗，并最终假装杀死海怪，这就像获得了一个神圣时空的新开端。

从巴比伦新年礼仪旨在表演或重演创世神话来看，新年礼仪与神话的相互依存关系昭然若揭。巴比伦的新年庆典全面演绎着马杜克打败混沌、开辟宇宙之后，在天上建造神殿的故事。这个故事也是一个完整的序列。

新年礼俗中包含着返回混沌的体验，这样的习俗代表着远古先民心理转换的过程。该过程被哲学家们称为"重返神圣的开端"。由于创世伟业都是由伟大的神（创世主）完成的，人的力量渺小不足以担当，所以如果你重返了这个"神圣的开端"，那么一切创造力的源泉又会为你重新打开，让你产生强化宇宙自我更新的感觉和体验。远古民族都确信世界必须年年更新，更新的方式就是效仿某种模式进行活动。这里所讲的"一日为鸡"也好，"七日为人"也好，都是一种宇宙起源的创造神话内容的再体验。

对"年"的概念，可以有各种各样的理解。新年的日期因地理环境、文化类型不同而有所不同。但是"年"作为一种循环周期的标志，则是大体一致的。人们用一系列的礼仪活动来标志此周期的终结与下一周期的开启。年三十即除夕日，家家户户都要大扫除，这是对混沌的旧时空的告别。年节礼俗的这些"规定动作"都和创世神话及其观念有着千丝万缕的联系。

神话提供了"规定动作"的由来，并以潜移默化的形式体现在世代传承的社会礼俗之中，不断强化和影响着人类的行为模式。每年当我们张灯结彩、欢度新春佳节的时候，能否清醒地意识到：我们的行为依然遵循着祖先时代为了更新世界而创制的仪式规定。这就回到了"正月一日为鸡日，正月七日为人日"的现实生活语境。新年要吃饺子的习俗背后，等于潜藏着原版的华夏创世神话。

为什么"一日造鸡"这个神话是跟创世有关呢？在古代有"类书"，"类书"一般是为统治者编的大书，便于统治者分门别类查找知识，相当于古代的"大数据"。宋代编有类书《太平御览》，该书篇幅非常大，书中专门引了古代一个已经失传的文本。

《太平御览》卷三十引《谈薮》注中一句：

一说云：天地初开，以一日作鸡，七日作人。

这样，新年礼俗背后到底有没有创世神话已经不用怀疑了。刚才说《问礼俗》中"一日"的文本还在，神话却没有了；在这里，神话虽然不完整，但是它讲的就是这一个特定的背景。将"以一日作鸡，七日作人"同希伯来神话中七天一个周期、第七天是休息日的叙事作比较后就知道，在中国，第七天不仅没休息，还造出了人。中国传统中没有每七天约定一个礼拜日去教堂念《圣经》的行为，却有每逢新年第七天"登高赋诗"的规定动作。神话学专家袁珂先生对这个片段的记载作了判定，认为这就是华夏已经失传的创世神话。简单的概括就是前文所说的"七日鸡人创世神话"，这个神话没有讲是什么神、为什么创造了人，没有这个神的名字。这样，我们就把"规定动作"背后的文本复原出来了，解读出为什么在南方荆楚地方的民间习俗中保留着正月一日为"鸡日"、正月七日为"人日"的礼俗。

第二种隐藏在古书中的创世神话叫"浑沌创世神话"，就是《庄子》里的叙事，其篇尾出现浑沌中央之帝的神话，即七天开七窍的故事。我讲了这么多"七"，大家听完可能觉得是在念《圣经》里的"七"。《圣经·旧约》里面有无数的"七"在循环，这是一个非常神秘的圣数，比如以色列人要攻打一座城而攻不下来，就让仪仗队吹着喇叭绕城七圈，然后这座城就陷落了。"七"在这里是带有神秘法术的力量的数字。中国的文本《庄子》中讲的这个故事其实是一个以往没有被认出来的创世神话。这个浑沌君被开窍而死，给他开窍的两位大神，分别叫作"倏"和"忽"。二者合起来，恰好是表示时间的概念"倏忽"。可见庄子是很会讲故事的。有人说中国没有哲学，有没有我不敢说，但是庄子的哲理不是用三段论作抽象表达的。他善于通过寓言人物来表达，这是非常高超的思想家做法。南海之帝和北海之帝到中央之帝"浑沌"这里来玩，中央之帝非常友善地接待他们。他们发现，中央之帝没有面目，是模糊的一团，就像人们吃的饺子一样，没有孔、不透气。南海之帝、北海之帝想要报答他的善意，于是决定帮助他开窍。他们就在中央之帝这个"肉蛋"上尝试凿出窍，一天凿一窍，一共凿了七天，刚好七个窍。七日后，孔窍凿好了，但是中央之帝浑沌却死去了。庄子讲到这里故事就结束了，没有下文。这里就包含道家的宇宙观和价值观，他们认为，开辟、开窍、视、听都不好。按照老子的说法，叫"五色令人目盲，五音令人耳聋"。最好的修炼是什么？就是把这些窍都堵住，回到内心纯一的状态，即道教所讲的"反创世"——不要创世（回到创世之前的专一状态），不要五光十色的大千世界，这些对修道来说都是感官的诱惑，是不好的。在此可以看懂庄子讲的寓言哲理，他的叙事背后，潜藏着一个已经失传的华夏版的七天创世神话。

　　具体是指哪七天呢？由于是一天凿一窍，我们也可以将这个神话命名为"七日开窍浑沌神话"。这样一来，"华夏有没有创世神话"的问题，在这里显然就不是问题了。当你看明白这些，你就能明白创造世界之前的中央之帝——浑沌，他为什么没有面目，就像饺子的形状。再看新年的食俗，那就是回返和重新表演创造世界的过程：在除夕夜，人们要把"浑沌"（馄饨－饺子）包出来；大年初一天一亮，就要把它吃下去，代表旧的混沌的一年就此宣告结束，开辟的新的一年也由此启程。新年吃饺子，当然不是按照道家的闭目塞听宗旨回到浑沌的意思，如果是回到浑沌，这饺子永远不用吃，供奉起来就行了。这里就能看懂中国新年礼俗为什么要吃饺子，它为什么被解说成是一种"规定动作"。大家生活在现代社会，大部分人早已经全然忘却浑沌君是什么样子了。

　　现在大家再来看一下甘肃环县的皮影戏道具（图21-1），这是清代的浑沌图像。浑沌是什么样子？这是用驴皮做的皮影造型，他有五足和一对翅膀，而没有头和身体的区别，就像一个肉团，外形和鸡蛋一样，露出一只眼。这皮影戏会在新年礼仪上发挥角色演出功能，通过民俗的这种形象提示创世之始。这和《庄子》所说的浑

图 21-1　甘肃环县皮影"浑沌"。民间文化记忆中的浑沌，被开窍一只眼，头和身体不分，五足，有翅。（摄于甘肃环县）

沌君在创世前的状态形成对应。浑沌既然没有口鼻，自然不能呼吸，就一直憋着。现在，民间还在上演这样的皮影戏。这也算是古老的华夏创世神话演变出来的一项珍贵的非物质文化遗产吧。庄子如果地下有知，不知该做何感想。

创世神话与新年礼仪为什么只取七日为完整的周期，而不是八或九日呢？一日到七日看起来是一个时间顺序，实际上与人类认识时间、把握时间所依靠的空间坐标有关。古代人观察天象的时候就看天上一个坐标——北斗星。北斗星围绕北极星而旋转。一年四季，北斗星的斗柄分别指向不同的方向："斗柄东指，天下皆春；斗柄南指，天下皆夏；斗柄西指，天下皆秋；斗柄北指，天下皆冬。"所以，古人要定历法无需别的东西，只需看天上的北斗星。只要斗柄指向东方，就是指春天来了，春天仪式的"规定动作"就可以开启了。这就是古人的时间观念，即随着天空中的星象在空间上定位，由此确定时间。时间和空间紧密相连。

人类对时空的认识过程，是先认识空间，再从空间坐标把握时间。太阳的东升西落，是最常见的空间坐标，于是人们就有了东方和西方的概念。有了东方和西方的概念，人的前面就是南方，后背就是北方。所以汉字"北"，从字形上看就是两个人背靠背，指的是当人面向南方的时候，背面就是北方。所以，"北"就是"背"的本字。这就是我们所说的四方。中国人把宇宙叫六合，哪六合？就是在四方的基础上，加上头顶上的一方和脚底下的一方，也就是天和地。

中国人没有世界的概念，但是有宇宙的概念。"宇宙"是什么意思？就是六合，六个方位。谁在六合之中呢？那就是人。六加一是多少？就是七。所以，七个方位是人类认识这个世界的全部空间方位。说直白些，就是东、西、南、北、上、下、中。在创世神话中，鸡代表"东"，狗代表"南"，六种牲畜包围着位于中央的人。这一宇宙结构说的是关于空间的创造和时间的创造。鸡、狗、羊、猪、牛、马，这些动物都有象征时空的意义，这就是标准的创世神话的叙事内容。

这样的解读就把已经消失的古代礼俗的潜在意义重建出来，让人们能够意识到，原来中国古代也有丰富的创世神话遗产，它熔铸于这个民族在农耕社会形成的观天象、定季节、定农时等礼仪行为，并且一直延续到今天。大年三十包饺子、正月初一吃饺子的习俗，人们早已习以为常。如今总算可以知道其行为背后的内涵，这便是创世神话的观念。

在看似通俗的流行文学之中，解析出华夏先民对宇宙万物由来的深切思考，这一部分内容大致相当于"神话的哲学"。我们不认为中国古代有像柏拉图、亚里士多德哲学那样的抽象理念式的哲学体系，但是哲理性思考是有的。先秦时代的哲理性思考是怎么表达的呢？大都是按照神话的方式，这些神话又按照仪式表演的方式呈现出来。如果没有探究，其文化意义就是潜隐的，不易觉察。尤其像《庄子》文本中的内容，常常被当作文学故事。人们读一读、娱乐一下，其中包含的深刻意义就失落了。

参考书目

1. 程金城：《原型批判与重释》，陕西师范大学出版总社有限公司，2019。
2. 李学勤：《走出疑古时代》，辽宁大学出版社，1997。
3. 彭兆荣：《人类学仪式理论与实践》，陕西师范大学出版总社有限公司，2019。
4. 王仁湘：《中国史前考古论集（续集）》，文物出版社，2017。
5. 谢美英：《〈尔雅〉名物新解》，中国社会科学出版社，2015。
6. 徐新建主编：《人类学写作 —— 中国文学人类学研究会第四届年会文辑》，四川大学出版社，2010。
7. 杨朴、杨旸：《二人转与萨满研究》，社会科学文献出版社，2016。
8. 叶舒宪：《庄子的文化解析》，湖北人民出版社，1997。
9. 叶舒宪：《老子与神话》，陕西人民出版社，2005。
10. 赵周宽：《文学人类学的想象力》，陕西师范大学出版总社有限公司，2019。
11. ［美］米尔恰·伊利亚德：《宇宙与历史：永恒回归的神话》，杨儒宾译，联经出版事业公司，2000。
12. ［美］张光直：《中国考古学论文集》，生活·读书·新知三联书店，1999。

端午与中医

本讲以端午与中医的关联性内容为对象，继续透视神话观念如何为中国文化编码。我们先从端午节起源的相关讨论入手。

上一讲中解释了新年与吃饺子的文化关联，大家已经知道历法中的每个节庆和礼俗反映的都是神话与仪式的相关性。对端午节这个节庆的来源作深层的理论解说，是本讲的主旨。为把问题说清楚，有必要先提示历史上已有的几种解释。这些解释涉及"为什么要过端午节""端午节为什么要吃粽子纪念屈原"等问题。

关于端午起源论，这里列出 4 种有代表性的说法。关于端午起源的说法多为学者们发表的个人见解，若全部加起来可能有十多种，下面列出 4 种主要的：

①《大戴礼记》中的"兰浴节说"；

②传统的"纪念屈原说"；

③闻一多的"纪念龙蛇节日说"；

④黄石的"夏至说"。

第一个是比较早的说法，是古代典籍《大戴礼记》的说法，叫"兰浴节说"。即端午起源于兰汤沐浴，端午节庆活动中也有这方面的内容。古人认为兰草能驱邪、辟邪，用兰草水沐浴可以回避不祥和避免疾患，这里无疑蕴含着重要的中医思想。

第二个说法是端午是为了纪念楚国大诗人屈原，这是端午起源解说中流行最广的一种。端午这一天吃粽子，还要把粽子撒在江里，来纪念中国文学史上第一位署名的作者——屈原。中国文学的开端是《诗经》和楚辞，如果你对中国诗歌感兴趣，那就必然知道"风骚"一词的由来，也会知道什么叫"独领风骚"。"风"代表着《诗经》中的《国风》，"骚"就是屈原的《离骚》。国人十分敬重大文学家，专门设置一个节庆来纪念屈原。在古往今来的大众传媒中，关于端午节的起源，这个说法最流行。

屈原是战国时期楚国人，任楚国官员，善写诗，最后被陷害蒙冤，投江而死。如果他是楚国的真实历史人物，那么在战国之前就没有端午节吗？前面已经介绍，在我们生活的星球上，人类进化到现在已经有约300万年。前面299万年都是以狩猎、采集为主的，人类只有1万多年种粮食的历史。这1万多年的种粮食生活，催生和造就了对天象、农时、社会历法的建制。农耕文化的风俗大都伴随着农作物的生产节奏而来。端午作为与二十四节气中夏至相关的一个重要的节点，它绝不会是在战国以后才出现的，它应和我国南方种大米的历史（大约1万多年）及其农耕生活节奏有关。古代人没有关于人类进化的知识，没有关于农耕社会起源的知识，所以他们用附会的办法把一位历史名人附会到端午节的起源上。

第三种观点"纪念龙蛇节日说"以现代诗人、学者闻一多为代表。他首先站出来公开批判了"纪念屈原说"。至于"兰浴节说"，这一观点过去传播的范围很小，老百姓也不大知道，所以他没有专门拿出来批判。闻一多主要批判端午节是为纪念屈原而设的观点。他提出：每年端午，即五月五，都是南方民族的一个神圣节日。五月五这一天之所以重要、之所以引人关注，就是因为这是中国人自夏朝以来的图腾节日，图腾崇拜对象是龙和蛇，其表现形式就是划龙舟（图22-1）。这个观点听起来很新颖，但是证据不很足。端午节要划龙舟，所以船的龙形被闻一多解读为纪念龙的生日。今天也有专

图 22-1　浙江省温州市瓯海区端午节龙舟赛现场（2020 年摄于温州）

　　家认同这种观点，但是大部分人还是支持"纪念屈原说"。

　　除此之外，有一位和闻一多同时代的神话学家，名叫黄石。黄石除了研究端午以外，也写过普及介绍神话学知识的小册子。在讲端午起源论时，他的观点自成一说：端午的重点不是五月五，而是夏至这一天，端午是代表夏至的节日。

　　农耕社会看重农时和历法。在讲凯尔特文化的新年时，我曾介绍过英格兰西部大平原的史前期巨石阵。这个巨石阵的来源，已经基本上被当代科考人员调查清楚了。每年冬至日、夏至日的早上，太阳刚起来的一刻，太阳的光线将透过巨石之间的空隙，直射在这个巨石阵大圆圈的中心。过去确实不知道这个巨石阵是哪来的，因为它早在 4500 多年前，就耸立在英格兰西部平原上了。这是史前的先民在农耕社会的需求下观天象、定历法的特殊建筑。端午节的由来也和天文历法相关。

　　我们已经介绍了有影响的四种说法，我的目的是要从神话学的观念去解析，是什么因素支配着农耕民族在一年一度的这一特殊节点举行这么丰富多彩的节日活动。这可以概括为"神话观念驱动说"。

将端午和屈原、粽子这三者联系在一起，还是在魏晋南北朝以后的事。因为屈原是战国时代的诗人，屈原以后是秦汉时代，彼时关于端午的观点都没有所谓"纪念屈原说"，而到魏晋南北朝以后却出现了。所以，从历史的发生程序上来看，这观点显然不是原生的，而是后人对端午的一种追认性看法。闻一多对端午吃粽子与纪念屈原之间的关系认识，是正确的，他认为这是后人牵强附会的结果。

不论端午是否应该称为兰汤沐浴的节日、端阳节、夏至的节日、纪念龙蛇的节日，端午期间的活动都非常丰富多彩，并且是全民参与的。中国南方、北方各地区的纪念活动更是五花八门，吃粽子与赛龙舟是最普遍的两个。我们综合南方、北方各地端午节习俗，主要归纳为九个"规定动作"：第一是吃粽子，第二是赛龙舟，第三是兰汤沐浴（不是所有的地方都沐浴，但是有相当一部分地区在端午这一天要用兰草等草药来沐浴），第四是挂菖蒲，第五是挂艾草，第六是登高远游，第七是缠五色丝，第八是采百药（上山里去采各种草药），第九是互赠香囊（香囊里放的还是类似草药的东西）。

从本讲的题目来看，大家可能会有些疑惑。其实，这九个"规定动作"中，除吃粽子、赛龙舟两项看起来跟中医没关系，其他所有的内容，如兰汤沐浴、互赠香囊、挂菖蒲、挂艾草等，好像都是中药铺方面的事情。不是我偏要拿中医来说事，而是端午节礼俗和中医防疫思想确实密切关联在一起。

实际上，中医的观念一定植根于前中国阶段的古老的神话思维与想象的传统。在以上九项内容中，后面七项均与中医、公共卫生、预防瘟疫有关。端午期间所做的这些事情，在老百姓的心目中都隐约指向辟邪祛病的意义。由此不难看出，端午节起源的神话关键，就在于防止横死的鬼魂化作瘟神前来作祟。端午礼俗的基本指向便在于防疫。

中医的预防与治疗跟西医的体系显然不一样。西医，或者说现代医学的常见程序：患者进医院先去抽血、化验，照 X 射线等。中医最早的先驱性人物，就是春秋时代孔圣人所称的"人而无恒，不可以作巫医"的一类职业人。孔子的话表明，在中国本土，医师就是巫师。合成词"巫医"的普遍使用，就是证明。巫医是通天地、通鬼神、懂草药、懂星象、懂历法的民间广博知识集合体。在古代，这样的一批职业人负责掌管人间的辟邪、禳灾、诊断和治疗。端午节起源的神话关键因素是防止横死的瘟神（鬼）来给生人作祟，这就是端午节和这九项"规定动作"密切相连的根本原因。

现代人也多少了解草本植物，如兰草、艾草、菖蒲等。艾草现在还用来驱蚊子，而艾灸，古人则用来辟邪除灾。兰草、艾草、菖蒲，在中医里功能也明确，被认为带有超自然的神性。神农尝百草的传说自古流传，但这还不是人类首次发现草药功能的行为。我们的老祖宗在旧石器时代就知道要漫山遍野地寻找能够治病、辟邪的自然资源。

古人没有今天的医学科学的观念，更没有科学的病因学、病原学。他们不知道疾病是从哪儿来的。巫医没有化验手段和抗生素，他们认为一定是有一种作祟的瘟神导致了个人或群体的疾病。汉语中的"病魔"一词，像活化石一样指向这种瘟神作用。今天还有关于"瘟"的各种民间称谓。实际上"瘟"就是一种鬼，它附在某个人身上，这个人就要得病。巫医要靠一些驱邪、驱鬼的方式来治病救命，原理就是这样。倘若人得病，本土的巫医根本不会去做化验，去证明有没有病菌或病毒感染。对于巫医来说，他们就是要在症状的背后去找到引起疾病的超自然外力作用。

瘟神还有个俗名叫"王爷"，在更原始的社会里，又叫"黑巫术"。黑巫术是什么？就是说这个巫师心术不正，攻击性强。像《哈利·波特》小说中的伏地魔一样，对谁施以法术，谁就会得病或遭灾。所以，传统社会都是这样用神话思维来看待疾病起因的。今天也有人认为我们国家自古就有科学传统。其实，我们自"五四"以来热心地学习和引进西方文明的"赛先生""德先生"，即科学和民主，就是因为以前我们自己的传统中本来就缺乏这些东西。

本讲用端午节做案例，适合理解什么叫作"神话中国"。还有一些活动我没有多提，比如佩香囊或互赠香囊（还有的地方是仪式上由巫医给人佩香囊），还有喝雄黄酒，即中医观念中具有治病和治灾功能的一种药酒。背后都是类似的原理。

至于缠五色丝线、采百药等，这些行为的观念功能和防疫意义，都是一致的。在前现代社会漫长的时期里，人们生活在自然万物中，对自然灾害、疾病、瘟疫的解释都是由神话观念决定的。先民把得病归因为一种瘟神或鬼灵、恶魔作祟，它一旦附在活人身上，这个人就会得病。"祝由术"是驱赶它离开患者身体的方式，即施咒。"祝"是往好的方向发出祝愿之语，"咒"是向坏的方向发出诅咒之语。这两个字都从"口"，"祝"字右侧是一个人加上一个"口"，"咒"字则变成了两个"口"。只有在这种语境之中，我们才能够理解瘟神的信仰传统异常深厚。它不仅在中国文化中存在，还在所有非西方、非科学统治的世界里普遍存在。"疾病的某种致病原因和神鬼有关"，离开这样的神话观念，很多自古流行的民俗都会失去理解的基础。如三月三、七月七、九月九等节庆，神话学能够帮助我们回到所谓"万物有灵"的世界里，真正体会到这些节庆产生的根本的文化土壤是怎样的。

关于端午起源的四种观点都有一定道理，但是没有把这样一个盛大的民间节庆的"底牌"端出来。下面将采用前一讲介绍"新年吃饺子礼俗起源"时特别介绍的神话仪式学派的视角，来反观端午礼俗，把这一天要做的行为看成是一种仪式规定，进而解说为什么要在特定的时节举行特定的仪式。之前介绍剑桥学派，也就是神话仪式学派时已经提到：仪式一般被分为两类，定期仪式和危机仪式。端午，毫无疑问属于定期仪式。每年到这个日子就要举行相关的礼俗活动。这些仪式礼俗行为的规定，跟节庆设定的关键原因直接联系在一起。

九项习俗中，看起来好像跟中医没有关系的是赛龙舟和吃粽子两项。但实际上这两项也和中医观念有关。现代人生活在科学昌明的社会中，已经不明白龙舟和粽子背后的意义。菖蒲、艾草等一看就知道直接和中医相关，比如有风湿病可以拿艾草熏一熏，有点跌打损伤也可以用艾草涂抹保养。西方的医院里没有这些东西。古人不知道现代医学的病因学概念，所有疾病和瘟疫都要从超自然的方面来解释。顺着超自然的方向就可以解释，端午和后来一些历史人物为什么会屡屡发生关联。闻一多认为是六朝时人们把屈原附会到端午节上去的。其实，岂止一位屈原，中国古代跟端午联系起来的人能排成"一大串"。我们还是用"合并同类项"的办法看看这些人物。纪念屈原说、纪念龙蛇节日说、兰浴节说、夏至说，都不能将端午节背后完整的神话宇宙观、中医观复原出来。我们希望把中国文化还原到1万年来形成的农耕社会的节庆、历法的神话观念总背景中，对其给予通盘的解释。

端午节之前还有寒食节，也是非常富有中国特色的节日。希望大家举一反三思考一下寒食节这天的习俗内涵，包括介子推传说和寒食改火的关系，然后再思考端午吃粽子的根本原因。上一讲提及并没有一个法律条文规定说中国北方老百姓只有年三十才能包饺子、只有大年初一才能吃饺子，但是历代的老百姓都是这样做的。同样，也没有一个法律条文规定粽子只有五月五这一天吃，它就是仪式历法的"规定动作"。在糯米饭团外面包上一层粽叶，这到底象征的是什么？

粽子的形制千奇百怪，但是它最初的"原理"只有一个，就是专门在阴阳交替的"端阳节"食用，以促进健康。宇宙之间有两种"气"在运作，一乾一坤、一阴一阳。五月五这天的月份和日期都是"五"，所以叫"端午节"，又称"端阳节"，是阴阳二气交替的时节。一年中的夏至日，代表阳气已经达到顶端，之后阳气走向衰弱，阴气就此抬头。这是盛极而衰的阴阳转化原理，在端午节中表现得尤其明显。（图 22-2）

图 22-2　粽子这种食物的中医视角：以象征阳性为主。把阳性食物包裹后吞噬下去，意味着在一年之中的阴阳二气转换之际，顺应和促进宇宙的循环。

人类的礼俗行为目的，无一例外都是要帮助宇宙来促进阴阳交替的完成。至于把什么东西吃到肚子里，这跟节气交替是有关系的。大年三十要告别旧的一年，就要把代表旧时光的一切包起来，包成一个象征混沌的馄饨（饺子），在迎新的第一日吃掉它。端阳意味着此后的阳气一天天萎缩，阴气一天天生长，这个时候要送走旧的阳气，粽子里包的红枣、糯米等内容，从中医的角度看均属阳性，人们要把它包起来吞下去。吃本身就是仪式。所以，中国人用一种食材包另一种食材的饮食习惯，实际上可能都和"吞噬""告别"有关。粽子送阳气的意义比较明显，所以表面上没有巫医和中医的参与，但是原理还是相通的。换言之，一月一吃饺子，二月二吃猪头或龙须面，三月三吃荠菜煮鸡蛋，五月五吃粽子，基本原理都是一致的。这不是任何一个人能决定的，包括帝王也不能做到，它是由农业社会生产生活节律决定的。

二月二、三月三、五月五、七月七、九月九，每一个节日都有特定的关于饮食的习俗。如果系统地看，就不必区分这个是屈原、那个是伍子胥等个别人物的纪念意义了。深层原因都是跟神话想象有关，其中的奥妙只有从文化文本的"潜规则"视角才能把握。这也体现我们说的"神话的时间观"。

从初一吃饺子到端午吃粽子，千百年来年复一年都是如此。吃并不是最重要的，仪式历法的"规定动作"是否完成，宇宙运行的秩序是否得到人力的强化，这才是重要的。节庆礼俗有效地促进宇宙阴阳交替的运行和转换，送阴阳的同时也实现天人合一的神话理念，这就圆满完成了任务。至于饺子里边包的是肉馅还是素馅，粽子里面包的是一个枣还是两个枣，这些都只是个人口味的问题，无关紧要的。从宗教学视角看，这种节日礼俗对大部分人来讲，是一种模拟巫术。大自然的阴盛阳衰、阳盛阴衰，周而复始。节庆也是周而复始的。人可以通过节庆礼俗来实现天人合一，正所谓"逆天则亡""顺天而生"。这是古代读书人都懂得的一种原理。道家圣人概括为"道法自然"。神话研究学者对于普通人不会去追问的难题要追问到底：其中的所以然究竟是什么？即追问到神话的"疾病观"。

我们把端午、新年和三月三、七月七等作通盘的考量，进行深度的解读，就是希望从广泛的类比中回到有关端午节的九个重要事项上来。这九项习俗行为，没有一项不和疾病观念联系在一起，也即，都是和传统中医对疾病的认知联系在一起的。

龙舟的"龙"对我们来说已经不陌生，在这个崇拜龙的国度中，龙到底代表什么呢？在端午时候，龙跟船联系在一起，有赛龙舟、划龙舟的礼俗。闻一多认为龙就是蛇，蛇就是南方吴越族人的图腾，所以端午起源于吴越地区，后来才流传到中国广大地区，这个说法值得商榷。毕竟龙这种动物太奇妙、太复杂。如果只把端午看成是吴越人崇拜自己的图腾，认为代表祖先的龙、蛇崇拜是端午节形成的主因，这种看法可能不太贴切。端午的出现远远早于屈原，也早于吴越国家，甚至早于我们所知的图腾概念。在甲骨文中，"龙"字已经出现。甲骨文是我们今天能看到的最早的汉字，甲骨文中的"龙"在古汉语中的使用意义已经被揭示出来了。在甲骨文中，"龙"可以代表"穿越"，是上天入地的交通工具。同时还有一个特殊的语境用法也被解读出来，即龙代表疾病的治愈。也就是说，疾病虽然不叫龙，但是疾病的治愈可以称"龙"。龙在甲骨文中的这种特殊语意，就相当于今天所说的"痊愈"。为什么病治好可以叫作"龙"呢？在今天看来这个问题好像很神秘，要不是深埋在地下的甲骨文被发现和解读，人们永远都不会知道殷商时代的"龙"跟疾病治疗的关系。

我们知道，龙的头部像一只有獠牙的猛兽的头（图22-3），身体则是蛇的样子。有时候龙还会长出老鹰的爪子，更多的时候还要长出鹿的角。龙口有上下四颗獠牙，这肯定是以猛兽为原型的。东亚地区在远古没有狮子，最厉害的猛兽就是熊和老虎。此前介绍韩国神话时，天神首选的是熊，其次才是虎。龙头的原型就是熊头，龙身体就是蛇身。

图 22-3 明代木雕龙舟龙首（2020 年摄于温州博物馆）

　　第十一讲提到原住民神话时，也介绍了熊在萨满巫医的治疗中发挥着激发正能量的作用。这是因为陆地上最大的猛兽熊能够冬眠，冬眠过后能够复苏，如同先民想象的死而复生。萨满们在幻想中还认为熊用熊掌抓开自己身体后，能够马上愈合。这个想象就是通灵的巫医的想象。

　　巫医给人治病，治疗能量从哪里来？从仿生学的原理中可以得知，巫医能在大自然的这种猛兽身上找到治疗的能量。所以美洲印第安巫医最看重熊的治疗意义，而中国甲骨文时代以龙作为治疗的能量，这就印证了 3000 多年前殷商人的治疗实践中潜藏着 1 万年以上的萨满巫医传统，这个深远的传统一旦被联系起来，大家犹如登高望远，会看得非常清楚。龙头的猛兽原型是熊，熊能"自我修复"；龙身的原型为蛇，蛇既能冬眠又能蜕皮，正是所谓返老还童的生命神力象征。二者组合成的超现实生物龙，也就理所当然地隐喻着治疗、再生。

德国的药店习惯以一条蛇的图案作为标识，蛇就代表着医药的力量、治愈的潜能。世界卫生组织的会徽上所用蛇与权杖图像，则直接来自古希腊医神。更不用说中医常用蛇胆做药材，蛇的全身都包含着药用的成分。当我们了解了"龙"这个字和治疗疾病的关系，重要的病因学原理就和中国龙神话联结为一体了。一个地方如果出现社会群体性疾病，就叫瘟疫。该怎么办呢？一定要找出病因来作针对性的禳解，人类社会早期的治疗是由巫医萨满们来完成的。巫医能够通神，他们兼有治疗和禳灾的社会职能。

今天，各地的端午节礼俗都包括赛龙舟，但是大多数人忘记了龙舟的功能、竞赛的功能是什么。"龙舟竞渡"是要渡到哪里去？它跟民间巫医的习俗有什么关系？赛龙舟的舟是在水上运动，举行时间是在阴阳交替时节，即最容易导致疾病或瘟疫的日子。赛龙舟当然也是带有辟邪驱灾性质的仪式行为，把一个龙舟放出去，是为放逐它所承载的病魔或瘟神。其中的治疗原理今天已经被彻底遗忘了。今人只能从中感受到游艺一般或体育竞赛一般的热闹氛围，但是不知道龙舟的原初意义其实是和民间治病所用的"王爷船"仪式联系在一起的。

"瘟神"在南方某些地区又称"王爷"。得了病的患者，被认为是瘟神附体、王爷附身。放王爷船，就是将用纸叠的船放在流水中漂走，意味着把患者身上的病痛全部带走。端午龙舟的形象背后所蕴含的最深刻的原理还是驱邪或送瘟神观念。

从农耕社会民间节日的发生条件去审视端午的礼俗行为，问题或许容易变得清楚：端午节仪式所体现的，是关于瘟神的一整套信仰体系。既然端午节的礼俗都和驱邪、避害有关，那我们就必须去寻找邪恶、疾病或瘟疫发生的原因。这些原因都不在现实中，而在古人想象的瘟神信仰中。若完全没有关于瘟神病魔的信仰，确实看不懂这是在干什么。尤其是端午习俗中那许多驱邪驱瘟的药材（都是古代巫医的必备药材），还有各地大同小异的五毒符、五色印、五色丝、五色线或麻绳等，到底有什么用。什么是"五毒符""五色印"呢？其在汉代的原型就是"刚卯"，这是在出土的汉代文物中发现的一种治病护身的法器，呈长方形，可佩在腰间，四面都写着咒语，用于驱邪、避灾，保佑佩戴者的身体。汉代人随身佩戴的刚卯，一般是用金属、玉石、桃木三种材料制成的。这些材料本身就是古人认为具有祛邪功能的神秘物质。这三种材料的贵贱差别很大，承载的辟邪护身功能却是一致的，三者都是强大的驱鬼神物。

古人坚信，只要把治病防疫咒语写在刚卯的四边，它就能发挥克制阴邪之毒和预防疾病的作用。如果你熟悉民间的美术，也会知道，民间风俗喜欢给新生儿挂上一个画着五毒的肚兜，其寓意为帮助孩童抵御季节变换导致的疾病侵袭。五毒是蛇、蝎子、蜈蚣、蟾蜍、壁虎。让这五种动物形象贴在身上，是为着防止外面的毒物"入侵"。如果你能理解这个民间的"卫生保健习俗"，你就真正进入了"神话中国"的语境体验中。这样看，端午节是非常严肃的大节日，在古代，老百姓对身体健康的希望全在这些自发的规定动作里面。

五毒汇聚、以毒攻毒，小孩戴的肚兜上有辟邪的图案，既是民间美术，也是"良药"。因为五月五日这一天正是阴阳转换的关键时刻，而夏至和冬至是古代全年节气中最重要的两个节点，人们容易生病。今天人们习惯于一年四季的更替节律，而上古时代则按照植物的播种和收获规律，将一年分为两季，讲春就包括夏，讲冬就包括秋。在一年两季的划分中，冬至和夏至是最重要的两个节点。

所有这些仪式规定动作，包括佩戴五毒符、五色印、五色丝线等，其象征目标都是一个：辟邪、除病。所以，如果要从初始的深层神话观念背景看，古人吃粽子、划龙舟之类，根本不是出于享乐和玩耍的目的，而是非常严肃地尽他们应该尽的义务。

划龙舟在北方缺水地区还有一个称呼，叫"划旱船"。为什么叫"旱船"呢？在水面上行进的是真船，在陆地上行进的纸船就是旱船。纸船被套在人身体上拉着走。这都是送瘟神仪式所派生出的习俗。神不可不敬，即便是不利于人间的瘟神，也需要好吃好喝招待之后，恭恭敬敬地请他们走。假如瘟神来到某个地方，造成了疾病或瘟疫，最有效的治疗方式就是把他送走。20 世纪 60 年代，毛主席为祝贺中国南方治愈血吸虫病，高兴地写出一首《送瘟神》诗，诗中有一句"纸船明烛照天烧"。这就是对用纸船送瘟神习俗的文学化表达。血吸虫病是用现代医学的办法克服的，毛主席的诗则是回到了中国传统话语上。

我国沿海地区经常可以看到放船这类民俗行为。诗人北岛的诗句"纸叠的小船放进溪流 …… 是的，昨天 ……"是从美好的告别的意义上说的，而古代放纸船、烧纸船是治病、救灾用的，龙舟竞渡的热闹表象背后，也有防瘟疫仪式的规定动作之意义。这样就大致把规定动作全讲到了，可以看出，这些规定动作都跟中医思想和神话思想有关。

最后还要说明屈原、伍子胥等历史人物，是如何同端午节起源挂上钩的。如前所述，中国的历史一定是"神话式的历史"。司马迁讲刘邦建立汉朝，先讲到"刘邦斩大蛇"事件。这在一般人理解就是文学叙事——斩蛇跟建立王朝政权有什么关系？不过，就伟大人物的出生而言，如果和普通人一样，能够显出伟大吗？比如摩西、萨尔贡、俄狄浦斯、唐僧等人，都是刚生下来被弃，大难不死，后来成就一番事业。端午节和历史人物的关联也是如此。二者的结合也是受到神话观念支配的结果。与端午节直接相关的历史人物，除屈原外，还有南方的伍子胥、勾践，北方的介子推，以及女性人物曹娥，后来还有包青天、郑成功等。所有这些历史人物都可以和端午节联系在一起。因为地域不同，有的地方习俗中祭拜这个人物，有的地方则祭拜那个人物，单一的纪念屈原说，根本无法概括这些地方差异。

其实，这些人物的其他差异都不重要，重要的是这些人物都是"凶死"，即非正常死亡。根据信仰，凶死者的鬼魂会对生人的社会造成巨大的威胁。瘟神就跟这些厉鬼有关，汉语中有个词叫"孤魂野鬼"，讲的就是非正常死亡者如果没有得到安葬，或者是冤屈而死，其怨气就要化作厉鬼来报复社会，这就是古人的真实信仰。下面列举几个人物，把他们的事迹回顾一下，你会发现没有一个是寿终正寝的，全是横死的。其中最常见的是自杀身亡，比如屈原投江而死。只需要归纳出他们的共同点，端午被认为是纪念这些历史人物的节日的原因，就全部揭开了。

简单介绍一下伍子胥，他是除屈原外，和端午节挂钩最多的一位人物。《吴越春秋》和《越绝书》中记载了伍子胥的事迹，他和屈原相似处在于：都是忠臣，忠于统治者，却没有好报，都被小人陷害。伍子胥是在吴王夫差逼迫下自尽的，尸体被裹入革囊后抛入江心。伍子胥的尸体"气若奔马""归神大海"。这代表他忠诚而蒙冤的怒气未消，像钱塘江大潮一样，试图回到陆地上来。民间信仰，要针对这些含冤而逝的人，表示抚慰。民间认为含冤而逝的人会冤魂不散，这一定会对生人社会有反作用。当代游人去钱塘江观潮，哪里还会想到这些；但是在古代，古人把钱塘潮叫作"伍子潮""伍潮"，大潮拍岸惊涛，好像伍子胥的冤魂又狂奔回来了。

这么一讲，大家或许就能明白，古人眼中的自然现象，其背后原来有人间的恩怨作用啊！后代的诗文中纪念伍子胥的作品很多，在此不赘述了。介子推也不用多介绍，他对君主忠心不二，躲在山中，最后被火烧死，又是一位不得善终者、冤死者。这些人物与本讲的神话疾病观都有关系。也就是说，疾病的主要起因和孤魂野鬼的潜在威胁有关。古人认为它们会对社会造成巨大的伤害。

关于曹娥，《后汉书·列女传》中有这样的记载：曹娥是东汉时上虞县人，相传其父五月五迎神，溺死江中。那时的曹娥才十四岁，沿江哭号十七昼夜，便投江而死。古人认为这个女孩太孝顺了，还没成年呢，就为追随淹死的父亲而自戕。这是还没有绽放的生命之花的陨落。崇尚以孝治国的国民文化当然要纪念她。让她跟端午挂上钩，就是为未得善终的亡魂提供安置和抚慰的补偿。每年一度的纪念方式——将粽子撒在江里，就是献给孤魂野鬼享用的。据此看，端午节的本义，是神话观念驱动的安抚亡魂的规定动作，单说纪念屈原，就会显得过于单薄了。中国历史上的官僚社会中，不知道冤死了多少人，所以民间一定要用自己的办法来补偿这些人。一个人含冤而死、冤魂不散，若没有得到料理，大多会变成孤魂野鬼。社会上发生的所有不公正的事情，灾祸或疾病，古人认为都是"人在做天在看"的结果，一切都逃不过上天的眼睛。没有得到公平对待的忠诚之士、孝子孝女们的亡魂，人们要借着端午节的机会去祭奠，让他们得以安魂、得到抚慰。如果你去福建或台湾旅游，会发现路边经常出现一个祭坛，上面摆着东西供奉。这是对出海打鱼没能活着回来的人的祭祀习俗。超度那些出海未归者的亡魂，是渔民社会依然还生活在信仰之中的表现。如果用现代人的眼光去审视各种礼俗，就无法看懂其背后的深刻蕴含。所以要揭开中国文化的密码，就一定要努力找到神话信仰支配的因果观念。

今天说到"巫医"，似乎已有贬义的意味；但是从人类非物质文化遗产的角度来看，世界上人口最多的国度，上下几千年的历史，在引进西医制度之前，国民们是靠什么医学手段存活下来的？毫无疑问就是传统医学，汉族靠的是中医，蒙古族靠的是蒙医，藏族靠的是藏医，都是遵循地道的受民间神话、信仰支配的巫医范式的治疗传统。在介绍印第安神话的时候，我们看到，巫师、萨满将神熊作为神灵"助手"，获得自我愈合、生命自我再生所依靠的信念和力量。人是宇宙之中唯一具有信念的生物，任何生物都是被欲望支配的，只有人有一种信念在、有一种"气"在，所以这是我们最珍贵的一套精神遗产。

以上就把端午和中医的原理基本讲完了。本讲的结尾，还要提一下中国古代著名的戏剧《窦娥冤》。从名字就能知道戏剧的主人公窦娥是含冤屈而死的。西学东渐以后，人们甚至会把窦娥的故事归入西方的悲剧一类，因为故事中的窦娥太惨了。但在中国的特殊语境下，拿西方的概念套在中国文化所产生的文类上，看似理所当然，其实很成问题。中国的戏剧人物中可能没有比她更冤的角色。窦娥的结局是血溅在三尺白练上——古代剧作家居然能够想象和表达出这样的惊人细节。冤屈而死者毕竟需要社会还给她一个公正的待遇，这相当于呼唤正义的"民间法律"观念。那么，上哪儿去找公正？就是生人用虔诚的仪式行为替这些非正常死亡者重新获得善终的机会。这也将给生人一种更好的道德鼓舞和法律力量的支撑。

用今天的法学语言，可以把瘟神起源的原理作一个归纳。有人类学家在中国南方进行民间调查，其所撰写的报告关注了当地人所信仰的瘟神由来，将其归纳为六种类型：被误杀或被谋杀者；获罪被杀者，主要指因为进谏而被杀的忠臣；溺亡者；死于职守者；自杀者；死因不明者。六种皆为"非正常死亡"。凡是没有得到寿终正寝，即俗话说没有得到"好死"的人，几乎都有转变为瘟神的可能。这就是民间对人类患病原因的神话想象，所有的症结都在这里了。

以上，我结合端午节的起因，讲了中国最著名的戏剧《窦娥冤》。如果大家有兴趣，可以去重读一下，并且链接一下文学人类学理论对这部中国戏剧的诠释，可能会得到更多的知识上的融会贯通。

参考书目

1. 刘晓峰：《端午》，生活·读书·新知三联书店，2010。
2. 罗杨主编：《端午与屈原：中国端午节俗与屈原文化学术研讨会论文集》，中国社会出版社，2016。
3. 萧兵：《辟邪趣谈》，上海古籍出版社，2003。
4. 杨朴、杨旸：《二人转与萨满研究》，社会科学文献出版社，2016。
5. 叶舒宪：《文学人类学教程》，中国社会科学出版社，2010。
6. 叶舒宪主编：《文学与治疗（增订本）》，陕西师范大学出版总社有限公司，2018。
7. 章米力：《华夏传统医学起源新探：〈黄帝内经〉的神话历史研究》，上海交通大学出版社，2021。
8. ［法］马塞尔·莫斯：《礼物——古式社会中交换的形式与理由》，汲喆译，商务印书馆，2016。
9. ［美］肯尼思·格根：《社会构建的邀请》，许婧译，北京大学出版社，2011。
10. ［美］罗伯特·汉：《疾病与治疗：人类学怎么看》，禾木译，东方出版中心，2010。

11. ［日］冈部隆志：《神话与自然宗教 ——中国云南省少数民族的精神世界》，张正军译，上海交通大学出版社，2016。

12. ［英］杰克·古迪：《神话、仪式与口述》，李源译，中国人民大学出版社，2014。

/第二十三讲/

七夕与织女

上一讲解析了端午与中医的神话学原理，这一讲介绍七夕这个重要的节日礼仪，七夕节也被列入国家级的非物质文化遗产。因为七夕节的背后有牛郎织女的传说，这个节日就被赋予了重要情结和看点。

本讲内容和上一讲相似，但讲述方式有变化。上一讲是把中国南北方各地的各种端午习俗"打包"进行分析和归纳，这一讲则用踩点的方式。中国地大物博，"千里不同风"，我选取两个地方的七夕礼俗作焦点透视。

2013 年 12 月 30 日，我随中国民间文艺家协会专家团到湖北省郧西县，对"中国天河七夕文化之乡"汇报作评审验收。当地有非常丰富的牛郎织女传说。在父权制社会中，一般把丈夫放在前面，所以人们说起七夕的故事时都习惯称"牛郎织女"。但古人有时候把"织女"放在前，还有时候"牛郎"并不出现。这让我们对织女神话在民间流传的过程产生了探究的兴趣。图 23-1 是郧西当地画家画的《天河与鹊桥》，织女在上、牛郎在下，天河的一片大水将二人阻隔。一些鹊鸟飞过来搭成桥，准备让牛郎织女相会，这就是中国文学中一再表现的"鹊桥相会"。

这一讲讲的是七月七，这个农历中的特殊日子，这就自然和前面讲的一月一、五月五贯通起来了。农耕社会中的重要节庆仪式，一定是跟农时、天象、历法、规定动作联系在一起的。从仪式历法来看神话的问题，同样是本讲的切入点。

为什么会产生牛郎织女相会的神话？为什么七夕叫"乞巧节"？"乞巧"这个风俗主要是针对织女的，跟牛郎几乎没有关系。中国农耕社会的分工是男耕女织，织女的神话代表着女性从事纺织生产，而牛郎从事农耕，在七夕节习俗中基本上没有任何表现。这种情况是怎么造成的？季节仪式遵循着农耕社会的历法，从其节日礼俗的表现中，便可以找出解读神话编码的线索。

图23-1　郧西画家所作《天河与鹊桥》

本讲从湖北北部的郧西县开场，但是下面要展开讲述的地点却不在湖北，而是甘肃的一个县——西和县，位于甘肃东南部。这个地区遗存的远古文化非常厚重。前面讲述神熊、北斗七星、大熊星座、小熊星座时，我举出的一件文物就是在与西和县毗邻的礼县出土的，是一辆四四方方的铜车，车中央端坐着一只神熊。铜车的寓意是北斗七星在旋转，"七"的问题在这里又出现了。先民观天象的行为正是理解七夕这个天人合一文化事项的极佳切入点。

西和县七夕节，也即乞巧节习俗的繁复程度超出我们的想象。其他地方的七夕一般就过七月七一天，但在西和县要过七天八夜。七天八夜里所有的内容都跟织女有关，基本不提牛郎，所以我认为这是七夕节发生的原初版本。这对于我们理解牛郎织女的神话故事是非常好的"活案例"。我讲的第一个层次是名称的变化，从"乞桥"到"乞巧"。这里,"巧"换成了"桥梁"的"桥",这是七夕在当地整个仪式中非常具有程序性的变化。叫"乞桥"是因为史前社会祈求人神沟通、天人沟通,人住在地上,没有翅膀上不了天,但是神灵和祖先都在天上,天人之间需要架起一座沟通的桥梁,所以这个节庆的第一个关键就是桥。名称变化告知我们乞巧节的来源一定跟远古人拜天、拜星的仪式相关。西和县七夕节以活化石的形式呈现了乞巧仪式的原型——天神通过天桥降临人间,这就是请神仪式的开端。

西和县政府多次来北京举办活动,并和电视台合作,推广当地非常具有特色的原汁原味的乞巧节。当地政府甚至跟联合国教科文组织,以及妇女方面的组织合作,进行了全球推广。

图 23-2 西和县七夕剪纸:手襻搭桥。

北京的展览展出了七天八夜的完整乞巧仪式,首先展示的是当地的民间剪纸。第一个要素叫作"手襻搭桥"(手襻有时写作"手拌")(图 23-2),剪纸内容是天空中搭起彩链桥,这样织女能够从天上下来。

第二个要素叫"跳麻姐姐"(图 23-3)。要把织女从天上请下来,人间得有一个能够跳神的人,跳进迷狂状态、通神状态。这样,仪式才是完整的,织女才能够被从天界请下来。

甘肃省面积不小,有 80 多个县级单位。在西和县一个地方看到这种原生态的女儿节的表演仪式,十分珍贵。要把天神织女从天上请下凡不是一件简单的事情，需要有隆重的祭拜典礼，仪式上会唱搭桥歌。当地一位名叫杨克栋的民俗学者搜集、整理了这些祈神祭祀类的歌词，有整整一本，其中的第一首歌就是《搭桥歌》：

图 23-3　西和县七夕剪纸：跳麻姐姐。

> 三张黄表一刀纸，
>
> 我给巧娘娘搭桥子。
>
> 三刀黄表一对蜡，
>
> 手襻的红绳把桥搭。
>
> 巧娘娘穿的绣花鞋，
>
> 天桥那边走着来。
>
> 巧娘娘穿的高跟鞋，
>
> 天桥那边游着来。
>
> 巧娘娘穿的缎子鞋，
>
> 仙女把你送着来。
>
> 巧娘娘穿的云子（云形图案）鞋，
>
> 登云驾雾虚空（天空）来。
>
> 巧娘娘，香叶的，
>
> 我把巧娘娘请下凡。

歌词把织女称作天上的"巧娘娘"。人间也有请神者，他们用虔诚的请神方式让巧娘娘下来，"三张黄表一刀纸，我给巧娘娘搭桥子""三刀黄表一对蜡，手襻的红绳把桥搭"。前面刚讲过端午礼俗，我们可以知道这些都是有象征意义的，这里用"红绳"把天地之间的桥搭起来。

歌词围绕着搭天桥沟通天地的行为，展现一个神话想象的题材内容，说明七天八夜的节日活动开始于临时性的天桥出现，这标志着人神沟通完成了。如果巧娘娘没下凡，就白忙活了。所以这个歌词呈现了七夕如何与民间信仰、民俗文化水乳交融、组合在一起。歌词中的核心象征，也即乞巧节礼俗的核心象征，是手襻上的红绳子，这种红绳子能够把虚构想象中的织女从天界引到人间，构成乞巧节全部仪式行为的神话想象基础。

红绳子是简单的道具，其用途后面再讲。仪式从农历六月三十日晚上开始，到七月初七的夜晚才结束，这个时长跨度在全中国都比较罕见。仪式的过程一共是 12 项，基本是举行请神、拜神、送神的仪式，是一个完整的结构。它开始于手襻搭桥；然后是迎巧，即将织女从天上迎下来；之后要祭拜，祭神祭巧（图 23-4）；唱巧；跳麻姐姐；相互拜巧，即在跳神活动中人神共舞；祈神迎水；针线卜巧；巧饭会餐；供馔；照瓣卜巧，即将花瓣撒在水里来占卜；重新用手襻织桥，再架起来天桥，并将织女送回天上，仪式就完成了。整个风俗活动都围绕着"桥"：开始是天桥，结束还是天桥。

汉语的谐音在这里发挥了极大的作用，乞桥和乞巧是用天桥意象实现人神之间的交通。巧的名目都被包装在以桥为核心的仪式框架结构中，把天上和人间之间的关系变成了一个整体。如果你没有一定的想象力，就根本不知道人家在干什么。我们要回到非物质文化遗产民俗文化中去，要学

图 23-4 西和县七夕剪纸：祭巧。

会进入仪式的语境，看看当地信仰支配下的仪式为什么要演出神人互动的节目，让织女来人间又安然地回到天界，第二年再重复。这就变成一个周期性的人神相会。

简言之，乞巧节仪式以天桥接引织女下凡为开端，又以天桥送织女上天为结束。这和屈原《九歌》表现的楚国当地仪式中请神后送神大体是一样的，也和北方萨满跳神的表演，以及湘西、鄂西的土家族傩戏表演一样，都是民间原汁原味、原生态的礼仪活动。不管这些活动是一年一度还是一年几度，基本的程式都是一样的：先请神下凡，最后再送神回到天界。"天桥"的神话母题源于祭神礼仪的结构要素。乞巧这种源于祭神礼仪活动的民俗节庆，以歌舞表演的形式沟通天地人神。如果不细究原因，就看不出很热闹的音乐歌舞的完整结构其实是仪式。

乞巧节在大多数地方已经脱离了民俗、信仰，有的变成纯粹的表演，有的变成纯粹的节日性的娱乐活动。西和县乞巧节仪式中要制作纸质的巧娘娘偶像，表明织女就是一位女神。为什么在西和县每年的七月七会有如此隆重的以女性为中心的节庆？女性社会群体参与的独立存在的女神祭拜活动，如今在中国大地上已经凤毛麟角。几千年的父权制社会，一般来说不允许独立存的女神。在庙宇中，如果有女娲就要配上伏羲，如果有西王母，一般要配上东王公。我们在西和县看到了基本上不见男人参与的乞巧节，更知道了故事、仪式、节庆中的真正主角不是牛郎，而是织女。借助一个地方的民俗节庆，看出在父权制社会中已经丢失的记忆被原汁原味地保存下来，是非常难得的。

选择西和县展开讲述的另一个原因是它能让我们看清神话和仪式的关系，神话和仪式是怎样对文化进行编码的，原编码是怎么样的，后来的社会是如何对其改造的，又是如何进行再编码的。西和县乞巧节属于残存在父权制社会中的前父权制神话和礼俗的罕见遗留物，其以女神为中心的神话想象和仪式活动，整体性地见证着几千年以前的社会状况。前文已经讲过中国汉字很有特点，讲到华夏的人文始祖寻根：黄帝姬姓、炎帝姜姓。"姬""姜"两个字"合并同类项"后，只剩下一个"女"字。百家姓的"姓"字里，没有"男"只有"女"。这是因为在产生汉字的时代之前，曾经有一个以女性为中心的社会。根据 20 世纪国际重要的神话学发现，也是考古学发现，父权社会的历史不到 5000 年，但母系社会的历史以万年计。这样的一个脉络在中国大地偏远地区的少数民族中偶尔能看到。西和县是汉族地区，这里保存着原汁原味的直接来自女性中心社会的节庆和文化余脉，其中直接来自大传统的神话要素，就是在地上和天上建立天桥。如果你生活在北京，一定知道北京有个地名就叫"天桥"。虽然人们每逢年节都去天桥赶庙会，但是如今已经没有什么超自然的想象了。这些年节成为符号，它的神话意义全没了。借助于"礼失而求诸野"的方式，若你下次再到天桥去，一定要想到：天桥肯定有"天人之间沟通桥梁"的意思。

构成七夕信仰、实践活动的最初文化编码就是"天桥"的意象。如果没有在仪式上用红绳子象征性搭出请天神下凡的桥，天桥的意象也可能就永远丢失了。我们生活在一个物质高度发达的社会，大家早已经忘了 5000 年文明背后有哪些传承不息的信仰内容。通过七夕的神话仪式，可以再提

图 23-5　西和县七夕剪纸：祈神迎水。

示大家。在乞巧仪式活动中还有一个叫"祈神迎水"的仪式，西和人也用剪纸的方式完整地将其展现了出来。（图 23-5）

这方面的材料引发我们学院派知识分子的思考：大家整天捧着古书研究的中国文化到底是什么样子？以往的国学太偏重庙堂和书本了。中国有 2800 多个县级单位，乡镇和村级的就更多了。作为一个中国公民，你去过多少个县？看过多少地方民俗，懂得多少方言？懂得多少中国文化内部的多样性？细细想来，地方风俗的特色正展示了文化内部的多样性。

各地都过七夕，但是每个地方的过法不一样。地方的老乡们当然没有艺术创意团队，地方庆祝节日的方式是世代传承的，它的"活化石"作用让我们能够穿越秦皇汉武，看到最早的七夕是什么样子。仪式上所有这些内容都有非物质文化遗产的珍贵价值，都是研究中国文化、了解中国神话非常好的"活课堂"——回到乡民百姓们的精神世界中，才能够真正读懂七夕原来不是男女相会的节日，而是祈神拜神的节日。以女神为中心、男神不出场的状况确实超乎我们想象。至于迎巧、唱巧、穿针引线等，都体现着"女织"文化，这种情况中国大地各处都有，但是表现千差万别，所以要认真理解中国文化，就得走出书斋，去到乡野，多学多看多体验。

人类学调研有一个原则：必须找到原生态、原汁原味的文化存在，即没有经过文明人和官府改造的地方本土礼俗。越是偏僻的地方、与文明中心离得越远的地方，原生态文化保存得越好。越是山河阻隔，穷山恶水，外面的人进不来、里面的人出不去，原生态文化保存得越完整。又有高铁又有飞机场的地方，能够遗留下来的古俗肯定十分稀少。中国之大、中国地方文化的多样性之丰富，对在其间行走的学院派学者来说几乎是一个"再启蒙"。

用花瓣漂在水上的形状来占卜，叫照瓣卜巧，这个仪式原汁原味地保存在西和县的七夕节庆中，在其他地方则没有这样的仪式。老百姓通过这个节庆来预卜生活中面对的重要问题，比如来年的吉凶祸福、人的身体健康。在西和乞巧礼仪的 12 个程序里，我们能看到天桥和乞巧之间目标的转换。毫无疑问，通天通神要求信仰在先，天桥先出现，所以乞巧就是乞桥。相比之下，我国多数地区的七夕节是纪念织女、牛郎相会。甚至今天很多地方说既然外国有情人节，而中国没有，干脆就把七夕作为中国人的情人节。这对青年男女当然是好事，多了一个中国原来没有的爱情节日。但是，原生态的乞巧节跟男女爱情几乎不搭界，完全是在表达对女性神灵的崇拜，展现女神下凡以后给人间带来的福祉。这样看来，可以分辨出哪些成分是乞巧这个民俗中原生态的一级编码、原编码，哪些成分是在后来的文化发展中人为改造、人为加上去的。古代文人们津津乐道的当然是鹊桥相会，这可以视为父权制社会一夫一妻家庭观念下产生的二级和三级编码。从一男一女这个标准的婚姻家庭的形式看，织女一个人在天上太孤单，那就要加上牛郎织女相会的爱情神话想象，所以牛郎织女的神话流传最广、影响最大。

诗人白居易的诗句"七月七日长生殿，夜半无人私语时。在天愿作比翼鸟，在地愿为连理枝"影响千古，并且逐渐变成中华文化宝库中的文学瑰宝，以致遮蔽了原先乞巧节的内容。一般人没有穿越历史的眼光，只能够顺着白居易的想象，在文学、爱情方面发挥，把牛郎配织女的故事表现为人间爱情题材作品，这影响了后世一代代的文学艺术家。我们研究神话不能停留在某个古代文人的立场上，而要超越他们，看到具有历史深度的一面。

对七夕仪式的想象发端，建立在具有双关意义的天桥神话上。天桥的意象非常重要，它既是跨越阻隔在织女与牛郎之间的天河的桥，也是用鸟鹊搭起的桥，用来跨越天地之间的界线。天地之间要搭桥，天河上也要搭桥，以实现人神沟通。这个桥也逐渐变成牛郎织女要渡过的鹊桥。七夕节的宗教礼仪背景和原型基础就这样被完整地呈现出来。

一般人不认为"汉族"的得名背后有神话想象的建构。我要告诉大家，"汉"字本身就是一个来自神话的概念。陕西有一条河叫汉水，汉水流过的地方叫汉中。刘邦就是在那儿封为"汉王"，他打败项羽后建立了汉王朝，所以我们的民族被称为汉族。一般人不会去深究这个"汉"字中有什么神话。我要问，为什么写这个民族的名称时，先写出的是三点水呢？汉水是地上的水，但初民想象汉水的源头在天上，所以称之为"天汉"，又称"云汉"，就是天上阻隔牛郎织女的天河，也就是今日所说的银河。

每一个国家原初的民族都生活在自然景观之中，那个时候人的生活太简单了，面前只有一块"屏幕"，就是夜空，古人闲时便仰观于天。古人的想象是天人合一的，他们把天上的河叫天汉，认为地上的汉水来自天上。西和县以北有地级市叫"天水"，那里的七夕节与"天"的结合，我们从"天水"这一地名便能看出来。古人观测宇宙和大地，认为水是循环运动的，天会下雨，水往低处流，那水的源头一定在天上。所以"汉"字背后是天人合一的观念。据研究，在公元前 2 世纪的一次大地震以前，发源于天水市的西汉水即汉水（汉江）的上游；地震形成堰塞湖后，汉水的上游被迫改道流向嘉陵江，成为西汉水。此后，西汉水与汉水变成了两条不相通的河。"天水"这个古地名，充分体现了华夏先民所遵循的神话想象与神话观念。

通过七夕神话，我们能聚焦天水等地名，关注其是如何把天上的汉水和地上的汉水、西汉水看成一个整体的。对照本讲的开篇，你可以思考湖北郧西的汉水支流为何也得名"天河"。

我们还要解答这样一个问题：七月初七为什么是天上的星象给出的明确信号？一旦天上的鹊桥出现，就是人间搭桥请神下凡的大好机会，所以古人在观测天象的过程中便知道在每年农历六月三十的时候就要开始准备七夕礼仪了。古人认为天下的时间流程是按照阴盛阳衰和阳盛阴衰的循环节奏。我们已经讲过，端午时阳气到了极点，之后就开始衰弱了，秋天之后进入冬天，阳气就更衰弱了。秋季的节庆由女性出来唱主角，毫无疑问是和阴阳搭配、分类有关。中国古代文学中有一个常见主题叫"伤春悲秋"，从性别的角度分析，《诗经》里讲的都是女子在春天伤春、男子在秋天悲秋；前者是因为阳盛阴衰，后者是因为阴盛阳衰。大自然的节律如此，所以女儿的节日选在秋季，而没有选在春季，这完全符合国人最简化的哲理，即用阴阳的交替变化来把握大自然的时间节奏。《诗经·七月》有"春日迟迟，采蘩祁祁，女心伤悲"句，《毛传》云："春女悲，秋士悲，感其物化也。"所谓的物化，即指大自然的阴阳变化节律。

再观察西和县的乞巧仪式，一个十分明显的事实是仪式的开始和结束都围绕着天桥的神话想象。像乞巧歌，开头结尾的歌词万变不离其宗，开头通常为"巧娘娘、下云端，我把巧娘娘请下凡"，结尾通常为"巧娘娘、上云端，我把巧娘娘送上天"。一个是请下来，一个是送回去，织女和人间就这样通过七天八夜的时间完成了全部的人神沟通。下凡、上天，一下一上是织女往返人间的"神话旅行"，符合祭拜仪式先迎神后送神的程序。春去秋来体现了宇宙运行的节律，巧娘娘的一下一上也体现了宇宙运行的节律。

本书讲到夏启的时候，说他要将天上最美妙的音乐、诗歌"九辩"和"九歌"带来给人间。这是中国文艺起源的故事。夏启通过佩戴玉璜得以上天，玉璜便象征"天桥"。这就把巧娘娘的天桥——活在甘肃西和县老百姓心目中的人神沟通工具，链接到 4000 年前的神话帝王那儿去了。如果再问，夏代是否存在？如何确认 4000 年前有"天桥"呢？夏启在不在、哪一年在、在位多少年都不要紧，关键是玉璜这样一种实物出来了！考古发现的玉璜，从 7000 年前到 2000 年前一直都有。如今讲中国神话已经摆脱文献记述，真正进入到华夏大地几百万平方公里土地的出土文物中，进而能够聚焦到没有王朝、没有文明、没有汉字的时代。玉璜即先民神话想象的天桥的符号物。

"三刀表纸一对蜡，我用手襻把桥搭。巧娘娘穿的绣花鞋，天河那边走着来。一对鸭子一对鹅，我把巧娘娘接过河。一根香两根香，我把巧娘娘接进庄。"这首搭桥歌的歌词里出现了鸭子和鹅，都属于飞禽，古人制作的玉璜上也常有飞禽形象。前面已经讲过，织女的祭拜者搭天桥是乞巧节礼俗的开端和结尾，从地方学者的注释中可以知道，在西和一带，手襻是从五月端阳节就开始戴了，就像小孩子戴荷包一样，男女孩子都要在手腕上戴五色丝线搓成的花手襻。歌里的红色手襻，其实是五色的，是在五月五的那一天和五彩绳丝线一起出现的。手襻要从五月五戴到七月七才脱去，意思是把巧娘娘送回天界了，五彩的丝线就不用戴了。众多的花手襻挽结，象征性地连起来横过河水的两岸，让桥的意象再度呈现，都是象征天地之间大自然提供的彩虹之桥。玉璜就是人工模拟的彩虹桥。所有这些民俗细节的内容都可以得到神话解码，并让我们看懂文化文本的编码规则。西和七夕仪式中，两次用手襻搭桥的仪式象征是关键。有人会问："你怎么知道当地的礼俗能上溯到古代先秦两汉？这不好说吧。"是不好说，但是玉璜出土的遗址是有年代可考的。7000 年前的玉璜是南方河姆渡文化的文物证明，5000 年前的玉璜是北方红山文化的文物证明。在当代看到象征天桥的手襻，也完全可以上溯到汉字起源时代 —— 商代。下面要解读甲骨文中彩虹的"虹"字。

汉字是世界上唯一存活至今的象形文字。全世界有多种象形文字，古埃及文明等的象形文字没有流传下来，而汉字则保留至今。彩虹的"虹"字从"虫"旁，"虫"就是龙蛇。一些地区的方言还将蛇叫作"长虫"。古人龙蛇不分，并想象龙蛇能升天入地，作为天地之间的桥梁。今天，当写出"虹"字时，绝大多数人不会想到造字时代的龙蛇神话观念。

图 23-6　甲骨文中的"虹"字，写作双头龙形①

虹字的甲骨文写法就像一个弯条形状的生物（图 23-6），如天地之间的桥，桥两端垂着两只龙头，而且两只龙头呈现张开大口的造型。商代甲骨文的创造者非常具有神话想象力，也非常写实地把神话观念记录下来，这就是彩虹的"虹"字。初民会想，诸神在天上要是口渴的话，怎么办啊？于是就想象神灵化作双头龙张着嘴到地上来喝水。甲骨文的"虹"字就是一个天桥神话的图像叙事标本，展现了天地之间沟通、神人共在的神话场景。若能再进一步去体验新出土的史前玉璜的图像叙事，四重证据法的带入式或体验式教学效果，将是活灵活现的。

从象形文字的起源看，能够更加明确学习神话学知识的必要性。因为文化原编码所采用的一整套符号，都是来自神话想象的！只是因为时间久远，神话编码的意义大都已经被后人遗忘了。没有神话

---

① 甲骨文中的"虹"字写法可参考中国科学院考古研究所编辑：《甲骨文编》，中华书局，1965，第 510 页。

感知的能力，就很难进入中国文化的认识之门。我今天所讲的这一套虹桥对应玉璜的神话想象，我们的史前老祖宗就生活在其中，他们的感知方式都被神话意象所牵动。如果没有5000年前的双龙首玉璜的文化原编码，怎么会有三四千年前甲骨文"虹"字的再编码呢？仔细审视图23-6展示的四个甲骨文字形，就知道造字祖先们是用汉字图画来捕捉彩虹现象的。在这样的观照之下，就能把整个神话意象的发生语境复原出来。文化文本的多级编码理论，在此得到了很好的体现。雕琢出双龙首的玉璜，就是比甲骨文更古老的天桥神话形象。

第十八讲讲到，夏启要上天时，神话叙述只说他左手拿着翳、右手拿着玉环。翳是由鸟羽做成的伞状华盖。鸟羽的功能就是使鸟儿能在天上飞。所以，夏启手中的法器也隐喻表达着一种升天、通天的想象。在约8000年前的史前文化中，类似玉璜的玉器就已经出现了，其一端钻孔，叫玉弯条形器；在约7000年前的河姆渡文化中，标准的玉璜形象出现；到距今五六千年，雕刻双龙首的玉璜也出现了。这些文物绝不是一般意义上的美术装饰品。中国大地上的先民们用精雕细刻、"如切如磋、如琢如磨"的方式，把神话想象的天桥意象制造出来，用在通神的仪式上。如果我们不聚焦到西和乞巧节的搭天桥情节的解读上，还停留在白居易的男女爱情诗句"七月七日长生殿"中，就根本无法理解5000年文明的真实底蕴和奥妙。

现在，我们把西和乞巧节作为一个引线，将它作为原生态文化的原编码，链接到出土的玉璜上，就可以非常清楚地看出华夏的祖先们是怎样被神话的感知方式、思考方式所支配的，神话观念是如何塑造他们的行为，进而塑造出他们的文化传统的。图23-7是在辽宁凌源红山文化祭坛遗址发现的最早的一件雕刻双龙首的玉璜。这个造型与甲骨文中的"虹"字完全对应上了。

图 23-7　辽宁凌源红山文化祭坛遗址出土双龙首玉璜，距今约 5500 年。（摄于北京艺术博物馆红山文化出土玉器精品特展）

　　这是比文字更深厚的传统，在 5000 年的基础上再加 500 年。红山文化是在约 6000 年前兴起的，到 5000 年前就消失了。我们通过乞巧节找到了天桥的原型，再通过四重证据法的考古资料，穿越文字界限，从实物、造型看到了 5000 多年前先民的思想世界。那时候还没有中国的概念，但已经有了通天通神的需要。如果没有考古发现，我们永远也不知道文化可以向前追溯多久。红山文化出土的双龙首玉璜虽然仅此一件，但同类器物一直延续到龙山文化和夏商周三代，直到东周时期，仍然在生产和使用。山西博物院展出的一件多玉璜组合佩饰，具有"世界之最"的意义。该玉璜组佩出土于西周时期的墓葬，其墓主人居然享用着如此奢华的玉礼器佩饰，只见玉璜两个一排串成组合整体，玉璜与玉璜之间有长着翅膀的小鸟。但在汉代以后的文明中，玉璜就基本不用了，双龙首也随之不见了。后人便无法知道这个礼器背后还有什么深远的意义传承。古老文化的断裂，就这样发生了。

　　如果连本土文化的内容都不清楚，就很难说有文化自觉。我们要做的，是实实在在地重新认知 5000 年的文化。这就是本讲的基本宗旨。

史前文化想象的女神，可以是陆地动物，也可以是天空中的飞禽。鹰是白天的飞禽，猫头鹰是夜间的飞禽，二者都可以成为女神的化身和象征。前面已经讲过希腊的鸽头女神为阿佛洛狄特，即维纳斯；猫头鹰女神是雅典娜。由女性化为鹊桥、由女神演变为鹊桥，也就不足为奇了。我国南部邻邦缅甸有"情人星"神话，也是关于天象的。故事说，很久很久以前，一对要好的青年男女因为出身贵贱不同，在人间不能结为夫妻，死后变成了天上的两颗星星，一个住在日出前的东方，一个住在日落后的西方。他们虽然都在天上，却东西远隔。每过三年，二人都要飞到天空的正中来相会。缅甸"情人星"神话的叙事，清楚地用人间的男女爱情离合来解说天上斗转星移的星象变化。这是各民族想象中的一个共同题材，只是想象对象不同、编码方式不一样，催生出类似的天人之间的神话。以上，通过举一反三、引譬连类，把天人之间的七夕礼仪和神话作了一次贯通古今的全盘讲解。

本讲从国人熟知的"天河""天水""天桥"这些神话名目入手，最后深入到七八千年前的历史认知深度，希望能实践四重证据法的体验式教学，以达到深入浅出的效果。

参考书目

1. 《西和乞巧歌》，赵子贤搜集整理、赵逵夫注，上海远东出版社，2014。

2. 陈江风：《天文与人文——独异的华夏天文文化观念》，国际文化出版公司，1988。

3. 冯时：《中国天文考古学》，中国社会科学出版社，2010。

4. 郭大顺：《龙出辽河源》，百花文艺出版社，2001。

5. 雷海峰主编：《西和乞巧风俗志》，甘肃西和县内部印行，2006。

6. 林富士主编：《礼俗与宗教》，中国大百科全书出版社，2005。

7. 刘宗迪：《七夕》，生活·读书·新知三联书店，2013。

8. 罗启荣、阳仁煊编：《中国年节》，科学普及出版社，1983。

9. 苏秉琦：《中国文明起源新探》，生活·读书·新知三联书店，1999。

10. 叶舒宪：《中华文明探源的神话学研究》，社会科学文献出版社，2015。

11. 佚名：《牛郎织女》，赵子贤阅定、赵逵夫点校，甘肃人民出版社，2011。

12. 赵逵夫主编：《西和乞巧节》，上海远东出版社，2014。

玄鸟生商与凤鸣岐山：
商周图腾的变迁

本讲题目中有两个典故，一个是商朝神圣图腾，另一个是周朝神圣图腾。这一讲的副标题为"商周图腾的变迁"。在改朝换代过程中，夏商周分别通过各自的方式变化着神圣的动物图腾。我们今天生活在龙凤崇拜的氛围之中，人们知道凤凰是百鸟之王。但今人不知道，在凤凰被西周人抬上百鸟之王的位置之前，华夏文明原来以什么神鸟做图腾。

"玄鸟生商"概括了商代留下来的祖先图腾神话信仰，主要表现在《诗经》的"颂"这一部分，包括《周颂》《鲁颂》《商颂》。《周颂》是西周人老祖先时代的颂歌，《鲁颂》是鲁国的颂歌，《商颂》则是西周时代保留下来的商代的颂歌，玄鸟就出现在《商颂》中。商代人所讲的族群图腾就是一只鸟，叫玄鸟。玄这个字，前面在介绍玉文化的脉络的时候已经提到，道教尚玄，老子说"玄之又玄"。《周易》说"天玄而地黄""龙血玄黄"。在这里，玄的概念和一种鸟联系在一起，就是玄鸟。商代人的玄鸟，被认为是商代人祖先的孕育者，"天命玄鸟，降而生商"八个字，便是该诗的开篇。

玄鸟出现在商人始祖诞生的神话中。商代的女祖先叫简狄，她吞了天上来的玄鸟卵，生育出商人的祖先。但商代的甲骨文里没有关于祖先由来的记载。要研究商代，只能根据司马迁《史记》中夏商周的本纪，但这点内容显得非常单薄。"玄鸟到底是一种什么鸟"的问题，在历史上没有明确答案。汉代人为《诗经·商颂》中的《玄鸟》做注释，其中，注经大师郑玄的说法具有代表性，他给玄鸟定了性。他认为"玄"指黑色，"玄鸟"就是黑色的鸟，即燕子。这样一来，玄鸟就和常见的燕子联系到一起。因为汉代学术经历过汉武帝的罢黜百家、独尊儒术，为儒家的经典做注疏的儒生们，他们对古经的注解就变成千古权威的观点，两千年来基本上没有人敢挑战和怀疑。这样，"玄鸟是什么鸟"的问题，华夏第二王朝商崇拜的祖先的图腾为何的问题，就毫无争议地被确认，就是燕子。

商人崇拜燕子，西周人崇拜凤凰，这是图腾变迁的大脉络。由于古人除了文献、文本的知识外，对地下的遗址、文物没有认知，所以文献所记录的一切就变成了神圣的、不可侵犯的。因为郑玄有"经学大师"地位，所以"玄鸟为燕"的学说逐渐变成了解经学正宗。到了近现代，随着西学东渐，中国开始有了神话学、考古学、艺术史，更多不同的材料才向人们打开了，反思也就随之开始。这期间有一位比较胆大的诗人、学者站出来，反驳郑玄的"燕子说"，认为玄鸟不是燕子。这位学者就是第二十二讲中提到的把端午节解释为龙蛇节日的清华才子闻一多。

闻一多认为，假如商人崇拜的鸟是燕子，那为什么燕子在中国文化中的地位并不高呢？他怀疑郑玄身处汉代，和商代的时空差距巨大，差了1000多年，所以汉人的论断可信度不高。闻一多认为，汉代人无法看到商代的实物，只能根据自身的观念来对商代人的诗歌进行注解，注解是会有偏差的。闻一多认为玄鸟是凤凰。今天的国学和文学史研究中，只有一小部分学者认可闻一多的说法，大部分人仍然同意郑玄的"燕子说"。国学的权威影响巨大，两千年来都认为是燕子，闻一多的凤凰说距今不到一百年，所以新学一派有人接受，有人不接受。

闻一多对玄鸟的解说打破了两千年来权威注经学者的观点，让人们知道玄鸟问题是值得探讨的。我们这一讲的目的之一就是要说清楚这个问题。"凤鸣岐山"没有争议，西周人认为这是天神对周人兴起作出的神圣征兆。岐山指今天陕西省的岐山县，是周人的"老家"。这个黄土塬地区发掘出了大量的西周宫殿、宗庙、遗址和青铜器。西周人从甘肃的陇东地区移居到陕西后，在关中西部休养生息。对于商朝来说，岐山在当时就像现在的一个"省"，周人推翻商朝就像地方推翻了中央的统治一样。所以周人要借此说明自己取代殷商的合法性，意思是，"不是我要推翻你，而是天神让我取代你。商纣王太腐朽、太堕落，所以你的国家政权就应该被新的国家政权取代"。凤凰的出现就是有关这个替代事件的征兆。古代改朝换代，一定要有神权征兆，对神意作出明确的说明。所以，如果商人崇拜的图腾也是凤凰，那么周人就只能是继承者，而无须再单独推崇"凤凰"。闻一多的凤凰说虽然敢于挑战古代权威，但是缺乏实证。

这一讲所讲的商周的神话，接续前文所介绍的夏启升天的神话。前文用夏朝和夏朝以前就存在史前玉璜的事实，说明夏启佩玉璜而升天的神话叙事背后，确实可以找到玉璜的实物原型。也就是说，神话叙事中确实有真实历史信息存在。哪些是真实的，哪些是虚构的，可以通过考古发掘的实物加以验证。同样的道理，商朝统治者崇拜的图腾究竟是什么鸟，如今也不难回答。商朝的顶级大墓，即以河南安阳殷墟为代表的国君和王后的墓，都集中在那里。而图腾是最重要的，一定会在当时的顶级墓葬文物中有所表现。在前面的各讲中，多次提示过，第四重证据是考古发掘的文物和图像。这些文物和图像作为讲述神话信仰观念的实证，能超越文献的局限性，给出相对完整的证据链。

我认为玄鸟就是猫头鹰，殷商人崇奉玄鸟源自史前红山文化和龙山文化的猫头鹰崇拜，可谓源远流长。玄鸟如果是燕子，或是凤凰，那它应该在安阳发掘出土的大量珍贵殷商王都文物中有所体现。但实际情况恰恰相反，燕子和凤凰的形象只是偶尔一见，而猫头鹰则十分常见，屡见不鲜！古人称猫头鹰为鸮（枭）或鸱鸮。玄鸟作为殷商古史留下的千古之谜，古人无法求证其真相，经学家说什么大家就信什么。但汉代的解经家距离商代有 1000 多年时间，他们的说法很难有什么坚实的证据。商代的帝王级大墓都是在 20 世纪才被打开的，商代的实物材料帮助我们挑战了古代权威的说法，也排除了闻一多认为玄鸟是凤凰的说法。

第四重证据是我们解开玄鸟之谜的线索，这是需要交代的第一要点。在文化人类学和艺术史的研究中，如果研究的是没有文字的原住民的文化，其一般的学术记录性材料就叫作民族志。当今的人类学家们要将仪式上用的这些带有图像、标志，或带有法器意义的东西全部记录在案，并通过拍照、摄像等方式进行记录。这是对原生态文化进行资料留存。当民族志档案积累多了，要研究一个民族的圣物是什么，就能进入该文化内部去作审视。

商代人的精神世界，是一个神话思想弥漫的世界。商代留下最早的文字叫甲骨文，甲骨的用途是通神占卜。我们可以断定商代人受神话思维支配的程度远远超过我们所知历史上的任何一代人。因为当时的最高统治者商王，都要依赖占卜确定他的人生命运吉凶和治国成败，更不要说普通人了。

商代墓葬中出土的器物是关注的焦点，这一部分的研究成果是发表在 2006 年《文学评论》的论文：《第四重证据：比较图像学的视觉说服力——以猫头鹰象征的跨文化解读为例》。

　　猫头鹰的形象，是一个跨文化比较的素材。我已讲过古希腊雅典娜女神的八种神格身份，其最古老的身份之一是猫头鹰女神。《哈利·波特》系列中的猫头鹰负责送信。把这两者联系在一起看，就能体会到，猫头鹰代表神，代表超人的智慧，代表神圣信息的传递，这是东西方文化共有的传统，只是表现形式不一样。

　　文献中关于猫头鹰的形象描述和出土文物中的猫头鹰形象（图24-1，图24-2），差异很大。上古文学中的鸱鸮，即猫头鹰形象基本上是负面的。以前我们没有把甲骨文作为历史书写去考察，我们看到的文献都是西周以后的。西周人打倒了商朝人的图腾，要提升自己的神鸟凤凰形象，所以把猫头鹰说成是负面的，是恶鸟、不孝鸟。人们以前无法了解在古文献记录之前有关猫头鹰的知识，因此就只能认可古文献中的说法。你回到民间听一听老人们是怎么说

图24-1　河南安阳殷墟侯家庄1001大墓出土神鸮石雕（现藏台北"中研院"文物馆）

图24-2　河南安阳殷墟侯家庄1001大墓出土大理石雕立鸮（2009年摄于台北"中研院"文物馆）

猫头鹰的，他们会说：那夜猫子又叫了，是很不吉利的事。这就是因为西周人把猫头鹰打倒了，认为它是阴间地狱的代表。如果猫头鹰出现，要不谁家会死人，要不哪里会遭火灾。总之，只要猫头鹰一叫，肯定没好事。这成了中国文化语境中的传统观念。但当我们看到比周朝更早的神鸟形象时，我们会发现，商朝最精美的鸟类文物大都表现的是猫头鹰。我们终于超越了2000多年的文献，看到了先前的历史。如果从西周初年开始算起，人们就对猫头鹰有将近3000年的误读和诬蔑。图像的比较让我们看到，在商朝和商朝以前的先民心目中，是如何崇拜、如何塑造猫头鹰形象的。

陕西华县（今渭南市华州区）出土了仰韶文化的一个大陶鼎，名为"陶鹰鼎"或"陶鸮鼎"（图24-3）。这个动物形象的两个大

圆眼睛非常突出，可以看成鹰或猫头鹰。这个器物距今将近6000年，比商代历史早了很多，说明神鸟的出现不是偶然的，而是对前代文化遗产的继承和发扬。文献中的恶鸟猫头鹰形象代表着邪恶、恐怖、阴间、死亡、凶悍，特别是儒家典籍把猫头鹰说成是"不孝鸟"。古人还编成故事，说小猫头鹰出生以后没东西吃，要

图24-3　陕西华县出土仰韶文化陶鼎：陶鹰鼎。

叼啄老猫头鹰的眼睛，这简直是犯上作乱，是典型的不孝。可谁见过小猫头鹰叼老猫头鹰的眼睛了？你们在大自然中调查过吗？这种说法在中国的史书文献中一再发挥，到汉代出了一个文豪，洛阳人贾谊，他留下一部著名的文学作品《鹏鸟赋》。"鹏鸟"是南方对猫

头鹰的称呼。贾谊在朝廷里得罪了人，他才高八斗，但被贬到长沙去了，最后死在了那里。他在长沙生活时，一只猫头鹰进了他住的屋子，《鹏鸟赋》就是为这件事写的。人们就把贾谊英年早逝归因为猫头鹰的出现。这样一个因果联系完全是误读。包括国内研究文学的一些大师，对《鹏鸟赋》的内容可能都有误读误解。钱锺书先生在《管锥编》里专门写下"夜猫子"如何不吉祥，贾谊的《鹏鸟赋》如何带来不吉利的联想等。我在看到商代的神鸟造型之前，也没有仔细读《鹏鸟赋》。后来由于要考证猫头鹰在古代的形象，才把《鹏鸟赋》重新读一遍，终于读懂了。

贾谊写《鹏鸟赋》，并不是把猫头鹰说成是恶鸟、不吉利之鸟，他只知道这种野生的鸟类进了人的房子是一个令人惊异的事情。于是贾谊查书，查到"野鸟入室，主人将去"的说法，似乎是一个占辞：野鸟跑到人的房子里，房主人就要遭遇厄运。但是仔细看《鹏鸟赋》的内容可以发现，鹏鸟完全是一位高明之神的形象，它以女神的形象来教诲年轻的贾谊：你虽然少年不得志被贬到长沙，但是人生万事无常，春夏秋冬，有悲欢、有离合。所以鹏鸟是一个安慰者和教育者的形象，它用类似道家老庄哲学的这一套话语告诉大家："官场上这点挫折算什么呀。"所以，贾谊恭敬地写下鹏鸟之神的教诲，还为这篇赋写了序。如果大家有兴趣，可以自己去读一下《鹏鸟赋》，再看一看其中猫头鹰的形象到底是什么样的，就明白了。

造型艺术中所表现的猫头鹰，或是威武、神秘，或是神圣、庄严，都代表着穿破黑暗的智慧和死后再生的能力。这样看来，猫头鹰既是智慧女神又是再生女神，所以在死者的墓葬中陪葬大量的猫头鹰形象，其寓意并非要把人的魂引入阴曹地府，而是为死者灵魂的再生做准备。图像叙事材料发现的鸟女神信仰的谱系不仅仅是属于商朝的、中原的，也是整个欧亚大陆北方地区的神鸟崇拜谱系。我曾经举过法国发现的距今 13000 年的猫头鹰形象为例，新石器时代，也就是 1 万多年以来，关于鸟女神、猫头鹰女神的造像大量存在。中国玉器时代的文物中，特别是红山文化的玉器中，禽类形象塑造基本上都围绕着鸱鸮。这在当代的考古报告中叫作玉鸮，也即拿玉雕琢出的猫头鹰，有着巨大的标志性的眼睛。还有一种是在平面中雕琢出的展翅飞翔的猫头鹰。

这一批珍贵的文物陆续出土和展览，使我们看到北方崇拜猫头鹰有上万年的传统。具有鸟女神造型的史前文化，比如兴隆洼文化、红山文化、仰韶文化、良渚文化、齐家文化、石家河文化、龙山文化中，都有猫头鹰的史前造型。遍布欧亚大陆史前文化的神圣的猫头鹰像，可以编排成完整的年代表。在西周以前，只要出现猫头鹰，都是按照神的形象来表现的，这就是"大传统"。如果以法国南部发现的 13000 年前的文物为标志，那在西周以前，这个传统在欧亚大陆已经流传了将近 10000 年。周朝以后，猫头鹰被妖魔化了，周人的凤凰成为新"登基"的最伟大的鸟形神，国人就永远忘记了正面的猫头鹰的形象。

当代著名神话考古学家金芭塔丝，根据欧亚大陆大批量的出土文物，给猫头鹰形象的一个定位是"鸟女神"——"死亡与再生女神"，即掌管死亡与再生。白天，猫头鹰伏在一处好像睡着了，到天黑时才出动，它是属于夜晚的动物。它是掌管夜晚的神，也兼管生命的再生。但是长期以来，猫头鹰的双面形象被一些人理解偏了，即只认为它管阴间、管死亡，忘了它与再生相关的联想。商代文物和商代以前出土的大批猫头鹰形象的文物，终于能够让我们对此有所领悟。

史前先民们没有受过什么艺术训练，他们在器物上用刻画、彩绘、雕塑，或者铸铜的方式去做造型，以表达他们的崇敬、崇拜。他们不是要用这样一种鸟的形象来点缀生活、美化人生。这些行为都是对神圣的颂扬。所以，以后看到类似的鱼、蛙、鸟、蛇形象，你就能理解，只要是属于史前时代的，都跟神话观念有关。图24-4是长江流域发现的5300年前的一只玉雕飞禽，它的两个翅膀展开处，居然是两个兽头。最初这禽兽合体形象被解释成老鹰加猪头，叫"双猪首鹰"；后来经过仔细辨析，又被认为是老鹰和两个熊头，即"双熊首鹰"。

图24-4　安徽含山凌家滩出土玉雕双熊首飞鹰造型，距今5300年。（摄于安徽博物院）

国人有一个说法叫"英雄好汉"。人们说的"英"是"英年"的"英"，"雄"是"雄壮"的"雄"。实际上，"英雄"二字背后另有深意："鹰"是天空中的猛禽之王，"熊"是陆地上的猛兽之王，所以在"英雄"背后，就是鹰和熊的结合。看到这件穿越性的鸟兽合体形象，大家无须奇怪。5300年前长江流域的先民心目中，最神圣的东西就是它。

图24-4的玉鹰身体中央还有两个同心圆，圆圈之间刻了一个八角星形。我国自古流传着伏羲开启画八卦之说，他把天下分为东、西、南、北四方，再加上东北、西南、东南、西北，一共八个方位。这八角星，以及"天圆地方"这一套宇宙观念，5000多年前的

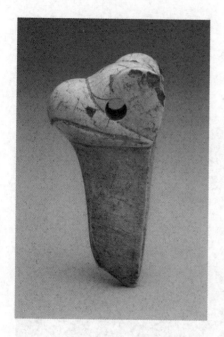

图24-5 台北故宫博物院展出的红山文化鹰首玉权杖头，距今约5000年。（摄于台北故宫博物院）

图24-6 内蒙古敖汉旗出土红山文化玉鸮，距今约5000年。（摄于敖汉旗博物馆）

人用造型艺术呈现出来，让人知道，这样的动物图腾和信仰，都符合先民们的神话想象。

图24-5是台北故宫博物院展示的红山文化文物——鹰首玉权杖头。权杖头代表王权，上面雕出一个鹰头。这些器物说明红山时代先民崇拜鹰和猫头鹰，更多的是用玉雕方式造型。中国的博物馆，以及美国、加拿大，欧洲的博物馆里也都有这类史前文物。以前没有人知道红山文化地区有多少玉器。在进行考古调查以前，人们都知道那个地方出古玉，许多玉器一出土就卖到国外去了。

玉鸮，即玉雕猫头鹰，类似图24-6这样的造型比较多见，至少有几十件在各大博物馆展出，都是两个大圆眼睛和一对大翅膀。以后再见到这些形象，你就能知道这是5000年前或6000年前北方西辽河流域先民们心目中的神鸮，是他们的尊神。当玉器时代结束，进入铜器时代，人们开始用铸铜的办法塑造猫头鹰

的神像。图 24-7 呈现的是商代
铜器中名为"鸮卣"的一类。卣
是一种容器，其整个造型是猫头
鹰身体，而且是双头双面的猫头
鹰形象。这样的器物在安阳和其
他地方都有发现，不止一件。这
些青铜器精美的造型，让人们知
道从史前时代到殷商时代，对玄
鸟，即猫头鹰的崇拜，或许就是
图腾崇拜的血脉，一直没有中
断。特别是在距今 4000 多年的
江汉平原，就是今天湖北的中南
部，新发现的文物有陶器和玉器
等多种材制，属于石家河文化遗

图 24-7　1999 年河南安阳殷墟苗圃北地
229 号墓出土商代鸮卣

址。在先民们祭祀的庙里，供奉着大批动物的泥塑形象，其中就有
"陶猫头鹰"，或者叫"陶鸮"。

　　这样的文物如果不是一时一地，而是多点开花和一批一批地出
现，那又该如何考量呢？神庙里供奉的猫头鹰像代表什么呢？从今
天造型艺术的视角看，如果是陶质的，那么其等级显然不如玉质的
高。陶器成本低，能大批量生产，不像玉器那样稀有。所以在江汉
平原 4000 多年前的石家河文化遗址，陶鸮形象的出现，要比商代文
物早约千年，崇拜猫头鹰的文化从北方到南方广泛分布。

　　把玄鸟的问题放在四重证据链条语境之中考虑，对"玄"字的
理解，也就有新认识。"玄"字除了指"黑色"，还指"旋转"的
"旋"。猫头鹰眼睛的特征就是能滴溜溜地转。动物学家概括猫头鹰
眼睛的特征是：像轮子一样转动。四川方言中把猫头鹰叫"鬼车"，

图24-8 河南安阳殷墟妇好墓出土青铜鸮尊背面局部图像，是对猫头鹰"车轮眼"的夸张表现。

"车"就是带轮子的。在其他方言中，还有将猫头鹰称为"辘轳鸟"的。"辘轳"就是车轮。辘轳鸟就是指拥有车轮眼的鸟（图24-8）。人们用这样的比喻来命名玄鸟。

对玄鸟之谜的解读，要超越古代注经家的有限的参照，尽可能深入到文化传统的史前大脉络中去。下面，还需对殷商时代的图腾作进一步解读。"天命玄鸟，降而生商"是说猫头鹰预示着生命的降生。《逸周书》是古代关于周朝的一部重要史书，其中一篇《时训》中有这样一句："玄鸟不至，妇人不娠。"这是说玄鸟能让妇女怀孕。这就和"天命玄鸟，降而生商"的说法大体一样。

一旦能够找到"玄鸟生商"背后商代人的祖先记忆和祖先图腾记忆直接联系的证据链，问题即可解决。20世纪70年代，在商代等级最高、完整保留的妇好墓中出土了精美的青铜鸮尊（图24-9）。其实有一模一样的两件：一件留在了郑州的河南博物院，是该院的镇馆之宝；还有一件上调北京，藏于中国国家博物馆，也是镇馆之

宝。其造型太美了，整个猫头鹰
的身上全是繁复的花纹，头上站
着一只小猫头鹰，背后还有用浮
雕技艺雕刻出的两个大圆眼睛，
隐喻生命的再生产。再看这件鸮
尊的两个翅膀，表现为两只盘转
成圈的盘蛇。这一对极品青铜文
物表明，猫头鹰即商人心目中最
神圣的玄鸟。

　　除了青铜文物，台北"中研
院"的文物馆里也有很多其他材
质的猫头鹰形象的文物，我在此
看到了陶制的猫头鹰、玉雕的猫

图24-9　河南安阳殷墟妇好墓出土青铜鸮尊
（摄于中国国家博物馆）

头鹰、大理石雕的猫头鹰，可见商代造型艺术中顶级的鸟类造型集
中表现了猫头鹰，即鸮，所以"燕子说""凤凰说"都不成立。猫头
鹰的问题在这似乎可以解决了。

　　商代妇好墓除了有鸮尊、鸮卣这些直接用猫头鹰造型的青铜器，
还有一种神器，当地老乡叫它"铜房子"。妇好墓刚发现的时候，有
一件青铜器又大又威严，上面好像有斜坡的房顶，老乡们不知道缘
故，就把这个文物叫"铜房子"。现在它也在中国国家博物馆陈列，
作为镇馆之宝。"铜房子"相当于当时国家统治者的祖神庙，顶上是
长着大圆眼睛的猫头鹰。这件文物没有别的用途，只用于祭拜、祈
祷等仪典。上面的猫头鹰形状十分明显。所以要说，商代图腾在今
天已经不用再过多解释，至少目前的新知识给出了充分证明：玄鸟，
猫头鹰也。

　　第四重证据举了很多，第三重证据还没有出场。第三重证据即

图 24-10　台湾阿里山少数民族邵人的猫头鹰图腾像（2009 年摄于台湾阿里山日月潭）

非文字材料。非文字材料跟口传文化有关系，跟民族学的民族志、少数民族的民间传承的仪式风俗有关系。关于猫头鹰图腾的非文字材料可以参见台湾少数民族邵人的文化，其跟主流文化不一样。如果你在路边突然看到一座马赛克的猫头鹰站在那里（图 24-10），千万别以为是没用的垃圾桶，那是人家的图腾。邵人认为猫头鹰是他们的祖神。住在深山里的少数民族，知道猫头鹰代表再生，代表生命的再造，因而是生育神的化身。这个证据能够作为旁证，用以解释商代人信仰中的猫头鹰，为什么能够让简狄生出商代祖先，为什么代表生育。相传，邵人里有一位非常漂亮的少女，她还没有结婚却怀孕了。这是一件看起来羞耻的事，所以邵人排斥她。少女忍受不了责难，就在一个寒冷的夜晚逃到深山藏了起来，离开了自己的部落。当她再度出现时，已经变成了一只猫头鹰。后来，每当族人中有女子怀孕，人们就会发现这只猫头鹰飞到她的屋顶上，不停地啼叫。从各方面的证据看，可以不再怀疑"天命玄鸟，降而生商"的信仰真相，也更不用怀疑猫头鹰女神是否具有赐予人间生命的意义了。少数民族的信仰并不是今天的人发明出来的，而是世世代代流传下来的。对照刚才所引用的《逸周书》中的话——"玄鸟不至，妇人不娠"，古人的信仰和少数民族遗留的信仰，原理都是一样的。

"凤鸣岐山"则属于西周意识形态驱动的神话，不用过多地讲，就是改朝换代使然。西部的周人造反，推翻商王朝，试图建立自己的新的王权意识形态，这时候当然不能拿旧的鸮作为神圣象征。周人一定要找出一个新的象征物去压倒原有的崇拜物，盖过以前的神鸟。于是周人编出所谓"凤鸣岐山"的瑞兆。说一只凤凰落在岐山，并且鸣叫，代表着周的势力要崛起。这是天下改朝换代的征兆。周人统治的八百年，凤凰变成百鸟之王，还有"百鸟朝凤"的传说为证。凤凰还变成"德鸟"，其寓意吻合了儒家的仁义道德。熟语里的"攀龙附凤""龙生龙、凤生凤"等，都是这类观念的体现。在这种压倒性的神话语境中，谁还能超越呢？谁还能想起在凤凰之前曾有万年传统的猫头鹰崇拜呢？可见，凤凰崇拜是后来居上，是夏商周三代圣物中非常重要的转折性标志。过去人们处在一团迷雾之中，而今天，借助于考古新材料、新眼光，参照比较神话学，展开四重证据法的反复呈现和体验，终于可以得出不同于以往的结论。当然，这也还不算定论。人文研究不能像化学实验报告那样一锤定音。如果有反驳或不同观点，希望对方能够多举出证据来证明真实的情况。

到了周朝才有儒家、道家和墨家等。我们的一切文物典章制度都是来自周人的文化。孔子心中最大的愿望就是恢复周礼。所以，后人无法超越周人的意识形态，看到更早的商朝的真相。现代学术主要的突破口就是地下考古发现。这也是当代知识更新的有利契机。

从西周的青铜器再往下发展，这个鸮鹗的形象就基本看不到了。不过在东周到汉代的墓葬中还有不少陶质的鸮鹗形象。周人表现凤凰跟商人表现猫头鹰的不同之处在于，凤凰是长尾鸟，所以西周的文物中突出刻画其尾巴张开像孔雀一样，鸟头上还装饰华丽的冠。现在商、周的文物大量出土后，学者们已经看得很清楚：周代以来是如何强化对凤凰的再塑造的。你如果想了解西周民间对神鸟凤凰

图 24-11 陕西宝鸡茹家庄 1 号西周墓出土双凤纹玉柄形器 [1]

的看法，最好的办法是到陕西岐山周原地区调研当地的民间传说之类的口传文学。这里面有非常有趣的故事，比简单的"玄鸟生商"要丰富而具体得多，包括"凤鸣高岗"、周公庙背后的凤山传说，等等。这种种叙事编码都在地方文化中留存，书本里没有。

本讲集中对商周两朝改朝换代的神话变化过程进行解析，讲了从"玄鸟生商"到"凤鸣岐山"这两种神鸟观念的变迁。以后大家去各地博物馆，看到这一类的文物时，就可以根据本讲提示的线索，尝试自己去独立思考。

参考书目

1. 李峰：《西周的灭亡：中国早期国家的地理和政治危机》，徐峰译，上海古籍出版社，2007。

2. 庞进编著：《凤图腾》，中国和平出版社，2006。

3. 宋镇豪：《夏商社会生活史》，中国社会科学出版社，1994。

4. 宋镇豪、刘源：《甲骨学殷商史研究》，福建人民出版社，2006。

5. 王国维：《殷周制度论》，载《观堂集林（附别集）》，中华书局，1959。

6. 王仁湘：《凡世与神界：中国早期信仰的考古学观察》，上海古籍出版社，2018。

7. 萧兵：《龙凤龟麟：中国四大灵物探究》，华中师范大学出版社，

[1] 古方主编：《中国出土玉器全集（7）》，科学出版社，2005，第 83 页。

2014。

8. 萧兵：《玄鸟之声：艺术发生学史论》，陕西师范大学出版总社有限公司，2019。

9. 许倬云：《西周史（增补二版）》，生活·读书·新知三联书店，2012。

10. 杨宽：《西周史》，上海人民出版社，2019。

11. 杨骊：《玄鸟生商：商代玉器的神话考古》，上海人民出版社，2022。

12. 叶舒宪：《图说中华文明发生史》，南方日报出版社，2015。

少数民族神话

过去讲中国神话大部分是古书中的牛郎织女、女娲补天、后羿射日、夸父逐日、大禹治水，都是汉语典籍中的神话。本讲是中国神话部分专门设计的一讲。

中国大地 960 万平方千米，在广袤的土地上，有各民族聚居，如果不讲少数民族神话，就不足以代表中国文化的全貌。由于这一部分的内容涉及面太广，所以只能选取有代表性的一些内容作简单介绍。

大家都知道，现在中国境内全部民族为 56 个，少数民族 55 个。在我国的东北、西北、西南，有少数民族聚居地区，那里有着丰富的民间文化传统。神话、史诗、歌谣、故事广泛流传。但在现行的教育中，这一部分内容很少加入。通常的教材中也基本不讲少数民族文学，这是值得反思的。

我们不仅要把中国少数民族的神话遗产作为中国神话中重要的组成部分来讲，还要突出少数民族神话与汉族神话的不同特点。20世纪 50 年代，中国就有了专门的民间文化机构——中国民间文艺家协会。会员们在全国范围内展开对所有民族的民间口传文学的调研、采集、整理、翻译、出版工作，已经积累了非常丰富的少数民族神话资料。

学者们根据所得到的大量素材概括出少数民族神话的三个主要特点。首先，少数民族大部分无文字（少部分有文字），民族神话绝大多数不是以书面文本的方式存留在图书馆里，而是以世代口耳相传的方式，在民间活态地传承下来。所以我把这些老百姓还能讲、还能唱的内容称为口传神话。在某些情况下，这些神话是以韵文体的形式呈现。要讲要唱的内容是必须要押韵的，因此诗体作为最容易记忆的文体经常被使用。所以，很多神话又被归类到史诗，神话和史诗在很多情况下便不可分割。在这种情况中，我们看到的神话素材也非常丰富。既然神话以世代口耳相传的形式流传至今，它们难免会和民间文化生活、社会组织、生产方式、祭祀礼俗、禁忌、巫术等组合在一起。少数民族神话不能够按照学院派的方式作机械划分。他们的文学、艺术、仪式、历史、表演等形式基本都融合在一起。这种活态传承的神话遗产尤其值得关注，因为可以从中看到很多在书面文化中已经不存在的文化现象，特别是神话和仪式的关联，神话和信仰的关联，神话和图腾崇拜、万物有灵信仰的关联等。这是第一个特点。

其次，这些民间传承神话文本有着庞大的篇幅体系。不少民族的神话经过祭司、民间艺人的整理，已经系统化，或呈现史诗化的形式。民间艺人把一段一段分散、不集中的故事文本集合成整体。收集整理者再把不同讲唱者的不同版本缀合成一个版本，最后就形成了庞大的口传文艺作品。这些作品一旦被文字记录，篇幅就会很惊人。例如，藏族的《格萨尔王》，它是"中国三大史诗"之一，其中的内容跟神话讲述非常有关系。在过去，《格萨尔王》全部是口耳相传的，20世纪80年代以后，大量的采集和记录者才为我们留下了浩瀚的笔录。

本书前文介绍的希腊两大史诗，是由盲诗人荷马讲唱传承下来的长篇作品。《伊利亚特》就有15000多行。我们也介绍过以古代印度神话为背景的伟大史诗《摩诃婆罗多》，该书有20万行。咱们藏族的《格萨尔王》整理成系统的完整版史诗，并翻译成汉语，居然能达到 100 万行。这确实创了史诗篇幅的"世界纪录"。现在还保持活态的民间文学作品，一般没有这么长的。为什么这么长呢？这就是民间传承、历代积累的结果。整编成文字以后，人们才认识到其篇幅巨大、规模宏伟，超出文人的想象。古希腊神话史诗、印度神话史诗都很长，而中国文学，诸如《诗经》、楚辞等作品都很短，有些神话叙事甚至仅有几行字。这是因为汉字早期的书写条件受限制，多为竹简之类，文本相对很少。因此就更难估量在写成文本之前的口头阶段有多么丰富。

先秦至西汉时期的竹简书，就像一个大筛子，把千百年来传承的口传文学一筛，捞上来的就变成了文字记录的作品。《诗经》、楚辞等就被捞上来了，但是被筛掉的，就永远找不回来了。而西方文学开始于神话，神话善于想象、善于叙事，于是经过讲唱传统就催生出了大史诗。希腊、印度都是这样。中国文学中的《诗经》、楚辞都是短篇，长篇的叙事则是空白的，原因就在于汉字记录的载体是竹简。一个竹片只能写几个字，所以没有可能把几十万行、上百万行的叙事作品写在竹简上。由于书写记录的筛选作用，对于汉民族史前文学的丰富性，后世就不得而知。但是生活在汉民族周边的少数民族，比如藏族的大史诗，翻译成汉语却能达到 100 万行，这让人们非常吃惊。不研究少数民族的神话讲唱文学，就无法知道中国文学整体呈现出的丰富性。通过对少数民族神话的调研、整理、研究，学者们才逐步认识到，中国的多民族中史诗文化的丰富程度，是超出想象的。而古人不可能进行这样广泛的、地毯式的民间文学调研，一般人也不大关注少数民族的文学。所以古代文学史基本没有建立起少数民族文学的概念。今天我们有了全国 56 个民族全覆盖的资料，所了解到的中国文学和中国神话呈现出一种惊人的体量，这是一片文学的海洋。

汉民族没有留下上古时期的长篇叙事文学，周边的少数民族文学则作出了某种补偿。所谓"中国三大史诗"，都是民间文艺工作者从山乡和草原收集而来的。神话想象一般为史诗开篇讲述的内容。《格萨尔王》讲的是古代藏族的岭国大战，格萨尔王原为天神，住在天界，他化作一只鸟，飞翔着降临人间。故事就这样开始了。相同的想象模式，还有之前介绍过的以原住民神话为素材的《阿凡达》。"阿凡达"这个名称不是出自英语、德语或法语，而是出自古代印度的梵语，词义就是"神化身下凡"。《格萨尔王》史诗一开篇就讲神化身下凡来到人间，成为降妖除魔大英雄的故事。半神半人的英雄，一般就是从神话开始的。从这个意义上讲，很多少数民族的神话史诗都可以看作神话的长篇叙事作品，它的神话内容之丰富和篇幅之巨大，确实让现代的作家和诗人们望洋兴叹。这对我们重新认识祖国的多民族文化、重建文化自觉，起到很大的促进作用。这是少数民族文学第二个特点。

最后，各民族神话有其独特风格。由于地域族群的差异，同一个民族的同一个讲唱作品会有不同的版本，以不同的形态流传出来。即使是出自同一个县的，甚至山南边、山北边老乡唱的神话史诗的版本也会不一样。这就导致调查、整理出来的某一部作品，会以多样化的形态出现。这也符合通常所说的口传文化即兴表演的传承特点。

师公和歌手们在传唱表演的过程中，要面对不同的场合，有的是新年庆典之礼，有的是救灾仪式之礼。他们的讲唱内容可以针对不同场合的需求而调整变化。这种差异充分体现出口传文学的开放性特色。作品的内部情节甚至结尾叙事，都是开放的，可以根据不同接受对象的要求去加以演绎。文学研究者大都习惯于面对固定的文学文本，不习惯面对口传文学这样具有巨大的可塑性和开放空间的情况。一个口传作品被笔录后，成为固定文本，往往就变成权威的标准版本，其他依然在口头流传着的作品文本，就变成不标准的版本了。这样看，通过对多种口传版本的对照整理，就能从神话叙事的发生方面，更加清晰地看到民间文学传承是怎样一种原生形态。一个主脉可以像一棵大树一样伸展开来。通过多种版本的对照，也可以找出哪些叙事是属于原生态的，哪些是后来发展演变出来的。还可以立足于动态考察的视角，探寻神话讲唱所发生的种种变化。以上这几种方法，对于考察和学习少数民族文学，以及比较研究少数民族文学和汉族文学，都具有积极意义。

对中国少数民族文化的科学调查与研究，始于 20 世纪上半叶。民国时期，一批人类学家和民俗学家开始下乡走访调研，他们广泛深入我国的边疆地区、少数民族地区进行田野作业。这批学者中有凌纯声，他是当年中央研究院民族学研究所的第一任所长，还有费孝通、李安宅和芮逸夫。其中，芮逸夫曾专门调查苗族的洪水神话在民间的传承情况。此外，还有人类学家林惠祥等。这批学者在中国的东北、西南、东南调研和采样。那时调查搜集的都是口传文本，口传的内容基本上都是以"开天辟地"等创世神话的形式开篇的，基本上都带有我们说的神话性质。这一批学者开启了对中国多民族文学遗产作调查研究的先河。他们大多在国外学习时接受到科学的调研方法的训练，也掌握了文化人类学、民俗学的理论，希望把外国的理论和中国的文化实际相结合，走出自己的研究之路。从此以后，中国神话内部多样性的比较研究空间，也被打开了。

在他们的影响下，国内一批学院派学者，虽然缺乏亲身下乡的田野调查实践经历，也开始关注少数民族的神话、史诗遗产。他们在研究中也开始进行类似的知识链接和比较。在此风气影响之下，初步形成一个多民族文化资源互动式的研究格局。闻一多先生写出长文《伏羲考》，充分借鉴西南少数民族的葫芦生人神话；马长寿先生写出《苗瑶之起源神话》；楚图南先生著有《中国西南民族神话的研究》；岑家梧先生写出《盘瓠传说与瑶畲的图腾制度》；马学良先生写出《云南土民的神话》。这些早期的研究成果，多是利用少数民族调研材料进行的大胆探索。

中华人民共和国成立以后，在国家层面成立中国民间文艺家协会，毛泽东主席亲自提议作家要向民间文学学习，特别强调作家要深入民间去采风实习。因此，中国民间文艺家协会，这样一个在当时世界上可能是很少有的专业机构，就将实践下乡调研考察的工作全面铺开，覆盖到国内的每一个县级单位，其会员人数也达到数千人。日积月累，将各地民间文学汇总在一起的工作，终于显出成效，也为后来的少数民族文学研究提供了前所未有的便利。以中央民族大学和各地方的民族院校为主力的研究群体崛起，少数民族师生们积极参与：蒙古族学者们形成蒙古族文学研究团队，在民间收集到大批珍贵口传作品，仅蒙古语史诗就有100多部；彝族学者群体直接打出以刘尧汉先生为首的彝族学派旗号，并及时培育出一大批青年学者，出版彝族文化研究丛书，还涉及道家与道教思想的溯源研究；苗族学者团队以贵州、云南和湖南等地的学者为主，他们认同上古神话中位于黄帝族群对立面的蚩尤，并将蚩尤奉为本族的先祖，著书立说，举办学术会议，直接促成当代国族文化寻根的新命题——从"炎黄子孙说"到"中华三祖说"（即炎帝、黄帝、蚩尤）；纳西族学者群体组织队伍将100卷用纳西文撰写的《东巴经》全部译成汉语出版，其中有非常丰富的神话信仰和仪式内容；东北地区的满族学者群体深入发掘萨满文化中的口头神话传说，由吉林人民出版社推出谷长春先生主编的"满族口头遗产传统说部丛书"，其中包括《天宫大战》《瑞白传》《平民三皇姑》《女真谱评》《碧血龙江传》《伊通州传奇》《苏木妈妈》等在民间影响很大的作品。昔日不登大雅之堂的口传神话等，极大地拓展了中国文学和文学史的研究范围，让人们逐渐意识到多民族国家内部的文学多样性，为改革开放以来的各民族文化发展繁荣作出积极贡献。

在改革开放之初的 20 世纪 80 年代中期，国内人文学界迎来一次神话研究热潮。在这个热潮当中，少数民族神话的研究以异军突起的态势迅速扩大影响，也使得一大批汉族学者转向研究少数民族神话和史诗等。不少学院派人士过去只关注古代文献典籍，如今也开始关注民间口传文学，发现这完全是一个可以施展学术才华的广阔天地。

北京师范大学的民间文学专家潜明兹教授撰写出一部《中国神话学》，由宁夏人民出版社于 1994 年出版。这部著作专门介绍了研究中国神话的多民族学者的贡献和多元化大趋势，指出神话研究已经从汉语文献的狭小领地中走了出来，逐渐进入了多民族聚居的、具有丰富口头传承的广大边缘地区，特别是广西、云南、贵州、四川、西藏、新疆、内蒙古和甘肃等地。这些地方多民族聚居，少数民族文学资源储备丰富。在民族神话研究方面，彝族神话、苗族神话、广西壮族神话、北方阿尔泰语系诸民族神话等的研究形成异军突起态势，也逐渐培育出一批后起之秀。《中国神话学》这部著作的及时追踪与总结，起到承前启后的作用。研究中国神话，已经离不开中华多民族的现状，少数民族神话研究和少数民族神话与汉族神话的比较研究领域，均打开了新的空间，形成了新的格局。

2004 年，在韩国首尔召开了东亚神话学大会，笔者提交论文

《中国神话的特性之新诠释》，是对过去中国神话研究中的大汉族主义偏向的反思批判。过去的神话研究只集中关注《诗经》、楚辞、《山海经》《淮南子》《西游记》《封神演义》等，现在看来，这些都只是汉语文献的神话。中华大家庭多民族神话的新材料积累至今，在 21 世纪初提出对中国神话特性的新诠释，希望能建立"一"与"多"的统一，即创新性地从文化的多元一体视角考虑问题，尽可能凸显中国文化的丰富性和多样性。这篇

图 25-1　云南白族本主"青姑娘娘"，是妇女保护神，为妇女解厄除难。金花姑娘和银花姑娘是其左右协侍。[1]

论文还反思了过去一个世纪神话学的发展概况，在高校专业设置、课程规划等方面存在的问题，探讨如何纠正少数民族神话普遍被忽视的问题等。

　　长期以来被边缘化、没有发出声音、没有进入主流意识形态、为广大民众所忽视的少数民族的神话资源，如何同汉族的神话有平起平坐的地位？答案很简单，那就是全民都平等地对待所有成员。让少数民族神话获得前所未有的登台表演的机会，这也是我们说的中国文化自觉的题中之义，要对多民族文化和谐共存的当下现实有清醒的认识。

　　我还提议，在讨论"中国神话"时，可以将这样的大概念分为

---

[1] 冯骥才主编：《中国木版年画集成（云南甲马卷）》，中华书局，2007。

四类。第一类，汉族的汉文古籍中记录的文本神话，比如愚公移山、大禹治水、夸父逐日、精卫填海等。这些神话都是借助古书存在的，是早期的神话学传入中国之际，我国专家们在典籍中找到的神话故事。一般每一个故事就几行字，没有完整的体系，不像希腊神话、日本神话、印度神话那么成体系。这也说明为什么有汉学家认为中国是神话的不毛之地，或是神话的"断简残篇"之地。

第二类，汉族各地的民间口传神话。虽然汉民族是有汉字的，但是从古到今读书人毕竟是少数，不识字的文盲在民间占大多数。在民间能够讲、唱、表演的往往是文盲，这种情况常常让今天的读书人感到惊讶。其实，西方文学第一部作品《荷马史诗》的作者荷马就是一位盲诗人，那个时候连笔都没有，也没有希腊字母，就是靠口耳相传。据此可知，是记忆力超群的"文盲"们开启西方文学最辉煌的第一篇。有了这样的分类观念，中国神话的内容将比我们原来所知道的丰富许多倍！如今在一个县境内，如河南省的桐柏县采集的盘古神话，就能形成一本书。汉族口传神话的丰富性，由此可见一斑，这远远超出书面文学的规模和体量。

第三类，少数民族的文本神话。大部分少数民族没有文字，但是像纳西族、蒙古族和藏族等有自己的文字。蒙古族有蒙文，纳西族有东巴文，彝族有彝文，所以一些少数民族也有其书面文本神话。这方面材料的丰富程度也是超出我们想象的。比如说云南纳西族《东巴经》中的神话，一般没有人在文学课堂上讲授，这是纳西族的巫师们，在礼仪活动中讲唱的。这些巫师代表着沟通天、地、神、人的社会主体，他们主持仪式，能够禳灾治病。整个纳西族基层社会就围绕着他们运转。他们使用的是东巴文，国内整理出版了《东巴经全集》汉译本，有 100 卷。翻开一看就知道，《东巴经》记载着十分丰富的神话。这对我们研究中国神话来说，确实是一次观念的、意识的更新、升级。

第四类，少数民族的口传神话，这是神话研究的大宗。有文字记录的少数民族毕竟屈指可数。大部分民族是没有文字的，但如果他们有民族记忆、历史记忆、讲唱活动，那便能从开天辟地讲到民族起源，讲到族群的兴旺和发达，讲到族群的英雄由来和英雄征战故事。所以，大多数民族神话的前一半叙事，都多少带有神话历史的性质。少数民族口传神话数量之大，会远远超出研究者的想象。

图 25-2　黑龙江狩猎民族萨满鹿角神帽（2005 年摄于中国国家博物馆中国非物质文化遗产特展）

以上把中国神话分为四类，日后再面对国际学者介绍中国神话的时候，或许就能够更加自信地展现一个全新的、全覆盖的局面。好在随着我国经济崛起，"中国文化走出去"的新时代已经开启。而中国丰富的文学遗产、多民族的文化遗产怎样走出去为世界所知？这就是一个崭新课题。所以，本讲专门在中国神话部分的最后介绍少数民族神话，希望借此提示给读者未来的希望所在。

再举一例。中央民族大学有一位苗族的本科生，他从贵州麻山地区的大山里来到北京求学。他能听懂当地的麻山苗语方言，能听懂村中的师公在丧葬仪式上讲唱的歌词。他在大学里学的东西对他来说过于枯燥。于是他选择肄业回乡，回去以后就把麻山苗族师公在葬礼仪式上讲唱的内容翻译成汉语。他翻译的文本被中国民间文艺家协会贵州分会发现后，上报给北京总会，中国民间文艺家协会派出专业队伍辅助他的调研和翻译工作，一同将这些内容完整呈现出来，并出版为苗族史诗《亚鲁王》。中华书局出版了这部书的精装版，并在人民大会堂隆重召开新书发布会。这就是我们讲的少数民族文学的当代现实意义。因为是原生态的，所以贵州麻山苗族对他们这个族群祖先的历史记忆，全部保留在这里面，从开天辟地讲到祖先诞生。亚鲁王和藏族信奉的格萨尔王一样，是苗族历史上的大英雄。但是，过去谁知道在中国苗族的一个支系族群里，就有如此鲜活的神话史诗的演唱传统？为什么这样一部史诗能够在人民大会堂召开发布会？为什么做中国文学研究的专业学者们完全没有听到过它的名字，甚至苗族学者也大多没听说过它？葬仪上讲唱的作品，功能是将死者亡灵送上天，要通过讲唱和仪式过程，去促进逝者完成魂归西天的艰巨旅程。这样的作品，和我们在语文课堂上学的文学作品当然不同，它是活态的，与民族文化生活的重要节点（婚丧仪礼）融合为一体，承载着讲唱者与观众们的神话信仰和神话观念。

古人，以及一些当今的少数民族，都认为有一种通灵的动物可以把死者亡灵送上天国去，它就是马。所以史诗《亚鲁王》还专门有一部附属的经——《砍马经》。要选一匹活马，在丧仪祭祀时砍杀，其寓意为让它驮着亡灵，完成升天的超自然旅程。苗民通过砍马仪式过程，将原生态的民族民间信仰和讲唱文学完整保留下来。如果不结合仪式语境，只看文字内容，在课堂上展开文学分析和美学分析，那么原生态的民族生活图景和其中蕴藏的神话意义就不见了。再看西南少数民族的相关仪式经书如《指路经》等，其指引亡灵从地下到天堂的寓意，也可以得到通盘的理解。古埃及的《亡灵书》是为法老亡灵升天服务的。中国少数民族的类似经书《砍马经》《指路经》，则不是给社会的最高统治者服务，而是给每一个正常死亡的普通人服务的。脱离苗族葬礼的真实语境，对大史诗《亚鲁王》的把握就难免陷入误读。

《亚鲁王》的案例表明，这种活态传承的作品对于认识中国文学内在的丰富性有多么重要。

图 25-3　云南甲马"追魂马"①

只举这一例就能回答多民族地区的少数民族文学，如何在现代化的今天仍然完整保留古老传统的神话信仰内涵。而这些与社会生活完全水乳交融的文学现象，对重建符合多元一体国情的中国文学观，会带来怎样的启迪？

以前的中国神话研究者大都把目光集中在汉语古籍断简残篇的叙事中，确实是个很大的缺陷。少数民族中的任何一个民族或者他们的支系族群，在与世隔绝的大山里的仪式场合上，都有杰出艺人可以连续讲唱几天几夜的功夫。还有些艺人、师公能够进入所谓的通神状态，其手舞足蹈的表演激情状态，是想象和创作的最佳语境。如果采用录音或摄像的方式记录下来，那就是原生态"标本"。其中自然包括音乐、舞蹈等原生态形式在内，这跟文学专业同学们理解的书面文学是完全不一样的。

这里再举一个珞巴族的例子。珞巴族人生活在青藏高原区，和

---

① 冯骥才主编：《中国木版年画集成（云南甲马卷）》，中华书局，2007。

藏族人也有些亲缘关系。他们的神话在故事讲唱方面不是特别突出，但在众神的谱系方面，如万神殿的构成，很有特色。其中有一位祖神，叫"老祖母"，其子孙后代布满了天国。神谱中包括优宁系、优布系、优洛系、洛博系、鲁维系、穷略系、穷穷系、达目系等，每个系则又分出了不同的家族，呈现一个网状的社会组织结构。珞巴族神话的体系完满，与我们汉族的愚公、大禹之类神话很不一样。珞巴族人口只有几千人，这样一个小民族就有这么丰富的神话体系，那么中国的诸多民族神话遗产中蕴藏着多少我们以往不知道的内容呢？中国社会科学院有民族学与人类学研究所、民族文学研究所，还有世界宗教研究所，这些研究所的学者们采集的材料极为可观。1999 年由吕大吉、何耀华两位先生任总主编的《中国各民族原始宗教资料集成》，就将上述内容于《珞巴族卷》中展现了出来。

珞巴族神话的特点是神和鬼不分，原生态信仰特征明显。还包含着一些非常古朴天真的想象和信念。同样的情况，还有海南岛的黎族神话，其诸神中也有不少为鬼族。这两个民族的原生态神话资料完整而详细，是亚洲乃至世界范围做比较神话学研究极其珍贵的案例。不仅说明这两个民族的信念和想象受到地域生态环境的制约，其族群文化具有一定的自我封闭性；还说明中国各地的地方性信仰与神话仪式活动的差异性与多样性。面对如此浩大的神话叙事的海洋，如果我们还是仅仅凭借汉语古籍来研究中国神话，那就只能说是一种"河伯观天下"的作茧自缚格局。

中国民间文艺家协会从 20 世纪 80 年代起，编辑出版了"三套集成"的省卷本。"三套集成"涵盖史诗（叙事诗）、歌谣、故事等三大类民间文学体裁，最初以县为单位先编出来，最后合成省卷本。现在，所有这些海量材料委托北京的汉王公司进行录入，已经完成数字化的信息集成，全称叫"中国口头文学遗产数字化工程"。该工程一期项目在 2014 年已经结项，项目成果的总字数接近九亿汉字！四库全书才七亿多字，仅仅一期项目的字数就已经远超四库全书。目前在继续做的二期项目，又派人到各地方进行调查、整编，把各种民间讲唱和小戏的内容补充进来，已经汇集成十几亿字。这确实是前所未有的文学和文化的"汪洋大海"。

再举一例，就是祖国宝岛台湾的少数民族神话。1895 年甲午海战，清政府战败后，割让台湾给日本，台湾受日本殖民统治。高山族这个名称是 1945 年抗日战争胜利后，对台湾省少数民族的总称。高山族的来源是多源性的。人类学家登到岛上以后，对岛上少数民族的语言习俗进行调查，经台当局确认将高山族分出十四个族群。魏德圣导演的电影《赛德克·巴莱》就是关于这十四个族群中的一支——赛德克人与日本殖民者英勇斗争的事迹。这部电影上映后在世界上引起轰动，获得各类电影节奖项殊荣。但是大陆观众看后，甚至不知道赛德克人是真实的还是虚构的。这影片还真不是虚构，它以 1930 年雾社事件中台湾少数民族抗击殖民者斗争的历史现实为题材拍摄。赛德克人和其他的族群分支一样，有着丰富的口传神话传统。这也都是我们要研究的宝贵的少数民族神话遗产。对于我国台湾神话的丰富性认识，台湾少数民族文学研究学者已经编出系统的论著成果。台湾的高山族跟大陆有联系，和太平洋诸多岛屿文化也有联系，他们的语系称为南岛语系。

既然台湾岛的少数民族已经被人类学家区分为十四个不同族群，这就给学界提供了更多的认知线索。少数民族神话丰富多样的空间，过去鲜有人问津，将来一定会为我们所知。一旦中国口头文学遗产数字化工程十几亿字的资料库上线，就将成为文化艺术领域新的"金矿"。

以上就是中国少数民族神话的内容，它们能够起到提示新的多元文化观的作用，帮助我们理解中华文明的多元一体现状，也能充分更新传统的文学观和文学史观。在此，我要特别提出从新的后殖民时代思想观念出发，摆脱文化中心主义、重新认识少数民族神话的观念。一部《文学人类学教程》，其理论目标就是，针对中国960万平方千米56个民族丰富多彩的文学记忆整体情况，去认识中国文学的样貌。这部教材提出对"三个主义"进行批判。第一个主义是"中原中心主义"，这是指从封建王朝最开始，即夏、商、周建都均在中原，便把东边的人群叫东夷，南边的叫南蛮，西边的叫西戎，北边的叫狄。这些用来命名少数民族的汉字，不是反犬旁就是虫字旁，基本上属于一种贬损性的文化建构。这样的沙文主义根源于封建统治者的局限视角。今天已经是后殖民时代，我们需要用平等的眼光来看待一切民族，更要珍视每一个民族留下来的文学遗产。所以教材中批判"三个主义"："中原中心主义""大汉族主义"，以及"文字中心主义"。我们怎样把少数民族文学堂而皇之地融入当下的教育中来呢？随着非物质文化遗产的观念逐渐深入人心，每一个民族也都给自己建立了文化自觉的系统目标。所以大家正在走向这样一个目标：在发展自身的传统文化过程中，将其汇聚成文化大国内部的丰富多样性的全景面貌。

图25-4　云南彝族虎面具（2005年摄于中国国家博物馆中国非物质文化遗产特展）

那为什么要批评大汉族主义

和文字中心主义呢？少数民族的文学大部分是没有文字记载的，以前人们认为文盲没有文化，当然也不应该学习文盲所代表的文学传统。但是我在本讲中举出的几个实例，已经可以充分说明对无文字族群所代表的口传文化的偏见，亟待克服和超越。一位民族大学的肄业学生能够在贵州大山里调查出举世震惊的大史诗作品，该作品被誉为"21世纪新发现的中国大史诗"。我们生活在这样一种知识更新的时代，不能被古代国学尊孔读经的陈旧思想所束缚。我们要睁开眼睛看看大家都生活在多民族文化共同体中这个现实，把这一部分知识堂而皇之地还给当今的教育体系。

除此之外，还有一本书可作为本讲延伸阅读的参考书，这是一部国家级科研项目成果——《比较神话学在中国：反思与开拓》，于2016年出版。书里介绍了一百多年来神话学在我国的发展情况，其中包括少数民族神话的研究等内容。在一般的语文教科书和中国文学史教科书里，基本上没有这方面内容。链接这些非主流文化的内容之后，我还在书中讲述中国学者近年来所关注的西方神话学的重要发现，也即我之前提到的"女神文明"再发现运动。中国也有少数学者开始关注中国的女神神话。如果要关注汉族典籍中的女神，比较有名的就只有此前介绍的女娲、西王母和嫦娥。但是只要进入少数民族的神话遗产中去观察，就会发现更多的女神存在。比如北方满族的萨满说部，那几乎就是一个"女神的世界"。南方、西南、西北地区的各族神话中，也都有各样的女神。这一方面的文化资源如果能够被广泛地发掘出来，可以成为国际范围内值得关注的文化现象，通过中外神话学的学术对话，进一步彰显中国少数民族神话的资源和资本价值。这样的学术认知，能够为方兴未艾的文化创意产业等方面，提供植根于本土文化资源的大量创作素材。

参考书目

1. 过伟：《中国女神》，广西教育出版社，2000。

2. 林为民：《莫瑶的盘王神话传说与信仰》，中山大学出版社，2009。

3. 马昌仪选编：《中国神话学百年文论选》，陕西师范大学出版总社有限公司，2013。

4. 那木吉拉：《狼图腾：阿尔泰兽祖神话探源》，民族出版社，2009。

5. 覃守达：《黑衣壮神话研究》，广西师范大学出版社，2005。

6. 汪立珍：《鄂温克族神话研究》，中央民族大学出版社，2006。

7. 文日焕、王宪昭：《中国少数民族神话概论》，民族出版社，2011。

8. 武文：《裕固族文学研究》，甘肃人民出版社，1998。

9. 徐新建：《多民族国家的文学与文化》，人民出版社，2016。

10. 叶舒宪等：《比较神话学在中国：反思与开拓》，社会科学文献出版社，2016。

11. 叶舒宪、李家宝主编：《中国神话学研究前沿》，陕西师范大学出版总社有限公司，2018。

12. 尹建中编：《台湾山胞各族传统神话故事与传说文献编纂研究》，台湾大学人类学系，1994。

13. 张丽红：《满族说部的萨满女神神话研究》，中国社会科学出版社，2016。